Die Themen

Mündliche und schriftliche
Kommunikationsformen
– Formen aktiv umsetzen, erproben
und bewerten
– in unterschiedlichen Sozialformen
gemeinsam arbeiten
– Arbeitsergebnisse festhalten,
dokumentieren und präsentieren
– Präsentationsformen und -techniken
kennen lernen (Galerierundgang)
– Wirkung sowie Ertrag beurteilen

Instruierendes Schreiben
– einen persönlichen Brief schreiben

Sachtexte analysieren
– selbstständig Lesestrategien bei
komplexen kontinuierlichen und
diskontinuierlichen Sachtexten
anwenden
– komplexe Sachverhalte identifizieren
und strukturieren
– erarbeitete Sachverhalte mündlich
und schriftlich dokumentieren
– Arbeitsergebnisse computergestützt
aufbereiten und präsentieren
– Sachverhalte anschaulich
visualisieren
– aus Arbeitsergebnissen
Konsequenzen für die eigene
Lebensführung ziehen

Diskontinuierliche Texte in einem
eigenen informierenden Text
zusammenfassen

Angemessen kommunizieren
in Ausbildung und Beruf
– selbstständig Lesestrategien bei
komplexen berufsbezogenen Texten
einsetzen
– Regeln des sozialen und
kommunikativen Miteinander
im Beruf verstehen und bewusst
anwenden
– Gesprächssituationen adäquat
einschätzen und sicher bewältigen
– Konfliktsituationen erkennen,
analysieren und richtig bewerten
– Strategien zur Bewältigung von
Konflikten bewusst einsetzen
– komplexe Texte im Hinblick auf
Lebensplanung und Beruf auswerten

zusätzliche Seiten zur Differenzierung, zum Anwenden und Weiterüben, zum Fördern und Fordern

berufsbezogene Informations-
gespräche, Telefonate,
Bewerbungsgespräche initiieren und
erfolgreich absolvieren

Standardisierte Textformen
– Bewerbungsschreiben, Lebenslauf
situations- und adressatenadäquat
gestalten
– mediale Anforderungen im
beruflichen Kontext bewältigen
– Online- und Offline-Kommunika-
tionsformen beherrschen

– formalisierte berufliche Textsorten
nach Kriterien überarbeiten

Nanotechnologie – Die Größe liegt im Kleinen

**Schriftlich und mündlich
argumentieren**
– differenziert, sachbezogen und
ergebnisorientiert argumentieren
(mündlich und schriftlich)
– aus Sachtexten Argumente isolieren
und ordnen
– die eigene Meinung formulieren und
Argumentationsketten entwickeln
– kriteriengeleitet Stellung nehmen

Selbstständig einen argumentativen
Text planen, schreiben und
überarbeiten

Empört euch!

Informierende Texte schreiben
– selbstständig Lesestrategien bei
komplexen informierenden Texten
anwenden
– Textarten und Textintentionen
identifizieren und bewerten
– Sachverhalte für die eigenen
Schreibziele auswerten und
auswählen
– in einem funktionalen
Zusammenhang angemessen,
situations- und adressatenadäquat
informierend schreiben
– Textinhalte im Hinblick auf
eigene Lebensführung auswerten
und appellierend
weiterkommunizieren

Einen informativen Text verfassen
– selbstständig materialbasiert
informieren und appellieren

Medien und Gattungen

Gedichte untersuchen und interpretieren
– komplexe literarische Texte untersuchen
– sprachliche Gestaltungsmittel (auch komplexe) lyrischer Sprache in ihren Wirkungszusammenhängen erkennen und verstehen
– Zusammenhang zwischen Aussage und sprachlicher Gestaltung untersuchen (Gedichtmerkmale, Stilmittel, formale Besonderheiten)
– Texte in Beziehung zu historisch-gesellschaftlichen Kontexten setzen und in ihrer Wirkkraft verstehen
– Texte in Bezug zum eigenen Leben und zum Leben des Autors/der Autorin setzen

Ein Gedicht interpretieren
– lyrische Texte vergleichend analysieren und interpretieren

Produktionsorientiertes Schreiben
– lyrische Texte auf Aussage und Wirkung untersuchen und in Analogie eigene Schreibansätze entdecken

Epische Formen untersuchen
– besondere epische Kleinformen im Hinblick auf Inhalt, Aussage und Gestaltung untersuchen
– Gestaltungsmittel (Form, stilistische Mittel, Erzählperspektive, Figurenrede) und Wirkungen erläutern
– komplexe literarische Texte interpretieren
– kulturelle (politische, gesellschaftlich-soziale, ethische) Elemente nachweisen

Analysierendes Schreiben
– komplexe Texte untersuchen
– Zusammenhang zwischen inhaltlichen Aussagen und Gestaltung erklären

Literarische Motive untersuchen
– Ausschnitte aus längeren literarischen Texten unter ausgewählten inhaltlichen und Merkmalsaspekten untersuchen
– vergleichend Wirkungsweisen literarische Motive analysieren

Literarische Motive vergleichend und epochenübergreifend untersuchen
– Wandel und Ausprägungsformen literarischer Motive vor dem historischen Hintergrund verstehen
– Texte im Zusammenhang mit Entstehungszeit und Epoche erklären
– kulturelle Elemente (gesellschaftlich-soziale, historische) nachweisen

Ein literarisches Werk ausgehend vom Biografischen erschließen
– Auszüge aus Ganzschriften vergleichend lesen und reflektieren
– aus Rezensionen Leseanregungen entnehmen
– anhand von Beispielen den literarischen Schaffensprozess reflektieren

Sich Ironie und Satire aneignen
– als zuspitzende Form der Kritik an Zeit und Gesellschaft erleben
– verschiedene bildliche sowie lyrische, epische und dramatische Formen kennen lernen und untersuchen

Medienspezifische Formen kritisch untersuchen und nutzen
– Anwendungen reflektieren
– sich mit Datenschutz und Privatsphäre auseinandersetzen
– selbstständig kritisch zu Medien und Texten Stellung nehmen

Literarische Epochen im gesellschaftlichen Kontext kennen lernen
– Gestaltungsmittel in ihrer Funktion im historisch-gesellschaftlichen Kontext reflektieren
– Lyrik im Zusammenhang von Biografischem, Entstehungszeit und Epoche untersuchen
– dramatische Texte untersuchen (Figurenkonstellationen, Wirkungsgeschichte)
– sich mit komplexen literarischen Figuren auseinandersetzen und sie beschreiben

Nachschlagen und üben

Rechtschreiben

Grammatik

– Sprachwandel: Reflektieren von Sprache und ihrer Veränderung im historisch-gesellschaftlichen Wandel
– Sprachvarianten: Dialekt im Vergleich mit Standardsprache
– Entwicklungstendenzen der Sprache

– Sprachfunktionen: Wirkung von Sprache in Kontexten untersuchen
– appellative und instruierende Funktion (Werbung)
– sprachliche Gestaltungsmittel und Sprachhandeln in situativen Handlungskontexten untersuchen und umsetzen

– grammatische Formen identifizieren und klassifizieren
– Wortarten erkennen und unterscheiden

– grammatische Formen in ihren Funktionen untersuchen
– grammatische Richtigkeit von Texten selbstständig überprüfen und korrigieren

– komplexe sprachliche Strukturen verstehen und anwenden
– sprachliche Gestaltungsmittel adäquat adressaten- und situationsbezogen einsetzen

Anhang

Grundlegende Strategien und Formen sprachlicher Kommunikation anwenden
– sich mit differenzierten Beiträgen an Debatten beteiligen
– Formen der Diskussion moderieren und bewerten

Gedichte analysieren und interpretieren
– komplexe literarische Texte untersuchen und interpretieren
– Besonderheiten lyrischer Sprache und Gestaltungsmittel erläutern

– epische Kleinformen im Hinblick auf Inhalt, Aussage und Gestaltung untersuchen

Epische Formen analysieren
Produktionsorientiertes Schreiben

Besonderheiten von Intentionen literarischer Texte herausarbeiten
– Ironie, Satire erkennen und untersuchen
– Wirkungsweisen mit realem Geschehen in Beziehung setzen

Auf in die Zukunft –

i ardhshëm

gelecek zaman

مستقبل

budućnost

the future

Meine Zukunft?
Meine Hoffnungen
und Träume?
Meine Sorgen?
Meine Wünsche?
… so viele Fragen!

Ich denke eigentlich nicht so gern
an die Zukunft. Ich weiß nicht,
was da auf mich zukommt. […]
Kim, 17 Jahre

1 Seht euch die Abbildungen an. Lest auch die Texte.
Worüber könnt ihr beim Thema Zukunft nachdenken und sprechen?
Tauscht euch darüber aus.

2 Welche Wörter für **Zukunft** gibt es in den verschiedenen Sprachen?
Sprecht und lest die verschiedenen Wörter.

2 **(die) Zukunft** in verschiedenen Sprachen: **i ardhshëm** (albanisch), **gelecek zaman**
(türkisch), **مستقبل** (sprich: mustaqbal, arabisch), **budućnost** (kroatisch, bosnisch),
the future (englisch), **(el/il) futuro** (spanisch, italienisch, portugiesisch),
未來 (sprich: Wèilái, hochchinesisch), **будућност** (= budućnost, serbisch),
l'avenir (französisch), **το μέλλον** (sprich: to méllon, griechisch)

los geht's!

(el) futuro

未來

будућност

l'avenir

το μέλλον

> Ich freue mich auf meine Zukunft. Ich will ins Handwerk. […]
>
> *Sascha, 17 Jahre*

3 Lest die Aussagen der zwei Jugendlichen vor.
- Warum hat Kim Angst? Was würdet ihr Kim antworten?
- Was wünscht sich Sascha?

In diesem Kapitel denkt ihr gemeinsam über eure Wünsche, Träume und Hoffnungen für die Zukunft nach. Ihr verständigt euch über eure Ziele, vielleicht auch über eure Sorgen. Am Ende könnt ihr eure Ergebnisse präsentieren, zum Beispiel als „Gallery Walk[1]".

[[1] **der Gallery Walk:** (engl.) Galerierundgang; eine Möglichkeit, Arbeitsergebnisse zu präsentieren

Was wird werden? Was wird in 20 Jahren sein?

Ihr alle habt Wünsche, Träume, Hoffnungen und Ziele für euer Leben.
Hier könnt ihr einen Blick in eure Zukunft werfen.

1 a. Beschreibt die Collage.
- Was fällt euch auf?
- Was ist das Besondere?

b. Verständigt euch über die Gedanken der Personen.
- Worüber denken die Jugendlichen nach?
- Worüber könnten sie als Erwachsene nachdenken?

Z 2 a. Zeichnet ein Bild von euch selbst in 20 Jahren.

b. Notiert rund um euer Bild Stichworte zu eurer Zukunft.
Ihr könnt zum Beispiel diese Fragen beantworten:
- Wer bin ich? Wie bin ich?
- Wo bin ich? Was bin ich?
- Welche Träume und Wünsche haben sich erfüllt?

3
- Wer seid ihr in 20 Jahren?
- Wie seid ihr?
- Was wird wichtig für euch sein?

Sprecht über eure Wünsche, Träume, Hoffnungen und Ziele.
Tipp: Ihr könnt zunächst Themen notieren, die euch wichtig sind.
Schreibt dazu jeder ein wichtiges Zukunftsthema auf einen Zettel.
Sammelt die Themen an der Tafel.

Eine Grafik erklären

Die Grafik ist als Ergebnis einer Umfrage unter Jugendlichen entstanden.

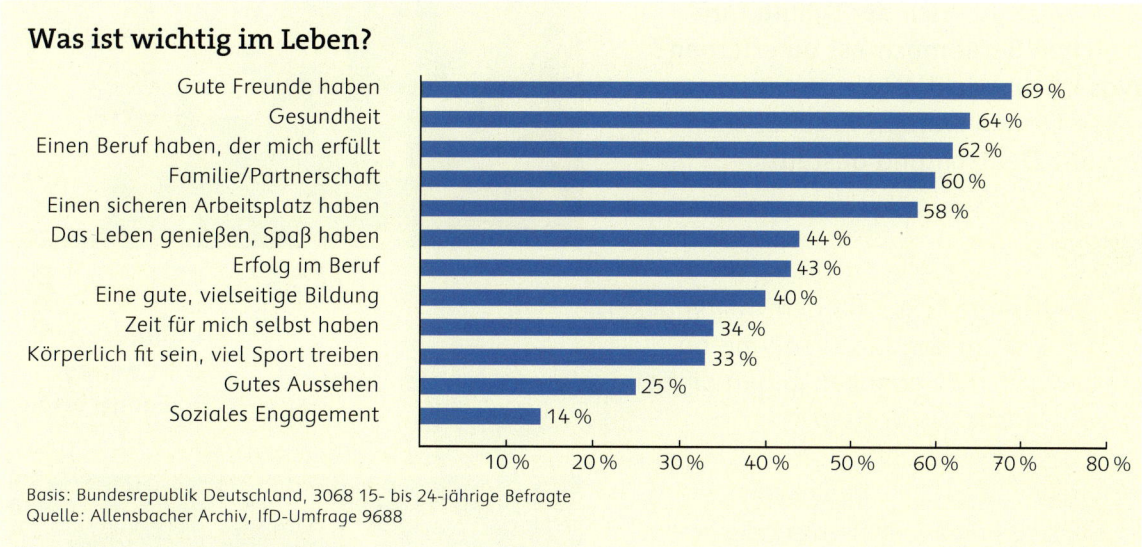

Was ist wichtig im Leben?

Gute Freunde haben	69 %
Gesundheit	64 %
Einen Beruf haben, der mich erfüllt	62 %
Familie/Partnerschaft	60 %
Einen sicheren Arbeitsplatz haben	58 %
Das Leben genießen, Spaß haben	44 %
Erfolg im Beruf	43 %
Eine gute, vielseitige Bildung	40 %
Zeit für mich selbst haben	34 %
Körperlich fit sein, viel Sport treiben	33 %
Gutes Aussehen	25 %
Soziales Engagement	14 %

Basis: Bundesrepublik Deutschland, 3068 15- bis 24-jährige Befragte
Quelle: Allensbacher Archiv, IfD-Umfrage 9688

1 Klassengespräch!
- Worum geht es in der Umfrage? Welche Frage wurde gestellt?
- Bei wem wurde die Umfrage durchgeführt?

1. Schritt
2. Schritt

Starthilfe

In der Grafik geht es um …
Die Grafik zeigt die Ergebnisse der Umfrage „…".

2 **a.** Seht euch die Grafik genauer an:
- Was zeigen die Balken?
- Was erfahrt ihr über die Befragten?
- Welche drei Angaben wurden am häufigsten gemacht?
- Welche drei Angaben wurden am seltensten gemacht?

b. Notiert eure wichtigsten Erkenntnisse.

3. Schritt

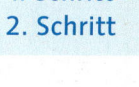

→ Tipps zum Auswerten einer Grafik: Seiten 208–210

Z 3 **a.** Diskutiert über die Ergebnisse der Umfrage:
- Welche Angaben oder Zahlen habt ihr erwartet?
- Was überrascht euch?
- Wie hättet ihr selbst geantwortet?

Tipps: • Verständigt euch über die Regeln der Diskussion.
• Bestimmt einen Diskussionsleiter oder eine Diskussionsleiterin.

4. Schritt

b. Wertet die Diskussion mit Hilfe der Regeln auf Seite 296 aus.

 2 Für die meisten Jugendlichen ist es wichtig, dass … Weniger wichtig scheint zu sein, …
Einen hohen Stellenwert hat der Wunsch … Vernachlässigen kann man vielleicht …

Ein Blick in die Zukunft – Jugendliche erzählen

Was wirst du nach der Schule tun?
Welchen Beruf möchtest du erlernen?
Was ist dir wichtig?
Diese Fragen wurden Jugendlichen
in ganz Deutschland gestellt.

1 **a.** Lies die Texte mit dem Textknacker.
Sieh dir die Bilder in Ruhe an.
b. Welche Gedanken gehen dir beim Lesen durch den Kopf?
Mache dir Notizen.

1. Bilder
2. Überfliegen
3. Genau lesen

Ich freue mich auf meine Zukunft.
Ich will ins Handwerk. Tischler oder
Zimmermann werden vielleicht. Ich
könnte Möbel entwerfen. Und Häuser
werden auch immer gebaut. So ein
Job im Büro ist nichts für mich. Zu
langweilig. Mein Onkel ist Dachdecker.
Er hat seine eigene Firma. Finde ich
cool. Der hat es echt geschafft.

Sascha, 17 Jahre

Ich will glücklich und zufrieden sein.
Ich brauche dafür nicht viel. Freunde, Familie,
einen Job … Mehr ist doch nicht nötig, oder?
Meine Mutter sagt, ich soll mir Zeit mit meiner
Zukunft lassen. Also werde ich nach der Schule
in Ruhe überlegen. *Jana, 16 Jahre*

Ich denke eigentlich nicht so gern
an die Zukunft. Ich weiß nicht, was da auf mich
zukommt. Diese Unsicherheit macht mir
ganz schön Angst. *Kim, 17 Jahre*

Meine Familie ist mir total wichtig. Auch wenn wir manchmal streiten – zusammen sind wir stark. So haben wir auch schon schwere Zeiten überstanden. Wir gehen durch dick und dünn miteinander. Das wünsche ich mir auch für meine Zukunft: eigene Kinder, eine Familie, auf die man sich verlassen kann.

Luca, 17 Jahre

Klar wäre es schön, Geld zu haben und sich Sachen zu leisten. Aber man kann auch mit wenig viel Spaß haben. Ich wünsche mir, dass das mit der Ausbildung alles klappt. Bei uns in der Region gibt es nicht so viele Jobs. Ich kenne ein paar Leute, die haben keinen. Mieses Gefühl.

Kenan, 15 Jahre

Keine Ahnung, was ich will. Ich bin froh, wenn ich meinen Abschluss schaffe. Meine Eltern fragen mich das auch ständig. Ich habe keinen Berufswunsch. Hauptsache, ich verdiene etwas Geld. Danach … ? Mal schauen.

Konrad, 16 Jahre

Ich find es krass, was in der Welt so los ist. Ich will auch in Zukunft meine Meinung sagen, und ich finde es wichtig, tolerant zu sein, egal, woher Menschen kommen oder was sie glauben.

Nadia, 16 Jahre

Und morgen werde ich …
Über Zukunftsvorstellungen sprechen und schreiben

Ein Beruf, der nicht langweilig ist, eine Ausbildung, die mir gefällt,
glücklich sein, seine Meinung sagen dürfen …
Die Aussagen auf den Seiten 16 und 17 geben verschiedene Vorstellungen
von der Zukunft wieder.

1 Wertet die Aussagen in Gruppen
zu fünft oder zu sechst aus.
- Lest euch die Aussagen
  gegenseitig vor.
- Tauscht euch spontan
  über die verschiedenen Aussagen aus.

Tipp: Die Leitfragen 1 helfen
euch dabei.

> **Leitfragen 1:**
> - Welche Aussagen findet ihr interessant?
>   Warum?
> - An welche Jugendlichen hättet ihr
>   Rückfragen? Welche?
> - Welche Aussagen würdet ihr unterstützen?
> - Welche Aussagen könnt ihr nicht so leicht
>   nachvollziehen? Warum?

2 Untersucht in Gruppenarbeit
die Aussagen genauer.
Tipp: Die Leitfragen 2 helfen euch.
- Wählt jeder einen Jugendlichen
  von den Seiten 16 und 17 aus.
- Gebt die Vorstellungen
  von der Zukunft mit eigenen
  Worten wieder.
- Formuliert eure eigene Meinung
  zu den Vorstellungen.

> **Leitfragen 2:**
> - Was wünschen und hoffen
>   die Jugendlichen?
> - Wie möchten die Jugendlichen sein?
> - Wer hat genaue Vorstellungen
>   von der Zukunft? Welche?
> - Wer ist sich unsicher wegen
>   seiner Zukunft? Inwiefern?
> - Was äußern die Jugendlichen zum Thema
>   Beruf und Ausbildung?

3 a. Tragt eure Ergebnisse und Eindrücke in der Klasse zusammen.
   b. Um welche Themen und Lebensbereiche geht es in den Aussagen?
      Zeichnet einen Cluster an die Tafel.

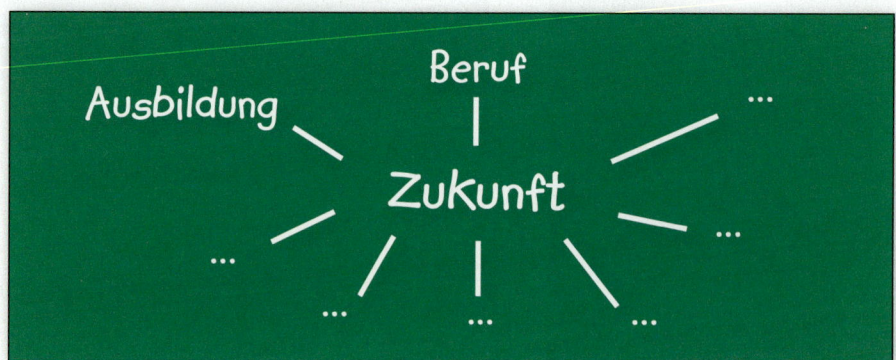

2 Sascha/Jana … ist … Jahre alt; … sieht optimistisch/nicht so froh/erwartungsvoll/
voller Hoffnung/etwas unsicher … in die Zukunft; … möchte/wünscht sich/
will unbedingt/weiß genau/noch nicht so genau …; ich kann gut/nicht so gut
nachvollziehen, dass …; mir geht es genauso/ähnlich/ganz anders, denn …

**Und was ist mit deiner Zukunft? Was stellst du dir vor?
Was wünschst du dir?**

4 Mache dir zunächst allein Gedanken über deine Zukunft.
Was fällt dir spontan ein? Notiere dir Stichworte.

5 Über welche Lebensbereiche und Themen hast du
schon klare Vorstellungen?
Zeichne deinen persönlichen Zukunftscluster:
• Du kannst zunächst euren gemeinsamen Cluster übertragen.
• Du kannst auch gleich **andere** Themen und Bereiche
in den Cluster schreiben.

6 Notiere dir deine Wünsche, Hoffnungen und Vorstellungen
von der Zukunft. Du kannst auch aufschreiben, was dir Sorgen bereitet.
Die Leitfragen von Seite 18 können dabei helfen.

Das wünsche ich mir für die Zukunft: *Meine Ziele – Das möchte ich erreichen:*   *Das macht mir Sorgen/ Das macht mich unsicher:*

7 Führt zu zweit ein Mini-Interview über eure Zukunftsvorstellungen.
• Schreibt gemeinsam fünf Fragen auf und stellt sie euch gegenseitig.
• Zuerst ist der oder die eine der Interviewer/die Interviewerin.
Nach den fünf Fragen wechselt ihr.

Z **8** Welches Vorbild oder welche Vorbilder hast du?
• Nenne und beschreibe dein Vorbild.
• Erkläre und begründe, warum sie oder er dein Vorbild ist.
• Erkläre, welche Eigenschaften deines Vorbilds für dich erstrebenswert sind.

W **9** Gestalte einen Beitrag für eine Zukunftsausstellung in eurem Klassenraum.
Wähle aus: Welche Art Beitrag passt besonders gut zu dir?
Du kannst ein Plakat mit Bildern und Texten, ein Schaubild,
eine Collage, eine Mindmap oder … gestalten.   → Tipps dazu: Seiten 294, 299, 300

W **10** Wählt aus:
• Übt noch einmal das mündliche Präsentieren.   → Seite 20
• Bereitet direkt die Präsentation als Gallery Walk vor.   → Seite 21

→ Eine andere Form, Erkenntnisse zu präsentieren, könnt ihr
im Kapitel „Weiterführendes" ausprobieren, die Debatte: Seiten 308–310.

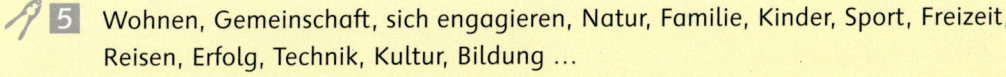

5 Wohnen, Gemeinschaft, sich engagieren, Natur, Familie, Kinder, Sport, Freizeit,
Reisen, Erfolg, Technik, Kultur, Bildung …

Arbeitsergebnisse mündlich präsentieren

Eine mündliche Präsentation oder ein Vortrag gelingt,
wenn du die Frage nach deinem Ziel beantworten kannst:
Was möchtest du erreichen?

… die Zuhörerinnen und Zuhörer
informieren … Interesse wecken …
das Thema deutlich machen …
neugierig auf mehr machen …
ins Gespräch kommen …
meine Meinung verdeutlichen …

1 **Was** möchtest du mit deiner Präsentation erreichen?
Schreibe drei bis vier Sätze als Antwort auf.
Tipp: Du kannst allgemeine Ziele formulieren.
Du kannst aber auch Ziele für deine Präsentation
zum Thema „Meine Vorstellungen von der Zukunft" aufschreiben.

2 **Wie** kannst du dein Ziel erreichen?
Schreibe auf, was du alles beim Präsentieren beachten musst.
Tipp: Lies zunächst die Tipps zum Referat und zum Präsentieren.

→ Tipps dazu: Seite 299

3 Übe deine Präsentation.
Übe nicht nur das Sprechen und das freie Vortragen.
Übe auch, wie du stehst, wohin du schaust, worauf du jeweils zeigst.

→ Tipps zum freien Vortragen: Seite 299

Gallery Walk: Ein Rundgang durch die Zukunft

Bei einem Galerierundgang könnt ihr
die Arbeitsergebnisse aus diesem Kapitel präsentieren.
Zunächst arbeitet ihr in den bestehenden Gruppen
wie auf den Seiten 18 und 19 weiter.

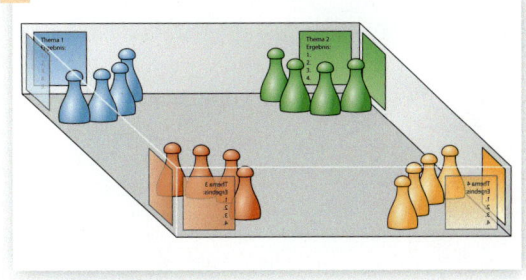

1 Bereitet eure Ausstellung
in den Arbeitsgruppen vor:
- Jeder stellt den anderen
  Gruppenmitgliedern
  zunächst sein Arbeitsergebnis vor.
- Ihr beratet, wie ihr eure Ergebnisse
  am eindrucksvollsten aufbaut und
  präsentiert: an der Wand, an Stellwänden,
  an der Tafel oder an Flipcharts, auf Tischen oder …
- Jede Gruppe baut ihren Teil der Ausstellung in ihrem Teil
  des Raumes auf.

2 So funktioniert der Gallery Walk:
- Setzt völlig neue Gallery-Gruppen
  zusammen, so dass in jeder
  neuen Gruppe mindestens ein Mitglied
  der alten Arbeitsgruppe ist:
  Das sind die Experten.

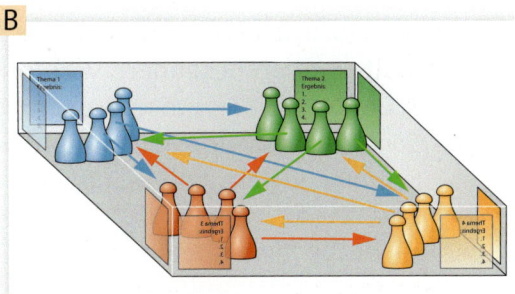

- Den ersten Rundgang macht
  jeder für sich allein:
  Seht euch die Arbeitsergebnisse an.
- Beim zweiten Rundgang geht
  jede Gallery-Gruppe
  zu einer Teilausstellung.
- Der jeweilige Experte/Die jeweilige
  Expertin stellt die Ergebnisse
  der gesamten Arbeitsgruppe vor und beantwortet Fragen.
- Nach einer vorher festgelegten Zeit wechseln die Gruppen
  zum nächsten Ausstellungsteil und so weiter.

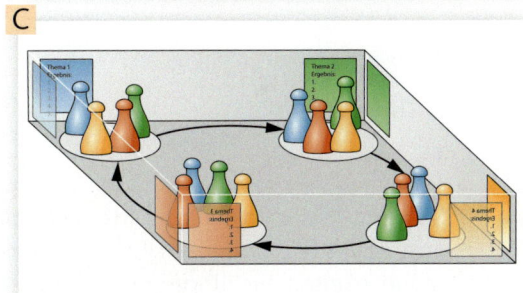

3 Wertet den Gallery Walk in der Klasse aus:
- Welche Arbeitsergebnisse und Präsentationen haben euch gefallen?
- Warum?
- Was könntet ihr verbessern?

Wenn ich einen Wunsch frei hätte ...

Jeder hat Träume und Wünsche für die Zukunft.

Andras träumt

Ich wäre gern ein Rockstar. Ich hätte viele Fans.
Bei meinen Konzerten wären die Hallen voll.
Alle kämen, um mich zu sehen. Ich wäre
eine Berühmtheit. Ich reiste ständig um die Welt.
Überall träfe ich interessante Prominente.
Hotels wären mein Zuhause. Ich trüge
tolle Klamotten und hätte eine schöne Freundin.
Ich träte in Fernsehshows auf.
Alle bewunderten mich und ...

1 Was könnte dich am meisten an einem Leben als Rockstar reizen?
Schreibe einen Satz aus dem Text auf.

2 Andras' Wünsche beschreiben eine Möglichkeit, nicht die Wirklichkeit.
Deshalb werden besondere Verbformen verwendet.
  a. Schreibe die hervorgehobenen Verbformen untereinander auf.
     Schreibe passende Personalpronomen mit auf.
  b. Schreibe jeweils den Infinitiv daneben.

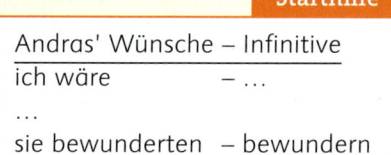

> **Starthilfe**
>
> Andras' Wünsche – Infinitive
> ich wäre   – ...
> ...
> sie bewunderten   – bewundern

3 Lies das Merkwissen.

> **Merkwissen**
>
> Mit dem **Konjunktiv II** (der **Möglichkeitsform** des Verbs) drückst du aus,
> dass etwas nicht oder noch nicht passiert ist:
> Möglichkeiten, erfüllbare oder nicht erfüllbare Wünsche:
> *Ich **wäre** gern ein Star.*

4 Und wenn alles Wirklichkeit wäre?
Schreibe den Text „Andras träumt" im „normalen" Präsens auf.
Du kannst in der **Ich**-Form oder in der **Er**-Form schreiben.

> **Starthilfe**
>
> Andras ist ein Rockstar.
> Er hat ...

Der Konjunktiv II wird vom Präteritum abgeleitet:

Präteritum ➔ Konjunktiv II
ich w**a**r ➔ ich w**ä**re
ich h**a**tte ➔ ich h**ä**tte

5 Schreibe die Verbformen aus dem Text „Andras träumt" im Präteritum auf.

> **Starthilfe**
>
> ich war, ich …

6 Du kannst selbst Verbformen im Konjunktiv bilden.
   a. Schreibe die folgenden Präteritumformen untereinander auf.
   b. Bilde die Formen des Konjunktivs II und schreibe sie daneben.

sie sprang, wir sprachen, ich verlor, sie trugen,
es schwamm, sie zogen, ich las, er flog

Z 7 Bei welchen Verben unterscheiden sich Konjunktiv II und Präteritum nicht?
   a. Lies das folgende Merkwissen.
   b. Schreibe das Präteritum der folgenden Verben untereinander auf.
      Schreibe den Konjunktiv II jeweils daneben.
   c. Schreibe die Ersatzform mit **würde** auf, wo es sinnvoll ist.

putzen, regnen, waschen, reisen, stehen, sagen, machen,
schenken, wissen, halten, lächeln, begegnen, leben

> **Merkwissen**
>
> Bei manchen Verben unterscheidet sich der Konjunktiv II
> nicht vom Präteritum:
> *sie lachte* ⬅ *sie lachte*
> Dann kannst du die **Ersatzform** mit *würde* verwenden:
> *sie* **würde** *lachen*

Z 8 Wähle zehn Verbformen von den Seiten 22 und 23 aus.
Verwende sie in Sätzen.

9 Wovon träumst du? Wer wärst du gern?
Schreibe einen eigenen Text über deine Wunschzukunft,
über nicht oder noch nicht Mögliches.
 • Du kannst zunächst passende Verben sammeln.
 • Verwende dann möglichst viele Formen des Konjunktivs II.

> Vielleicht
> erfände ich
> ein supermodernes
> Gerät für …

> Ich nähme
> an einem
> …-Rennen teil.

 6 Bei starken Verben wird der Konjunktiv II mit Umlaut gebildet. An den Verbstamm
wird ein **e** angehängt, z.B.: *ich sang* ➔ *ich* **sänge**, *ich schlug vor* ➔ *ich* **schlüge** *vor*

Drei Wünsche für die Zukunft:
Ein Sachtext und eine Umfrage

Zunächst liest du, was Wissenschaftler über die Wünsche von Jugendlichen herausgefunden haben. Danach kannst du selbst eine Umfrage starten.

Was sich Jugendliche wünschen

1 Ein Auto, Superkräfte oder einfach nur Weltfrieden? US-Psychologen haben ermittelt, was Teenager wählen, wenn sie drei Wünsche frei hätten. Dabei zeigten sich auch klare Unterschiede
5 zwischen Mädchen und Jungen.
„Wenn du drei Wünsche frei hättest, welche wären es?" Die Frage stand in einem standardisierten Fragebogen, den Jugendliche in den USA vor einem Arztbesuch ausfüllen sollten. Dort konnten
10 sie auch über ihren Gesundheitszustand, die Schule und weitere Themen Auskunft geben.
Ein Forscherteam hat die Wünsche von 110 Jugendlichen im Alter von 11 bis 18 Jahren ausgewertet und die Ergebnisse auf der Tagung
15 der Pediatric Academic Societies in Denver, US-Bundesstaat Colorado, vorgestellt.

2 Die meisten Jugendlichen wünschten sich etwas für sich selbst – das taten
85 Prozent. Am häufigsten wurde der Wunsch nach Reichtum (41 Prozent der Wünsche) genannt, knapp jeder dritte Wunsch drehte sich um ein Objekt, das die Teenager
20 besitzen wollten – von der Spielkonsole bis zum Auto. In 17 Prozent der notierten Wünsche ging es um mehr Erfolg in der Schule, bei 16 Prozent um sportliche Erfolge und bei 14 Prozent waren Superkräfte das Ziel – oder die Jugendlichen wünschten sich, noch mehr Wünsche erfüllt zu bekommen.
Jungen sehnen sich eher nach Erfolg. 32 Prozent der Teenager bedachten mit
25 mindestens einem Wunsch auch andere, etwa ihre Familie. Zehn Prozent äußerten Wünsche, die sowohl anderen als auch ihnen selbst nutzen würden. Jeder Fünfte notierte einen Wunsch für die gesamte Menschheit: Weltfrieden.

3 Es zeigte sich ein klarer Unterschied zwischen Jungen und Mädchen:
73 Prozent der Jungen dachten in erster Linie an die Erfüllung eigener Träume,
30 bei den Mädchen waren es 46 Prozent. Gut ein Viertel der Mädchen äußerte Wünsche, die der Familie zugutekommen würden, aber nur neun Prozent der Jungen. Dabei entdeckten die Wissenschaftler auch sehr persönliche Wünsche, etwa den nach Papieren für die Eltern, damit diese in die USA einreisen könnten. Zudem wünschten sich die Mädchen häufiger, dass sie glücklich sind, die Jungen

35 dagegen sehnten sich nach Erfolg. Ein Ergebnis überraschte die Forscher, wie die an der Studie beteiligte Kinderärztin Eliana Perrin von der University of North Carolina in Chapel Hill beschreibt: „Nur acht Prozent der Heranwachsenden hatten Wünsche, die ihr Aussehen betrafen. Und nur vier Prozent gaben konkret an, sie wollten dünner sein." Die Wissenschaftler
40 hatten erwartet, dass das Aussehen die Jugendlichen viel stärker beschäftigt.

1 Worum geht es in dem Sachtext?
   a. Stelle zunächst Fragen an den Text. Schreibe die Fragen auf.
   b. Beantworte die Fragen in Stichworten. **Tipp:** Schreibe als Ergebnisse die wichtigsten Zahlenangaben auf.
   c. Tauscht euch über den Text aus.

> Wer …?
> Wann …?
> Wo …?
> Was …?
> Warum …?
> Mit welchem Ergebnis?

Eine Umfrage durchführen und als Grafik auswerten

Was würdest du dir wünschen, wenn du drei Wünsche frei hättest?
Zu dieser Frage könnt ihr nun in eurer Klasse eine Umfrage durchführen.

2 a. Sammelt mögliche Antworten auf die Frage an der Tafel.
   b. Entwickelt aus den möglichen Antworten einen Umfragebogen zum Ankreuzen. **Tipp:** Zieht am Ende des Umfragebogens auch ein bis zwei Schreibzeilen für weitere mögliche Antworten.
   c. Kopiert, verteilt und bearbeitet jeder für sich den Umfragebogen.

> **Was würdest du dir wünschen, wenn   ?**
>
> einen passenden Ausbildungsplatz ☐
> eine eigene Familie ☐
> ☐
> ☐
> ☐
>
> weitere Wünsche:
> _____
> _____

3 Zählt die Antworten und wertet die Umfrage in einer Tabelle aus.

Wunsch	Mädchen	Jungen	Gesamt
Ausbildungsplatz	11	14	25
…	…	…	…

4 Stellt eure Umfrageergebnisse als Grafik dar.
→ Arbeitstechnik „Eine Grafik gestalten" in „Wissenswertes auf einen Blick": Seite 300

Training:
Einen beratenden Brief schreiben

Manche Jugendliche schauen eher mit gemischten Gefühlen in ihre Zukunft.

1 Lies Yasemins Gedanken.

Mir macht meine Zukunft echt Angst. Ich habe ja erst mal noch den Abschluss vor mir. Was ist, wenn die Prüfungen nicht so gut laufen? Ich wollte ja
5 eine Ausbildung anfangen, aber Mama meint, ich sollte mir damit Zeit lassen. Stimmt ja auch, denn ich weiß gar nicht, welchen Beruf ich überhaupt will. Ich soll erst einmal in Ruhe überlegen,
10 meint sie. Vielleicht jobben oder für einige Zeit in die Türkei zu meiner Tante fahren? Die ist Lehrerin an einem Gymnasium. Mein Onkel hat eine Firma, da könnte ich auch jobben.
15 Aber bringt das was?

Außerdem weiß ich nicht, ob ich überhaupt weg will von zuhause. Meine Freunde wissen schon alle, was sie nach der Schule tun wollen. Nur ich nicht. Das ist echt blöd. Papa schlägt die Berufsberatung vor. Aber wenn ich doch gar nicht weiß, was ich werden will …

2 Wie wirken Yasemins Gedanken auf dich?
Wähle drei Adjektive aus, die für dich am ehesten zutreffen.

> optimistisch, ängstlich, nachdenklich, entschlossen, zögerlich, entscheidungsfreudig, unsicher, selbstbewusst, vertrauensvoll, schwankend, offen

3 Was genau macht Yasemin Sorge?
a. Finde die Textstellen und lies sie noch einmal.
b. Notiere in Stichpunkten Yasemins Ängste und Sorgen.

Starthilfe
• Prüfungen könnten schlecht laufen
• kein Beruf
• …

Yasemin braucht dringend einen Rat. In einem Brief kannst du ihr einige ihrer Ängste und Sorgen nehmen.

4 Welche Bedenken Yasemins kannst du gut nachvollziehen?
Welche Sorgen kennst du vielleicht sogar selbst?
Mache dir Notizen zu deinen Gedanken.

Manchmal hilft ein bisschen Abstand zu den eigenen Problemen. Manchmal ist es für eine außenstehende Person viel einfacher, Lösungsideen zu haben oder Rat zu erteilen.

5 Welche Ratschläge kannst du Yasemin erteilen?
  • Wähle drei Probleme oder Sorgen aus.
  • Notiere, was du vorschlagen oder erwidern könntest.
Tipp: Diese Frage kann helfen:
Welche Wünsche und Hoffnungen hat Yasemin?

Starthilfe

• Prüfungsangst:	Tipps für eine sichere Vorbereitung: …
	Übe mit jemandem zusammen, die/der …
• kein Berufswunsch:	Im Moment ist es gar nicht wichtig, …
	Du könntest erst einmal …

6 Schreibe deinen Brief an Yasemin.

Liebe . . . ,

ich weiß, du machst dir viele Gedanken um die Zukunft. Da geht es dir so wie mir. Dieser Brief soll dir helfen, . . .

. . .

Liebe Grüße

. . .

Anrede
Grund des Schreibens
Yasemins Gedanken aufgreifen
Verständnis ausdrücken
Ratschläge formulieren
Schlussgedanke
Gruß

Z 7 Lest euch gegenseitig eure Briefe vor.
Welche Briefstellen könnten Yasemin vielleicht helfen? Warum?
Sprecht darüber.

Z 8 Welcher Person, die dir persönlich nahesteht, könntest du Rat anbieten?
Schreibe dieser Person einen persönlichen Brief.

6 Mit diesem Brief möchte ich … Ich möchte dich gern dabei unterstützen, …
Das kann ich gut verstehen … Ich war auch einmal … Dabei hat mir geholfen …
Du sagst, du hättest Angst vor der Zukunft, weil … Du bist der Meinung, dass …
Ich finde/glaube/denke, dass … Ich schlage dir vor/empfehle dir …

Baumwolle – ein Stoff

Eigenschaften:
widerstandsfähig
hautfreundlich
saugfähig
gut mit anderen Fasern
    mischbar
waschbar
kochfest
pflegeleicht
vielseitig verwendbar

1 Klassengespräch!
- Was entdeckt ihr alles auf den Fotos?
- Was erfahrt ihr in den Texten und aus der Grafik?
- Was interessiert euch besonders und warum?
- Was möchtet ihr genauer wissen?

1 die Baumwolle, der Baumwollstrauch/die Baumwollpflanze, die Baumwollkapsel,
das Baumwollfeld; die Erntemaschine, das Label, das Etikett, die Spinnmaschine

mit Geschichte

4

5

6

Wusstet ihr,
- dass für den Anbau der Baumwolle für **eine** Jeans 8000 Liter Wasser (also etwa 55 Badewannen voll) verbraucht werden?
- dass Bekleidung aus Baumwolle früher einmal zu den Luxusgütern gehörte?
- dass auch in einem Euroschein Baumwolle steckt?

7

▨ Wichtigste Baumwollanbaugebiete

8

Baumwollproduktion weltweit 2014/2015
(26,238 Millionen Tonnen insgesamt)

Indien 6,507

China 6,480

USA 3,553

Pakistan 2,305

Brasilien 1,551

andere Länder 5,842

Quelle: International Cotton Advisory Committee, www.icac.org <http://www.icac.org>

In diesem Kapitel erfahrt ihr viel über Baumwolle.
Mit Hilfe des Textknackers lest ihr einen Sachtext, fasst ihn zusammen und stellt zum Schluss eure Erkenntnisse in einer Zeitleiste dar.

Was wisst ihr über Baumwolle?

Auf Seite 28 seht ihr mehrere Produkte aus Baumwolle.

1 Beantwortet in Gruppen folgende Fragen:
- Welche Kleidungsstücke aus Baumwolle tragt ihr?
- Welche anderen Gegenstände aus Baumwolle benutzt ihr?
- Welche Produkte kennt ihr, in denen Baumwollöl enthalten ist?

2 Was interessiert euch an Baumwolle und an Baumwollprodukten?
Notiert Fragen und Themen auf Karteikarten.

Baumwolle wird in vielen Regionen der Erde angebaut.

3 Sammelt Informationen über Baumwollanbaugebiete und macht euch Notizen.
- In welchen Ländern gedeiht Baumwolle?
  Tipp: Findet die Länder im Atlas.
- Welches Klima herrscht in diesen Ländern vor?

Der Baumwollanbau ist auch mit Problemen verbunden.

📖 Probleme beim Baumwollanbau

Baumwolle ist heute ein Hauptrohstoff für die Welttextilindustrie, was natürlich
Anreize schafft, den Anbau zu intensivieren. Aber: Baumwollkapselkäfer,
die Larve der Baumwollmotte und viele andere Insekten fügen der Baumwollpflanze
einen großen Schaden zu. Darüber hinaus ist die Baumwollpflanze
5 für verschiedene Krankheiten, die vor allem durch Pilze verursacht werden,
sehr anfällig. Der Einsatz von teuren Giften und anderen Chemikalien soll helfen,
die Ernte zu sichern. Das führt dazu, dass etwa 20 % der weltweiten
Produktion von Düngemitteln und Pestiziden[1] auf den Baumwollfeldern
der Welt ausgebracht werden. Darüber hinaus müssen die Baumwollfelder
10 regelmäßig bewässert werden.

4 Tauscht euch über die folgenden Fragen aus und macht euch Notizen:
- Welche Probleme treten beim Baumwollanbau auf?
- Welche Folgen können diese Probleme für die Menschen mit sich bringen?

🖊 **2** Woher kommt der Name? Was ist alles aus …? Wie sieht … aus? Welche
Wachstumsbedingungen …? Wie ist der Weg von … bis …? Welche Besonderheiten …?
Wie leben …? Was geschieht mit … von … bis …? Welche Probleme …?

[[1] **das Pestizid:** ein chemisches Mittel zur Bekämpfung von Unkraut und Pflanzenschädlingen

Z **5** a. Recherchiert in verschiedenen Medien zum Thema „Ökologisch-biologischer Anbau von Baumwolle".

    b. Stellt eure Ergebnisse in der Klasse vor.

Der Weg von der Aussaat bis zum fertigen Kleidungsstück ist lang.

[E] das Nähen der Textilien

[U] die Ernte der Rohbaumwolle

[F] das Färben der Stoffe

[L] die Verpackung der fertigen Produkte für den Versand

[A] das Wässern der Baumwollpflanzen und die Bekämpfung von Unkraut und Schädlingen

[M] die Trennung der Fasern von den Samenkapseln (das Entkernen)

[O] das Pressen der Baumwollballen für den Transport

[W] die Reinigung der Baumwollfasern

[D] der Transport der fertigen Produkte bis zu den Verbrauchern

[L] das Verspinnen der Fasern zu Garn

[L] das Weben des Garns zu Stoffen für die Herstellung von Textilien

[B] die Aussaat der Baumwollsamen

6 Welche Stationen der Baumwolle folgen nacheinander?
Stellt den Weg der Baumwolle in einem Fließdiagramm dar.
Tipp: Das Lösungswort verrät euch, ob alles richtig ist.

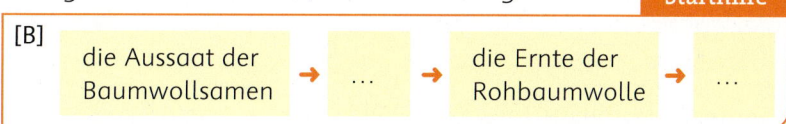

Starthilfe

[B]
die Aussaat der Baumwollsamen → ... → die Ernte der Rohbaumwolle → ...

Außer Baumwolle gibt es auch noch andere Materialien für Bekleidung.

 Chemiefasern

Neben den Naturfasern gewinnen seit etwa 70 Jahren in der Bekleidungsindustrie Chemiefasern an Bedeutung. Chemiefasern bieten den Herstellern die Möglichkeit, die Eigenschaften zu verändern und dem Bedarf anzupassen. Das geschieht durch wechselnde Rohstoffe. Bei den *Synthesefasern*, sind es vor allem Kohle, Erdöl und Erdgas. *Zellulosefasern*, wie z. B. Modal und Viskose, werden auf der Grundlage von Zellulose hergestellt, die aus Holz gewonnen wird. Chemiefasern sind meist pflegeleicht, sehr haltbar und nicht anfällig gegen Insekten, nehmen allerdings nur wenig Feuchtigkeit auf und sind leicht entflammbar.

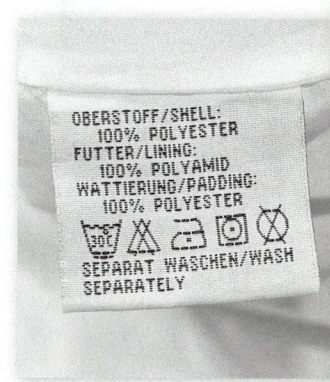

7 a. Welche Alternativen gibt es zu Baumwollfasern? Notiert sie.

    b. Welche Materialien findet ihr auf den Waschzetteln in eurer Kleidung? Ergänzt eure Notizen.

    c. Welche Fasern bevorzugt ihr in eurer Kleidung? Begründet.

7 der Kaschmir: eine besonders feine Wolle; die Viskose/die Modalfaser: Fasern, die in einem chemischen Verfahren aus Zellulose gewonnen werden

Einen Sachtext „knacken"

Den Sachtext „Der Stoff, aus dem dein T-Shirt ist" liest du mit dem Textknacker.
Im letzten Schritt bearbeitest du diese Textknackeraufgabe.

> Für eine Informationsveranstaltung zum Thema „Baumwolle" bereitet
> eure Schule eine Ausstellung vor. Besucher dieser Ausstellung sind Einwohner
> und Gäste eures Ortes. Mit einer Zeitleiste informierst du die Besucherinnen
> und Besucher über das Thema „Baumwolle – ein Stoff mit Geschichte".
>
> **A** Lies als Grundlage für deine Zeitleiste den Sachtext
> „Der Stoff, aus dem dein T-Shirt ist".
> Wähle aus: Du kannst *einen* Teil des Sachtextes lesen und bearbeiten
> oder *beide* Teile.
> **B** Mache dir zunächst Notizen für den Inhalt deiner Zeitleiste.
> **C** Gestalte deine Zeitleiste.

1 Untersuche die Aufgabenstellung mit dem Aufgabenknacker.
Tipp: Sprich mit einer Partnerin oder mit einem Partner
über die Aufgabe.

→ Aufgabenknacker: Seite 293

W 2 „Knacke" einen oder beide Teile des Sachtextes
mit dem Textknacker.

> 1. Vor dem Lesen
> 2. Das erste Lesen: Überfliegen
> 3. Den Text genau lesen

Teil 1

Der Stoff, aus dem dein T-Shirt ist   Volker Thomas

1 Wir schlafen darin, wickeln unsere Babys damit ein und tragen sie auf der
Haut. Baumwolle ist uns so vertraut, weil sie uns überall begegnet.
Kaum jemand denkt darüber nach, wo dieser Stoff eigentlich herkommt und
wie er hergestellt wird. Der Name geht zurück auf eine Legende aus dem
5 Mittelalter. Sie erzählt von sagenhaft feiner Wolle, die auf Bäumen wächst:
die Baumwolle. Das englische *cotton* deutet die Herkunft aus arabischen
Ländern an: Es leitet sich aus dem arabischen قطن (sprich: *quṭn*) ab.

2 Es ist ein weiter Weg von der Kapsel mit den flauschigen Baumwollfasern,
die an einen Wattebausch erinnern, bis zu dem Garn[1], das zu einem Stoff
10 gewebt wird, der sich problemlos waschen, färben, bedrucken und mit
anderen Fasern vermischen lässt. Dieser Weg führt heute manchmal
um die ganze Welt. Jahrhundertelang entstanden Baumwollprodukte –
von der Ernte bis zum Kleidungsstück – ausschließlich in Handarbeit.
Die Herstellung eines prächtigen farbigen Tuchs konnte Wochen dauern.

[[1] **das Garn:** hier: ein feiner Faden

15 **3** Bis ins 16. Jahrhundert hinein waren Baumwollstoffe, die damals aus Indien und den arabischen Ländern in Nordafrika und im Nahen Osten kamen, ein Luxusgut. Die Wege von Indien, aus dem Nahen Osten oder Ägypten nach Europa waren weit und gefährlich. Schiffe brauchten **20** Wochen und Monate für den langen Weg um Afrika herum. Karawanen mussten Wüsten durchqueren, Berge übersteigen und sich gegen Räuber wehren. Erst mit der industriellen Revolution, die im 18. Jahrhundert in England ihren Anfang nahm, **25** änderte sich das. Die Herstellung und Verarbeitung von Baumwolle wurde total umgekrempelt. Nicht mehr die fertigen Stoffe wurden nach Europa transportiert, sondern nur noch die sogenannte Rohbaumwolle.

4 Das wurde möglich, weil es nun Maschinen gab, **30** mit denen die Baumwolle bearbeitet werden konnte, z. B. die „Spinning Jenny", die mit Dampf angetrieben wurde. Auf bis zu 1000 Garnspindeln konnten die Baumwollfasern gleichzeitig zu Baumwollgarn versponnen werden – 1000 Spinnräder wurden **35** so ersetzt, die von 1000 Heimarbeitern betrieben werden mussten. Einige von ihnen fanden sich nun als Lohnarbeiter in den Fabriken wieder. Aus der Sicht der Fabrikbesitzer war das effizient und sparte Kosten. Auch das Weben der Stoffe wurde mechanisiert: **40** Die erste dampfbetriebene Webmaschine nahm Ende des 18. Jahrhunderts in England ihre Arbeit auf.

5 Die amerikanischen Ureinwohner kannten Baumwolle ebenfalls. Auch bei ihnen waren Kleidungsstücke aus Baumwolle lange Zeit Luxusgüter. Als am Ende des 18. Jahrhunderts im Süden der USA eine Baumwollpflückmaschine erfunden wurde, stieg dort **45** der Baumwollanbau rasant an. Sie wurde nun im großen Stil auf den tropischen Karibikinseln und in den amerikanischen Südstaaten angebaut, die damals noch von den Kolonialmächten England und Frankreich beherrscht wurden. Die Folge: Baumwolle wurde zu einem wichtigen Exportgut nach Europa. Die Preise für die in Fabriken hergestellte und verarbeitete Baumwolle sanken drastisch. **50** Aus einem Luxusprodukt für wenige wurde ein Alltagsprodukt für viele. Die durch die industrielle Revolution ausgelöste Mechanisierung machte es möglich, dass aus dem Luxusprodukt ein erschwingliches Alltagsprodukt für alle wurde. Viele Menschen konnten nun Hemden, Röcke, Jacken, Mäntel und Wäsche aus Baumwolle tragen. Die ließ sich viel besser pflegen, waschen und bügeln als die traditionellen Stoffe: **55** Wolle verfilzte leicht, Leinen knitterte und Pelze konnten sich nicht viele leisten. Bei all dem spielte es wohl auch keine Rolle, dass in den Baumwollanbauländern die Menschen auf den Baumwollfeldern für einen Hungerlohn schuften mussten.

6 Im 20. Jahrhundert wurden dann Chemiefasern entwickelt und produziert. Der Umsatz an Baumwollprodukten ging jedoch nur kurzzeitig zurück,
60 weil Baumwolle viel bessere Trageeigenschaften hatte und hat. So konnte die Entdeckung der Chemiefasern im 20. Jahrhundert der Baumwolle nicht viel anhaben. Die rein synthetischen Hemden sind längst wieder verschwunden. Aber: Wer sich den Waschzettel in seinen Jeans oder seinem Pulli genauer ansieht, wird feststellen, dass neben der Baumwolle elastische Fasern wie Elastan oder
65 Polyester beigemischt wurden. Sie sorgen dafür, dass der Stoff nicht ausleiert. Chemiefasern können also die Eigenschaften der Baumwolle verbessern.

7 Baumwolle ist auf dem Weltmarkt nach wie vor sehr gefragt: Der Welthandel mit Baumwolle konzentriert sich heute auf vier Länder: China, Indien, Pakistan und die USA. Auf sie entfallen rund 70 Prozent der Produktion, was nicht ohne
70 Folgen bleibt.

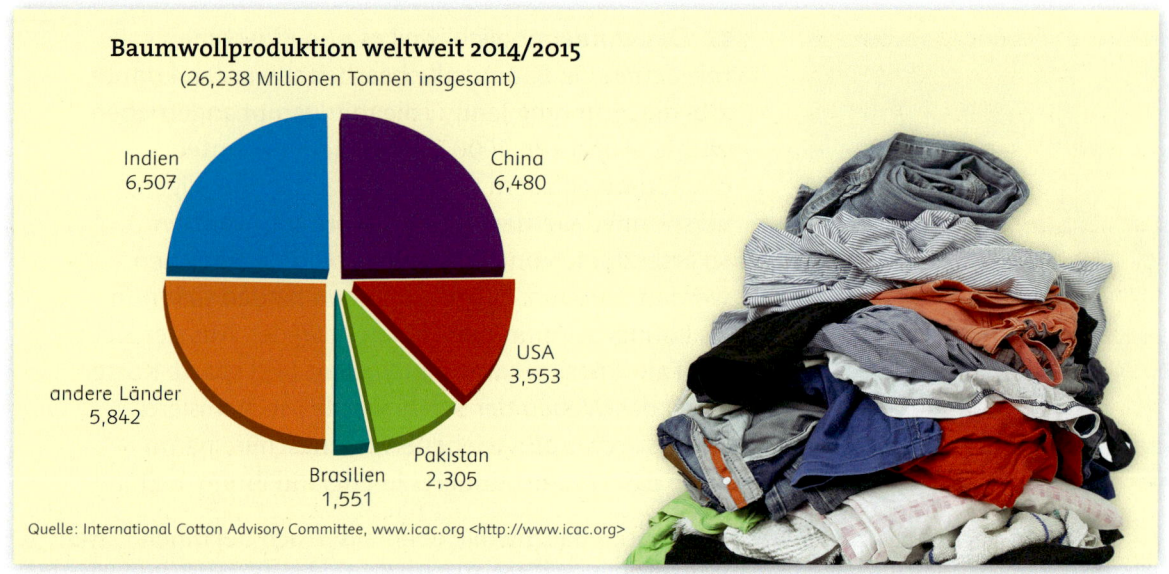

Baumwollproduktion weltweit 2014/2015
(26,238 Millionen Tonnen insgesamt)

Indien 6,507
China 6,480
andere Länder 5,842
USA 3,553
Brasilien 1,551
Pakistan 2,305

Quelle: International Cotton Advisory Committee, www.icac.org <http://www.icac.org>

Die Baumwollfelder beanspruchen zwar nur 2,5 Prozent der weltweiten landwirtschaftlichen Nutzflächen, doch 16 Prozent der weltweit eingesetzten Pestizide und Herbizide[3] werden auf diesen Plantagen versprüht. Das gefährdet nicht nur
75 die Gesundheit der Farmarbeiter, es belastet auch die Umwelt durch die Rückstände, die in die Flüsse gespült werden. Außerdem entfallen rund zehn Prozent der Düngemittel auf den Baumwollanbau. Wie intensiv der Anbau betrieben wird, zeigt sich daran, dass sich seit 1969 die Weltproduktion an
80 Rohbaumwolle auf fast 26 Millionen Tonnen verdoppelt hat, obwohl die Anbaufläche nur wenig zugenommen hat.

[2] **andere Länder:** Dazu gehören z. B. die Türkei, die afrikanischen Staaten Mali, Benin, Nigeria, Tschad sowie weitere asiatische Staaten wie Armenien, Aserbaidschan, Kasachstan, Usbekistan.
[3] **das Herbizid:** das Unkrautvernichtungsmittel

Teil 2

8 Was wir Globalisierung nennen, lässt sich am Beispiel der Herstellung eines T-Shirts demonstrieren. In Usbekistan zu großen Teilen von Kindern geerntet, wird die Baumwollfaser
85 in China gesponnen, in Bangladesch für Niedrigstlöhne zu Kleidung verarbeitet und bei uns zu Billigpreisen angeboten. Die Verbraucher haben sich an Schnäppchen gewöhnt und greifen, ohne viel nachzufragen, begeistert nach dem T-Shirt für fünf Euro oder dem Kleid für 19,99 Euro. Die Preise für
90 den Rohstoff Baumwolle diktieren die großen Anbauländer. Das macht den Produzenten, die neben den dominierenden Anbietern Baumwolle auf den Weltmarkt bringen möchten, große Probleme. Von Fairness kann oft nicht die Rede sein.

9 Noch ist der Marktanteil fair gehandelter Baumwolle sehr gering. In Indien,
95 Mali, Burkina Faso und Senegal haben sich auf Initiative von Fairtrade[4]-Organisationen Zusammenschlüsse von Farmen (Kooperativen) gebildet, die stabile Mindestpreise und verbesserte Arbeitsbedingungen bieten. Fairtrade fördert den biologischen Anbau und zahlt einen Bio-Aufschlag. Bauern erhalten Unterstützung bei der Umstellung auf ökologischen Anbau. In Westafrika und Indien ersetzen
100 bereits viele Produzenten chemisch-synthetisch hergestellte Düngemittel und Pestizide durch organischen Dünger. Trotzdem unterliegt der Anteil an ökologisch angebauter Baumwolle großen Schwankungen. Angesichts der riesigen Mengen produzierter Baumwolle ist der Anteil an ökologisch angebauter Baumwolle immer noch sehr gering. Wer fair gehandelte Kleidung kaufen
105 möchte, muss sich zwar etwas genauer informieren. Aber es gibt sie, und sie muss nicht unbedingt viel teurer sein als die auf den Wühltischen in den großen Kaufhäusern. Eine Hilfe sind die drei Textilsiegel „Global Organic Textile Standard (GOTS)", das „Fairtrade"-Siegel und das der „Fair Wear Foundation".

3 a. Schreibe zu jedem deiner ausgewählten Absätze eine passende Überschrift auf.

   b. Schreibe zu jeder Überschrift die Schlüsselwörter aus dem Absatz auf.

Tipps: • Schreibe jede Überschrift auf eine neue Karteikarte.
           • Am Anfang des Textes sind schon einige Schlüsselwörter hervorgehoben.

Weiter mit dem 3. Schritt

4 Zu deinen Textteilen gehören auch Bilder. Beschreibe die einzelnen Bilder.

---

[4] **Fairtrade** (von engl. „fair trade" – gerechter Handel): ein Siegel, das von Fairtrade-Organisationen an Produzenten und Händler verliehen wird, die nachhaltig für die Verbesserung der Arbeits- und Lebensbedingungen benachteiligter Bauern und Arbeiter in Afrika, Asien, Ozeanien und Lateinamerika wirken

5 • Welche Wörter werden unter deinen Textteilen erklärt?
• Welche weiteren Wörter möchtest du klären?
Schreibe die Wörter mit ihren Erklärungen auf.

6 a. Sieh dir die Grafik auf Seite 34 genau an. Lies den Absatz **7**.
b. Welche zusätzlichen Informationen erhältst du durch die Grafik? Notiere.

7 Hast du alles Wichtige verstanden? Schreibe die richtigen Antworten auf.
Tipp: Die Buchstaben vor den richtigen Lösungen ergeben ein Lösungswort.

In dem Sachtext geht es um …	
B	die Herstellung von Bekleidung.
S	die Gewinnung von tierischer Wolle.
A	den Baumwollanbau und seine Geschichte.
Baumwolle ist eine Naturfaser, …	
E	die überall auf der Welt gedeiht.
R	die an Bäumen wächst.
N	deren Anbau nur in bestimmten Klimazonen möglich ist.
Baumwolle wurde bis ins 16. Jahrhundert vor allem …	
B	aus den arabischen Ländern nach Europa transportiert.
U	aus den amerikanischen Südstaaten nach Europa transportiert.
T	in Mitteleuropa angebaut.
Die „Spinning Jenny" ist …	
O	ein Roboter, der heute in Textilfabriken arbeitet.
A	eine mechanische Spinnmaschine.
E	eine Person, die Rohbaumwolle zu Fasern verspinnt.
Weil es heute Chemiefasern gibt, …	
M	muss keine Baumwolle mehr angebaut werden.
L	braucht man auch keine anderen Naturfasern mehr.
U	können die Eigenschaften von Baumwollstoffen noch verbessert werden.

8 Über welche Inhalte möchtest du noch mehr wissen?   **4. Nach dem Lesen**
a. Notiere die Absatznummern und deine Fragen dazu.
b. Recherchiere selbst, um Antworten auf deine Fragen zu finden.
Tipp: Informationen findest du zum Beispiel im Internet und
in Sachbüchern.   → weitere Sachtexte über Baumwolle: Seiten 236–239

Z **9** Hast du auch den 2. Teil des Textes gelesen? Dann notiere die Antworten:
• Welchen Weg hat ein T-Shirt zurückgelegt, bis man es kaufen kann?
• Was versteht man unter fair gehandelter Baumwolle und
woran erkennt man sie?

W **10** Wähle aus:
• Bearbeite die Textknacker-Aufgabe von Seite 32 selbstständig.
• Oder bearbeite die Textknacker-Aufgabe mit Hilfe der Schritte auf Seite 37.

Eine Zeitleiste zur Geschichte der Baumwolle

Du möchtest andere über die Geschichte der Baumwolle informieren.
In einer Zeitleiste kannst du wichtige Ergebnisse zusammenfassen.

1. Schritt: Sich einen Überblick über die Informationen verschaffen

1 Verschaffe dir einen Überblick über deine Notizen:
- Welche Zeitabschnitte aus der Geschichte der Baumwolle möchtest
  du in der Zeitleiste darstellen?
- Welche Notizen kannst du den Zeitabschnitten zuordnen?

2. Schritt: Die Zeitleiste skizzieren

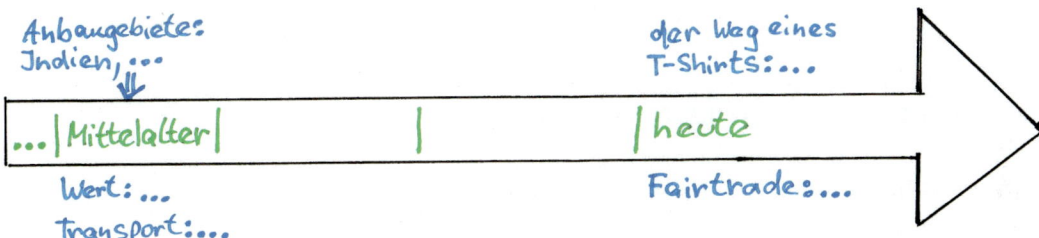

2 Skizziere die Zeitleiste zunächst, am besten auf ein A3-Blatt.
Zeichne eine Linie oder einen Zeitstrahl.
- Trage darauf die Zeitabschnitte ein: Stichworte genügen.
- Markiere, wo du weitere Angaben eintragen möchtest.

Tipps:
- Prüfe, wie viel Platz du für die Angaben jeweils benötigst.
- Nummeriere deine Karteikarten. Dann kannst du Nummern
  in die Skizze eintragen.
- Plane auch Platz für Informationen aus deinen Recherchen ein.

3. Schritt: Die Informationen auf der Zeitleiste anordnen und gestalten

3 Gestalte deine Zeitleiste übersichtlich.
a. Ordne deine einzelnen Informationen. Ordne jedem
   Zeitabschnitt die passenden Informationen zu.
b. Wähle nur wenige wichtige Angaben für den
   Zeitstrahl aus. Formuliere sie knapp.

> **Hilfen zum Ordnen:**
> die Anbaugebiete
> die Arbeitsbedingungen
> die Baumwollbauern
> der Handel
> der Transport
> die Mode
> der Preis
> die Technik
> die Verarbeitung

4 Gestalte deine Zeitleiste ansprechend.
- Du brauchst viel Platz: Verwende ein Blatt
  in Postergröße oder klebe mehrere Blätter
  aneinander.
- Setze sinnvoll wenige Farben und Schriftformen ein.
- Füge Bilder ein.   → Arbeitstechnik „Zeitleiste": Seite 300

Die Arbeitsergebnisse präsentieren

Deine Zeitleiste zum Thema „Baumwolle – ein Stoff mit Geschichte"
präsentierst du vor Publikum.

Die Informationen für die Präsentation auswählen

1 Beantworte folgende Fragen zur Vorbereitung deiner Präsentation.
- Was verlangt das Thema der Präsentation von mir? → Thema: Seite 32
- Vor welchem Publikum will ich meine Ergebnisse präsentieren?
- Wie kann ich das Publikum in meine Präsentation einbeziehen?
- Wo und wie befestige ich meine Zeitleiste so, dass sie alle sehen
  können?

**Für deine Präsentation kannst du weitere kurze Materialien erarbeiten.
Dann wird sie für das Publikum interessanter.**

2 **a.** Lies den folgenden Internettext mit Hilfe des Textknackers.
   b. Notiere Stichworte für einen kurzen informierenden Text
   für deine Präsentation.

Wissenswertes über die Baumwollpflanze

Botanisch gehört die Baumwollpflanze zu den Malvengewächsen und damit
zur gleichen Familie wie zum Beispiel der Hibiskus oder der Kakaobaum.
Alle diese Pflanzen brauchen viel Wärme und sie sind sehr sonnenhungrig.
Von der Aussaat bis zur Ernte benötigt die Baumwollpflanze 200 frostfreie
5 Tage. Darüber hinaus braucht die Baumwollpflanze viel Feuchtigkeit.
Deshalb gedeiht sie auch nicht überall auf der Welt, sondern bevorzugt
in tropischen und subtropischen Gebieten.
Die Blüte der Baumwollpflanze beginnt etwa drei Monate nach der Aussaat.
Nach der Befruchtung der Blüte wird aus dem Fruchtknoten eine Kapsel,
10 die aufspringt, wenn sie reif ist. Nun können die Samenfasern hervorquellen.
Eine einzige Kapsel enthält bis zu 30 Samen und an jedem dieser Samen
finden sich zwischen 2000 und 7000 Fasern. Diese Fasern liefern den Rohstoff
für Baumwollstoffe. Einige dieser Fasern sind für das Verspinnen zu kurz,
aber auch sie lassen sich verwenden. Sie bestehen ebenfalls aus Zellulose
15 und werden z. B. für die Herstellung von Viskosefasern verwendet, die zu
den Chemiefasern gehören. Aus 100 kg gepflückten Baumwollkapseln
(das sind bis zu 10 000 Kapseln) werden etwa 35 kg Baumwollfasern und
62 kg Samenkörner gewonnen. Ein großer Teil dieser Samenkörner wird
zu Baumwollsamenöl verarbeitet.

Nach zusätzlichen Materialien recherchieren

3 Zu welchen Ereignissen auf deiner Zeitleiste möchtest du
zusätzliche Informationen geben?
    a. Recherchiere dazu in Sachbüchern, im Internet oder in diesem Buch.
    b. Notiere wichtige Stichworte auf Karteikarten.
  Tipps: • Wähle solche Materialien aus, die für dein Publikum interessant
          und neu sein könnten, z. B. kurze Geschichten, Aussagen
          von Zeitzeugen …
        • Notiere auch die Quellen der Materialien.

Die Materialien für die Präsentation ordnen

4 Welche Informationen möchtest du in deine Präsentation aufnehmen?
    a. Lege die passenden Karteikarten bereit.
    b. Markiere Wichtiges auf den Karteikarten.

5 Gliedere deinen Vortrag zur Präsentation.
    a. Nummeriere die Karteikarten in dieser Reihenfolge.
    b. Ordne die zusätzlichen Materialien ebenfalls der Gliederung zu.

Die Präsentation üben

6 Übe die Präsentation zusammen mit einer Partnerin oder einem Partner.
    a. Tragt euch gegenseitig vor, was ihr zu eurer Zeitleiste erklären möchtet.
    Achtet dabei besonders auf vollständige Sätze,
    auf eure Körperhaltung sowie auf Mimik und Gestik.
    b. Sprecht anschließend darüber:
    Was ist gut gelungen? Was kann noch besser gemacht werden?

Die Zeitleiste präsentieren

7 **a.** Lies die Arbeitstechnik „Eine Zeitleiste präsentieren".
    b. Präsentiere deine Zeitleiste vor Publikum mit Hilfe der Arbeitstechnik.

Arbeitstechnik

Eine Zeitleiste präsentieren

- **Zeige** deine Zeitleiste dem Publikum so, dass **alle sie sehen** können.
- **Erkläre** deine Zeitleiste: Sprich **frei und in ganzen Sätzen**.
- Gib an passenden Stellen **zusätzliche** Informationen.
- **Zeige** manchmal **auf die Stellen** deiner Zeitleiste, über die du gerade sprichst. Dann kann das Publikum dir besser folgen.
- Erkundige dich **zum Schluss**, welche **Fragen** es gibt, und beantworte sie.

Grafiken erklären

Wenn du eine Grafik präsentierst, solltest du sie deinem Publikum
auch erklären. Wie du dabei vorgehen kannst, übst du hier.

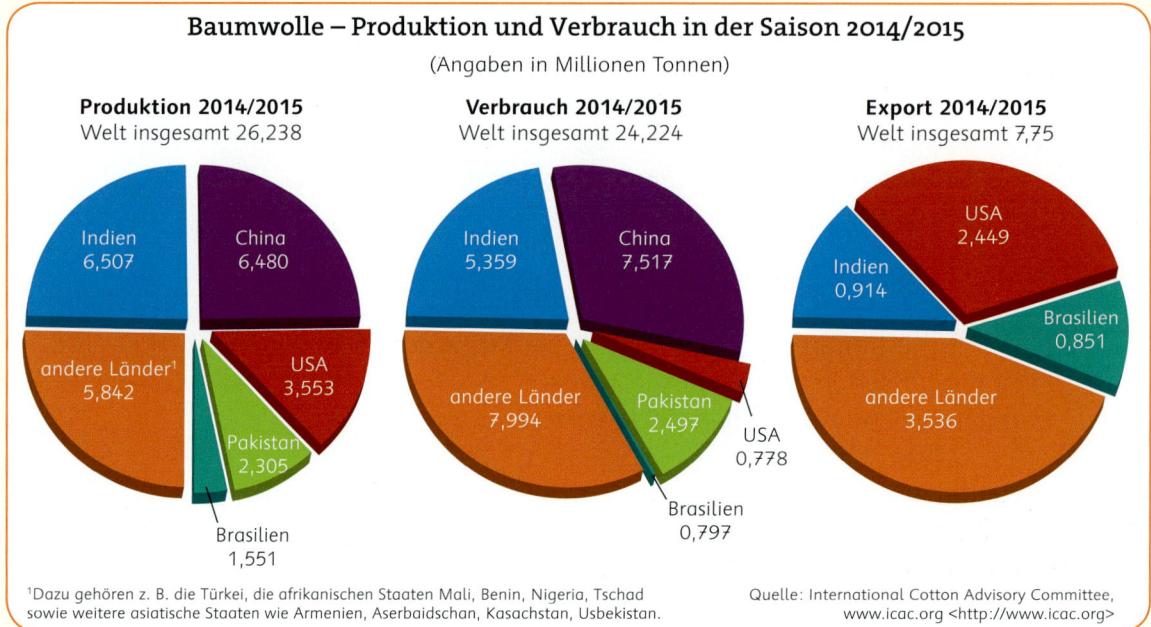

Baumwolle – Produktion und Verbrauch in der Saison 2014/2015

(Angaben in Millionen Tonnen)

Produktion 2014/2015
Welt insgesamt 26,238

Verbrauch 2014/2015
Welt insgesamt 24,224

Export 2014/2015
Welt insgesamt 7,75

Indien 6,507 · China 6,480 · andere Länder[1] 5,842 · USA 3,553 · Pakistan 2,305 · Brasilien 1,551

Indien 5,359 · China 7,517 · andere Länder 7,994 · Pakistan 2,497 · USA 0,778 · Brasilien 0,797

USA 2,449 · Indien 0,914 · Brasilien 0,851 · andere Länder 3,536

[1]Dazu gehören z. B. die Türkei, die afrikanischen Staaten Mali, Benin, Nigeria, Tschad
sowie weitere asiatische Staaten wie Armenien, Aserbaidschan, Kasachstan, Usbekistan.

Quelle: International Cotton Advisory Committee,
www.icac.org <http://www.icac.org>

Zunächst erschließt du dir die Grafik, am besten mit dem Textknacker.

1. Schritt: Vor dem Lesen

1 Sieh dir die Grafik als Ganzes an.
Um welches Thema geht es? Schreibe es auf.

2. Schritt: Das erste Lesen

2 Sieh dir die Grafik im Einzelnen an und lies auch die Angaben.
Notiere Antworten auf diese Fragen:
- Welche Form hat die Grafik?
- Warum stehen mehrere Grafiken nebeneinander?
- Was beinhalten die einzelnen Teile der Grafik?
- Welche Angaben werden in der Grafik gemacht?

1 Die Grafik stellt ... dar./In der Grafik wird ... dargestellt./
Die Grafik beinhaltet ...

2 ein Kreisdiagramm/ein Tortendiagramm/ein Säulendiagramm; besteht aus/
ist zusammengesetzt aus ...; die Grafik stammt aus .../von...;
... hat gestaltet/basiert auf Daten von .../aus dem Jahr/den Jahren; ... macht .../
enthält .../stellt ... dar/gibt ... wieder/veranschaulicht/enthält Angaben zu,
angegeben werden absolute Zahlen/Prozentzahlen; wichtige/bedeutende,
die wichtigsten ...; verschiedene Farben wie .../in den Farben ...

3. Schritt: Die Grafik genau untersuchen

3 Untersuche die einzelnen Teile der Grafik genau.
   a. Notiere die Teilüberschriften zu den einzelnen Teilen.
   b. Vergleiche die Angaben in den einzelnen Teilen. Was stellst du fest?
Tipp: Du kannst zunächst Fragen zu den einzelnen Teilen formulieren
und sie dann beantworten.

4 Stelle einen Zusammenhang zwischen den drei Grafiken her.
Beantworte dazu die folgenden Fragen:
- Was fällt dir auf, wenn du die Produktion von Baumwolle
  mit dem Verbrauch von Baumwolle in den einzelnen Ländern vergleichst?
- Warum exportieren China und Pakistan keine Baumwolle?
- Warum exportieren Indien, die USA und Brasilien sowie
  die anderen Länder Baumwolle?

4. Schritt: Nach dem Lesen

W 5 Erkläre die Grafik mit eigenen Worten.
Die Arbeitstechnik hilft dir dabei.
Wähle aus:
- Schreibe einen zusammenhängenden Text.
Oder:
- Erarbeite einen Stichwortzettel für einen erklärenden Vortrag.

> **Arbeitstechnik**
>
> #### Eine Grafik mit eigenen Worten erklären
>
> Beginne mit der **Einleitung**.
> - Um was für eine Grafik handelt es sich?
> - Worüber informiert die Grafik insgesamt?
> - Woher stammen die Grafiken bzw. die Angaben in den Grafiken?
>
> Beantworte im **Hauptteil** diese Fragen:
> - Was erfährt man aus den Grafiken über die Produktion, den Verbrauch
>   und den Export von Baumwolle?
> - Welche Unterschiede werden deutlich?
> - Wie erklärst du die Abweichungen der Werte in den drei Teilen der Grafik?
>
> Erkläre zum **Schluss**:
> - Wie schätzt du die Darstellung der Fakten in den Grafiken ein?
> - Welche Fragen bleiben vielleicht unbeantwortet?

3 die Produktion/die Erntemengen; das Aufkommen an … in verschiedenen
Ländern; der Eigenbedarf an Baumwolle in … ist genauso hoch wie/
ist höher/niedriger als …
… reicht aus, um …/reicht nicht aus, um … deshalb wird in/
von … Baumwolle in andere Länder/aus anderen Ländern …;
importieren – importiert; exportieren – exportiert

4 Wenn man … miteinander vergleicht …/Beim Vergleich der … mit …
fällt auf/kann man erkennen, dass …/wird deutlich, dass …

⊠ Sachtext: Altkleider sinnvoll wiederverwenden

Was geschieht eigentlich mit unserer abgelegten Kleidung?
Der folgende Internetartikel zeigt, dass dies keine private Frage ist.

📖 Sammlung und Export von Altkleidern: sozial, ökologisch und ökonomisch sinnvoll   Fachverband Textilrecycling

1 Kleidung aus Sammlungen in Deutschland und Europa ist weltweit
als Secondhandware gefragt. Dabei sorgt die Wiederverwendung
von Altkleidern sowohl in den Herkunfts- als auch in den Empfängerländern
für viele positive Effekte wie die Versorgung mit hochwertiger Kleidung,
5 Beschäftigungsmöglichkeiten und Vorteile für die Umwelt.
Tragbare Altkleider sind wertvolle Ressourcen und gehören deshalb
nicht in den Restmüll, denn von dort würden sie direkt
in der Verbrennung landen.
Wer dafür sorgen möchte, dass seine Altkleider einer sinnvollen
10 Verwendung zukommen und von anderen Menschen weitergetragen
werden, kann deshalb guten Gewissens die seriösen Kleidersammlungen
der Textilrecyclingbetriebe in Deutschland nutzen. Viele Betriebe sind
zertifiziert und werden regelmäßig von unabhängigen Sachverständigen
überprüft. […]

15 **2 Versorgung mit bezahlbarer, modischer und guter Kleidung**
Durch die Wiederverwendung von Textilien und Bekleidung aus Kleidersammlungen
kann ein weltweiter Bedarf gedeckt werden. 70 Prozent der Weltbevölkerung
sind auf gebrauchte Kleidung angewiesen. Insbesondere in ländlichen Regionen
Afrikas hat die Versorgung mit Secondhandkleidung für die Bevölkerung
20 als Möglichkeit, günstige Textilien zu kaufen, eine große Bedeutung.
In Medienberichten kam immer wieder der Vorwurf auf, der Export von Altkleidern
sei für den Niedergang der afrikanischen Textilindustrie verantwortlich.
Nach heutigen Erkenntnissen ist dies nicht haltbar. Im Gegenteil: Die Sammlung
sowie der Handel und Export von Altkleidern sind sinnvoll und alternativlos.
25 Die Situation der lokalen Textilproduktion beruht auf vielen verschiedenen Ursachen:
Dazu gehören wirtschafts- und handelspolitische Probleme, aber auch Probleme
mit der Infrastruktur, beispielsweise der Energieversorgung sowie der Produktivität
und Wettbewerbsfähigkeit von Betrieben. Außerdem überschwemmen asiatische
Textilhersteller die Märkte mit billiger Kleidung. Auf diese „multikausale Problematik"
30 hat 2012 auch die Bundesregierung hingewiesen. Auch das Deutsche Rote Kreuz,
zu dessen Verwertungspartnern auch bvse-Mitgliedsunternehmen[1] gehören,
hat sich intensiv mit der Frage des Exports von Altkleidern auseinandergesetzt
und ist von den positiven Effekten überzeugt.
[…] Eine eigene Textilindustrie in den Entwicklungsländern wäre kaum in der Lage,
35 die Menschen mit Kleidung zu versorgen. Die Preise wären für die meisten Bürger

[[1] **bvse:** Abkürzung für Bundesverband Sekundärrohstoffe und Entsorgung e. V.

wohl auch viel zu hoch. Secondhandkleidung ist dagegen erschwinglich, qualitativ hochwertig und oftmals aktuell und modisch. Im Gegensatz zu Billigimporten aus Asien besteht sie überwiegend aus Baumwolle und nicht aus Kunstfasern, was neben qualitativen auch hygienische Vorteile hat.

40 **3 Schutz von Umwelt und Ressourcen**
Die Wiederverwendung von Altkleidern spart im Vergleich zur Produktion von neuer Kleidung Ressourcen ein. Der Anbau von Baumwolle ist sehr wasserintensiv. Nach Berechnungen des Statistischen Bundesamts beläuft sich der Wasserbedarf von einer Tonne Rohbaumwolle auf durchschnittlich
45 rund 3.600 Kubikmeter. Für die fertige Baumwollfaser ergibt sich sogar ein Wasserbedarf von 8.500 Kubikmeter je Tonne. Eine Studie aus Großbritannien hat außerdem gezeigt, dass durch den Wiedereinsatz eines T-Shirts drei Kilogramm CO_2 eingespart werden können. Beim Anbau von Baumwolle, häufig in Monokulturen, werden darüber hinaus auch viele Pestizide eingesetzt.
50 Es macht deshalb Sinn, die unter hohem Ressourceneinsatz hergestellten Bekleidungsstücke so lange wie möglich zu nutzen. Die Textilrecyclingbranche in Deutschland leistet dazu ihren Beitrag und setzt den Gedanken der Kreislaufwirtschaft „Vermeidung und Verwertung von Abfällen vor der Beseitigung" erfolgreich um: Der größte Teil der Altkleider und Textilien
55 wird entweder weitergetragen, in der Putzlappen- oder Dämmstoffherstellung verwendet oder fließt als Recyclingfaser in andere Produkte ein.

4 Impulse für den Arbeitsmarkt in Deutschland und den Käuferländern
Für deutsche Textilrecycling-Firmen arbeiten mehrere Tausend Menschen. Als einer der wenigen Wirtschaftszweige bieten die Unternehmen
60 mit ihrem engen Sammelnetz und aufwändigen Sortierprozessen, die vor allem per Hand erledigt werden, auch Arbeitnehmerinnen und Arbeitnehmern ohne Ausbildung oder mit geringer Qualifikation eine Perspektive. Die große Nachfrage nach moderner und hochwertiger Secondhandkleidung zu einem guten Preis-Leistungs-Verhältnis hat auch
65 in den Käuferländern viele neue Verdienstmöglichkeiten geschaffen. Tausende Menschen bestreiten ihren Lebensunterhalt mit dem Handel von Altkleidern sowie der Reparatur und Aufarbeitung von Kleidungsstücken auf die länderspezifischen Bedürfnisse.

Leerung von Altkleidercontainern, Rathenow 2012

1 Beantworte diese Fragen mit eigenen Worten.
• Warum ist Recycling von Textilien sinnvoll?
• Warum ist der Handel von Alttextilien alternativlos?

W 2 Wähle aus:
• Verfasse mit Hilfe der Ergebnisse von Aufgabe 1 einen Aufruf, z. B. für eure Schülerzeitung. Oder:
• Recherchiere im Internet oder in Zeitschriften, was im Einzelnen beim Recycling von Textilien geschieht.

Training:
Einen Sachtext
mit dem Textknacker lesen

Sachtexte enthalten viele Informationen zu einem Thema.
Abbildungen ergänzen die Informationen.
Am Ende kannst du diese Informationen aus dem Sachtext und
den Abbildungen zusammenfassen.

W 1 a. Wähle für dich den kürzeren Text (Teil 1) oder
den längeren Text (Teile 1 und 2) aus.

b. Wende den 1. und den 2. Schritt des Textknackers
an:
- Was sagen dir die Bilder und die Überschrift?
- Was erfährst du beim überfliegenden Lesen?

> 1. Vor dem Lesen
> 2. Den Text überfliegen

Mumien in alter Zeit – Teil 1

1 Versuche, die Körper Verstorbener durch **Mumifizierung**[1] zu
erhalten, kennen wir aus allen Erdteilen. Vielerorts waren solche
Bestrebungen eher Randerscheinungen des religiösen und
staatlichen Lebens. In anderen Landstrichen dagegen spielte
5 die Mumifizierung von Toten in der Vorstellungswelt der Menschen
eine bedeutende Rolle. Näheres wissen wir von den alten Ägyptern,
von den Völkern im alten Peru (→ Seite 45) und auch
von den Chinesen (→ Seite 46).

2 **Das alte Ägypten** galt seit jeher als das „Königreich der Mumien" –
10 zu Recht. Denn dort nahm das Mumifizieren im Lauf
der Jahrhunderte den Umfang einer regelrechten Industrie an,
mit zigtausenden Angestellten und unzähligen Zulieferbetrieben,
die vielen Menschen Arbeit und Brot gaben.

3 Nach ägyptischer Auffassung besaß der Mensch nicht nur eine,
15 sondern **mehrere Seelen**. Nicht eine Seele also, sondern mindestens
deren drei lösten sich im Tode von der sterblichen Hülle des Leibes.
Doch war diese Trennung nach ägyptischem Glauben keine
endgültige. Im Gegenteil, der Leib, der wie schlafend in seinem
Grabe ruhte, blieb auch nach dem Tode auf geheimnisvolle Weise
20 Behältnis und Heimat seiner umherschweifenden Seele.

[[1] **die Mumifizierung:** die Behandlungsschritte, die aus einem Toten eine Mumie machen

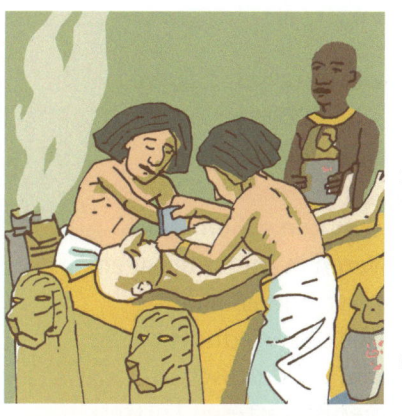

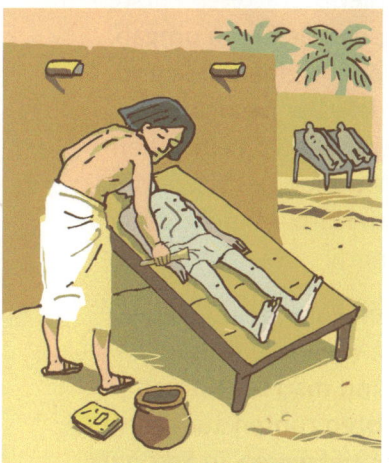

4 Im Einzelnen umfasste die Arbeit der ägyptischen
Mumienmeister im so genannten Alten Reich (2635–2154 v. Chr.)
die folgenden Schritte der Mumifizierung:

Ausweidung: Dafür öffnete man die linke Flanke des Toten und
25 entfernte durch diesen Schnitt alle inneren Organe. Nur das Herz
blieb an seiner Stelle. Dann wurden die leeren Körperhöhlen
mit Wasser und Palmwein gründlich gereinigt.

Entwässerung: Dazu füllte und bedeckte man den ausgeweideten
und gereinigten Leichnam mit trockenem Natron[2] und ließ ihn
30 so mehrere Wochen lang ruhen. Während dieser Zeit verloren
die Gewebe den Großteil ihres Wassers.

Nachtrocknung: Zu diesem Zweck legte man den durch
die Natronbehandlung weitgehend entwässerten Körper
entweder in die Sonne oder aber man hängte ihn in einem
35 Gestell über offenem Feuer auf.

Verwahrung der Eingeweide: Die gesondert mumifizierten
inneren Organe (Därme, Leber, Magen und Lunge) wurden
getrennt eingewickelt, verschnürt und auf vier Eingeweidekrüge
verteilt.

40 **Ausstopfung:** Ziel dieser Maßnahme war es, den mumifizierten
Körper möglichst naturgetreu wiederherzustellen. Dazu füllte
man alle Hohlräume sorgfältig mit trockenen Flechten,
also einfachen Pflanzen, Lehm, Sand, Wachs oder
harzgetränkten[3] Binden.

45 **Bandagierung:** Dabei wurden Körper, Kopf und Gliedmaßen
des Toten zuerst getrennt, dann gemeinsam mit langen,
schmalen Leinenbinden umwickelt. Zwischen die einzelnen Lagen
schoben die Priester Heil bringende und zauberkräftige Amulette.

Verpichung: Um den Leichnam gänzlich gegen die Außenwelt abzuschirmen,
50 überzog man die gewickelte Mumie mit einer Schutzschicht.
Diese bestand je nach Epoche und Verfügbarkeit aus ganz unterschiedlichen
Materialien wie Lehm, Gips, Wachs, Harz oder Leim.

Maskierung: In vielen Fällen, besonders bei hochgestellten Persönlichkeiten,
schützte man den Kopf der Mumie zusätzlich mit einer Totenmaske.
55 Sie konnte bei Pharaonen aus purem Gold sein.

5 Eine **Mumienkultur** gab es auch im alten **Peru**[4]. Im Jahr 1925 entdeckte
der peruanische Altertumsforscher Julio Cesar Tello im Wüstensand
der Halbinsel Paracas ein unterirdisches Gräberfeld, aus dem er und
seine Mitarbeiter in mehreren Grabungsexpeditionen Hunderte
60 von Mumien bargen. Sie gehörten einer Kultur an, der Tello
nach dem Fundort den Namen „Paracas-Kultur" gab.

---

[2] **das Natron:** hier: ältere Bezeichnung für Natriumbikarbonat; chem. Zeichen: $NaHCO_3$; zersetzt Wasser,
trocknet Gewebe aus
[3] **das Harz:** eine zähe Flüssigkeit, die aus Bäumen fließt, hart wird und so einen natürlichen Verschluss
bei Verletzungen der Rinde bildet
[4] **das alte Peru:** größer als das heutige Peru; seit Mitte des 2. Jahrtausends v. Chr. von verschiedenen
Indio-Hochkulturen besiedelt

Mumien in alter Zeit – Teil 2

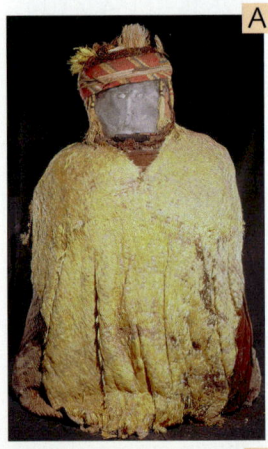

A

B

⑥ Tello fand auf dem Friedhof von Paracas zwei unterschiedliche **Begräbnisformen**, die man heute in die Zeit von 600 v. bis 200 n. Chr. datiert. Bei der älteren lagen bis zu 55 Mumien teils
65 nebeneinander, teils übereinander in Höhlen, zu denen 6 bis 7 Meter tiefe Schächte hinunterführten. Die hier Beigesetzten saßen mit angezogenen Beinen in flachen Körben und waren in mehrere Lagen aus grob gewebten Baumwollstoffen eingewickelt, sodass ein Mumienbündel entstand. Auf dem jüngeren Teil des Friedhofs waren
70 die Verstorbenen nicht in Erdhöhlen, sondern in unterirdischen Häusern beigesetzt. Man vermutet, dass die hier Bestatteten Fürsten waren. Für diese Annahme spricht der Luxus, der die Toten umgab. Hier steckte jedes Mumienbündel in einer groben Leinenhülle und war fest verschnürt (A). Darunter kamen die kostbar bestickten
75 „mantos"[5] zum Vorschein (B). Die Mumie selbst war von einfachen Tüchern umhüllt und hockte genau wie die Mumien des älteren Gräberfeldes mit angezogenen Knien in einem Korb. Manche dieser Mumienbündel bestanden aus bis zu 40 Tüchern.

⑦ **In China** wurden seit 1975 in den Provinzen Hunan und Hubei
80 Mumien von Adligen und Beamten entdeckt, wie es sie sonst nirgendwo auf der Welt gibt. In allen Fällen fand man die Körper gänzlich unversehrt. Kein Organ fehlte. Die Toten ruhten auf der Sohle von Grabschächten, die bis zu 20 Meter tief waren, in Sets aus mehreren ineinander verschachtelten Särgen, die ihrerseits von einer
85 Schicht Holzkohle und einem dicken Mantel aus weißem Lehm umgeben waren. An den Leichnamen konnten die Ausgräber keine sichtbaren Zeichen des Verfalls entdecken. Ihre Haut war elastisch, Körper und Gliedmaßen beweglich, Gehirn und innere Organe kaum geschrumpft. Das Geheimnis dieser Mumifizierung liegt in einer
90 dunklen braunroten, stark quecksilberhaltigen Flüssigkeit, mit der die inneren Särge gefüllt waren. Ihre genaue Zusammensetzung und ihre Wirkungsweise konnten bisher nicht vollständig aufgeklärt werden.

2 • Lies deinen Teil des Sachtextes genau und in Ruhe.
• Notiere für jeden Absatz eine Überschrift und die Schlüsselwörter.
  Tipp: Die **fett hervorgehobenen Wörter** helfen dir.

3. Genau lesen

3 Zu einigen Absätzen gehören auch Bilder.
  a. Beschreibe jedes Bild in ein bis zwei Sätzen.
     Tipp: Du kannst auch aus dem Text zitieren.
  b. Welche Textstellen werden durch die Bilder genauer erklärt? Schreibe die Zeilenangaben auf.

[[5] **el manto (span.):** der Umhang

4 Kläre unbekannte und schwierige Wörter.

    a. Einige Wörter werden unter dem Text als Fußnoten erklärt.
       Schreibe die Wörter mit den Erklärungen auf.

    b. Erkläre weitere schwierige Wörter mit Hilfe des Textes und
       mit einem Wörterbuch oder Lexikon.

    c. Finde Ortsangaben aus dem Sachtext im Atlas.

Textverknüpfer machen inhaltliche Zusammenhänge im Text deutlich.

„Ausstopfung: Ziel dieser Maßnahme war es, den mumifizierten Körper möglichst naturgetreu wiederherzustellen. Dazu füllte man alle Hohlräume sorgfältig mit Lehm, Sand, trockenen Flechten, Wachs oder harzgetränkten Binden."

(S. 45, Z. 40–44)

> Der Textverknüpfer dazu verweist auf ein vorangehendes Verb, in diesem Fall auf das Verb *wiederherstellen*; dazu leitet einen Satz ein, der näher **erklärt**, wie die mumifizierten Körper *wiederhergestellt* wurden.

5 Im Text sind weitere **Textverknüpfer** hervorgehoben.
   Wähle fünf Textverknüpfer aus:
   Welche Aussagen werden jeweils miteinander verknüpft?

    a. Schreibe die Sätze oder Satzteile, die zusammenhängen, ab.

    b. Unterstreiche jeweils den Textverknüpfer und den Teil,
       auf den er verweist.

    c. Mit welchen näheren Erläuterungen verbindet
       der Textverknüpfer das Wort? Gib die Erläuterungen wieder.

**Deine Zusammenfassung des Sachtextes zeigt,
was du verstanden hast.**

4. Nach dem Lesen

6 Plane und schreibe einen informativen Text zum Thema Mumien.
   Tipps: Formuliere weitere Fragen zum Thema Mumien und beantworte sie.

   • Gliedere deinen Informationstext in Einleitung, Hauptteil, Schluss.

   • Achte auf eine sinnvolle Anordnung der Informationen in Absätzen.

   • Die Fragen helfen dir dabei.   → Tipps zum informierenden Schreiben: Seiten 108–109

Teil 1:	• Warum hat man Verstorbene im alten Ägypten mumifiziert?
	• Welches sind die Schritte der Mumifizierung?
Teil 2:	• Wie und wo wurden Mumien im alten Peru bestattet?
	• Warum sind die Mumien in China gänzlich unversehrt?

7 **a.** Überarbeite deinen Text.
     Tipp: Stelle deinen Text in einer Schreibkonferenz vor.

    b. Ergänze Grafiken oder Bilder, die deine Informationen
       anschaulich machen.

→ Tipps zum Überarbeiten und für die Schreibkonferenz: Seiten 227, 294

Gut ankommen im

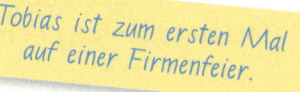

Tobias ist zum ersten Mal auf einer Firmenfeier.

Sandy lernt in einem Friseursalon.

Elian arbeitet auf einer Baustelle.

Während der Ausbildung hast du in vielen verschiedenen Situationen mit Menschen zu tun.

1 Klassengespräch!
   a. Seht euch die Bilder an.
      Ordnet die Bilder den Sätzen auf den gelben Feldern zu.
   b. Mit wem haben die Auszubildenden jeweils zu tun?
      Beschreibt die Situationen.

1 die Anmeldung, der Bauleiter/die Bauleiterin, der Chef/die Chefin, die Gäste, der Kollege/die Kollegin/die Kollegen, der Kunde/die Kundin, die Mitarbeiter, der Patient/die Patientin/die Patienten und Patientinnen, der Vorgesetzte/die Vorgesetzte

Beruf

Ronni nimmt an seiner ersten Teambesprechung teil.

Susan wird Medizinische Fachangestellte in einer Arztpraxis.

Nara macht die Arbeit im Restaurant meistens Spaß.

2 Tauscht euch über diese Fragen aus:
* Wie fühlen sich die Auszubildenden auf den Fotos?
* Was könnten die Auszubildenden denken?
* Was könnten sie sagen oder tun, um die Situation gut zu bewältigen?
* Kennt ihr selbst ähnliche Situationen?

In diesem Kapitel erfährst du, wie du dich im Berufsleben angemessen verhältst. Du lernst, wie du Gesprächssituationen sicher einschätzen und auch schriftliche Aufgaben erfolgreich bewältigen kannst.

2 … fühlt sich überfordert/ängstlich / … interessiert sich nicht … / … möchte alles richtig machen / Kann ich Ihnen helfen? / Ich habe folgende Frage: … / Darf ich vielleicht mitlachen? / Ich kümmere mich sofort darum. / Bitte tragen Sie hier ein … / Könnten Sie bitte die letzte Frage noch einmal wiederholen? …

Wie gehst du im Beruf gut mit Menschen um?

Die Fähigkeit, in verschiedenen Situationen mit anderen Menschen angemessen umzugehen, hilft dir im Privaten und im Beruf. Diese Fähigkeit heißt soziale Kompetenz.

1 Spielt eine Situation aus dem Alltag von Auszubildenden.
   a. Wählt ein Foto von den Seiten 48 und 49 aus.
   b. Wie könnten die Personen auf dem Foto ihre Gedanken und Gefühle ausdrücken?
      Schreibt auf, was die Personen sagen könnten.
   c. Spielt die Szene in der Klasse.
      Die Zuschauer bewerten das Verhalten der dargestellten Figuren:
      • Haben sie sich gegenüber den anderen Personen richtig verhalten?
      • Was könnten sie besser machen?

Im Privatleben kannst du dich meist lockerer verhalten als im Berufsleben.

2 Stellt euch vor, dass eure Szene aus Aufgabe 1
   im privaten Umfeld stattfindet. Was kann sich dann ändern?
   a. Schreibt eure Szene aus Aufgabe 1 um.
   b. Spielt die neue Szene in der Klasse vor.
   c. Vergleicht das berufliche und private Verhalten der Personen.
      Tragt Gemeinsamkeiten und Unterschiede in eine Liste ein.

Starthilfe	
Gemeinsamkeiten	**Unterschiede**
• höflich miteinander reden	• die Personen siezen
• bei Unklarheiten nachfragen	• lockerer/sachlicher …
…	…

3 Welche Fähigkeiten gehören zur sozialen Kompetenz?
   a. Lest die folgenden Aussagen.
   b. Schreibt die vier Aussagen zu sozialen Kompetenzen auf.
   c. Ergänzt zwei eigene Sätze zu sozialen Kompetenzen.

Ich habe gute Kenntnisse in Mathematik.
Ich frage höflich nach, wenn mir etwas unklar ist.
Ich spreche gut Deutsch und Englisch.
Ich arbeite gern im Team.
Ich lasse andere Menschen ausreden und falle ihnen nicht ins Wort.
Mit dem Computer kenne ich mich bestens aus.
Ich bin hilfsbereit.

3 Ich kann gut mit … umgehen. / … bin kontaktfreudig/geduldig. / … bleibe
sachlich in Konflikten. / … behandle andere Menschen mit Respekt. / …

Soziale Kompetenz zeigt sich oft darin, wie man sich
mit anderen Menschen verständigt, also wie man kommuniziert.

 4 In vielen Situationen im Beruf gibt es mehrere Möglichkeiten zu reagieren.
   a. Welche Reaktion haltet ihr für angemessen?
      Wählt jeweils aus. Begründet.
   b. Ergänzt eine eigene Antwort für Situation 4.
   c. Vergleicht und bewertet eure Antworten im Klassengespräch.

Kommunizieren im Beruf – Kennst du dich aus?

Situation 1: In deinem Ausbildungsbetrieb wechselst du in eine neue Abteilung. Der Ausbilder erklärt dir deine Aufgaben. Du schreibst alles auf. Am Ende fragt dich der Ausbilder, ob du nun erst mal allein zurechtkommst. Was antwortest du?

a. „Na klar. Ich bin ja nicht auf den Kopf gefallen. Das krieg ich hin."

b. „Ja, ich habe mir alles aufgeschrieben. Wenn noch Fragen auftauchen, melde ich mich."

c. „Nein, ich fühle mich sehr unsicher. Könnten Sie mir bitte bei der Bearbeitung der ersten Aufgabe helfen?"

Situation 2: Du möchtest zwei Tage Urlaub nehmen. Deine Vorgesetzte stimmt zu. Allerdings muss deine Vertreterin in dieser Zeit einen Teil deiner Aufgaben übernehmen. Wie bringst du ihr das bei?

a. Kurz bevor ich gehe, schreibe ich ihr eine Urlaubsübergabe per E-Mail. Darin nenne ich ihr alle Aufgaben, die sie bearbeiten muss.

b. Ich muss sie gar nicht informieren. Meine Vorgesetzte weiß Bescheid und weist ihr die Aufgaben zu.

c. Ich gehe persönlich zu ihr und sage ihr Bescheid, dass ich Urlaub habe. Dabei bitte ich sie, einige Aufgaben zu übernehmen. Zusätzlich schreibe ich eine Urlaubsübergabe per E-Mail.

Situation 3: Ein Kunde ruft an und beschwert sich bei dir über einen Fehler in einer Rechnung. Du hast die Rechnung allerdings nicht erstellt. Wie verhältst du dich?

a. Ich sage, dass ich nicht zuständig bin, und beende das Gespräch.

b. Ich bitte den Kunden, später noch mal anzurufen, weil ich dazu nichts weiß.

c. Ich lasse mir vom Kunden erklären, wo der Fehler liegt, und informiere die verantwortliche Kollegin darüber. Dem Kunden sage ich, dass wir uns wieder bei ihm melden.

Situation 4: Du hast gerade viel zu tun. Da fragt dich ein anderer Auszubildender, wie er eine bestimmte Aufgabe angehen soll. Du kennst diese Aufgabe gut, aber die Erklärung kostet Zeit. Was antwortest du ihm?

…

---

 4 Ich bin gerade sehr beschäftigt. Können wir später … / Beginne schon mal mit … /
In der Pause habe ich etwas Zeit für dich. / Außer mir könnte dir vielleicht … helfen.

Umgangsformen im Beruf

Während der Ausbildung lernst du auch, wie du am besten mit anderen Menschen umgehen kannst. Wenn noch nicht alles reibungslos abläuft, kannst du trotzdem daraus lernen, wie das folgende Beispiel zeigt.

1 **a.** Sieh dir die Fotos auf den Seiten 52 und 53 an.
Lies die Überschrift.
b. Lies den Text als Ganzes.
• Worum geht es in dem Text?
• Welchen Eindruck hast du von Sandy an ihrer Arbeitsstelle?

Eine haarige Angelegenheit –
Aus dem Leben einer Azubi

Ingrid Ute Ehlers / Regina Schäfer

1 Sandy hat vor drei Monaten bei HairArt[1] mit ihrer Ausbildung zur Friseurin begonnen und ist total happy: ihr Traumberuf! Allerdings sind manche Kundinnen und Kunden gewöhnungsbedürftig, findet sie. Einige benehmen sich für ihren Geschmack ganz schön zickig mit ihren Sonderwünschen und
5 tragen die Nase ziemlich hoch. Und wie geschwollen die manchmal daherreden! Dass die Kolleginnen und Kollegen da immer so ruhig und freundlich bleiben können!
Trotzdem hat Sandy Spaß an ihrer Arbeit. Bei der wöchentlichen Schulung im Salon macht sie gute Fortschritte. Sie schneidet Haare millimetergenau.
10 Ihre Chefin lobt sie oft wegen ihrer raschen Auffassungsgabe und ihres Gespürs für neue Trends. So wird es bestimmt nicht mehr lange dauern, bis sie ihr Können auch bei der Kundschaft des Salons unter Beweis stellen darf. Darauf freut sie sich schon.

2 „Ja, grüß' Sie[2], Frau Habsburger", ruft die Friseurmeisterin
15 Adrienne Albrecht der Kundin zu, die nun den Salon betritt. „Wie schön, Sie zu sehen. Einen Moment noch, ich bin gleich bei Ihnen!" Frau Albrecht geleitet die Kundin an ihren Platz: „Darf ich Ihnen in der Zwischenzeit etwas zu trinken anbieten? Wie wäre es mit einem frisch gepressten Orangensaft?"
20 Frau Habsburger nimmt das Angebot erfreut an. […] Nun ist erst mal Mittagspause. Zu blöd, jetzt hab ich doch mein Müsli zu Hause stehen lassen, fällt Sandy schlagartig ein. Und dabei muss sie jetzt dringend etwas essen, sonst ist sie nicht zu gebrauchen. Zum Einkaufen ist die Pausenzeit allerdings zu
25 knapp. Was tun? Sandy verschwindet erst einmal in der Teeküche, um sich ihre Wasserflasche aus dem Kühlschrank zu holen. Hier dürfen alle Angestellten des Salons ihr Essen

[1] **HairArt** (englisch; sprich: Hähr-Art): Haarkunst; hier: Name des Friseurgeschäfts
[2] **grüß' Sie:** Abkürzung für „ich grüße Sie"; Begrüßungsformel

verstauen. Ja, was haben wir denn da?, denkt Sandy, als sie einen Becher
Erdbeerjogurt im Kühlschrank entdeckt. Glück muss man haben! Es klebt
30 kein Namenszettel dran. Selbst schuld, denkt Sandy und schnappt sich
den Becher. […]

3 Als Sandy den Salon wieder betritt, naht schon die nächste Kundin:
Frau Dr. Schmitt-Bergdorf, eine Augenärztin, die ihre gut gehende Praxis gleich
nebenan führt. Zielstrebig steuert sie auf Sandy zu … […]
35 „Hallöchen!", begrüßt Sandy die Kundin betont freundlich, denn sie weiß,
dass Frau Dr. Schmitt-Bergdorf manchmal etwas schwierig im Umgang ist.
„Wie geht's denn so?" Bevor Frau Dr. Schmitt-Bergdorf darauf antworten kann,
wird Sandy von einem heftigen Niesanfall geschüttelt.
Der Heuschnupfen ist aber supernervig dieses Jahr, denkt sie und putzt sich
40 zuerst einmal ausgiebig die Nase. Sie schnäuzt sich geräuschvoll
in ein Papiertaschentuch. Dies stopft sie eilig in den linken Ärmel.
Da klingelt das Telefon und Sandy nimmt ab. Sie meldet sich: „Guten Morgen,
Sandy hier, was gibt's?" Eine Kundin ihres Kollegen David hat eine Terminanfrage.
Die kann Sandy nicht allein beantworten und schaut sich hilfesuchend um.
45 „Bin gleich wieder da", informiert sie Frau Schmitt-Bergdorf. Und drückt ihr
noch schnell einen Frisierumhang in die Hand, bevor sie im hinteren Teil
des Salons verschwindet, um ihren Kollegen David zu suchen.
Als Sandy wieder zurückkommt, hat inzwischen eine Kollegin die Kundin
zu ihrem Platz geführt. Um die Unterbrechung wiedergutzumachen,
50 beugt Sandy sich vertraulich zu Frau Dr. Schmitt-Bergdorf hinunter:
„Sie waren schon länger nicht mehr bei uns, stimmt's? Ihre Haare sind ja
ganz stumpf geworden." […]

4 Zwei Stunden später steht Frau Dr. Schmitt-Bergdorf perfekt
gestylt an der Kasse, Sandy drückt der Kundin die zahlreichen
55 Einkaufstüten, die diese in der Kundengarderobe untergestellt
hatte, in die Hand. Tja, da hat sie jetzt einiges zu schleppen,
denkt sich Sandy.
Aus sicherer Entfernung beobachtet sie die Kundin, die jetzt
Mühe hat, die schwere Glastür zu öffnen. Kein Wunder, sie hat
60 ja keine Hand frei. Beim dritten Versuch rutscht der Kundin
ihre noch offene Handtasche von der Schulter und mit Getöse
knallen Geldbörse, Schlüssel, Puderdose und Handy
auf den Marmorboden.
„Du liebe Zeit, Frau Dr. Schmitt-Bergdorf, wie kann ich Ihnen
65 helfen?", flötet Frau Albrecht, die soeben aus dem hinteren Teil
des Salons auftaucht. Sie hilft der Kundin, die Sachen wieder
einzusammeln. […]

5 Geschafft! Endlich Feierabend. Sandy fegt noch die letzten Haare zusammen
und hängt die Frisierumhänge wieder an ihren Platz. „Hey Sandy, wie wär's
70 noch mit einem Abstecher ins Jimmy's[3]?", ruft ihre Kollegin Julia ihr zu.
„Die anderen gehen auch alle hin." „Logo, ich bin dabei!", antwortet Sandy.
Später – auf dem Weg zum Jimmy's – beklagt sich Sandy bei Julia
über ihre magere Trinkgeldausbeute. „Ich bin schon enttäuscht. Als ich anfing,
hat die Chefin mir erklärt, dass wir unser Gehalt durch die großzügigen Trinkgelder
75 der Kundinnen und Kunden erheblich aufbessern können. Davon habe ich
allerdings noch nicht so viel bemerkt."
„Ich kann da eigentlich nicht klagen", entgegnet Julia. „Ich bekomme immer etwas,
meistens sogar ein hohes Trinkgeld. Besonders die Schmitt-Bergdorf ist immer
sehr großzügig. Schade, dass ich sie heute nicht bedient habe. Aber dafür hast
80 du das Glück gehabt."
„Waaaas? Ausgerechnet die Schmitt-Bergdoof?", ruft Sandy. „Ich fass es nicht.
Die ist doch supergeizig. Von der habe ich noch nie etwas bekommen!"
„Das ist aber merkwürdig. Na ja, vielleicht war sie nur in Gedanken und hat's
einfach vergessen. Das ist bestimmt nicht absichtlich passiert."
85 Sandy ist nachdenklich geworden. Irgendwie läuft das mit dem Trinkgeld bei ihr
wirklich nicht so gut. Dabei gibt sie sich doch richtig Mühe. Oder etwa nicht?

Sandy beginnt, über ihr Verhalten nachzudenken.

2 a. Lies die Absätze **2** bis **5**.
     b. Beschreibe für jeden Absatz, was Sandy tut.

> **Starthilfe**
> In der Mittagspause hat Sandy Hunger. Zufällig findet
> sie im Kühlschrank … Ohne zu fragen, nimmt sie …

3 Wie hätte Sandy sich besser verhalten können?
     a. Wähle ein Beispiel deiner Ergebnisse von Aufgabe 2 aus.
     b. Beschreibe die Situation mit Sandys verbessertem Verhalten.

> **Starthilfe**
> Sandy fragt ihre Kollegen, wem der Erdbeerjogurt
> im Kühlschrank …
> Sie bedankt sich und …

**Sandy merkt, dass ihr Verhalten auf andere nicht so wirkt,
wie sie es gemeint hat. Sie betrachtet ihr Verhalten darum auch
aus der Sicht der anderen Personen.**

[3 **das Jimmy's:** Name für ein Lokal

4 Versetzt euch in eine der Personen, die von Sandys Verhalten betroffen sind.
Beschreibt aus ihrer Sicht, wie Sandys Verhalten wirkt.
Beschreibt, welche Gefühle ihr Verhalten auslösen könnte.

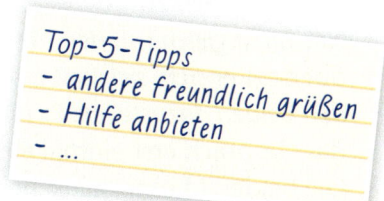

> **Starthilfe**
>
> Kollegin: Sandy hat, ohne zu fragen, meinen Jogurt gegessen. Ich finde, sie verhält sich … Ich fühle mich von ihr …

5 a. Lest die Absätze **3** bis **4** noch einmal genau.
b. Spielt die Szene zwischen Sandy und der Kundin im Rollenspiel vor.
c. Verändert dann die Szene so, dass Sandys Verhalten positiv wirkt. Spielt auch diese Szene in der Klasse vor.
d. Beschreibt als Zuschauer, wie Sandys Verhalten auf euch wirkt.

Im Berufsalltag wird erwartet, dass du dich höflich und entgegenkommend verhältst.

6 Wie könnte sich Sandy in den folgenden Situationen angemessen verhalten? Überlegt gemeinsam.
Tipp: Spielt die Situationen als Rollenspiel.
Probiert verschiedene Möglichkeiten aus und achtet darauf, wie ihr euch fühlt.

> **Situation 1:** Frau Schmitt-Bergdorf hat durch ihr Missgeschick mit der Tasche auf dem Marmorboden Flecken verursacht.
>
> **Situation 2:** Ein Kunde kommt eine halbe Stunde zu spät zum Friseurtermin.
>
> **Situation 3:** Eine Kollegin bittet Sandy, für sie das Aufräumen zu übernehmen, weil sie schnell weg muss. Das kommt diese Woche schon zum dritten Mal vor.

7 Sandy möchte sich Tipps für angemessenes Verhalten im Beruf aufschreiben.
Welche Top-5-Tipps sollten es sein?
Schreibt eine Liste.
Tipp: Nutzt dafür die Ergebnisse der Aufgaben 1 bis 6.

> Top-5-Tipps
> - andere freundlich grüßen
> - Hilfe anbieten
> - …

Sandy zeigt noch Schwächen in ihrer sozialen Kompetenz.

Z 8 Welches Feedback würdest du Sandy geben, wenn du ihre Ausbilderin wärst?
a. Sieh dir noch einmal die Aufgabe 3 auf Seite 50 zur sozialen Kompetenz an.
b. Formuliere ein Feedback für Sandy. Gehe dazu auf ihr Verhalten ein.

7 andere freundlich begrüßen / Aufgaben gewissenhaft erledigen / Hilfe anbieten / jemanden nicht warten lassen / niemanden kränken / respektvoll mit anderen umgehen …

Gesprächssituationen im Beruf meistern

In der Ausbildung triffst du in verschiedenen Situationen auf Menschen, die du nicht kennst. Dabei ist es wichtig, auf deine Gesprächspartner zuzugehen und neue Kontakte zu knüpfen.

Talkshow mit Tobias – Aus dem Leben eines Azubis   Ingrid Ute Ehlers / Regina Schäfer

1   Tobias hat vor vierzehn Tagen seine kaufmännische Lehre bei einer mittelständischen Maschinenbaufirma angetreten. […]
Heute ist der große Tag: der Geburtstag vom Chef mit feierlichem Umtrunk und großem Büfett! Alle dürfen bereits um 17 Uhr Feierabend machen.
5   Tobias ist, ehrlich gesagt, ganz schön aufgeregt. Er wird jeder Menge neuer Gesichter begegnen (er kennt ja noch kaum jemanden), darunter sämtliche Abteilungsleiter und natürlich der Chef persönlich, mit dem er seit seinem Bewerbungsgespräch auch noch kein weiteres Wort gewechselt hat. Aber Tobias macht sich Mut und ist ganz gespannt, wie das festliche Ereignis
10   verlaufen wird. *Schließlich bin ich ja nicht auf den Mund gefallen*, denkt er sich. Bei seinen Freunden ist er wegen seines selbstbewussten Auftretens und seines Humors geschätzt. Und in der Schule hat er mit seinen Pausenwitzen immer für gute Stimmung gesorgt.

2   Als er kurz nach 17 Uhr die Kantine betritt, ist schon mächtig was los.
15   Sein Kumpel Peter ist allerdings nirgendwo zu sehen. Überall fremde Gesichter. *Na dann, auf ins Getümmel*, denkt Tobias. Er erspäht zwei Anzugträger jüngeren Alters, die in der Nähe des Getränkeausschanks stehen. Sie haben jeder ein Glas Sekt in der Hand und unterhalten sich angeregt. *Mensch, so einen schicken Anzug würde ich mir auch gern leisten*, überlegt Tobias.
20   *In welcher Abteilung die Jungs wohl arbeiten?* Entschlossen geht er auf die beiden zu.
Nur nicht gleich mit der Tür ins Haus fallen, überlegt er sich, *sich erst einmal dezent[1] zu den beiden dazustellen*. Er nimmt sich vor,
25   das Gespräch erst einmal eine Weile zu verfolgen. Die beiden Männer tauschen sich offensichtlich über die Besetzung einer offenen Stelle aus. Der „graue Anzug" sagt: „Ja, die zweite Bewerberin hat einen guten Eindruck hinterlassen.
30   Wie liefen denn die Gehaltsverhandlungen mit ihr?" „Du, das erzähle ich dir lieber bei ein paar Häppchen", antwortet sein Gegenüber. Beide drehen sich plötzlich

[[1] **dezent:** zurückhaltend, unaufdringlich

weg und schlendern in Richtung Büfett, ohne Tobias Beachtung zu schenken.

35 *Na, so was*, denkt Tobias, *die waren ja so in ihr Gespräch vertieft, die haben mich gar nicht bemerk*t – und er beschließt seine Annäherungsstrategie[2] zu ändern.

3 Er bemerkt eine lebhafte, gemischte Fünfergruppe. Er stellt sich dicht dazu und
40 verfolgt interessiert das Gespräch. Die jüngere der beiden Frauen erzählt gerade von ihrem neuen Hobby, dem Kite-Surfen[3], das sie während des Sommerurlaubs in Thailand erlernt hat. Mit den witzigen Schilderungen ihrer
45 verunglückten Anfängerversuche bringt die Erzählerin alle zum Lachen.
Da kann ich doch noch einen draufsetzen, denkt sich Tobias. Ermutigt von der lebhaften Stimmung der Gruppe beginnt er nun seinerseits

50 von seinem Hobby – Computerspiele – zu erzählen. Das Spiel „Herr der Ringe – Schlacht um Mittelerde" hat es ihm besonders angetan.
„Die realistische Darstellung der Figuren und ihrer Handlungswelt – einfach der Hammer! Am besten wirkt das Ganze natürlich, wenn man einen 21-Zoll-Flatscreen und ein leistungsstarkes Headset zur Verfügung hat. Da knallt es
55 dann erst so richtig", erzählt er. Als ihm nichts mehr einfällt, verabschiedet er sich von seinen Gesprächspartnern mit der Bemerkung, dass er überhaupt noch nichts gegessen hat und jetzt endlich einmal das Büfett erkunden will.
Komisch, die junge Kite-Surferin ist auf einmal verschwunden. Auch die anderen zerstreuen sich rasch. Schade, er hätte gern erfahren, wie sie heißen und
60 in welcher Abteilung sie arbeiten.

4 *Hätte er sich mit seinem Namen vorstellen sollen? Ach nein, das ist doch viel zu altmodisch und steif*, denkt er. Am Büfett reiht sich Tobias in die Schlange der Hungrigen ein. Mit Teller,
65 Serviette und Besteck bewaffnet, muss er sich noch etwas gedulden, bis er an der Reihe ist. Plötzlich wird die Frau vor ihm von einem heftigen Niesanfall geschüttelt. Fürsorglich legt er ihr eine Hand auf die Schulter und wünscht

70 ihr Gesundheit. Sofort fühlt er sich an seine schwere Grippe erinnert, die ihn vor wenigen Wochen fest im Griff hatte, und er
beschreibt der Kollegin ausführlich den Krankheitsverlauf. Da ist es ihm dreckig gegangen, oh Mann! Schüttelfrost und eine Schniefnase, die sich
75 gewaschen hatte. […]

---

[2] **die Strategie:** genauer Plan für das eigene Vorgehen
[3] **das Kite-Surfen:** Man steht auf einem Brett und wird von einem Lenkdrachen (englisch: kite, sprich: kait) über das Wasser gezogen.

„Am besten heute noch in die heiße Wanne, das wirkt bekanntlich Wunder", empfiehlt er der Kollegin abschließend. „Super Idee. Danke für den Hinweis. Hoffentlich ist mir jetzt der Appetit nicht vergangen", gibt die Frau zurück, nimmt sich eine Portion Thunfischsalat und entschwindet wort- und grußlos.

80 *Oje, entweder chronisch[4] schlecht gelaunt oder schon der erste Fieberschub,* denkt Tobias. *Da habe ich aber auch ein Pech heute!*

Tobias ist zum ersten Mal bei einer Firmenfeier.

1 **a.** Beschreibe, wie es Tobias vor der Feier in der Firma geht:
- Wie fühlt sich Tobias, wenn er an die Feier denkt?
- Was verspricht er sich von der Feier?
- Wie macht er sich Mut?

b. Belege deine Antworten anhand von Textstellen.

2 Untersuche die einzelnen Gesprächssituationen in den Absätzen **2** bis **4** genauer.
Stelle die Antworten zu den folgenden Fragen in einer Tabelle gegenüber.
- Zu wem nimmt Tobias Kontakt auf? Warum?
- Auf welche Weise nimmt er Kontakt auf?
- Wie reagieren seine Kolleginnen und Kollegen?
- Wie erklärt sich Tobias ihre Reaktion?

Kontaktaufnahme	Reaktion	Tobias' Erklärung
Tobias stellt sich zu zwei unbekannten Kollegen, die in ein Gespräch vertieft sind, und hört ihnen zu (Zeilen 22 bis 34). Er möchte wissen, in welcher Abteilung sie arbeiten (Zeile 20).	…	…
Tobias verfolgt das Gespräch einer lebhaften …	Tobias' Kollegen gehen nicht darauf ein, …	
…	…	…

3 Tauscht euch über folgende Fragen aus:
- Wie erklärt ihr euch die Reaktionen der Kolleginnen und Kollegen?
- Findet ihr die Reaktionen gerechtfertigt?

[[4] **chronisch:** dauernd, ständig

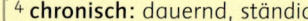 **1** … ist aufgeregt/gespannt / er denkt/überlegt … lernt kennen / weil er bisher noch niemanden … / denn er hat bisher noch niemanden kennengelernt …

W 4 In Gruppenarbeit!
Wie hätten die Kolleginnen und Kollegen es Tobias
erleichtern können, auf der Feier Anschluss zu finden?
  a. Wählt eine der genannten Textstellen aus:
     • die Anzugträger in den Zeilen 16–37
     • die lebhafte Fünfergruppe in den Zeilen 38–60
     • die Dame am Büfett in den Zeilen 67–79
  b. Entwickelt Alternativen zu ihrem Verhalten.
  c. Spielt eure Alternative als Szene in der Klasse vor.
  d. Beurteilt, wie das Verhalten der Personen auf euch gewirkt hat.

**Trotz seiner Bemühungen ist Tobias nicht mit seinen Kollegen
ins Gespräch gekommen. Was könnte er nächstes Mal besser machen?**

5 Klassendiskussion!
  a. Diskutiert die Fragen.
     • Welche Ratschläge würdet ihr Tobias
       für die nächste Firmenfeier geben?
     • Wie sollte er sich in Zukunft auf Feiern in seiner Firma verhalten?
  b. Notiert die Ratschläge in Stichworten.

> **Starthilfe**
>
> • Gespräch in einer Zweiergruppe führen
> • Abstand zum Gesprächspartner einhalten
> • sich selbst vorstellen
> • Gesprächsthemen …

Z 6 Welche Erfahrungen hast du in Gesprächen gemacht,
wenn du auf andere Menschen zugegangen bist?
  a. Erzähle, wie du in diesen Situationen Kontakt aufgenommen hast:
     • in der Schule, im Freundeskreis, bei Freizeitaktivitäten
     • im Praktikum, bei offiziellen Anlässen oder Feiern
  b. Erzähle:
     • Wie haben deine Gesprächspartner reagiert?
     • Wie hast du die Situationen jeweils empfunden?

Z 7 Wie ging es dir in Gesprächssituationen, wenn andere
Kontakt mit dir aufgenommen haben?
Erzähle davon.

 4 Tobias ansehen und ansprechen / sich selbst vorstellen / eine Frage an Tobias
richten / sich entschuldigen und zurückziehen / …

Sprechsituationen bewerten

Im Alltag der Azubis Hanna und Daniel läuft nicht immer alles glatt.
Du kannst herausfinden, wann und warum etwas schiefläuft.

1 Lies die Überschrift und dann den Text als Ganzes.
  • Worum geht es in dem Text?
  • Welchen Eindruck hast du von Hanna und Daniel?

Du hättest nur was sagen müssen ...

Daniel macht eine Ausbildung zum Fleischer. Er ist bereits
im dritten Lehrjahr. Die Arbeit macht ihm Spaß und er lernt viel
in seinem Ausbildungsbetrieb. Am Freitagmorgen erteilt ihm
Herr Schinkel zusätzlich folgenden Auftrag: „Du, Daniel,
5 für heute Abend haben wir noch Bestellungen für Grillfeste.
Hier sind die Auftragszettel. Bis später!" Er legt die drei Zettel
auf den Tisch. Daniel hat an dem Morgen viel zu tun. Als es
fast Mittag ist, sind noch einige Aufgaben offen.

Den einen Teil schafft er noch, dann geht er zu Hanna, der Auszubildenden
10 vorn im Laden: „Hanna, kannst du mir einen Gefallen tun?
Hier sind drei Auftragszettel. Es ist fast alles fertig, nur die Grillwürstchen
fehlen noch. Ich muss jetzt los." Hanna stöhnt: „Oh, Daniel, ich habe auch Stress,
weil ich gerade alleine bin, aber es wird wohl gehen!"
Hanna ist genervt. Sie hat Daniel schon oft geholfen, ohne dass er sich wirklich
15 bedankt. Er jedoch hat nie Zeit, wenn sie um seine Hilfe bittet. Schließlich legt
Hanna die Grillwürstchen dazu, übersieht aber bei der Kontrolle,
dass noch Fleischspieße bei einer Bestellung fehlen.
Als nachmittags Herr Schinkel die bestellte Ware an eine Kundin ausgeben will,
fällt ihm auf, dass die Fleischspieße fehlen. Er entschuldigt sich für das Versehen[1]
20 bei der Kundin und fertigt noch die Spieße an. Er ist sauer auf Daniel,
weil ihm zum wiederholten Mal ein Fehler unterlaufen ist.
Als am nächsten Morgen Daniel kommt, begrüßt er ihn mit den Worten:
„Ich dachte, die Bestellungen gingen klar. Aber das war ja wohl nichts!
Fang jetzt erst mal mit dem Wursten[2] an!"
25 Daniel geht direkt zu Hanna: „Mann, ich dachte, ich kann mich auf dich verlassen!
Warum hat das nicht geklappt?" Darauf erwidert Hanna sauer:
„Das war total peinlich. Es fehlten nämlich Fleischspieße, die Herr Schinkel
noch zubereitete, während die Kundin gewartet hat. Du hättest nur was sagen
müssen, 10 Fleischspieße oder so." Daniel erwidert darauf: „Hör mal, Hase,
30 wer lesen kann, ist klar im Vorteil. Das stand doch groß auf dem Auftragszettel!"
Hanna: „Mach deinen Kram doch selbst, du Wurstgesicht!"

[1] **das Versehen:** der Fehler, der Irrtum
[2] **das Wursten:** Nomen zu wursten: Wurst machen

Um die Situation zu bewerten, untersuchst du das Verhalten
der drei Beteiligten: Herr Schinkel, Hanna und Daniel.

2 a. Überlege:
- In welcher Situation befindet sich die Person?
- Was erwartet sie von den anderen?
- Wie schätzt sie die anderen Personen ein?
- Wie verhält sich diese Person dann? Warum tut sie das?
- Warum kommt es jeweils zum Konflikt?

b. Schreibe Stichworte zu jeder Person auf.

Starthilfe

Herr Schinkel	Hanna	Daniel
möchte, dass Daniel selbstständig Bestellungen fertig macht.	möchte Daniel helfen, obwohl sie selbst Stress hat.	bittet Hanna um einen Gefallen, gibt aber unvollständige Informationen weiter.
…	…	…

Gemeinsam mit einer Partnerin oder einem Partner kannst du
nach einer Lösung für die Konflikte suchen.

 3 Überlegt und besprecht:
- Wie könnte Daniel sein Verhalten Herrn Schinkel erklären?
- Wie könnte Daniel Hanna fragen, warum sie die Spieße nicht gemacht hat?
- Wie könnte Hanna Herrn Schinkel den ganzen Vorgang erklären?
- Was können die drei Personen beim nächsten Mal besser machen?

Bitte sachlich bleiben!

Im letzten Absatz des Textes beleidigen sich Hanna und Daniel gegenseitig.
So verschärfen sie den Konflikt noch.

Starthilfe

 4 a. Schreibt die unsachlichen Bemerkungen auf.
b. Überlegt gemeinsam, was Hanna und Daniel stattdessen sagen könnten.

> Daniel: Lass uns gemeinsam überlegen, warum es nicht mit den Bestellungen geklappt hat.
> …

5 Hanna und Daniel haben sich noch weiter gestritten.
a. Lest die Sprechblasen.
b. Überlegt, wie sie ihre Aussagen sachlich formulieren könnten.

Hanna
Du denkst immer nur an dich! Mir hilfst du nie!

Daniel
Du bist zu blöd, um einen Auftragszettel zu lesen.

Hanna
Du kommst ja nie mit deiner Zeit hin!

Daniel
Wenn du bei der Kontrolle versagst, kann ich doch nichts dafür!

Einen Unfallbericht schreiben

Toni hat einen Knochenbruch am linken Arm.
Er ist in der Backstube der Bäckerei Korn ausgerutscht.
Für die Unfallversicherung schreibt er einen Unfallbericht.

Das war am Dienstag.
Herr Korn wollte Kuchen mit Schokoguss überziehen.
Deshalb rutschte mir der Topf aus der Hand und ich fiel hin.
Dafür holte ich ihm vom Herd einen Topf mit flüssiger Schokolade.
Ich hatte es eilig und verwendete keine Topflappen.
Die Topfhenkel waren sehr heiß und ich kam ins Schwanken.
Jetzt habe ich einen Knochenbruch.

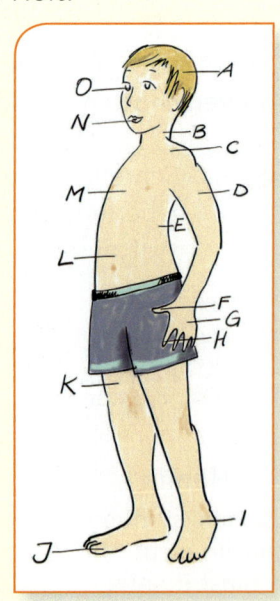

1 Hat Toni alle nötigen Angaben gemacht?
Prüfe seinen Bericht. Die W-Fragen helfen dir.
- **Wann** passierte der Unfall?
- **Wo** geschah der Unfall?
- **Wer** war daran beteiligt?
- **Was** geschah?
- **Wie** passierte es genau?

2 a. Ergänze fehlende Angaben in Tonis Bericht.
   Tipps: • Lies dazu die orangefarbenen Sätze oben auf dieser Seite.
   • Sieh dir auch das Bild genau an.
b. Ein Satz steht nicht in der richtigen zeitlichen Reihenfolge. Welcher?
c. Schreibe Tonis verbesserten Unfallbericht vollständig in dein Heft.

> **Starthilfe**
>
> Ich war am … um … in der Backstube …
> Herr Korn wollte Kuchen …

Für einen Unfallbericht brauchst du die Namen der Körperteile.

3 Was tut dir weh? Was schmerzt?
a. Ordne die folgenden Körperteile den Buchstaben
   in der Zeichnung zu.
b. Beantworte die Fragen in vier Beispielsätzen.

der Arm	die Schulter	der Zeh / die Zehe	der Mund
der Hals	der Finger	die Hand	das Auge
der Rücken	der Kopf	der Fuß	das Bein
die Brust	der Bauch	der Daumen	

 2 Der Unfall passierte am … / Wir arbeiteten in der Backstube der Bäckerei … /
Außer mir war noch Herr Korn … / Er wollte …

 3 A: der Kopf … Mir tut der Kopf weh. / B: … / … am großen Zeh / an der großen Zehe …

In einem Unfallbericht musst du genau angeben,
wo du Schmerzen oder eine Verletzung hast.

4 Wo kannst du dich verletzen? Wo kannst du Schmerzen haben?
Schreibe Wortgruppen mit den Präpositionen **an/am**
und **in/im** auf.

> **Starthilfe**
>
> am Arm, am Finger, an der Brust, …

5 a. Schreibe Sätze mit den Wortgruppen und Wörtern aus Aufgabe 4.
  • Wo hast du dich verletzt?
  • Wo hast du Schmerzen?
 b. Markiere die Präposition und den Artikel.

> **Starthilfe**
>
> Ich habe mich <u>am</u> Arm verletzt.
> Ich habe Schmerzen <u>in der</u> Schulter.
> …

Es gibt viele Arten von Verletzungen.
Du kannst Verletzungen genau benennen.

A: Ein Schäferhund beißt Alan im Tierheim in die rechte Hand.	**B:** Ein Mauerstein fällt Rob auf den linken großen Zeh, so dass der Zeh bricht.
C: Kim schneidet sich mit dem Küchenmesser tief in den linken Daumen.	**D:** Tarek fällt von der Leiter und verstaucht sich seinen rechten Fuß.
E: In der Küche verbrennt sich Sonja mit heißem Fett an der linken Hand.	**F:** Ana läuft gegen die Tür und prellt sich die linke Schulter.

6 a. Ordne jedem Satz **A** bis **F** eine Verletzung vom Rand zu.
 b. Schreibe zu jedem Vorfall einen Satz für den Unfallbericht.
  Schreibe in der **Ich**-Form.

> **Starthilfe**
>
> A: Ich habe eine Bisswunde an der rechten Hand.

die Bisswunde
der Knochenbruch
die Prellung
die Schnittwunde
die Verbrennung
die Verstauchung

7 In folgendem Unfallbericht fehlen Wortgruppen.
 a. Ergänze die Sätze mit Wortgruppen vom Rand.
 b. Schreibe den vollständigen Unfallbericht in dein Heft.

Am 10. November 2016 um 9.00 Uhr schnitt ich ▬▬▬
das Gemüse für das Mittagessen klein. Ich stand ▬▬▬.
Das Messer, das ich verwendete, war frisch geschliffen
und sehr scharf. An einer harten Sellerie ▬▬▬.
Nun habe ich ▬▬▬ an der linken Hand.

• eine tiefe Schnittverletzung
• in der Küche des Hotels Sonnenhof
• rutschte das Messer ab
• an der großen Arbeitsplatte

 6 Ich habe eine Schnittverletzung am linken Daumen. / … eine Verbrennung
an der linken Hand. / … einen Knochenbruch am großen Zeh. / … eine
Verstauchung am rechten Fuß. / … eine Prellung an der linken Schulter.

Ⓩ Soziale Kompetenz ein Leben lang

Soziale Kompetenz gilt heutzutage in vielen Berufen als selbstverständlich.

In jeder Situation angemessen agieren   Christoph Wurzel

1 Für den Umgang untereinander, sei es privat, in der Schule, Ausbildung oder im Beruf, gelten Regeln, die dir helfen, gut mit anderen Menschen auszukommen,
5 gemeinsame, aber auch persönliche Ziele zu erreichen und die eigenen Interessen zu vertreten. Sind die Regeln bekannt, weißt du genau, wie du dich zu verhalten hast. Aber nicht für jede Situation existieren Richtlinien,
10 an die du dich halten kannst. Dann musst du auf deine Erfahrungen und auf bisher erlerntes Verhalten zurückgreifen.
Bestimmte Fähigkeiten, die wir brauchen, um den Anforderungen in sozialen Situationen gerecht zu werden, fassen Wissenschaftler unter dem Begriff
15 „soziale Kompetenz" zusammen. So lernen wir beispielsweise als Kind, Erwachsenen Achtung entgegenzubringen, und erfahren selbst Wertschätzung durch andere Menschen. Diese Erfahrungen begleiten uns ein Leben lang, in der Schule, in der Ausbildung, im Beruf. Wir überprüfen sie in neuen Situationen, erlernen so, ein „Werkzeug" zu benutzen, das uns kompetent, d. h. fähig macht,
20 im Umgang mit Menschen gut zurechtzukommen.
Mit Respekt finden wir zum Beispiel im Team größere Anerkennung für unsere Vorschläge, als wenn wir versuchen, unsere Ziele rücksichtslos durchzusetzen. Auch das Gegenteil ist möglich: Wer sich zu sehr anpasst, wird irgendwann nicht mehr ernst genommen. Daher gehört ein gewisses Maß
25 an Selbstvertrauen ebenfalls zu sozial kompetentem Verhalten.
Soziale Fähigkeiten variieren also von Situation zu Situation und spiegeln sich im Verhalten anderen gegenüber. So ist es ein ganz wesentliches Merkmal sozialer Kompetenz, die Konsequenzen des eigenen Handelns bei den Menschen, mit denen wir zu tun haben, richtig einschätzen zu können.

30 **2** Manchmal lernen wir erst im Umgang miteinander, wie unser Verhalten auf andere in einem bestimmten Umfeld wirkt. An der Art, wie sich Menschen begrüßen, zeigt sich, dass es von der jeweiligen Kultur abhängt, welche Form angemessen ist. In Frankreich ist die leichte Berührung der Wangen als Begrüßungsgeste üblich, die zwar nicht unter ganz Fremden, aber
35 unter einigermaßen Bekannten ausgetauscht wird. In Indien dagegen würde man

mit solchem Verhalten sein Gegenüber ziemlich verwirren, vielleicht gar
beleidigen. Denn dort begrüßt man sich durch eine kurze gegenseitige
Verbeugung, bei der man die Handflächen vor dem Oberkörper aneinanderlegt.
Auch die Gepflogenheiten im beruflichen Umfeld können sich von Branche[1]
40 zu Branche und sogar von Betrieb zu Betrieb sehr unterscheiden. Was z. B.
in Besprechungen, auf Betriebsausflügen oder zum Beginn und Ende
einer Ausbildung üblich ist, erfährt man erst im Laufe der Zeit. Diese Zeit ist
auch nötig, um zu einem Verhalten zu finden, das rücksichtsvoll in Bezug
auf Kollegen und Vorgesetzte ist, ohne sich dabei selbst zu verleugnen.
45 [...]

3 Die heutige Arbeitswelt erfordert ein hohes Maß an sozialer Kompetenz,
da das Fachwissen einem ständigen Wandel unterliegt und es nötig ist,
sich rasch diesen Veränderungen zu stellen. Daher sind Anpassungsfähigkeit an
neue Situationen, eine hohe Motivation, Dingen auf den Grund zu gehen,
50 Selbstständigkeit beim Lösen von Aufgaben und eine sinnvolle Organisation
des eigenen Arbeitsprozesses in Stellenanzeigen besonders häufig geforderte
Kompetenzen in den meisten Berufssparten[2].
Neben den fachlichen Kompetenzen, die in vielen Fächern erworben werden
und die auf Wissen aufbauen, sind die sozialen Kompetenzen ebenso wichtig.
55 Allerdings sind sie im Gegensatz zur kognitiven[3] Leistungsfähigkeit kaum messbar
und werden daher auch Soft Skills[4] genannt. Neben den persönlichen
Kompetenzen wie Belastbarkeit, Gewissenhaftigkeit oder Interesse gehören
die kooperativen Kompetenzen, wie die Fähigkeit, angemessen Kontakt zu
anderen aufzunehmen oder einen Konflikt auszutragen, ohne aggressiv zu werden,
60 zu den wichtigen Sozialkompetenzen.
Die entscheidende Fähigkeit, auf der all dieses Können aufbaut, dürfte allerdings
das Vermögen sein, sich in andere hineinzudenken und deren Gefühle zu erfassen.
Diese Fähigkeit nennt die Psychologie Empathie.

1 Lies den Text.
Fasse wesentliche Aussagen zusammen.

2 Welche Textaussagen kannst du auf die Texte über Sandy (Seite 52–54)
und Tobias (Seite 56–58) beziehen?
  a. Belege die Aussagen anhand von Textstellen.
  b. Welche Aussagen findest du besonders interessant und wichtig? Berichte.

3 Um soziale Kompetenzen für das Berufsleben zu trainieren,
ist das freiwillige soziale Jahr eine gute Möglichkeit.
  a. Informiere dich über das freiwillige soziale Jahr.
  b. Stelle deiner Klasse deine Ergebnisse in einem Kurzreferat vor.

---

[1] **die Branche:** ein Berufszweig
[2] **die Berufssparte:** ein Berufsbereich
[3] **kognitiv:** das Wissen betreffend
[4] **die Soft Skills:** wörtlich übersetzt: weiche Fähigkeiten; „weich" bezieht sich darauf,
dass die Fähigkeiten nicht messbar sind

Training:
Sich mündlich präsentieren

Am Telefon einen guten Eindruck machen

Für die Bewerbung um einen Ausbildungsplatz brauchst du viele Informationen über den Ausbildungsbetrieb. In einem Telefongespräch kannst du nachfragen und dabei bereits einen guten Eindruck machen.

1 Betrachtet die Bilder.
  a. Wie geht das Mädchen in dem Gespräch vor?
  b. Was tut und sagt der Junge?
  c. Wer hinterlässt wohl den besseren Eindruck? Begründet es.

> Hey, hier ist … Ich wollte mal nachfragen, ob Sie mich gebrauchen können. Wegen Ausbildung und so … Wie heißt Ihre Firma noch mal genau? …

> Guten Tag, mein Name ist … Ich habe in Ihrer Anzeige von Ihrem Ausbildungsplatz gelesen und habe dazu noch einige Fragen. Können Sie mir weiterhelfen? Haben Sie gerade Zeit für ein Gespräch? … Vielen Dank!

Bereite dich gut vor, damit das Telefongespräch gelingt.

2 Was kann man tun, damit ein Telefongespräch erfolgreich verläuft? Schreibt eine Checkliste.

- einen ruhigen Ort für das Gespräch suchen
- Papier und Stift für Notizen bereithalten
- deutlich sprechen
- …

Vor dem Telefongespräch solltest du schon einiges über
das Unternehmen und den Ausbildungsberuf wissen.

3 a. Sammle Informationen über das Unternehmen und über den Beruf.
- Nutze das Internet.
- Besorge dir Informationsmaterial aus dem Unternehmen.
- Kennst du Personen, die dort arbeiten? Befrage sie.
- Informiere dich auf Ausbildungsmessen.

   b. Ordne alle Informationen übersichtlich in einer Mappe.

**Bleiben noch Fragen offen? Dann kläre sie mit einem Anruf
bei dem Unternehmen.**

4 Formuliere die Fragen, die du im Telefongespräch
stellen möchtest. Schreibe sie auf.
Tipp: Du fragst hier nach allgemeinen
Informationen über Ausbildung und Betrieb.

- Ausbildungsschwerpunkte
- Bewerbungsfristen
- Form der
  Bewerbungsunterlagen
- Chancen, übernommen zu
  werden
- …

**Vielleicht will dein Gesprächspartner auch etwas
über dich wissen. Bereite dich darauf vor.**

5 Welche Fragen könnte man dir stellen?
   a. Schreibe mögliche Fragen auf.
   b. Überlege dir passende Antworten darauf.

6 Trainiert das Telefonat in einem Rollenspiel.
   a. Bereitet euch mit Hilfe der Checkliste sorgfältig vor.
   b. Besprecht, was gut war und was ihr noch üben wollt.

Starthilfe

In welcher Schule …?
Warum möchten Sie sich
  bei uns bewerben?
Kennen Sie unser
  Unternehmen schon?
…

Checkliste: Telefongespräch	ja	nein
Ich spreche deutlich und laut genug.	☐	☐
Ich nenne meinen Namen und stelle mich vor.	☐	☐
Ich sage, warum ich anrufe.	☐	☐
Ich stelle klare Fragen.	☐	☐
Ich habe wichtige Daten zu meiner Person und zu meiner Schule im Kopf.	☐	☐
Ich mache mir während des Gesprächs Notizen.	☐	☐
Ich notiere den Namen meines Gesprächspartners.	☐	☐
Ich bedanke mich und verabschiede mich.	☐	☐
Nach dem Gespräch: Ich beziehe mich im Bewerbungsschreiben auf das Telefongespräch und nenne meinen Gesprächspartner.	☐	☐

Das Vorstellungsgespräch vorbereiten

Frau Hopp vom Ausbildungsbetrieb möchte Oleg kennenlernen.
Nun muss er sich im Vorstellungsgespräch gut darstellen.

Frau Hopp fragt:

A Weshalb soll es diese Ausbildung sein?
B Wie sieht es mit Ihren mathematischen Kenntnissen aus?
C Haben Sie ein Praktikum in diesem Beruf gemacht?
D Sprechen Sie weitere Sprachen?
E Was zählen Sie zu Ihren Stärken?
F Warum möchten Sie Ihre Ausbildung bei uns machen?
G Was wissen Sie über unsere Firma?
H Womit beschäftigen Sie sich in Ihrer Freizeit?
I Wann waren Sie zuletzt mit sich unzufrieden? Warum?

In jedem Vorstellungsgespräch geht es um die gleichen Themen.

  1 a. Lest die Fragen A bis I von Frau Hopp.

> **Starthilfe**
>
> Interesse für den Beruf: A …
> Interesse an der Firma: F …
> Meine Stärken: …

    b. Ordnet die Fragen den Themen in Olegs Denkblasen zu.

Mit einem Spickzettel kannst du dich vorbereiten.

  2 Was müsst ihr im Vorstellungsgespräch können?
Schreibt zu jedem Thema aus den Denkblasen einen Satz auf.

 2 Ich kann begründen, warum ich mich für den Beruf interessiere.
Ich kann erklären, warum ich mich in dieser Firma bewerben will.
Ich kann über meine Stärken sprechen. …

Viele wichtige Angaben über dich stehen in deinem Lebenslauf.
Übe es, darüber auch zu *sprechen*.
Dies hat Oleg geschrieben:

Lieblingsfächer:	Mathematik, Sport, Physik
Schulische Aktivitäten:	AG Informatik, Mitglied in der Basketball-Schulmannschaft
Hobbys:	Gitarre spielen, Fahrräder reparieren

 **W 3** Verwandelt die schriftlichen Angaben aus einem Lebenslauf
in mündliche Rede.
Wählt aus:
- Lest den Auszug aus Olegs Lebenslauf.
  Was könnte er über sich sagen? Oder:
- Lest eure eigenen Lebensläufe und sprecht über euch selbst.

Starthilfe

Ich mag das Fach Mathematik. Deshalb bin ich auch in der AG Informatik,
wo ich mathematische Kenntnisse brauche. ... In meiner Freizeit spiele ich ...
Auch Sport ist mir wichtig ...

Wenn du oft übst, etwas über dich zu sagen, wirst du immer sicherer.

4 Gruppenarbeit – Kugellager!
   a. Schreibt jede Frage aus Aufgabe 1 auf einen Zettel.
      Schreibt auch Zettel mit eigenen Fragen zu den sechs Themen
      aus Olegs Denkblasen.
      Die Zettel werden gefaltet und in einen Behälter gelegt.
   b. Jede Gruppe bildet einen Kreis mit vier bis sechs Paaren,
      die sich gegenüberstehen.
   c. Zuerst ziehen alle im äußeren Kreis einen Zettel.
      Auf ein Zeichen hin wird die Frage der Partnerin
      oder dem Partner aus dem Innenkreis vorgelesen.
      Diese/Dieser muss antworten,
      ohne lange nachzudenken.
   d. Geht im Innenkreis eins weiter nach rechts,
      im Außenkreis nach links.
      Stellt die Frage dem neuen Partner.

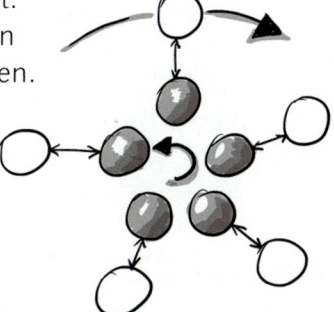

 4 Ich interessiere mich für ... / Ich beschäftige mich gern mit ... / Meinen Beruf stelle ich
mir so vor, dass ... / Mein Praktikum hat mir gezeigt, dass ... / Außer in Deutsch kann
ich mich in ... verständigen / Auf der Homepage Ihrer Firma las ich ... / Zu meinen
Schwächen zähle ich ... / Ich kann gut ... / Mir gefällt an Ihrer Firma, dass ...

Training:
Sich schriftlich bewerben

Das Anschreiben

Ein gutes Anschreiben erhöht deine Chance, zu einem Vorstellungsgespräch eingeladen zu werden. Prüfe, ob deine persönlichen Angaben, die Form und die Rechtschreibung stimmen.

W 1 Wähle aus:
- Prüfe, korrigiere und überarbeite dein eigenes Anschreiben, am besten am Computer. Oder:
- Tausche deine Bewerbung mit der einer Partnerin oder eines Partners. Überarbeitet eure Schreiben gemeinsam. Oder:
- Trainiere das Überarbeiten an Ricardas folgendem Entwurf.

Ricarda Grüner
Bergmannstr. 3
44138 Dortmund
Tel. 02xx/11xx99

Stadt Dortmund – Grünflächenamt
Herrn Peter Timm
Tulpenstr. 56
44130 Dortmund

Bewerbung um einen Ausbildungsplatz

Sehr geehrte Damen und Herr Timm,

ich habe erfahren, das die Stadt Dortmund noch freie Ausbildungsplätze im Grünflächenamt hat, und bewerbe mich hiermit bei ihnen um meinen Traum-Ausbildungsplatz als Gärtnerin.

Ich werde die Schule im nächsten Sommer mit dem mittleren Schulabschluss verlassen und möchte dann den Beruf der Gärtnerin erlernen. Seit meiner Kindheit helfe ich meinen Großeltern begeistert bei der Pflege ihres Schrebergartens.

Als auszubildende Gärtnerin möchte ich gerne dazu beitragen, das Erscheinungsbild meiner Heimatstadt Dortmund zu pflegen und zu verschönern.

Ich würde mich freuen, wenn sie mich zu einem Vorstellungsgespräch einladen würden.
Tschüss
Ricarda

Anlagen

- Welche Angaben sollten noch ergänzt werden?
- Was ist nicht gut verständlich?
- Was kann man genauer formulieren?
- Stimmt die Anrede?
- Wie wird die Grußformel am Schluss höflicher?
- Welche Rechtschreibfehler sind enthalten?

Achtung:
Fehler!

Der tabellarische Lebenslauf

Im Lebenslauf schreibst du die wichtigsten Daten zu deiner Person und zu deinem Leben auf. Außerdem sind alle Informationen wichtig, die zu deiner Wunsch-Ausbildung passen.

Z 2 a. Lies Ricardas Lebenslauf.
b. Welche Angabe zu ihren Interessen würde noch gut in das Anschreiben von Seite 70 passen? Wähle aus und formuliere einen Satz für das Anschreiben.

Lebenslauf

Persönliche Daten 1
Name	Ricarda Grüner
Geburtsdatum	12. Mai 2000
Geburtsort	Dortmund
Anschrift	Bergmannstr. 3
	44138 Dortmund
Telefon	02xx/11xx99
E-Mail	ricardagruener@mail.de

Schulbildung
Grundschule	2006–2010 Grundschule Osterwald
Weiterführende Schule	seit 2010 Herderschule
Schulabschluss	Mittlerer Abschluss 2016 (voraussichtlich)
Lieblingsfächer	Biologie, Kunst, Werken
Schulische Aktivitäten	Mitglied in der AG Schulgarten seit 2014

Interessen und Kenntnisse 2
Sprachkenntnisse	Deutsch, Englisch
Praktikum	03/2015 Praktikum in der Baumschule Nordmann
Sport und Freizeit	Schwimmen, Klettern und Gärtnern

Dortmund, 25.09.2015

Ricarda Grüner 3

W 3 Mit Hilfe von Ricardas Lebenslauf kannst du deinen eigenen Lebenslauf überprüfen und ergänzen oder neu schreiben. Wähle aus:
- Hast du bereits einen Lebenslauf abgespeichert? Dann prüfe die Rechtschreibung und überarbeite ihn.
- Oder plane, schreibe und überarbeite einen neuen Lebenslauf.

2
1 Die Angaben zu deiner Familie, zur Staatsangehörigkeit und zur Religion sind freiwillig.
2 Du solltest hier alle Dinge aufzählen, die für die Ausbildung wichtig sind.
3 Unterschreibe deinen Lebenslauf mit der Hand. Achte darauf, dass das Datum mit dem Datum auf dem Anschreiben übereinstimmt.

Sich online bewerben

Eine Bewerbung per E-Mail

Manche Unternehmen schreiben auf ihrer Internetseite, dass sie
die Bewerbungen online erhalten möchten. Dann sendest du
die gleichen Unterlagen wie mit der Post ein, aber in einer E-Mail.

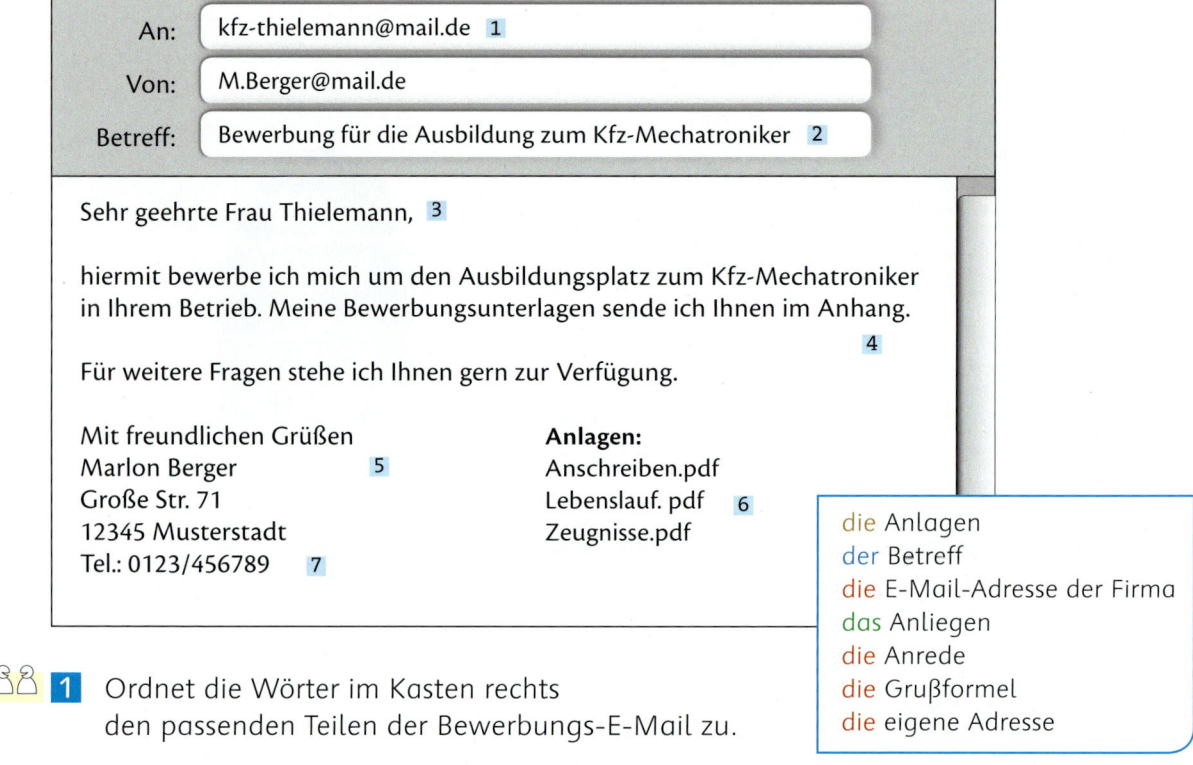

An:	kfz-thielemann@mail.de **1**
Von:	M.Berger@mail.de
Betreff:	Bewerbung für die Ausbildung zum Kfz-Mechatroniker **2**

Sehr geehrte Frau Thielemann, **3**

hiermit bewerbe ich mich um den Ausbildungsplatz zum Kfz-Mechatroniker
in Ihrem Betrieb. Meine Bewerbungsunterlagen sende ich Ihnen im Anhang.
4

Für weitere Fragen stehe ich Ihnen gern zur Verfügung.

Mit freundlichen Grüßen   **Anlagen:**
Marlon Berger   **5**   Anschreiben.pdf
Große Str. 71   Lebenslauf. pdf   **6**
12345 Musterstadt   Zeugnisse.pdf
Tel.: 0123/456789   **7**

> die Anlagen
> der Betreff
> die E-Mail-Adresse der Firma
> das Anliegen
> die Anrede
> die Grußformel
> die eigene Adresse

1 Ordnet die Wörter im Kasten rechts
den passenden Teilen der Bewerbungs-E-Mail zu.

2 a. Lest die Tipps für die Online-Bewerbung.
   Macht euch Notizen zu euren Fragen oder zu unklaren Tipps.
b. Tauscht euch mit der Partnerin, dem Partner oder mit der Klasse aus.
c. Entwerft am Computer eine eigene E-Mail für eure Bewerbung.

Tipps für die Online-Bewerbung

- Verwende gut lesbare, **häufig genutzte Schriftarten**, keine ungewöhnlichen Schriften.
- Wandle Bewerbungsschreiben und Lebenslauf in **nicht veränderbare Dateiformate** um,
  am besten in pdf-Dateien.
- Scanne Zeugnisse, Praktikumsnachweise usw. ein. Achte auf **gute Qualität**.
- Gib den Dateien **aussagekräftige Namen**.
- Sende **höchstens drei Dateien** als Anhang mit, also keine zu große Datenmenge.
- Verwende eine **vertrauenswürdige Mailadresse** (keine Spaßadresse).
- Prüfe die **Rechtschreibung** ebenso sorgfältig wie bei anderen Bewerbungen.

Bewerbung über ein Online-Formular

Manche Ausbildungsbetriebe möchten, dass du ein Online-Formular
für eine Bewerbung ausfüllst. Gehe konzentriert Schritt für Schritt vor.
Oft hilft ein Bewerbungsassistent.

3 Untersuche den Aufbau des Online-Bewerbungsformulars.
Sieh dir die obere Leiste mit den Zahlen an.
Welche Angaben sind gefordert?
Schreibe die Angaben auf.

**Einige Angaben kannst du direkt in das Formular
eintragen. Andere Unterlagen musst du
als Dateianhang hochladen.**

4 Wie gehst du beim Ausfüllen des Formulars vor?
Schreibe die Arbeitsschritte im Kasten rechts
in einer sinnvollen Reihenfolge auf.
Tipp: Drucke das ausgefüllte Formular aus oder
speichere es ab, damit du später weißt,
welche Angaben du gemacht hast.

Z 5 Recherchiere im Internet über Online-
Bewerbungen.

> - die Angaben in das
>   Formular eintragen
> - die Bewerbung
>   abschicken
> - Unterlagen wie
>   Zeugnisse usw.
>   einscannen und als
>   Anlagen hochladen
> - die Bewerbung auf
>   Vollständigkeit prüfen
> - die Bewerbung
>   ausdrucken oder
>   abspeichern
> - sich mit dem Formular
>   vertraut machen
> - Rechtschreibung prüfen

Die „dritte Seite" in deiner Bewerbung

Die „dritte Seite" ist keine Pflichtseite in deiner Bewerbungsmappe.
Aber sie bietet dir eine weitere Chance, um positiv auf dich aufmerksam zu machen.

1 Ricarda möchte Gärtnerin werden.
Sie hat ihre Bewerbung an Herrn Timm geschickt.
Lies ihre „dritte Seite".

Was Sie über mich wissen sollten

Mein Ziel	Ich träume davon, einmal eine eigene Gärtnerei zu haben. Neben dem üblichen Pflanzenangebot möchte ich mich auf besondere Gewürzpflanzen spezialisieren. Damit meine ich Pflanzen wie Olivenkraut oder Zwergcurry, die man nicht überall bekommt. Für die Kunden würde ich zu den Pflanzen Rezeptvorschläge auslegen.
Meine Stärken	Ich kann gut zupacken. Ich verschaffe mir schnell einen Überblick über die anstehende Arbeit. Ich gehe gern auf andere Menschen zu. Ich habe oft gute Ideen.
Was mir wichtig ist	Meine Familie, meine Freundinnen und Freunde, das Klettern, die Arbeit im Schulgarten, das Schwimmen, der Schrebergarten meiner Großeltern, Pflanzen und Tiere. Das ist echt eine Menge.

Dortmund, 25.9.2015

Ricarda Grüner

---

2 Wie hat Ricarda ihre Seite aufgebaut?
• Übertrage den Aufbau auf ein Blatt Papier.
• Beschrifte das Blatt mit den einzelnen Bereichen.

3 Welche persönlichen Stärken und Eigenschaften nennt Ricarda?
Schreibe sie zu den einzelnen Bereichen auf dein Blatt.

4 Versetzt euch in die Lage von Herrn Timm.
   a. In welchem Teil ihrer Seite hat Ricarda ihn wohl besonders überzeugt? Warum?
   b. Welche Angaben sind für ihn nicht so interessant?
   Lest auch in Ricardas Bewerbungsschreiben auf Seite 70 nach.
   c. Verbessert die schwachen Stellen auf Ricardas „dritter Seite".
   Schreibt einen Satz zu diesem Bereich.

---

 4 Ich bin gern mit anderen Menschen zusammen. / Ich bewege mich viel. /
Ich möchte oft draußen an der frischen Luft sein. / Ich mag alles Lebendige …

Die Angaben auf der „dritten Seite" sollen auf dich neugierig machen.
Wiederhole nichts, was sowieso schon in deinen Unterlagen steht.

5 Welche Angaben sind für eine „dritte Seite" geeignet?
Entscheide dich jeweils für eine Angabe.

Mirka will Kfz-Mechatronikerin werden.	A: Meine Lehrer und Eltern sagen, dass ich technisch und handwerklich begabt bin. Das könnte ich hier gut einsetzen.
	B: Schon als Kind habe ich aus Spielzeug-Einzelteilen Fahrzeuge zusammengebaut. Später hatte ich einen Bausatz für eine Dampfmaschine. Motoren haben mich immer fasziniert.
Finn möchte Koch werden.	A: Ich habe mein Praktikum in einer Hotelküche gemacht.
	B: Auf dem Klassenfest habe ich in einer Riesenpfanne spanische Paella gekocht. Zwei Freunde haben geholfen.
Dana hat sich für eine Ausbildung als Medizinische Fachangestellte beworben.	A: Ich mag Abwechslung. In diesem Beruf kann ich gleichzeitig Seelentrösterin, Organisationstalent und verantwortungsvolle Assistentin bei medizinischen Handlungen sein.
	B: Ich möchte gern mit Menschen zu tun haben.

Auch du kannst deiner Bewerbung eine „dritte Seite" hinzufügen.

W 6 Deine Seite soll mit wenigen Sätzen überzeugen.
Du kannst zu einem oder zu mehreren Bereichen etwas schreiben.
a. Wähle aus: Möchtest du deine Seite so wie Ricardas Seite aufbauen oder wie eine der beiden Seiten unten?
b. Bringe deine ausgewählten Stärken in eine übersichtliche Form.
c. Überlege dir eine treffende Überschrift.

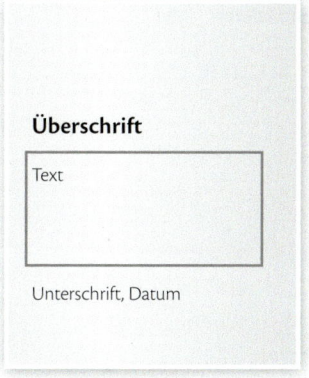

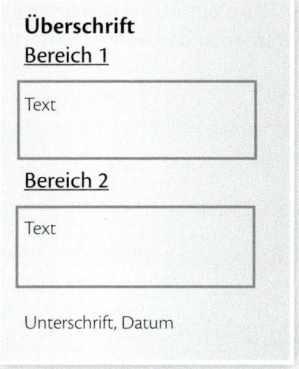

Was Sie über mich wissen
  sollten
Zu meiner Person
Was mir wichtig ist
Worauf ich Wert lege
Persönliche Informationen
Meine Motivation
…

 7 Tauscht euch über eure „dritten Seiten" untereinander aus.
• Überprüft, ob die Stärken zu den Anforderungen eures Berufs passen.
• Sprecht darüber.

Training:
Ein Bewerbungsschreiben überarbeiten

Laura ist mit der Form ihres Bewerbungsschreibens bereits recht zufrieden. Aber der Hauptteil klingt noch nicht überzeugend.
Ihr könnt Lauras Schreiben in Einzelarbeit oder in der Schreibkonferenz überarbeiten.

Laura Schmidt   Neustadt, 23. 10. 2015
Sandweg 12
49494 Neustadt
Tel.: 05xxx/2xx44
E-Mail: Lschmidt@mail.de

Frisiersalon Scherenschnitt
Frau Yasemin Gül
Heidestr. 9
49494 Neustadt

Bewerbung um einen Ausbildungsplatz als Frisörin

Sehr geehrte Frau Gül,

ich will Frisörin werden. Im Tageblatt las ich Ihre Stellenanzeige. Jetzt bewerbe
ich mich um den Ausbildungsplatz in Ihrem Betrieb.   1

Zurzeit besuche ich die Gesamtschule am Glockenberg und werde voraussichtlich,
wenn alles klappt, im nächsten Sommer fertig.   2

Schon als Kind habe ich mich für Frisuren und Kosmetikartikel interessiert.   3
Von Ihrem Salon habe ich auch von meiner Tante gehört, die sich immer bei Ihnen frisieren
lässt. Sie lässt sich bei Ihnen auch die Haare färben und ist echt sehr zufrieden.
Sie lobt Sie in den höchsten Tönen.   4

Über eine Einladung zu einem Vorstellungsgespräch würde ich mich sehr freuen.

Mit freundlichen Grüßen
Laura Schmidt

---

1 **a.** Lest Lauras Bewerbungsschreiben.
   b. Notiert, was Laura im Hauptteil noch besser machen kann.
   Tipp: Legt eine Folie über den Text und markiert die Stellen.

In der Einleitung soll klar und deutlich stehen,
worum es in dem Schreiben geht.

2 **a.** Lest Lauras Einleitung (Abschnitt **1**).
　　b. Überlegt, wie Laura die Einleitung
　　　　besser formulieren könnte.
　　c. Schreibt einen verbesserten Satz auf.

3 **a.** Lest den Abschnitt **2**:
　　　• Inwiefern drückt die Formulierung
　　　　Zweifel aus?
　　　• Welche wichtige Information fehlt hier?
　　b. Überarbeitet den Satz so, dass Laura
　　　　als Bewerberin selbstbewusster wirkt.

Warum möchte Laura diesen Ausbildungsberuf erlernen?
Warum möchte sie in diesem Betrieb arbeiten?
Diese Fragen müssen besonders überzeugend begründet werden.

4 **a.** Lest Lauras Begründung für ihren Berufswunsch (Abschnitt **3**)
　　　　noch einmal: Was sollte Laura überzeugender formulieren?
　　b. Vergleicht Lauras Sätze mit den folgenden Sätzen.
　　c. Wählt einen Satz aus oder schreibt selbst
　　　　einen überzeugenden Satz auf.

> • Ich habe schon als Kind meine Puppen frisiert, inzwischen schneide ich
>   meinen Verwandten und Freundinnen die Haare.
> • Ich informiere mich regelmäßig in Zeitschriften über neue Frisurtrends und
>   probiere sie auch gern aus.

Die Aussagen sollen sachlich sein.
Vermeidet Umgangssprache und überflüssige Angaben.

5 Was möchte Laura in Abschnitt **4** aussagen?
　　a. Lest den Abschnitt und überlegt:
　　　• Wie wirken die Angaben zu Lauras Tante?
　　　• Wie könnte Laura es anders ausdrücken?
　　b. Überarbeitet diesen Abschnitt.

Nanotechnologie – Die

Unglaublich! Eintausend dieser winzigen Teilchen sollen in einem einzigen Salzkorn Platz haben?

Ja, das sind Nanoteilchen. Stell dir vor: Fünfhundert Nanoteilchen nebeneinandergelegt sind so dick wie ein Haar!

1

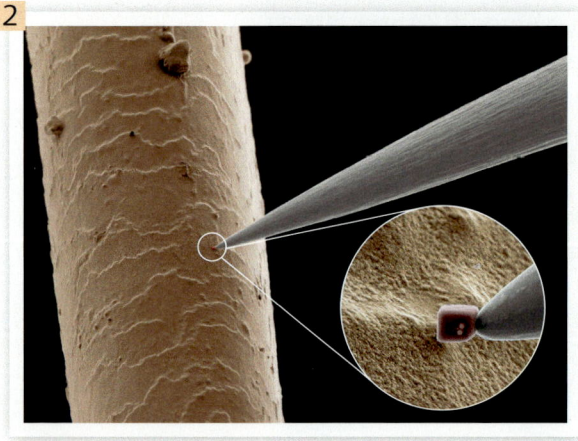

2

... 500 sind so dick wie ein Haar.

3

... 1000 in einem Salzkorn.

1 Klassengespräch:
- Was seht ihr auf den Bildern?
- Worüber sprechen die Jugendlichen auf dem Bild 1?

2 Kleine sind hier ganz groß!
- Was könnten die Jugendlichen unter dem Mikroskop betrachten?
- Was erklären die Bilder 2 und 3?

Tipp: Lest dazu auch die Bildunterschriften.

1 **Nano-:** griechisch *nãnos* = der Zwerg: ein Milliardstel einer Einheit, z. B. Nanometer (nm): 1 m = 1 000 000 000 nm – 1 Meter sind eine Milliarde Nanometer.

das Mikroskop, das Elektronenmikroskop, der Ausschnitt, vergrößern, die Vergrößerung, abperlen, die Oberfläche, die Lotosblume, der Ketchup, Sport treiben

Größe liegt im Kleinen

4 Nanotechnologie lässt das Pulver rieseln! Endlich keine Klumpen mehr in der Suppe.

5

7

6

Vorher und nachher wie geleckt – das Besteck mit dem Lotuseffekt.

Kein Schweißgeruch mehr beim Sport! – Sportbekleidung von NanTex bleibt sauber.

8

Mit unserer Ausrüstung will wirklich jeder campen: Out-Tech.

3 Die Werbetexte passen zu den Abbildungen auf dieser Seite.
- Was versprechen die Werbetexte?
  Ordnet die Bilder den Texten zu.
- Was könnten Nanoteilchen mit diesen Versprechen zu tun haben?
  Tauscht euch darüber aus.

In diesem Kapitel bildet ihr euch eine eigene Meinung zum Thema Nanotechnologie. Eure Meinung stellt ihr in einer schriftlichen Argumentation dar.

Nanotechnologie in unserem Alltag

Nanotechnologie findet sich in immer mehr Produkten,
mit denen wir täglich umgehen. Manchmal ahnen wir es gar nicht.

Na|no|tech|no|lo|gie die: → Gebiet der physikalischen
Grundlagenforschung und der Halbleitertechnik,
das die Manipulation von Materie im atomaren Maßstab erlaubt
(z. B. zur Herstellung extrem kleiner Bauelemente)

1 a. Lest den Lexikonartikel.
   b. Erklärt **Nanotechnologie** mit eigenen Worten.

2 Auf den Bildern seht ihr unterschiedliche Computer.
   • Wie hat sich die Größe der Computer in den letzten Jahren verändert?
   • Wodurch ist diese Veränderung möglich geworden?
   • Wie wird die Zukunft der Computer aussehen?
   Beantwortet gemeinsam die Fragen.

1 der **Halbleiter:** ein Stoff, der bei Zimmertemperatur elektrisch leitet
   die **Manipulation:** hier: die Handhabung, die Bearbeitung
   atomar: hier: auf die Größe eines Atoms bezogen
2 Ich finde/denke/meine/behaupte, dass …, ist eher (nicht), bestimmt (nicht),
   überhaupt (nicht), sehr …; vorteilhaft/innovativ/erfolgversprechend/
   zweckmäßig …; weil/denn so/dadurch/damit/immer wieder …

Auch Lebensmittel, Verpackungen und Kleidungsstücke
bekommen durch Nanoteilchen neue Eigenschaften.

Ein beliebter Zusatzstoff in Lebensmitteln ist Siliziumdioxid[1]
in Nanogröße. Zum Beispiel kann man es dem Kochsalz oder
Tütensuppen als Rieselhilfe zugeben. In Lebensmitteln oder
Verpackungen wird dadurch verhindert, dass Außenluft an die Ware
5 gelangt und diese durch die Luftfeuchtigkeit Klumpen bildet.
Silber in Nanogröße kann Keime abtöten und so verhindern,
dass z. B. Sportbekleidung unangenehm riecht. Titandioxid[2] und
Zinkoxid[3] in Nanogröße werden dazu eingesetzt,
um Keimbildung an Lebensmittelverpackungen
10 zu verhindern. Außerdem findet man diese Nanopartikeln[4]
in Sonnencremes als Schutz vor ultravioletten Strahlen.

3 • Was sind Nanopartikeln? Welche Beispiele werden im Text genannt?
 • Welche neuen Eigenschaften können Produkte durch die Nanopartikeln
 bekommen? Notiert es.
 • Wo kommt ihr mit Nanotechnologie in Berührung?

> Ich finde es gut, dass sich Forscher mit der Nanotechnologie beschäftigen.

> Ich bin mir da noch nicht so sicher.

> Ich weiß nicht, ob ich Nano in Lebensmitteln wirklich brauche.

> So wird vieles in unserem Leben einfacher.

> Zum Beispiel weiß ich nicht, was Nanoteilchen mit meinem Körper machen.

> Lebensmittel erhalten bessere Eigenschaften.

> Die Nanotechnologie wird unser Leben bestimmt leichter machen.

> Deshalb bin ich noch nicht so überzeugt vom Nutzen der Nanotechnologie.

4 Tauscht euch über die Äußerungen von Niklas und Mila aus.
 • Worüber sprechen die beiden?
 • Welche Meinungen haben sie?
 • Welche Argumente führen sie an?
 • Welche Beispiele nennen sie?
 • Welche Schlussfolgerungen formulieren sie?

Meinung
Argument
Beispiel
Schlussfolgerung

[1] das **Siliziumdioxid**: eine Verbindung des Stoffes Silizium mit Sauerstoff
[2] das **Titandioxid**: eine Verbindung des Metalls Titan mit Sauerstoff
[3] das **Zinkoxid**: eine Verbindung des Metalls Zink mit Sauerstoff
[4] die **Partikel**, die **Partikeln**: hier: Teilchen in Nanogröße

Einen Text mit dem Textknacker erschließen

Bringt Nanotechnologie nur Verbesserungen? Oder kann sie uns auch gefährlich werden? Die Informationen aus dem Sachtext verwendest du in einer Stellungnahme für die Schülerzeitung.

W 1 Wähle aus:
- Lies Teil 1 des Sachtextes mit Hilfe der Textknackerschritte 1 und 2.
- Oder: Lies die Teile 1 und 2 des Sachtextes mit Hilfe der Textknackerschritte 1 und 2.

> 1. Vor dem Lesen: Bilder und Überschrift
> 2. Das überfliegende Lesen

Nanotechnologie – „Zwerge" ganz groß
Eckhard Mieder

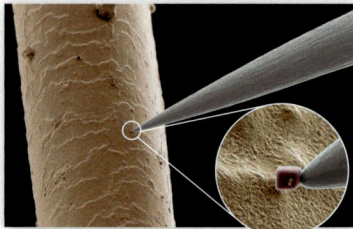

Nadelspitze zeigt auf ein Nanoteil auf einem Haar.

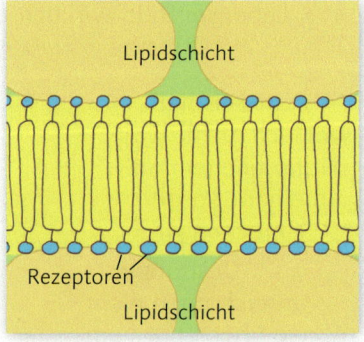

Querschnitt durch die Pflanzenhaut

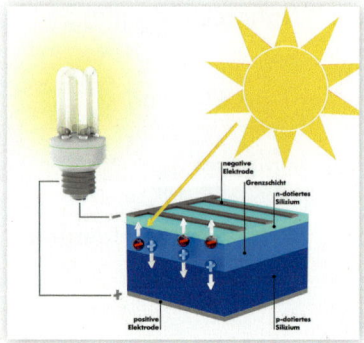

Funktionsweise einer Solarzelle

Teil 1

1 Manche Dinge in der Natur erscheinen uns wie ein Wunder oder geben uns Rätsel auf. Und viele dieser Rätsel können Menschen erst entschlüsseln, seit es möglich ist, mit Hilfe technischer Geräte auch die Welt der Atome und
5 Moleküle zu betrachten. Was gibt es dort nicht alles zu entdecken, z. B. winzige Teilchen, die kaum größer als Moleküle sind. Diesen Winzlingen gaben die Wissenschaftler am Ende der 1950er Jahre den Namen „Nanoteile", abgeleitet vom altgriechischen Wort „nãnos",
10 dem Wort für „Zwerg". Und doch können diese Winzlinge in einer Größe von wenigen 100 Nanometern (100 nm = 0,0001 mm) verblüffende Wirkungen haben.

2 Warum aber erforschen Chemiker, Biologen und Physiker diese Nanoteilchen und bauen sie künstlich nach?
15 Ein Blick in die Pflanzenwelt hilft uns, das zu verstehen. Zum Beispiel stecken in jeder Pflanze unzählige komplette Kraftwerke, die aus Sonnenlicht Energie erzeugen. Für diese Umwandlung hat die Natur ein vier Nanometer (vier Millionstel Millimeter!) „dickes" Häutchen geschaffen,
20 das wie ein Sandwich aufgebaut ist. Es besteht aus einer Doppelschicht fettartiger Lipidmoleküle[1], in denen Rezeptoren[2] das Licht auffangen. Dann wird das Licht in ein Zentrum geleitet, in dem es in Energie umgewandelt wird. Dieses Prinzip ist das Vorbild für Solarzellen.
25 Sie werden mit einem organischen[3] Farbstoff beschichtet, der in Kombination mit Nanopartikeln Sonnenlicht in Strom umwandelt. Solche künstlichen Kleinkraftwerke

---

[1] das Lipidmolekül, die Lipidmoleküle: winzige Fettteilchen
[2] der Rezeptor, die Rezeptoren: die Sinneszellen
[3] organisch: aus der Natur kommend

könnten zukünftig in Glasfassaden eingebaut werden.
Der Energieverbrauch von Gebäuden würde erheblich sinken, Rohstoffe
30 würden eingespart und weniger Kohlendioxid würde ausgestoßen.

3 Auch dieses Beispiel stammt aus der Pflanzenwelt: Die Blätter
der Lotospflanze weisen an der Oberfläche Strukturen auf, die das Wasser
abtropfen lassen. Das haben wir Menschen nachgeahmt. Man beschichtet
Oberflächen mit Nanostrukturen, die Schmutz, Wasser und Fette abweisen
35 oder die Kratzfestigkeit erhöhen. Lacke, Pfannen, Glas, Besteck, Textilfasern
und viele andere Materialien bekommen dadurch eine neue Qualität.

4 Forscher haben auch die Lebensmittel und ihre Verpackungen
im Blick. Nanoteilchen sollen in Zukunft helfen, Übergewicht und Fehlernährung
zu vermeiden. Vitamine könnten zum Beispiel mit Hilfe von Nanokapseln erst
40 an genau definierten Stellen im Körper freigesetzt werden und die Aufnahme
verbessern. Fettpartikeln[4] könnten gezielt in Fettzellen eindringen und sie
damit anregen, einen Botenstoff zu bilden. Der signalisiert dann dem Gehirn,
dass man satt ist.
Nanobeschichtete Verpackungen ermöglichen, dass die Lebensmittel nicht
45 mit der Verpackung verkleben. Außerdem werden sie haltbarer, weil sie nicht
mit der Außenluft in Verbindung kommen. Mit Hilfe dieser Technik können
Textilien von selbst Schmutz abweisen. Die Produktpalette mit Nanopartikeln
reicht von Computerbauteilen über Hautcremes bis zu Schuhspray.
Dank dieser Technik könnten Hunderte von Nano-Tec-Firmen entstehen
50 und neue Arbeitsplätze schaffen.

5 Viele neue Produkte entstehen also, aber oft wird nicht gekennzeichnet,
ob sie Nanoteilchen enthalten, und das, obwohl mögliche giftige Wirkungen
noch nicht erforscht sind. Einerseits ist es natürlich angenehm, in Sportsachen
zu rennen, die die Bakterienbildung hemmen und in denen man deshalb auch
55 nicht nach Schweiß riecht. Nanopartikeln aus Silber machen es möglich,
denn sie unterdrücken Geruchs- und
Krankheitskeime. Andererseits: Werden Trikot und
Socken gewaschen, können diese „Silberzwerge"
ins Abwasser und in die Kläranlage gelangen. Dort
60 töten sie möglicherweise aber auch die Bakterien,
die für die Säuberung des Wassers benötigt werden.
Dringen die Nanoteilchen erst ins Grundwasser
ein, sind die Folgen für die Umwelt oder
für die Gesundheit der Menschen noch gar nicht
65 abzusehen. Welchen Einfluss die Nanopartikeln
in der Nahrung und in Verpackungen tatsächlich
auf den menschlichen Körper haben können,
das ist immer noch nicht ausreichend erforscht.

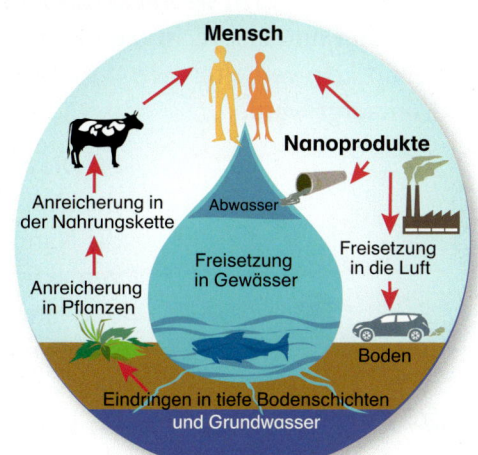

[[4] **die Fettpartikeln:** Nanoteilchen, die vorgeben, körpereigenes Fett zu sein

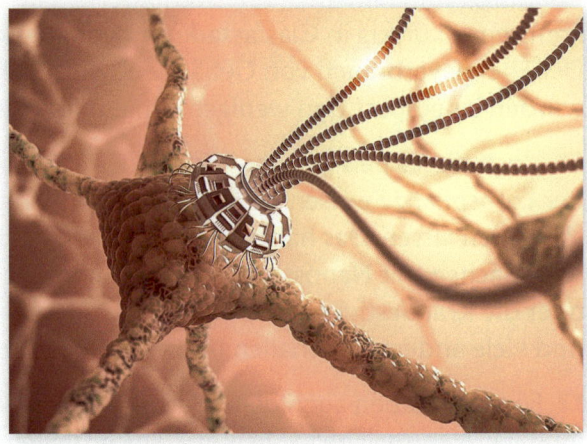

6 In der Medizin werden die Winzlinge
70 als U-Boote eingesetzt, die Wirkstoffe
an die entlegensten Orte des menschlichen
Körpers transportieren. Sie überwinden
dabei die Blut-Hirn-Schranke und werden
so gezielt gegen Tumore[5] eingesetzt.
75 Dadurch werden den Patienten
schwere Nebenwirkungen bestimmter
Behandlungsmethoden erspart. Sie können
helfen, Knochen zu stabilisieren und sogar
künstliche Knochen wachsen lassen.

80 Aber auch diese Eigenschaft ist nicht ausschließlich hilfreich, denn bisher ist
nicht ausreichend erforscht, welche Verbindungen die Nanoteilchen
mit anderen Molekülen eingehen können. Zum Beispiel können metallhaltige
Nanopartikeln in menschlichen Lungenzellen Schaden anrichten. Gerade weil sie
so winzig sind, durchdringen sie mühelos die Haut oder die Wände
85 der Blutgefäße. Dann gelangen sie über den Magen-Darm-Trakt in die Zellen.
Von innen heraus können sie vielleicht den menschlichen Körper verändern –
sie können ihn gesunder machen, ihm aber möglicherweise auch schaden.

7 Es gibt Stimmen, die Nanopartikeln für den „Asbest des 21. Jahrhunderts"
halten. Asbest wurde in den 70er Jahren des 20. Jahrhunderts als „Wunderfaser"
90 bezeichnet, weil er sehr fest, hitze- und säurebeständig ist und hervorragend
verbaut werden kann. Doch dann entdeckte man, dass die Fasern bereits
beim Einatmen gesundheitsgefährdend sind. Auch Nanoteilchen können
bei ihrer Herstellung in den Labors, in denen sie mit ihren hervorragenden
Eigenschaften ausgestattet werden, als feinster Staub entweichen.
95 Außerdem könnten sich Nanopartikeln beim Gebrauch der Produkte und
Materialien, in denen sie stecken, als schädlich erweisen. Und schließlich wissen
die Forscher und erst recht die Verbraucher noch sehr wenig darüber, wie sich
Nanopartikeln verhalten, wenn sie samt dem Material, in dem sie enthalten
sind, entsorgt werden.

100 **8** Die Nanotechnologie gilt zwar als eine Schlüsseltechnologie[6]
der Zukunft. Wie bei der Gentechnik wurde auch
die Nanotechnik schnell industriell nutzbar und marktfähig
gemacht, bevor gesicherte Erkenntnisse über unmittelbare
und langfristige Folgen für die Gesundheit der Menschen
105 vorliegen konnten. Umso wichtiger wäre ein Dreierbund
von Verbraucherschützern, Herstellern und Politikern,
die sich gemeinsam Gedanken machten über Gesetze,
Kontrollen und Kennzeichnungen von Nanoprodukten.

---

[5] **der Tumor:** ein Geschwür, eine Gewebewucherung am Körper
[6] **die Schlüsseltechnologie:** eine Technologie, die auch für andere Forschungsbereiche
oder Wirtschaftszweige wichtig ist

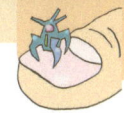

2 a. Was findest du an dem Text „Nanotechnologie – ‚Zwerge' ganz groß" besonders interessant? Schreibe es auf.

weiter
mit dem **2. Schritt**

b. Welche Fragen hast du zum Text? Schreibe mindestens fünf Fragen auf.

c. Was könnte die Leserinnen und Leser der Schülerzeitung an dem Thema interessieren? Schreibe es auf.

3 Mit dem 3. Schritt des Textknackers findest du wichtige Informationen.

 3. Das genaue Lesen

a. Lies deinen ausgewählten Text noch einmal genau.

b. Schreibe für jeden Absatz deines gewählten Textes eine passende Zwischenüberschrift auf.

c. Notiere unter jeder Überschrift passende Schlüsselwörter.

Tipps: • Markiere die Schlüsselwörter im Text zunächst auf einer Folie.
• In den Absätzen 1 und 2 sind die Schlüsselwörter bereits markiert.

4 Sieh dir die Bilder und die Grafik zum Text noch einmal genau an. Welche Informationen erhältst du zusätzlich? Notiere sie.

5 Im Text gibt es mehrere Fachwörter zum Thema Nanotechnologie.

a. Schreibe die Fachwörter aus dem Text heraus.

b. Was bedeuten diese Fachwörter? Erkläre sie in knappen Stichworten.

Tipps: • Manche Wörter werden im Text oder in den Fußnoten erklärt.
• Manche Wörter musst du vielleicht mit Hilfe eines Wörterbuchs klären.

6 Im Text werden Nutzen und Gefahren der Nanotechnologie dargestellt.

a. Finde im Text Aussagen über den Nutzen von Nanotechnologie.

b. Finde im Text Aussagen über mögliche Gefahren durch die Nanotechnologie.

Tipp: Lege eine Folie über den Text.
Markiere die Aussagen in unterschiedlichen Farben.

7 Trage die Ergebnisse von Aufgabe 6 geordnet in eine Tabelle ein.

Nutzen von Nanotechnologie	Gefahren durch Nanotechnologie
Strom kann mit Hilfe von Nanopartikeln in … erzeugt werden ➔ Einsparung von Rohstoffen	mögliche giftige Wirkungen noch nicht erforscht
…	…

 2 Besonders interessant/neu/… ist für mich … Ich habe entdeckt, dass …
Wissen möchte ich noch … Unklar ist mir … Ich frage mich, ob/warum/inwiefern …

Das Thema erörtern:
Pro- und Kontra-Argumente ordnen

Du sammelst Argumente zum Thema „Nanotechnologie in unserem Alltag – Nutzen und Gefahren". Damit stützt du eine oder mehrere Behauptungen (Thesen) zum Thema.

1. Schritt: Das Thema verstehen

1 Klassengespräch!
Überwiegen die Vorteile oder die Nachteile von Nanotechnologie?
a. Bildet euch eine erste Meinung zum Thema.
b. Diskutiert über eure Meinungen.
c. Warum ist es schwer, sich für oder gegen Nanotechnologie zu entscheiden? Begründet.

2. Schritt: Die eigene Meinung als These formulieren

Meinung

Cemil
Meine These:
Die Entwicklung und Anwendung von Nanotechnologie bringt vor allem Fortschritte. Die Gefahren sind doch eher gering.

Clara
Die Entwicklung und Anwendung von Nanotechnologie ist gefährlich für die Menschen und die Natur.
Die Gefahren werden durch die Fortschritte kaum gemildert.
Das ist meine These.

2 Vergleiche Cemils und Claras Thesen miteinander.
• Welche Gemeinsamkeiten gibt es zwischen beiden Meinungen?
• Welche Aussagen drücken Zustimmung aus? Welche Ablehnung?
• Wer vertritt eher die Pro-Seite, wer die Kontra-Seite? Begründe.

3 Formuliere eine These, die deine eigene Meinung zum Thema „Nanotechnologie in unserem Alltag – Nutzen und Gefahren" ausdrückt.
• Berücksichtige dabei beide Seiten.
• Schreibe zwei bis drei vollständige Sätze auf.

2 Beide Meinungen nennen/heben hervor/betonen ... sowohl als auch ...,
Im Unterschied zu ... meint aber ..., dass .../befürwortet/lehnt ab
3 Meiner Meinung nach ist ... Ich denke, dass ... eher... Dagegen kann man / muss man / sollte man nicht/vielleicht/ganz besonders berücksichtigen/ vergessen/außer Acht lassen/daran denken, dass ...

3. Schritt: Argumente für den eigenen Text sammeln

Argument

In deinem Artikel für die Schülerzeitung sollst du das Thema Nanotechnologie erörtern. Das bedeutet: Du gehst auf den Nutzen (Pro) und die Gefahren (Kontra) der Nanotechnologie ein.

4 Mit deinem Artikel möchtest du die Leserinnen und Leser nicht nur informieren, sondern auch von den Vorteilen und Nachteilen überzeugen.
- Welche drei Argumente sprechen am stärksten für den Nutzen von Nanotechnologie?
- Welche drei Argumente sind die stärksten dagegen?

Werte deine Arbeitsergebnisse von den Seiten 85 und 86 aus.

5 a. Ordne die Argumente: das schwächste zuerst, das stärkste zuletzt. So bleibt das stärkste Argument deinen Leserinnen und Lesern länger im Gedächtnis.

b. Schreibe die Argumente in knappen Stichworten geordnet auf. Lasse jeweils Platz für weitere Notizen.

Starthilfe	
Thema: Nanotechnologie in unserem Alltag – Nutzen und Gefahren	
Pro: Nutzen	Kontra: Gefahren
1. Argument: umweltfreundliche Energiegewinnung möglich	1. Argument: …

4. Schritt: Jedes Argument mit einem Beispiel veranschaulichen

Beispiel

6 Mit welchen Beispielen kannst du deine Argumente stützen? Schreibe zu jedem deiner Argumente ein Beispiel auf.

Tipp: Im Text auf den Seiten 82 bis 84 findest du Beispiele.

Starthilfe	
…	…
1. Argument: … Beispiel: Solarzellen mindern CO_2-Ausstoß	…

5. Schritt: Eine Schlussfolgerung formulieren

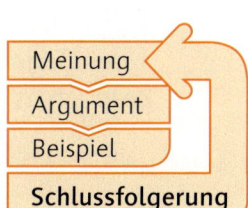

Meinung
Argument
Beispiel
Schlussfolgerung

7 a. Schreibe die passende Schlussfolgerung auf.
b. Prüfe: Passt die Schlussfolgerung zu deiner Meinung?

Tipp: Du kannst deine Meinung gegebenenfalls auch abwandeln.

Das Thema erörtern: Den Zeitungsartikel schreiben und überarbeiten

In deinem Zeitungsartikel erörterst du alle wichtigen Argumente, die du dir zu dem Thema erarbeitet hast: sowohl die Pro- als auch die Kontra-Argumente. Daraus leitest du dann deine Schlussfolgerungen ab und begründest deine persönliche Meinung.

W 1 Wähle aus:
- Siehst du eher die Vorteile und den Nutzen von Nanotechnologie? Dann schreibst du zunächst über die Kontra-Argumente und entkräftest sie. Anschließend stellst du deine Pro-Argumente dar.
- Oder vertrittst du eher die Seite, die Bedenken gegen Nanotechnologie hat? Dann beginnst du mit den Pro-Argumenten und entkräftest sie. Anschließend stellst du deine Kontra-Argumente dar.

Einleitung: Du weckst das Interesse deiner Leserinnen und Leser.

2 Schreibe eine Einleitung für deinen Zeitungsartikel.
- Nenne das Thema und formuliere dein Interesse daran.
- Begründe, warum das Thema für deine Leserinnen und Leser bedeutsam ist.
- Formuliere eine These, also deine Meinung zum Thema.
- Schreibe auf, mit welchem Ziel du den Artikel verfasst.

Hauptteil: Du überzeugst deine Leserinnen und Leser mit starken Argumenten.

3 Den Hauptteil kannst du nach dem Sanduhrprinzip gliedern.
- Was bedeutet das Sanduhrprinzip?
- In welcher Reihenfolge stellst du die Argumente der Gegenseite und deine Argumente dar?
Besprich es mit einer Partnerin oder einem Partner.

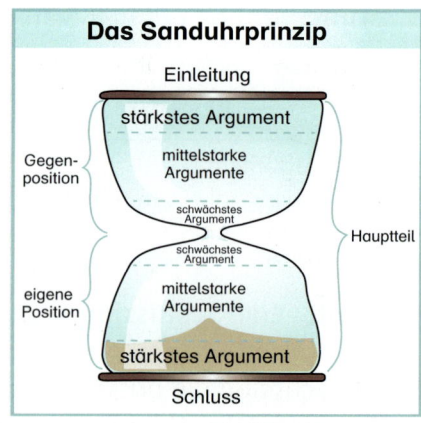

Das Sanduhrprinzip

Einleitung
stärkstes Argument
Gegenposition — mittelstarke Argumente
schwächstes Argument
schwächstes Argument
eigene Position — mittelstarke Argumente
stärkstes Argument
Schluss

Hauptteil

 2 In meiner Argumentation möchte ich ... / mich äußern über das Thema/ zum Thema ... / mit ... auseinandersetzen / meine Meinung ... darlegen. Mich interessiert daran besonders ... Ich finde wichtig, dass ... Bei der Beschäftigung mit diesem Thema habe ich herausgefunden/erkannt/ fand ich besonders interessant, dass ... Ich meine/denke/bin der Auffassung/ vertrete die Ansicht, dass ... Insbesondere widerspreche ich ...

4 Schreibe nun den Hauptteil deiner Argumentation.
- Schreibe nach dem Sanduhrprinzip.
- Mache deutlich, dass dich die Argumente der Gegenseite nicht überzeugen.
- Formuliere eine passende Überleitung zwischen der Darstellung der Gegenposition und deiner eigenen Position.
- Verwende geeignete Textverknüpfer.

→ Textverknüpfung üben im „Extra Sprache": Seiten 90–91

Schluss: Du rundest deine Gedanken ab.

5 Schreibe den Schluss deiner Argumentation.
- a. Fasse deine begründete Meinung zusammen.
- b. Formuliere deine Schlussfolgerung.

Den Artikel überarbeiten

6 Überarbeite deinen Text mit Hilfe einer Checkliste.
Die Arbeitstechnik hilft dir beim Schreiben der Checkliste.

Arbeitstechnik

Eine Argumentation schreiben

Mit einer **Argumentation** (oder auch **Erörterung**) stellst du **deine Position** zu einem strittigen Thema dar.
Du führst **Pro- und Kontra-Argumente** an und machst deine **Schlussfolgerung** deutlich.

1. In der **Einleitung** benennst du das Thema und formulierst deine Position dazu.
2. Im **Hauptteil** führst du die Argumente der Gegenposition und deine eigenen Argumente an und veranschaulichst sie mit Beispielen.
   Dabei kannst du nach dem Sanduhrprinzip vorgehen:
   - Du beginnst mit dem stärksten und endest mit dem schwächsten Argument der Gegenposition.
   - Argumente der Gegenposition entkräftest du.
   - Zur Unterstützung deiner eigenen Position beginnst du mit dem schwächsten Argument und endest mit dem stärksten.
3. Im **Schlussteil** fasst du deine Position zusammen und ziehst deine Schlussfolgerung zum Thema.

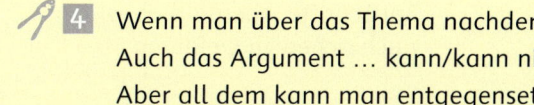 **4** Wenn man über das Thema nachdenkt, könnte man meinen, dass …

Auch das Argument … kann/kann nicht … Und nicht zuletzt wird oft gesagt, dass …

Aber all dem kann man entgegensetzen, dass …

Man darf auch … nicht außer Acht lassen. Sehr bedeutungsvoll ist …

Immerhin hat sich gezeigt, dass/worin/was alles …

Keinesfalls sollte man … unterschätzen.

Deshalb ... trotzdem ... – Argumente verknüpfen

Besonders im Hauptteil einer Argumentation ist es wichtig, Gedanken
so zu verknüpfen, dass den Lesern der Zusammenhang verdeutlicht wird.
Textverknüpfer helfen dir dabei.

Viele Nutzer wünschen sich Produkte
mit verbesserten Eigenschaften, folglich
muss auf dem Gebiet auch geforscht werden.
Die Nanotechnologie ermöglicht uns das,
5 und deshalb bringt sie uns viele Fortschritte.
Dennoch bin ich davon überzeugt,
dass das nicht allein im Vordergrund stehen
darf. Ebenso bedeutsam sind auch
die möglichen Auswirkungen auf die Natur.
10 Einerseits wissen wir, dass Nanotechnologie
vieles in unserem Leben erleichtern kann.
Andererseits wissen wir nicht, was tatsächlich
passiert, wenn wir über längere Zeit Lebensmittel
oder Kosmetika nutzen, in denen Nanoteilchen stecken.
15 Deswegen fühle ich mich ein bisschen unsicher,
wenn Lebensmittel mit Nanoteilchen verändert werden.
Sind sie wirklich ungefährlich für mich?

1 Im Text sind einige Textverknüpfer hervorgehoben.
    a. Trage sie in eine Tabelle ein.
    b. Schreibe die Bedeutung der Textverknüpfer daneben.
    Tipp: Die Angaben im Kasten helfen dir.

> reiht Gedanken
>   aneinander
> weist auf einen Grund hin
> weist auf einen
>   Gegensatz hin
> zeigt eine Folge an

Starthilfe

Textverknüpfer	Bedeutung
deshalb	weist auf einen Grund hin
dennoch	...
...	

2 **a.** Finde im Text zwei weitere Verknüpfer.
    b. Trage sie mit ihren Bedeutungen in
       deine Tabelle von Aufgabe 1 ein.

3 Welcher gedankliche Zusammenhang wird
    durch die Textverknüpfer in den Beispielen rechts
    deutlich?
    • Vergleiche die Sätze miteinander.
    • Was wird jeweils ausgedrückt? Schreibe es auf.

Beispiele:
• Nanotechnologie bringt viele
  Fortschritte, insbesondere
  auf dem Gebiet der
  Computertechnik.
• Nanotechnologie bringt viele
  Fortschritte, deshalb wurden
  Computerbauteile immer
  kleiner.
• Nanotechnologie bringt viele
  Fortschritte, ebenso gibt es
  auch sicherlich Gefahren.

1 Die Textverknüpfer *deshalb, dennoch, einerseits ... andererseits, deswegen* sind
Konjunktionen. Sie werden nur am Satzanfang großgeschrieben.

📖 **Diese Textverknüpfer kannst du in deinen Texten verwenden.**

1
außerdem
ferner
nicht zuletzt
ebenso
gleichzeitig
des Weiteren
erstens/zweitens/...
zum Ersten/zum
  Zweiten/...

2
daher
deshalb
deswegen
darum
aus diesem Grund

3
jedoch
hingegen
zwar ..., aber
dessen ungeachtet
im Gegensatz dazu
einerseits/andererseits
dennoch
nicht nur ..., sondern auch
trotzdem

4
schwerer wiegt
überzeugender ist
ausschlaggebender ist

5
also
folglich
demzufolge
demnach
infolgedessen

Funktionen:
R – begründen
U – einen Gegensatz aufzeigen
D – Folgen aufzeigen
G – aneinanderreihen
N – abwägen, gewichten

4 Wozu dienen die einzelnen Verknüpfer?
Ordne die Verknüpfer den **Funktionen** zu.
Tipp: Wenn alles richtig ist,
entsteht ein Lösungswort.

5 Verwende Verknüpfer in den folgenden Sätzen.
• Was sollen die Verknüpfer ausdrücken?
• Schreibe jeden Satz mit einem Verknüpfer aus Aufgabe 4 auf.
Tipp: Es gibt jeweils mehrere Möglichkeiten.
1. ... steigt der Energiebedarf ständig an,
  ... sind in der Natur noch viele Möglichkeiten ungenutzt.
2. Der Umsatz an tragbaren Computern steigt ständig,
  ... besteht auch ein großer Bedarf an möglichst kleinen Bauteilen.
3. Die Verbraucher achten immer mehr auf natürliche Lebensmittel,
  ... greifen sie auch zu Lebensmitteln mit Nanoteilchen.

Z Auch die Teile deiner Argumentation solltest du
gedanklich miteinander verbinden.

Z 6 An welcher Stelle einer Argumentation
nach dem Sanduhrprinzip könntest du die folgenden
Formulierungen verwenden?

> Die angeführten Argumente zeigen recht deutlich, dass ...
> Trotzdem gibt es gute Gründe dafür, ...
> Obwohl viele Argumente dafür/dagegen sprechen, ...,
> ist meiner Meinung nach entscheidend, dass ...

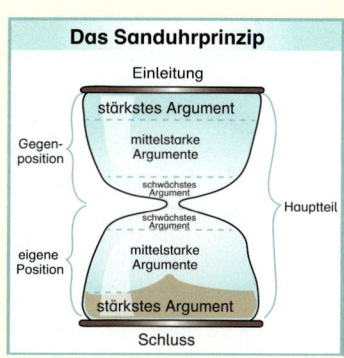

Das Sanduhrprinzip

Schriftlich argumentieren

Ljuba hat eine Ausstellung zum Thema Nanotechnologie besucht.
Was sie von Nanotechnologie hält, hat sie in einem Internetblog
veröffentlicht.

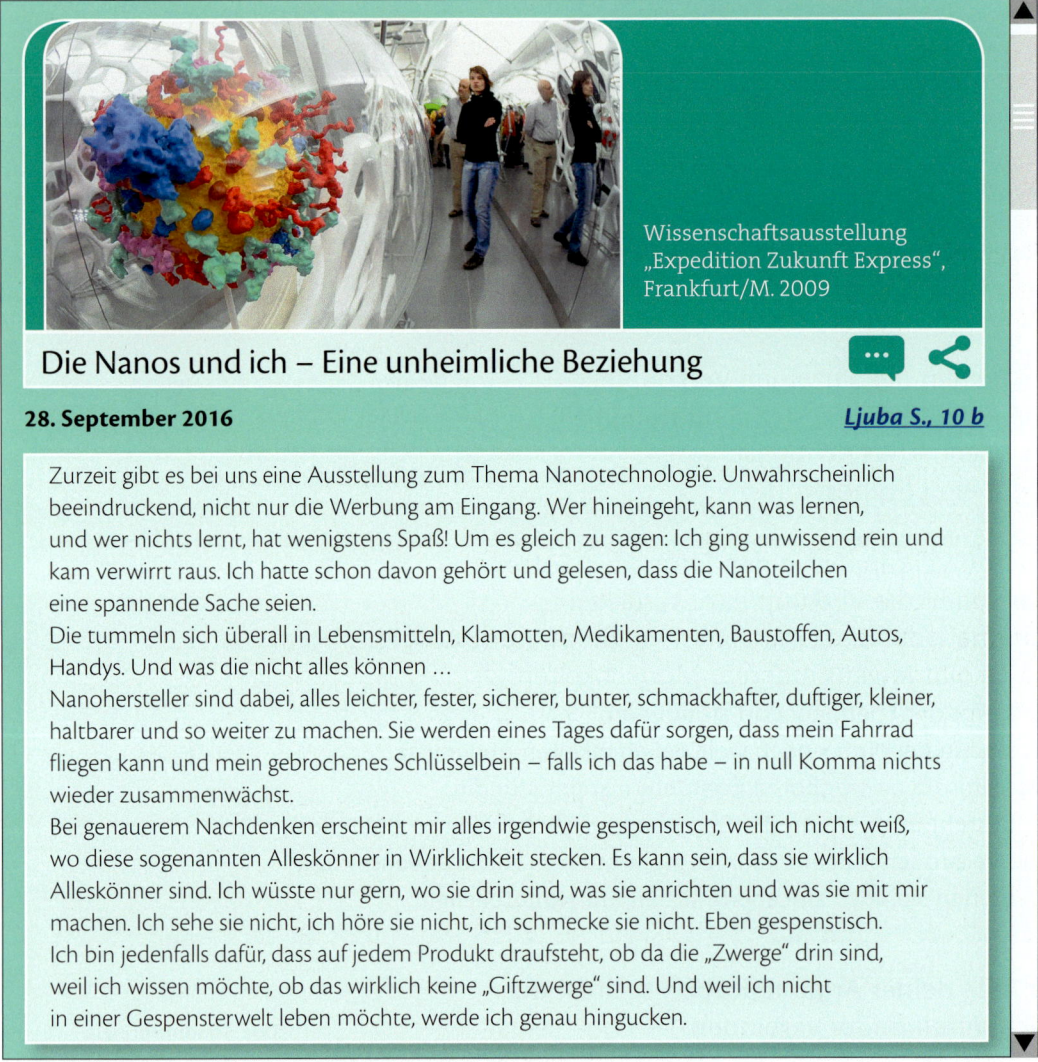

Wissenschaftsausstellung
„Expedition Zukunft Express",
Frankfurt/M. 2009

Die Nanos und ich – Eine unheimliche Beziehung

28. September 2016   *Ljuba S., 10 b*

Zurzeit gibt es bei uns eine Ausstellung zum Thema Nanotechnologie. Unwahrscheinlich
beeindruckend, nicht nur die Werbung am Eingang. Wer hineingeht, kann was lernen,
und wer nichts lernt, hat wenigstens Spaß! Um es gleich zu sagen: Ich ging unwissend rein und
kam verwirrt raus. Ich hatte schon davon gehört und gelesen, dass die Nanoteilchen
eine spannende Sache seien.
Die tummeln sich überall in Lebensmitteln, Klamotten, Medikamenten, Baustoffen, Autos,
Handys. Und was die nicht alles können …
Nanohersteller sind dabei, alles leichter, fester, sicherer, bunter, schmackhafter, duftiger, kleiner,
haltbarer und so weiter zu machen. Sie werden eines Tages dafür sorgen, dass mein Fahrrad
fliegen kann und mein gebrochenes Schlüsselbein – falls ich das habe – in null Komma nichts
wieder zusammenwächst.
Bei genauerem Nachdenken erscheint mir alles irgendwie gespenstisch, weil ich nicht weiß,
wo diese sogenannten Alleskönner in Wirklichkeit stecken. Es kann sein, dass sie wirklich
Alleskönner sind. Ich wüsste nur gern, wo sie drin sind, was sie anrichten und was sie mit mir
machen. Ich sehe sie nicht, ich höre sie nicht, ich schmecke sie nicht. Eben gespenstisch.
Ich bin jedenfalls dafür, dass auf jedem Produkt draufsteht, ob da die „Zwerge" drin sind,
weil ich wissen möchte, ob das wirklich keine „Giftzwerge" sind. Und weil ich nicht
in einer Gespensterwelt leben möchte, werde ich genau hingucken.

1 Was hält Ljuba von der Nanotechnologie?
  a. Mache dir Notizen zu folgenden Fragen:
     Welche Argumente findet sie zur Begründung?
     Überzeugen dich ihre Argumente? Begründe es.
  b. Was antwortest du Ljuba? Lege deine Argumentation
     in einem Kommentar für den Internetblog dar.

→ Arbeitstechnik „Einen Kommentar schreiben": Seite 294

Schwierige Sätze in Fachtexten verstehen

Manche Sätze in Fachtexten sind nicht leicht zu verstehen.

1

Wegen der möglichen Belastung
des menschlichen Körpers durch
Nanoteilchen sprechen sich einige
auch gegen die Nanotechnologie aus.

2

Weil Nanoteilchen den menschlichen
Körper möglicherweise belasten,
sprechen sich einige
auch gegen die Nanotechnologie aus.

1 Vergleiche die beiden Sätze.
   a. Welchen der beiden Sätze verstehst du auf Anhieb?
       Bei welchem Satz musst du länger nachdenken,
       um ihn zu verstehen?
   b. Woran könnte das liegen? Finde eine Erklärung.
   Tipp: Beachte die hervorgehobenen Satzteile.

Sachverhalte können durch eine Wortgruppe mit einem Nomen
(nominale Wortgruppe) ausgedrückt werden.
Solche Wortgruppen können sehr lang und schwer verständlich sein.

3

Wenn man Produkte
mit Nanopartikeln verwendet,
sollte man vorsichtig sein.

4

Bei der Verwendung von Produkten
mit Nanopartikeln sollte man
vorsichtig sein.

2 Welcher der beiden Sätze enthält eine nominale Wortgruppe?
   Schreibe den Satz auf. Markiere die nominale Wortgruppe.

Wenn du die Sätze mit den sehr langen nominalen Wortgruppen umformulierst,
verstehst du sie besser.

Vor dem Einsatz von Nanoteilchen muss die Forschung alle Bedenken ausräumen.
Beim Eindringen von Nanopartikeln in die Lunge besteht große Gefahr.
Wegen ihrer Winzigkeit wirken Nanoteilchen auf viele Menschen gespenstisch.

3 Formuliere die hervorgehobenen Wortgruppen in Nebensätze um.
   Tipp: Setze ein Komma nach dem Nebensatz.

Z **4** **a.** Finde im Text auf Seite 90 einen Satz im Nominalstil.
   b. Formuliere ihn in einen besser verständlichen Satz um.

 3 bevor, wenn, weil;
einsetzen – eingesetzt werden, eindringen, winzig sein – sind winzig

☑ Argumenttypen untersuchen

Die Entwicklung der Nanotechnologie ist nicht mehr aufzuhalten,
aber die Anwendung ist umstritten.

1 Lies den folgenden Kommentar
mit Hilfe des Textknackers.

1. Vor dem Lesen
2. Den Text überfliegen
3. Den Text genau lesen
4. Nach dem Lesen

Bei Nanopartikeln ist große Vorsicht geboten
Michael Miersch

Das Umweltbundesamt warnt vor Nanopartikeln.
Zu Recht, denn viele Fragen über die Wirkung
der Kleinstteilchen sind noch offen. Wo die Partikeln
fest gebunden sind, droht höchstwahrscheinlich keine
5 Gefahr. Doch wo sie in den Körper gelangen, ist Vorsicht
geboten, denn sie können bis in die Lungenbläschen
vordringen. Die vielen Gift-Warnungen, mit denen
Verbraucher in den vergangenen Jahrzehnten
verunsichert wurden, haben zu einem gewissen
10 Abstumpfungseffekt geführt. Hätte auch nur die Hälfte
gestimmt, müsste die Lebenserwartung der Deutschen
drastisch gesunken sein. Stattdessen steigt sie unentwegt.
Im Körperfett, im Blut und in der Muttermilch werden
immer weniger Schadstoffe gemessen. Kritische

15 Konsumenten[1] haben längst bemerkt, dass Angst
vor unbewiesenen Gefahren ein Geschäft geworden ist,
von dem einige Branchen gut leben. Das sollte allerdings
nicht zu dem Umkehrschluss verführen, alles,
was die Industrie auf den Markt bringt, sei völlig harmlos
20 und man könne darauf vertrauen, dass die Produktentwickler selbst
die Bremse ziehen, wenn Zweifel an der Sicherheit ihrer Erzeugnisse aufkommen.
Bereits 2008 erklärte die Nano-Kommission[2] der Bundesregierung,
über die Gefährlichkeit von Nanoteilchen lasse sich, „keine verallgemeinerte
Aussage treffen". In dem Bericht des Gremiums[3] ist von „Wissenslücken" und
25 „unzureichender Datenlage" die Rede. Inzwischen warnt das Umweltbundesamt
vor Nanoprodukten, unter anderem vor antibakterieller Kleidung mit Nanosilber,
das beim Waschen abgeht. Denn die Wirkung solcher Nanopartikeln
in der Umwelt und im menschlichen Körper ist nicht völlig geklärt.
Nanotechnologie ist nicht grundsätzlich gefährlich. Wo die Partikeln fest
30 gebunden sind, zum Beispiel auf Lackbeschichtungen, droht höchstwahrscheinlich
keine Gefahr. Bei den flüssigen oder in der Luft schwebenden Teilchen macht
die Form einen großen Unterschied und ob sie eine Oberfläche haben,
die mit Strukturen in den Zellen reagiert.

[1 **die Konsumenten (der Konsument):** die Verbraucher (der Verbraucher)
[2 **die Kommission:** ein Ausschuss von beauftragten Personen, die sich beraten und/oder Beschlüsse fassen
[3 **das Gremium:** ein anderes Wort für Kommission

Wo sie in den Körper gelangen, ist Vorsicht geboten, denn sie können
35 bis in die Lungenbläschen vordringen. In Tierversuchen gelangten sie sogar
ins Innere der Körperzellen. Mäuse, denen man große Mengen Kohlenstoff-
Nanoröhrchen in den Bauchraum spritzte, bildeten Tumore.
Bei solchen Befunden steht ein Menetekel[4] im Raum: Asbest, die „Wunderfaser",
bei der viel zu spät auf Warnungen gehört wurde. Bis in die 70er-Jahre war
40 Asbest der bevorzugte Stoff, um Materialien feuersicher zu machen. Dabei war
schon Jahrzehnte vorher bekannt, dass Asbest tödliche Lungenkrankheiten
auslösen kann. Freilich kommen die größten Mengen
an Nanopartikeln, die von Menschen eingeatmet werden,
nicht von Nanoprodukten, sondern aus sehr gewöhnlichen Quellen:
45 Holzfeuer, Zigarettenqualm, Dieselabgase und die Emissionen[5]
von Druckern und Kopierern. Dass sie gesundheitsschädlich sind, ist erwiesen.
Es sollten nicht noch weitere Nanostoffe hinzukommen,
deren Wirkung ungeklärt ist. Kein Grund zur Hysterie[6], aber zur Vorsicht.

2 Fasse die Position des Autors zusammen.

Es gibt verschiedene Typen von Argumenten.
Sie haben unterschiedliche Funktionen.

Faktenargument: Eine Aussage wird durch logische Verknüpfung
mit einer nachweisbaren Aussage gestützt.
Autoritätsargument: Eine Aussage wird dadurch untermauert,
dass die Meinung von akzeptierten Experten (Autorität) wiedergegeben wird.
Analogisierendes Argument: Eine Aussage wird dadurch abgesichert,
dass die Autorin/der Autor ein Beispiel aus einem anderen Bereich heranzieht,
das auf den eigentlichen Sachverhalt übertragbar ist.
Indirektes Argument: Die eigene Meinung soll dadurch einleuchtend
erscheinen, dass die gegenteilige Meinung als realitätsfern vorgeführt
oder entkräftet wird.

3 Untersuche die im Kommentar verwendeten Argumenttypen.
Weise die Argumenttypen anhand einer passenden Textstelle nach.

W 4 Wählt aus:
- Entwerft ein Protestplakat gegen Nanotechnologie.
  Verwendet dazu passende Argumenttypen.
- Oder entwerft ein Werbeplakat für Nanotechnologie.
  Verwendet dazu passende Argumenttypen.

[4] **das Menetekel:** ein Zeichen drohenden Unheils, ein Warnsignal
[5] **die Emissionen:** die Verunreinigung der Luft durch ausströmende Stoffe
[6] **die Hysterie:** eine überstarke oder übertriebene Gereiztheit oder Angst

Training:
Eine Argumentation schreiben

Die Argumentation planen

Deine Schule plant ein Online-Forum zu dem Thema: „Moderne Medien im Schüleralltag – Segen oder Fluch?" Du erörterst deine Position zu dem strittigen Thema in Form einer Argumentation.

1 Plane deinen Text zunächst:
   • Wer wird sich am Online-Forum beteiligen?
   • Wer wird deinen Text lesen?
   • Wie sollte daher dein Text beschaffen sein?
   Mache dir Notizen.

> deine Adressaten

2 Was möchtest du mit deiner Argumentation erreichen? Beschreibe das Ziel, das du verfolgst.

> dein Schreibziel

Um zu überzeugen, musst du starke Argumente finden.

3 Welche Position vertrittst du?
   a. Schreibe zuerst deine Meinung zum Thema auf. Du kannst auch eine These, also eine sachliche Behauptung formulieren.
   b. Formuliere nun auch die Gegenposition.

> deine Meinung oder These

4 Welche Argumente willst du verwenden? Sammle und notiere Argumente für beide Positionen. Du kannst Argumente aus dieser Stoffsammlung verwenden.

> die Argumente

- unendliche Menge an Wissen und Informationen verfügbar - viele individuelle Möglichkeiten, sich zu unterhalten, Spaß zu haben, sich zu informieren und zu organisieren - schneller Erfolg bei Recherchen - sich mit vielen Menschen an weit entfernten Orten vernetzen - früh lernen, verantwortungsvoll mit Medien umzugehen	- weniger Zeit für reale Freunde und Familie - weniger Erlebnisse und Vorbilder im echten Leben - sich zu wenig bewegen - in der Natur und von realen Personen lernen - Zeitvergeudung durch sinnlose Inhalte - Gefahren durch schädliche Inhalte

2 meine Position/Meinung ist ..., Vor- und Nachteile abwägen ..., andere überzeugen von ... / davon überzeugen, dass ... / begeistern von ..., an andere appellieren, für mehr/weniger ... eintreten

Die Argumentation schreiben

In deinem Text gehst du auf den Nutzen (Pro) und die Gefahren (Kontra) der modernen Medien ein und leitest daraus deine Schlussfolgerungen ab.

5 Gewichte die Argumente aus Aufgabe 4.
Schreibe sie nach ihrer Wichtigkeit geordnet auf.

6 Erarbeite eine Gliederung nach dem Sanduhrprinzip.

These zu deiner Position: …
– schwächstes Argument: …

These der Gegenposition: …
– stärkstes Argument : …
– mittelstarkes Argument: …
– schwächstes Argument: …

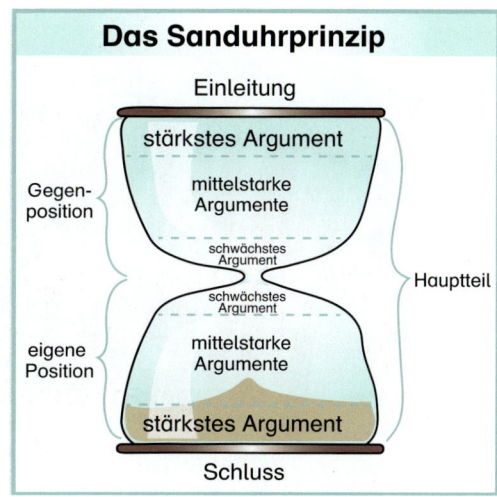

Das Sanduhrprinzip

Einleitung

stärkstes Argument

mittelstarke Argumente

schwächstes Argument

Gegen-position

schwächstes Argument

Hauptteil

mittelstarke Argumente

eigene Position

stärkstes Argument

Schluss

**Du baust die Argumentation dreiteilig auf:
Einleitung – Hauptteil – Schluss.**

7 Schreibe eine Einleitung zu deiner Erörterung.
• Nenne das Thema und erkläre,
   warum du dich dazu äußerst.
• Formuliere deine Position zu dem Thema.

> die Einleitung

8 Im Hauptteil stellst du die Position und die Gegenposition begründet und zusammenhängend dar.
• Gehe nach deiner Gliederung aus Aufgabe 6 vor.
• Stütze die Thesen mit Argumenten.
• Belege sie mit Beispielen.
• Entkräfte Gegenargumente.
Tipp: Achte auf deine sprachlichen Gestaltungsmittel:
• Leite deine verschiedenen Argumente
   mit geeigneten Formulierungen ein.
• Verbinde die Argumente und die Beispiele
   mit passenden Satzverknüpfern und Textverknüpfern.

> der Hauptteil:
> Argumente –
> Beispiele –
> Schlussfolgerungen

9 Im Schlussteil fasst du deine Position zusammen.
• Ziehe deine Schlussfolgerungen.
• Verweise auf dein stärkstes Argument.
• Ende vielleicht mit einer Frage oder einer Aufforderung.

> der Schluss: Appell

8 Viele/Manche/Die meisten/Nur wenige denken, dass … / Ich (hingegen) vertrete (ebenfalls/im Gegensatz dazu) die Auffassung, dass … / Einerseits … / Andererseits … / Für entscheidender halte ich aber, dass … / Ein berechtigter Einwand ist …

Empört euch!

Das Buch „Empört euch!" von Stéphane Hessel wurde aus dem Französischen
in viele Sprachen übersetzt. Der Autor wendet sich mit einem Aufruf
vor allem an die Jugendlichen dieser Welt.
Millionen von Menschen haben sein Buch gelesen.

Stéphane Hessel,
2010

> Wenn man sich über etwas empört, [...]
> wird man aktiv, stark und engagiert.
> *Stéphane Hessel (1917–2013)*

1 Klassengespräch!
- Seht euch die Bilder an.
- Lest die Texte.
- Tauscht euch darüber aus.

1 Auf den Bildern 1, 2 und 5 sind ... zu sehen. / Das Zitat von Stéphane Hessel
finde ich ... / Das Bild 3 zeigt ... / Das Bild 4 stammt aus dem Jahr ... und zeigt ... /
Die Demonstranten auf Bild 6 ...
die englische/französische/deutsche Ausgabe, das Motto, die Menschenrechte,
die Demonstranten, das Plakat

4

Stéphane Hessel, 1939

5

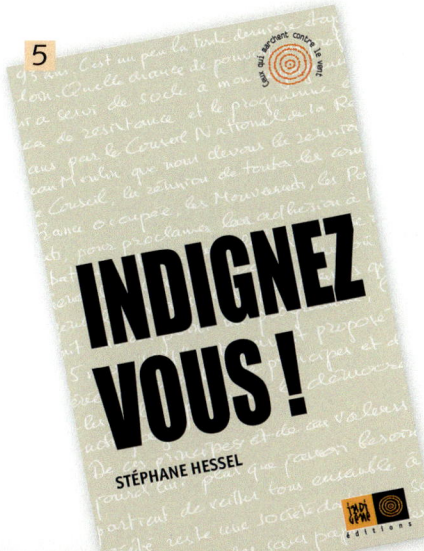

INDIGNEZ VOUS !

STÉPHANE HESSEL

6

FREIHEIT
GLEICHHEIT
BRÜDERLICHKEIT

2 Worum könnte es eurer Meinung nach
in dem viel beachteten Buch gehen?
Tauscht eure Vermutungen aus.

In diesem Kapitel lernt ihr einen Mann kennen, der ein sehr persönliches
Buch geschrieben hat – eine Streitschrift. Darin wendet er sich
ganz sachlich an die Jugend und ruft sie zur Empörung auf.
Ihr lest verschiedene Texte, sammelt Informationen
und schreibt einen informierenden Text.

2 Ich vermute, dass … / Meiner Meinung nach geht es um …/
Ich habe den Eindruck, dass …
die Empörung, der Protest, der Widerstand, der Aufstand, die Auflehnung
kritisch, kämpferisch, mutig, streitbar

Sich dem Thema nähern

1 Seht euch das Cover noch einmal genau an.
Was bedeutet das Verb **empören** für euch?
- **a.** Schreibt Verben mit ähnlicher Bedeutung auf.
  Tipp: Verwendet ein Synonymwörterbuch.
- **b.** Welches Verb drückt für euch
  das stärkste Gefühl aus?
  Ordnet eure Verben nach der Stärke des Gefühls.
- **c.** Schreibt eine Definition zu dem Verb **empören**.

> **Starthilfe**
>
>
> … ➜ sich ärgern ➜ sich entrüsten ➜ sich empören ➜ …

EMPÖRT

STÉPHANE HESSEL

EUCH!

ullstein

2 Woher stammt das Wort **empören**?
Lest und besprecht die Erklärung aus einem Herkunftswörterbuch.

M1 em|pö|ren: ➜ mittelhochdeutsch (mhd.) *enboeren* „erheben;
sich erheben, sich auflehnen", gehört mit mhd. *bor* „Trotz"
zur indogermanischen Wurzel **bher-* „heben, tragen"

Sicher hat jeder von euch schon einmal das Gefühl der Empörung erlebt.

3 Was empört euch?
- **a.** Tragt Situationen zusammen, in denen ihr empört wart.
  - Wann wart ihr persönlich empört?
  - Warum wart ihr empört?
  - Wann wart ihr über ein öffentliches oder sogar
    weltweites Thema empört?
- **b.** Berichtet davon in der Klasse.
  Tauscht euch über eure Erfahrungen aus.
  Tipp: Sammelt Meldungen aus Tageszeitungen und bringt sie mit.

4 Wie habt ihr in den Situationen aus Aufgabe 3 eure Empörung geäußert?
Tauscht euch darüber aus.

Starthilfe

Dinge, die euch persönlich empören	öffentliche oder weltweite Themen, die viele andere auch empört haben
…	…

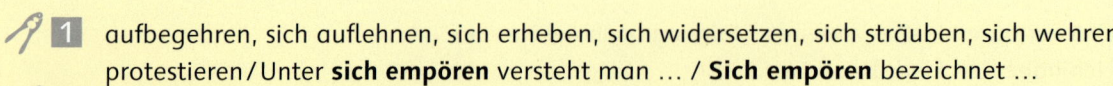

1 aufbegehren, sich auflehnen, sich erheben, sich widersetzen, sich sträuben, sich wehren, protestieren / Unter **sich empören** versteht man … / **Sich empören** bezeichnet …

3 jemand wird ungerecht behandelt / Hunger in der Welt

4 mündlich oder schriftlich: Diskussion, Brief, Aufruf …
in einer Aktion: Protestmarsch, Demo, Flashmob …

Stéphane Hessels Streitschrift umfasst nur 20 Seiten und erreichte in kurzer Zeit Millionenauflagen. Der Text ermutigt viele Menschen, gegen soziale Missstände zu demonstrieren.

5 Warum könnte diese Streitschrift weltweit so viel beachtet worden sein? Tauscht euch darüber aus.

6 In einem Zeitungsinterview erklärt Stéphane Hessel, was er unter Empörung versteht.
Lest den folgenden Auszug aus dem Interview.

M2 Warum ist Empörung etwas Kostbares?

Herr Hessel, warum ist Empörung etwas Kostbares?
Stéphane Hessel: Die Gleichgültigkeit lastet heute schwer auf den Menschen. Gleichgültigkeit gegenüber dem, was um sie herum vorgeht, Gleichgültigkeit gegenüber der Geschichte. Ein guter Job, eine schöne Wohnung,
5 das sind die Dinge, die in unserer Konsumgesellschaft zählen. Alles andere ist unwichtig. Nur kann es das sein? Kann es wirklich so weitergehen? […] Letztlich geht es darum, welche Haltung wir dem Leben gegenüber einnehmen: Stellen wir uns tapfer seinen Herausforderungen oder schieben wir die Dinge einfach von uns weg?

10 *Empörung ist also letztlich eine Frage der Würde?*
Hessel: Ja. Der Mensch erlangt seine Würde nur dann, wenn er das, was ihm an Schlechtem widerfährt, was ihn ins Unglück stürzt oder wütend macht, nicht annimmt. Deshalb ist Empörung ein so wichtiger Moment.

Was unterscheidet Ihre Empörung von blinder Wut?
15 **Hessel:** Das Engagement[1]. Sich zu empören reicht nicht. Wenn nur Wut da ist, alles zu zerhauen, nützt das niemandem. Empörung ist nur sinnvoll, wenn wir daraus den Auftrag ableiten, die Welt besser zu machen und gerechter. Und es geht auch um das rechte Maß: Sich über das schlechte Wetter zu empören, ist zwecklos. Die richtige Empörung gründet auf verletzten Werten.

20 *Was für Werte sind das?*
Hessel: Freiheit, Gleichheit, Brüderlichkeit[2]. Die Grundwerte der Demokratie. Es sind die Werte, für die die französische Résistance[3] im Zweiten Weltkrieg gegen die barbarischen Mächte des Nationalsozialismus gekämpft hat. […]
Interview: Stefan Winkler

7 Schreibt Begriffe heraus, die Stéphane Hessel wichtig sind. Gebt mit eigenen Worten wieder, wie er sie versteht.

> **Starthilfe**
>
> Gleichgültigkeit: …

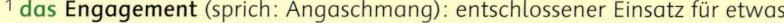

[1] **das Engagement** (sprich: Angaschmang): entschlossener Einsatz für etwas
[2] „**Freiheit, Gleichheit, Brüderlichkeit!**": Parole der Französischen Revolution 1789, Wahlspruch der heutigen Französischen Republik
[3] **die Résistance:** die französische Widerstandsbewegung gegen die deutsche Besatzung im Zweiten Weltkrieg

Informationen über Stéphane Hessel sammeln

Ihr plant eine Informationsveranstaltung
über Widerstandskämpfer. Du beschäftigst dich
mit Stéphane Hessel. Dazu kannst du die Materialien M1
und M2 auf den Seiten 100 und 101 sowie
die Materialien M3 bis M5 auf den Seiten 102 bis 107
lesen. Zum Schluss schreibst du einen informierenden Text.

1 Lies den Text mit Hilfe der Textknacker-Schritte 1 bis 3.

M3 Stéphane Hessel – Glückskind, Kämpfer und Abenteurer

Stéphane Hessel wurde am 20. Oktober 1917 als zweites Kind in Berlin geboren.
Beide Eltern, Helen Grund und Franz Hessel, arbeiteten als Schriftsteller. 1925 zog
die Familie nach Paris. Stéphane Hessel lernte die französische Sprache schnell.
Nach einem einjährigen Aufenthalt in London im Alter von 15 Jahren konnte
5 er sich auch auf Englisch fließend ausdrücken. 1937 wurde er in Frankreich
eingebürgert. Mit Kriegsausbruch 1939 ging Stéphane Hessel, der gerade
geheiratet hatte, zum Militär, um gegen Nazideutschland zu kämpfen.
Doch in der ersten Phase des Kriegs bot sich wenig Gelegenheit dafür,
denn Frankreich beschränkte sich vorerst auf die Verteidigung seiner Grenze.

10 Am 17. Juni 1940 kapitulierten die Franzosen und halb Frankreich wurde
von den Deutschen besetzt. Stéphane Hessel geriet, ohne große Kampfhandlungen
erlebt zu haben, in deutsche Kriegsgefangenschaft. Es gelang ihm, aus dem Lager
zu entkommen und über den unbesetzten Teil Frankreichs nach London
zu fliehen. Er folgte dem Aufruf des französischen Generals Charles de Gaulle[1],
15 Widerstand gegen die deutsche Besatzung und die Vichy-Regierung[2] zu leisten.

Ende März 1944 wurde Hessel für die Résistance nach Frankreich geschickt.
Am 10. Juli 1944 verriet ihn jemand aus den Reihen der Résistance und
die Gestapo[3] verhaftete ihn in Paris. Er wurde gefoltert und zum Tode verurteilt.
Zwei Wochen vor der Befreiung von Paris wurde er zusammen mit 37 anderen
20 Résistance-Kämpfern in das Konzentrationslager Buchenwald deportiert[4].
16 Männer aus dieser Gruppe wurden Anfang September gehängt.
Gemeinsam mit anderen Häftlingen suchte er nach einem Ausweg. Schließlich
gelang es mit Hilfe eines SS-Arztes, der nicht mehr an Hitlers „Endsieg" glaubte,
ihm eine neue Identität[5] zu verschaffen: Hessel bekam an seinem 27. Geburtstag
25 den Namen und die Nummer eines Franzosen, der an Typhus[6] verstorben war.

[1] **Charles de Gaulle:** war von 1959 bis 1969 Präsident Frankreichs
[2] die **Vichy-Regierung:** damalige französische Regierung, die mit den Besatzern zusammenarbeitete
[3] die **Gestapo:** die Geheime Staatspolizei; die politische Polizei in der Zeit des Nationalsozialismus
in Deutschland 1933–1945
[4] **deportieren:** jemanden unter Zwang an einen anderen Ort bringen
[5] die **Identität:** die Echtheit einer Person (Name, Daten, Aussehen)
[6] der **Typhus:** Infektionskrankheit mit hohem Fieber

Unter dem neuen Namen wurde Hessel dann in das Konzentrationslager
Mittelbau-Dora transportiert. Dort litten die Gefangenen unter unmenschlichen
Arbeitsbedingungen, die wenigsten überlebten.

Anfang April 1945 wurde das Lager aufgelöst und die Gefangenen sollten
30 in das Konzentrationslager Bergen-Belsen transportiert werden. Stéphane Hessel
flüchtete aus dem Zug und entging so ein zweites Mal knapp der Hinrichtung.
Er schlug sich bis Hannover durch, wo zu diesem Zeitpunkt schon die Amerikaner
einmarschiert waren. Er wollte kämpfen, kämpfen, solange der Krieg nicht
beendet war. In amerikanischer Uniform rückte er mit einer motorisierten Einheit
35 Richtung Magdeburg vor. Nach dem Sieg der alliierten Streitmächte[7] über
Deutschland am 8. Mai 1945 kehrte er schließlich nach Paris zurück.

Viele Menschen, die den Aufenthalt in Konzentrationslagern überlebt hatten,
leiteten daraus die Verpflichtung ab, dafür zu sorgen, dass ein solcher
Schrecken niemals wieder vorkommen sollte. Auch Stéphane Hessel
40 fühlte sich verantwortlich. Im Februar 1946 sah er für sich eine Möglichkeit,
beim Aufbau einer Welt mitzuwirken, „in der es keine Atombomben
und Konzentrationslager, keinen Imperialismus und keine Verletzung
der Menschenrechte geben sollte". Er arbeitete für
die Vereinten Nationen am Text der „Allgemeinen Erklärung
45 der Menschenrechte" mit, die am 10. Dezember 1948
verabschiedet wurde. Als Diplomat war Hessel bis 1982 in
vielen Ländern tätig. Schwerpunkt seiner Arbeit blieb
die Durchsetzung der Menschenrechte, für die er sich auch
nach seinem Ausscheiden aus dem aktiven Dienst weiter
50 einsetzte. Seine Streitschrift „Empört euch!" kann als Aufruf an
die Jugend verstanden werden, sein Werk fortzusetzen. Stéphane Hessel
starb am 27. Februar 2013 im Alter von 95 Jahren in Paris.

2 Was bewegt dich an diesem Lebenslauf besonders?
- Mache dir Notizen über die Person, die Situationen, die Probleme.
- Welcher Zeitabschnitt im Leben von Stéphane Hessel beeindruckt
  dich am meisten? Begründe deine Antwort.

3 Stéphane Hessel bezeichnete sich als Glückskind.
Welche Erlebnisse in seinem Leben werden ihn darin bestärkt haben?

4 Schreibe einen tabellarischen Lebenslauf.
Liste Jahreszahlen und Stationen im Leben Hessels auf.

> **Starthilfe**
>
> **1917** am 20.10.
> in Berlin geboren
> **1925** …

[[7] **die alliierten Streitmächte:** Hauptverbündete im Kampf gegen Hitlerdeutschland

2 Besonders beeindruckend fand ich …, weil/da/denn …
Mich hat am meisten bewegt, dass/wie/als …

5 Lies die folgenden Auszüge aus der Streitschrift
mit Hilfe der Textknacker-Schritte 1 und 2.
Worum könnte es in dem Text gehen? Notiere es.

1. Vor dem Lesen
2. Das erste Lesen

M4 **Empört euch!** Stéphane Hessel

93 Jahre. Das ist schon wie die allerletzte Etappe. Wie lange noch
bis zum Ende? Die letzte Gelegenheit, die Nachkommenden teilhaben
zu lassen an der Erfahrung, aus der mein politisches Engagement erwachsen ist:
die Jahre des Widerstands gegen Diktatur und Besetzung – die Résistance –
5 und ihr politisches Vermächtnis. [...]

Widerstand kommt aus Empörung
[...] Das Grundmotiv der Résistance war die Empörung. Wir, die Veteranen[1]
der Widerstandsbewegungen und der Kampfgruppen des Freien Frankreich,
rufen die Jungen auf, das geistige und moralische Erbe der Résistance,
10 ihre Ideale mit neuem Leben zu erfüllen und weiterzugeben. Mischt euch ein,
empört euch! Die Verantwortlichen in Politik und Wirtschaft,
die Intellektuellen, die ganze Gesellschaft dürfen sich nicht kleinmachen und
kleinkriegen lassen von der internationalen Diktatur der Finanzmärkte,
die es so weit gebracht hat, Frieden und Demokratie zu gefährden.
15 Ich wünsche allen, jedem Einzelnen von euch einen Grund zur Empörung.
Das ist kostbar. Wenn man sich über etwas empört, wie mich der Naziwahn
empört hat, wird man aktiv, stark und engagiert. [...]
Die in der „Allgemeinen Erklärung der Menschenrechte" [...]
von 1948 niedergelegten Rechte sind universell[2]. [...]

20 Das Schlimmste ist die Gleichgültigkeit
Die Gründe, sich zu empören, sind heutzutage oft nicht so klar auszumachen –
die Welt ist zu komplex geworden. Wer befiehlt, wer entscheidet?
Es ist nicht immer leicht, zwischen all den Einflüssen zu unterscheiden,
denen wir ausgesetzt sind. Wir haben es nicht mehr nur
25 mit einer kleinen Oberschicht zu tun, deren Tun und Treiben wir
ohne Weiteres verstehen.
Die Welt ist groß, wir [...] leben in Kreuz- und Querverbindungen wie noch nie.
Um wahrzunehmen, dass es in dieser Welt auch unerträglich zugeht,
muss man genau hinsehen, muss man suchen. Ich sage den Jungen:
30 Wenn ihr sucht, werdet ihr finden. „Ohne mich" ist das Schlimmste,
was man sich und der Welt antun kann. Den „Ohne-mich"-Typen ist eines
der absolut konstitutiven Merkmale[3] des Menschen abhandengekommen:
die Fähigkeit zur Empörung und damit zum Engagement. [...]

[1] **die Veteranen:** die ehemaligen Kämpfer
[2] **universell:** alle Bereiche umfassend
[3] **ein absolut konstitutives Merkmal:** ein vollkommen bestimmendes Merkmal

Wir müssen den Weg der Gewaltlosigkeit gehen lernen

35 Die Zukunft gehört der Gewaltlosigkeit und der Versöhnung der Kulturen –
davon bin ich überzeugt. Das muss, das wird die nächste Etappe
der Menschheit sein. [...] Wir müssen begreifen, dass Gewalt von Hoffnung
nichts wissen will. Die Hoffnung ist ihr vorzuziehen – die Hoffnung
auf Gewaltlosigkeit. Das ist der Weg, den wir einschlagen müssen.

40 Wenn es gelingt, dass Unterdrücker und Unterdrückte über das Ende
der Unterdrückung verhandeln, wird keine terroristische Gewalt mehr
erforderlich sein. Deshalb darf man nicht zulassen, dass sich zu viel Hass
aufstaut. [...]

Für einen Aufstand in Friedfertigkeit

45 [...] Wie soll ich diesen Aufruf zur Empörung beschließen? Indem ich noch einmal
daran erinnere, was wir, die Veteranen der Résistance und der Kampfverbände
des Freien Frankreich aus den Jahren 1940 bis 1945, am 8. März 2004 anlässlich
des 60. Jahrestages der Verkündung des Programms des Nationalen Widerstandsrates
sagten: „Der Nazismus ist besiegt worden dank dem Opfer unserer Brüder und

50 Schwestern in der Résistance und der im Kampf gegen die faschistische Barbarei
verbündeten Nationen.
Doch die Bedrohung ist nicht vollständig gebannt, und unser Zorn über
die Ungerechtigkeit ist nicht gewichen."
Nein, die Bedrohung ist nicht ganz gebannt.

55 Und so rufen wir weiterhin auf zu „einem wirklichen, friedlichen Aufstand
gegen die Massenkommunikationsmittel[4], die unserer Jugend keine andere
Perspektive bieten als den Massenkonsum[5], die Verachtung der Schwächsten
und der Kultur, den allgemeinen Gedächtnisschwund und die maßlose
Konkurrenz[6] aller gegen alle". Den Männern und Frauen, die das 21. Jahrhundert

60 gestalten werden, rufe ich aus ganzem Herzen und in voller Überzeugung zu:
„Neues schaffen heißt Widerstand leisten. Widerstand leisten heißt Neues schaffen."

3. Den Text genau lesen

6 Lies den Text noch einmal Absatz für Absatz.
Beantworte die folgenden Fragen in Stichworten.
- Was meint der Autor mit der „letzte(n) Gelegenheit",
  seine Erfahrungen weitergeben zu können?　　　　→ Seite 104, Zeile 2
- Wer darf sich nach Meinung des Autors von wem
  nicht kleinkriegen lassen?　　　　→ Seite 104, Zeile 12–13

7 „‚Ohne mich' ist das Schlimmste, was man sich und
der Welt antun kann."
- Welche Meinung hast du zu dieser Aussage?
- Kennst du „Ohne-mich"-Typen? Was hältst du von ihnen?

---

[4] die **Massenkommunikationsmittel**: Medien wie Radio, Fernsehen, Zeitungen und Internet,
die für Massen bestimmt sind und von ihnen genutzt werden
[5] der **Massenkonsum**: der massenhafte Kauf von industriell hergestellten Produkten,
z. B. Bekleidung
[6] die **Konkurrenz**: hier: der Wettbewerb

8 Untersuche die Streitschrift, Material M4. → Seiten 104–105

    a. Fasse den Inhalt des Textes zusammen.

      • An wen wendet sich der Autor mit seiner Schrift?

      • Mit welchem Ziel wendet er sich an seine Leserinnen und Leser?

      • Welche wichtigen Fragen unserer Zeit werden angesprochen?

      • Wie wünscht sich der Autor die Zukunft?

    b. Vergleiche deine Antworten mit deinen Ergebnissen aus Aufgabe 1.

9 Lies das folgende Interview mit den Textknacker-Schritten 1 bis 3.

M5 So geht es nicht weiter   Arno Widmann

Als ich Ihr Buch „Empört euch!" las, dachte ich: Der Mann hat das Gefühl, sein Leben war vergebens. Das, wofür Sie in der Résistance gekämpft haben, ist verloren oder droht doch verloren zu gehen. Das Gleiche gilt für die Geltung der universellen
5 *Erklärung der Menschenrechte.*

   Stéphane Hessel: Das ist merkwürdig. Denn eigentlich gelte ich als unverbesserlicher Optimist. Bei allen möglichen internationalen Verhandlungen oder bei Auseinandersetzungen hier in Frankreich hat man mir immer wieder gesagt: „Das klappt

10 bestimmt nicht! So wird es nie gehen! Wie können Sie das nur glauben? Sie sind viel zu optimistisch." Meine Haltung ist die: Die Lage sieht sehr schlecht aus. Aber wir haben schon vieles Schlechte überlebt. Die Nazis waren eine Bedrohung, dann hatten sie sich fast ganz Europa unterworfen. Aber am Ende wurden sie doch besiegt. Die riesige, mächtige Sowjetunion[1],

15 die nach dem Zweiten Weltkrieg ihren Machtbereich noch einmal gewaltig ausdehnte – es gibt sie nicht mehr. Wie fest verankert war die Apartheid[2]! [...] Sie ist weg! Wie groß ist das vereinte Europa geworden! Das europäische Haus steht noch nicht. Aber über den Rohbau sind wir doch deutlich hinaus. Es gibt

20 27 Länder in Europa, die zusammenarbeiten, statt Kriege gegeneinander zu führen. Das ist doch ein enormer Fortschritt. Wenn man so alt ist wie ich und fast ein ganzes Jahrhundert überblickt, dann weiß man: Die Verbesserung der Menschheit ist möglich.

25 Vieles haben wir geschafft.

✎ **8** wendet sich an konkreten Adressaten, an junge Leute / will Erfahrungen
seiner Generation weitergeben / äußert sich zu Grundfragen unserer Zeit aus
Wissenschaft, Politik, Religion / sachlich, kritisch, fordernd /
fordert zur Diskussion, zum Handeln heraus

[1] **die Sowjetunion:** ein ehemaliger sozialistischer Staat (1922–1991)
[2] **die Apartheid:** Politik in Südafrika von 1948–1992; trennte die Menschen weißer Hautfarbe
von Menschen dunkler Hautfarbe. Nur Weiße durften wählen gehen und ein politisches Amt
ausüben. In öffentlichen Gebäuden, Verkehrsmitteln und sogar auf den Toiletten gab es
abgegrenzte Bereiche für Weiße und für Nicht-Weiße.

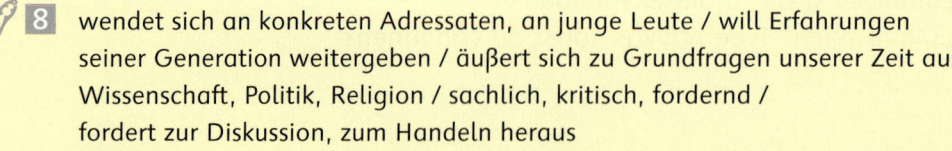

Ihr Buch preist aber nicht den Fortschritt, sondern ruft zum Engagement gegen den heutigen Status quo[3] auf. Ist es heute schlimmer als vor dreißig Jahren?

Stéphane Hessel: Sehen Sie, die letzten zehn Jahre des 20. Jahrhunderts waren höchst positive Jahre. Die Mauer fiel. Gleich danach kamen

30 die großen UNO-Konferenzen: Rio, Kairo, Kopenhagen, Peking. Rio –
da war im Juni 1992 die Konferenz der Vereinten Nationen über Umwelt und Entwicklung. Dort wurde die Agenda 21 formuliert, die Klimarahmenkonvention, und es wurde eine UN-Kommission für nachhaltige Entwicklung

35 eingerichtet. Mindestens ebenso wichtig – mindestens! –
war, dass zivilgesellschaftliche Organisationen an der Konferenz beteiligt waren. [...]
Diese positive Entwicklung kulminierte[4] dann im Jahr 2000 –
wieder in einem September – in der Millenniumserklärung

40 der Generalversammlung der Vereinten Nationen, in der
alle in der UNO vertretenen Staaten erklärten, dass sie sich
für Freiheit, Gleichheit, Solidarität, Toleranz[5] und die Achtung
der Natur einsetzen werden. Dass sie sich klar darüber seien,
dass sie eine gemeinsame Verantwortung für die weltweite

45 wirtschaftliche und soziale Entwicklung, für Frieden und
Sicherheit haben. Damals erklärte man auch, bis zum Jahre
2014 – in drei Jahren also[6] – die Armut zu halbieren. Ja.
Man war sehr optimistisch. Man wusste wohl, dass das nicht
so leicht sein würde. Aber man ging doch wenigstens auf dem richtigen Weg.

50 Dann fielen die zwei Türme[7]. Präsident der USA war George W. Bush.
Danach der Irak-Krieg, der Krieg in Afghanistan. Das war das Ende der guten Jahre.
Das erste Jahrzehnt des 21. Jahrhunderts war ein schlechtes Jahrzehnt für die Welt.
Es war ein großer Rückschlag.
Wir müssen uns beeilen, um im zweiten Jahrzehnt aufzuholen und

55 weiterzukommen in der 2001 abrupt abgebrochenen Entwicklung. Darum ist
das jetzt der richtige Augenblick zur Empörung. Die Regierungen mögen tun,
was sie können. Aber sie können nicht viel. Und da müssen wir ihnen kräftig
auf die Sprünge helfen. [...]

10 Notiere die Antworten auf diese Fragen:
  a. Welche Meinung vertritt Stéphane Hessel? Wie begründet er sie?
  b. Wozu ruft Stéphane Hessel in dem Interview auf?

---

[3] **Status quo:** gegenwärtiger Zustand
[4] **kulminierte:** erreichte den Höhepunkt
[5] **die Toleranz:** Achtung gegenüber anderen Meinungen, Auffassungen
[6] **Hessel gab das Interview 2011.**
[7] **die zwei Türme:** Gemeint ist der Angriff auf das World Trade Center in New York 2001.

Einen informierenden Text schreiben

1 Lies die folgende Schreibaufgabe mit Hilfe
des Aufgabenknackers.

→ Aufgabenknacker in der Übersicht: Seite 293

> **Aufgabe:** Deine Klasse plant eine Informationsveranstaltung
> über Widerstandskämpfer.
>
> **A** Beschäftige dich mit Stéphane Hessel, seinem Leben
> und seinen veröffentlichten Texten.
>
> **B** Schreibe einen informierenden Text über Stéphane Hessel.
> Gehe auch auf diese Fragen ein:
> - Was hast du über den Widerstandskampf von Hessel erfahren?
> - Welche Aussagen von Hessel waren für dich besonders interessant?
>
> **C** Schreibe zum Schluss deine persönliche Meinung auf,
> warum sich auch andere mit Stéphane Hessel beschäftigen sollten.
>
> **D** Überarbeite deinen Text, am besten am Computer.

Die Materialien auswerten

Du hast die Materialien M1 bis M5 auf den Seiten 100 bis 107 bearbeitet.
Verschaffe dir zunächst einen Überblick über deine Arbeitsergebnisse.

2 Welche Informationen sind für deine Leserinnen und
Leser wichtig und interessant?
a. Für wen willst du den Text schreiben?
b. Welche Informationen könnten für die Leser
besonders interessant sein?
Tipp: Beziehe auch deine Gedanken zu den Bildern mit ein.

3 Welche Informationen waren für dich besonders interessant?
Worüber möchtest du mehr erfahren? Notiere es in Stichworten.

Z 4 Finde weitere Informationen über Hessel
in Büchern oder im Internet und verwende sie.

5 Ordne deine Notizen.
a. Lege eine sinnvolle Reihenfolge fest.
b. Nummeriere deine Notizen und Stichworte.

3 Biografisches: Glückskind, Kämpfer, Abenteurer …;
Streitschrift: Empörung ist kostbar …;
Bilder: Hessel als junger Mann …;
Gedanke: Gleichgültigkeit ist das Schlimmste …;
Interview: Sich einbringen… ;
Begriffserklärungen: empört sein / Résistance …

Den informierenden Text planen, schreiben und überarbeiten

Du planst nun deinen informierenden Text über Stéphane Hessel.

6 Überlege dir, wie du deinen Text am besten gliedern kannst.
- Wie stellst du dein Thema in der Einleitung vor?
- Welche Informationen willst du im Hauptteil geben?
- Welche Meinung hast du zu dem Thema?
- Welche Überschrift soll dein Text haben?

7 Wähle aus dem Material Zitate von Stéphane Hessel aus,
die du in deinem Text verwenden möchtest.
- Du kannst deine Einleitung mit einem Zitat beginnen.
- Du kannst besonders wichtige Aussagen mit Zitaten hervorheben.
  Tipp: Gib an, wo du die Zitate gefunden hast.

Mit Hilfe deiner Notizen schreibst du einen zusammenhängenden Text.

8 Schreibe eine Einleitung.
Stelle dein Thema vor.

> **Einleitung**

9 Informiere im Hauptteil über das Leben und das Werk
von Stéphane Hessel.
- Wer war Hessel? Wann und wo lebte er? Wann starb er?
- Welche besonderen Erlebnisse gab es in seinem Leben?
- Welche Wirkung ging von dem Buch „Empört euch!" aus?
- Welche wichtigen Fragen werden dort angesprochen?

> **Hauptteil**

10 Fordere in deinem Schlussteil deine Leserinnen und Leser auf,
sich aktiv mit Hessels Leben und Werk auseinanderzusetzen.

> **Schluss**

11 Gib die Quellen deiner Materialien an, die du verwendet hast.

Zum Schluss überprüfst und überarbeitest du deinen Text.

12 Überprüfe deinen informierenden Text über Stéphane Hessel
mit Hilfe der Arbeitstechnik.   → Arbeitstechnik „Texte überarbeiten": Seite 227

---

6 Thema mit Zitat/Bild/Biografie-Info vorstellen / sich vorher eine Meinung bilden /
Überschrift sollte neugierig machen

9 ... wurde geboren in ... als ... / ... lebte von ... bis ... / Tiefe Eindrücke in seinem Leben
hinterließ die Zeit ... / Diese Zeit hat ... besonders geprägt, weil/denn ... / Das Buch fand
viele Leser, weil ... / Der Text ermutigt ... / Wichtige Fragen wie ... / Der Autor beschäftigt sich
vor allem mit Themen/Fragen/Problemen ... / Es wurden ... angesprochen.

10 Ich empfehle euch ... / Für mich ist Hessel eine außergewöhnliche Persönlichkeit,
die ... / Lest unbedingt diese Schrift ..., denn ...

Hört auf!

Eine Streitschrift will die Leser zu etwas auffordern.
Lina hat diese Streitschrift gegen die Verschwendung
von Lebensmitteln entworfen.

📖 Schluss mit der Lebensmittelverschwendung!

Wann wird endlich jeder Einzelne von uns sein Verhalten ändern?
Die verantwortungslose Wegwerfmentalität gehört in die Tonne,
nicht das Essen! Wir müssen Lebensmittel wieder mehr achten.
Einen Apfel mit einer Schorfstelle oder einem Wurmloch
5 kannst du durchaus noch essen. Niemand sollte Gemüse
im Kühlschrank vergammeln lassen, nur weil er gerade Appetit
auf etwas anderes hat. Auch die gedankenlose Vernichtung
von Brot muss ein Ende haben. Hört damit auf,
die liebevoll geschmierten Pausenbrote im Papierkorb
10 zu entsorgen!
Habt ihr wirklich kein schlechtes Gewissen, wenn ihr stattdessen
einen Schokoriegel am Kiosk kauft?

1 Untersuche den Text. Notiere in Stichworten:
- Welche wertenden Adjektive fallen dir auf?
- Gibt es Fragen ohne Interesse an einer Antwort,
  also rhetorische Fragen?
- Wird der Leser direkt angesprochen?
- Wird die Aufforderungsform, der Imperativ, verwendet?

Lina will vermeiden, dass Lebensmittel verschwendet werden.
Sie hat Stichworte aufgeschrieben.

> - *den Einkauf mit einem Einkaufszettel planen*
> - *die Reste einer Mahlzeit am nächsten Tag verwenden*
> - *Lebensmittel aus der Saison und der Region kaufen*
> - *auf übermäßigen Fleischkonsum verzichten*

2 Formuliere mit den Stichworten
einen auffordernden Text.
Fordere deine Leser zum gewissenhaften
Umgang mit Lebensmitteln auf.

> **Starthilfe**
>
> Willst du endlich aktiv werden?
> So vermeidest du leichtfertige
> Lebensmittelverschwendung:
> Schreibe einen Einkaufszettel …

 1 verantwortungslos, gedankenlos, liebevoll … / unpersönliche Ansprache,
eher Aussage als Frage / Leser wird direkt angesprochen / Hört auf!

Sachlich bleiben!

In informativen Texten ist eine sachliche Sprache notwendig.
So können sich Leser informieren und ein eigenes Urteil bilden.
Im folgenden Text ist die Sprache nicht immer sachlich.

Warum schmeißen Supermärkte so viel weg?

Große Supermärkte haben bis zu 40 000 verschiedene Produkte
im Angebot, und alle sind nahezu immer zu haben. Da kapiert
ja jeder, dass die nicht alle verkauft werden können,
bevor sie schlecht geworden sind. Auch das häufig
5 überflüssige Mindesthaltbarkeitsdatum ist ein Teil des Irrsinns.
Filialleiter Bernd Hausmann hat in einem Interview gesagt:
„In vielen Läden werden Produkte schon
vor dem Erreichen des Mindesthaltbarkeitsdatums
aussortiert und weggeworfen."
10 Das ist ein Skandal, denn die meisten Produkte sind noch gut
genießbar. Besonders schlimm ist das Beispiel Brot.
Bäckereien backen immer 15 bis 20 % mehr, als sie verkaufen
können, nur damit der letzte Kunde, der kurz
vor Ladenschluss kommt, kein langes Gesicht macht.

1 Überarbeite den Text.
   a. Suche die Textstellen heraus,
      die unsachlich formuliert sind.
   b. Ersetze sie durch sachliche Formulierungen.
   c. Schreibe den Text in sachlicher Sprache auf.

Starthilfe

wegschmeißen – wegwerfen
kapieren – …

2 Was zeichnet eine sachliche Sprache aus?
   Schreibe die Merkmale auf.

Starthilfe

• Verwendung von Fachbegriffen
• keine wertenden …

3 Welche der folgenden Textsorten sind
   in sachlicher Sprache verfasst?
   Wähle die betreffenden Textsorten aus.
   Tipp: Überprüfe deine Auswahl mit deiner Liste aus Aufgabe 2.

   das Rezept, die Dokumentation, der wissenschaftliche Artikel, die Sage, der Roman,
   die Reportage, die Biografie, das Interview

Z 4 Finde in Zeitungen Beispiele für unsachliche Formulierungen.

Jugendliche engagieren sich

Das Jugendmagazin „Spießer" stellt auf seiner Website 100 Jugendliche vor, die sich engagieren. Hier lernt ihr zwei von ihnen kennen.

Sophie Petzelberger, 17, Sindelfingen

60 Euro kostet es im Monat, das bessere Leben von Yubitza und Siaka.
Yubitza ist elf und wohnt in Bolivien, der neunjährige Siaka lebt in Ghana.
Durch unsere Hilfe bekommen die Kinder ausreichend Essen,
sauberes Trinkwasser, sie können sich einen Arzt leisten und
5 sogar in eine Schule gehen. Ich kümmere mich darum,
dass in unserer Schule jeden Monat die 60 Euro zusammenkommen.
Damit es niemand vergisst, sammle ich das Geld ein.
Als Leiterin des Projektes schreibe ich außerdem Briefe an Schüler,
Eltern und Lehrer, nach Ghana, Bolivien und manchmal auch Artikel
10 für die Schülerzeitung.
Sophie hat an ihrer Schule das Patenkindprojekt übernommen.

Sebastian Wolf, 19, Großneuhausen

Kindern zu erklären, man müsse einen Hasen schützen, weil er niedlich aussieht,
das ist nicht mein Ding. Umweltbildung bedeutet für mich, Kindern
richtige Zusammenhänge zu erklären. Deshalb ist mir Feldforschung so wichtig:
Für eine Studie über Wechselkröten habe ich jede Woche den Laich
in einem See gezählt, seine Größe gemessen und ihn beobachtet. Erst so kann ich
eine Tierart verstehen und sie bewahren. Natur kann man nur schützen,
wenn man sie gut kennt.
Sebastian ist Landesjugendsprecher der Naturschutzjugend Thüringen.

1 Tauscht euch über die Beiträge
des Online-Magazins aus:
- Wofür engagieren sich die Jugendlichen?
- Welche Ziele haben sie bei ihrer Arbeit?
- Was bedeutet ihre Arbeit für sie selbst?

2 Stellt Schülerinnen oder Schüler vor,
die sich ehrenamtlich engagieren.
Führt dazu ein Interview oder
schreibt einen informativen Text über ihre Arbeit.

Eine Info-Börse organisieren

Viele Jugendliche wollen sich engagieren, doch oft wissen sie nicht, wie.
Mit einer Info-Börse könnt ihr andere informieren.

1 Sammelt Informationen über Vereine und Organisationen in eurer Nähe,
in denen Jugendliche aktiv werden können.

2 • Nehmt Kontakt mit den Vereinen und Organisationen eurer Region auf.
• Informiert über euer Vorhaben und bittet um Informationen.
• Sucht Ansprechpartner, die euch bei den Info-Ständen unterstützen.

3 Gruppenarbeit!
Gruppe 1: Flyer/Broschüre
• Entwerft einen Flyer oder eine Broschüre.
Stellt darin alle Möglichkeiten zum ehrenamtlichen Engagement vor.
Tipp: Vergesst die Kontaktdaten wie Ansprechpartner, Adresse,
Telefonnummer, Homepage nicht.

Gruppe 2: Plakate/Einladungen
• Gestaltet Plakate für eure Zielgruppe.
Sie sollten über das Thema, den Ort und
die Zeit eurer Info-Börse informieren.
• Gestaltet Einladungen.

Gruppe 3: Begrüßungsrede
• Schreibt eine Begrüßungsrede.
Sie sollte einen Aufruf an eure Besucher enthalten, sich zu engagieren.
Tipp: Anregungen findet ihr in der Streitschrift
von Stéphane Hessel. ➔ Seiten 104–105

4 Dokumentiert eure Info-Börse mit Fotos.
Schreibt einen Bericht für eure Schulhomepage.

Arbeitstechnik

Eine Info-Börse organisieren

• Legt einen Termin fest, der genügend Zeit für die Vorbereitung lässt.
Tipp: Ihr könnt die Info-Börse zu einem Schulfest veranstalten.
• Überlegt, für wen ihr die Info-Börse veranstalten wollt.
• Findet einen geeigneten Ort. Plant die Gestaltung eurer Info-Börse.
Denkt an Tische, Stellwände, Plakate.
• Erstellt einen Organisationsplan.
Legt darin fest, wer welche Aufgaben übernimmt.
• Stattet Info-Stationen mit eurem Material aus. Jede Station wird
durch Experten aus eurer Klasse betreut.

Training:
Einen informativen Text schreiben

Ursula Nölle gründete bereits 1983 ihren „Verein zur Unterstützung von Schulen in Afghanistan". 2011 wurde sie für den Deutschen Engagementpreis nominiert. Informiere dich über den Verein. Schreibe dann einen Text für die Schülerzeitung.

1 Lies die Materialien M1 bis M4 mit Hilfe des Textknackers.

1. Vor dem Lesen
2. Das erste Lesen
3. Den Text genau lesen

M1 „Ich glaube daran, dass man mit Bildung eine Demokratie von der Basis her aufbauen kann, indem wir jungen Mädchen die Möglichkeit geben, nicht nur lesen und schreiben, sondern auch denken zu lernen, Selbstbewusstsein zu entwickeln und vielleicht zu studieren. Das ist eine gute Basis für eine Demokratie. Damit können wir dem Land wirklich helfen."

Ursula Nölle

M2 Afghanistan – Schulen

Verein zur Unterstützung von Schulen in Afghanistan

Bildung ist nicht nur ein wichtiger Entwicklungsfaktor, sondern ein Menschenrecht. Der 23 Jahre andauernde Krieg/Bürgerkrieg hat dazu geführt, dass eine ganze Generation[1] keine Schule besuchen konnte. Eine Million Menschen starben und fünf Millionen Menschen mussten fliehen
5 und konnten erst nach dem Ende der Taliban[2]-Herrschaft in ihre zerstörten Städte und Dörfer zurückkehren. In den vergangenen Jahren sind viele Schulen eingerichtet worden, aber Schulgebäude gibt es nicht für alle – Kinder werden im Freien,
10 in Zelten oder Ruinen unterrichtet. Es gibt zu wenig ausgebildete Lehrkräfte und auch an den pädagogischen Instituten fehlt es an Lehrkräften. Es sind neue Schulbücher entwickelt worden, aber noch nicht jedes Kind
15 hat Bücher bekommen. […]

M3 Afghanistan

Fläche: 652 000 qkm
Einwohner: 30,6 Millionen
Religion: 99 % Muslime, 1 % andere
Schulkinder: 7 Millionen (das sind nur 60 % der schulpflichtigen Kinder), davon sind 40 % Mädchen

---

[1] **die Generation:** Gruppe von Menschen im ähnlichen Alter, z. B. die Generation der Eltern, Kinder usw.
[2] **die Taliban:** eine Gruppe radikaler Islamisten, die sich Anfang der 1990er Jahre in Afghanistan bildete und dort für Jahre in großen Teilen des Landes die Macht übernahm

M4 Auszug aus dem Jahresbericht 2014/2015 des Vereins

[…] **1** Aus Mitteln des Stabilitätspakts des Auswärtigen Amts[3] erhielt
die Tajrobayee Mädchenoberschule in Mazar-e-Sharif weitere Klassenräume,
nachdem die benachbarte Jungenschule einige Quadratmeter Land
zur Verfügung gestellt hatte und so der notwendige Platz geschaffen wurde.
5 Sechs Klassenräume wurden doppelstöckig nach unseren eigenen Bauplänen
errichtet. Jetzt verfügt die Schule über ausreichend Platz für die 2316 Schülerinnen.
Der Unterricht findet in zwei Schichten statt.

2 Das im vergangenen Jahr errichtete Schulgebäude für
die Ahmed Shah Masood Schule in Mazar-e-Sharif konnte aufgestockt werden
10 (auch aus Mitteln des Stabilitätspakts des Auswärtigen Amts). Jetzt stehen
der Schule 16 Klassenräume zur Verfügung. […]

3 Für die Kinder der Lehrerinnen der Maqsadullah Shaheed Schule entstand
ein Kindergarten mit vier sehr schönen Räumen und einer Ausstattung fast
vergleichbar mit deutschen Kindergärten. Das nötige Geld hierfür haben
15 die Schüler und Schülerinnen von fünf Schulen in Neubiberg[4] mit ihrem
großartigen Engagement „erlaufen". […]

2 Schreibe einen Artikel für eure Schülerzeitung.
Informiere über die Aktivitäten des Vereins.
Gehe so vor:

1. Schritt: Werte die Materialien M1 bis M4 aus.
Ordne deine Notizen.

2. Schritt: Plane den Aufbau deines Textes.
- Einleitung: Wen willst du mit deinem Artikel erreichen?
Wer hat den Verein wann gegründet? Was tut der Verein?
- Hauptteil: Wo engagiert sich der Verein? Warum engagiert
er sich gerade dort? Welche Ergebnisse gibt es?
- Schluss: Wie findest du das Engagement des Vereins?
Was wünschst du dir von deinen Lesern?

3. Schritt: Schreibe den Text nach deinem Plan.
Überlege dir eine interessante Überschrift.

4. Schritt: Überprüfe deinen Text und überarbeite ihn. → Rechtschreib-Check: Seite 301
- Ist der Text verständlich?
- Ist er gut gegliedert? Hat er einen logischen Aufbau?
- Wurde sachlich formuliert und eine angemessene Sprache
benutzt?

Tipp: Beachte die Reihenfolge der Schritte auf den Seiten 108 und 109.

[3] Gemeint ist das **Auswärtige Amt** der Bundesrepublik Deutschland.
[4] **Neubiberg:** eine Gemeinde im Landkreis München

Macht(,) Gedichte!

Wozu Gedichte?

Wie macht man eigentlich Gedichte? Und was machen Gedichte
mit den Leserinnen und Lesern? Diese Fragen stellen sich auch
so manche Dichterin und so mancher Dichter.

1 Lege ein Blatt Papier so auf diese Seite, dass du die Bilder nicht
sehen kannst. Lies das Gedicht von Mascha Kaléko.

Mein schönstes Gedicht   Mascha Kaléko

Mein schönstes Gedicht?
Ich schrieb es nicht.
Aus tiefsten Tiefen stieg es.
Ich schwieg es.

Wassily Kandinsky: Improvisation
(Dreamy), 1913

2 Welche Stimmung vermittelt dir das Gedicht?
Wirkt es eher traurig, eher heiter oder …?
Schreibe es in einem Satz auf.

3 **a.** Sieh dir nun die Bilder an. Welche Verbindung
haben die Bilder für dich zum Gedicht?
b. Welches Bild passt für dich am besten
zu dem Gedicht?
Begründe schriftlich.

Pierre Bonnard: Misia Godebska
schreibend, ca. 1910

Vasko Popa

Du wirst gefragt, was dein Gedicht bedeutet.
Warum fragt man nicht den Apfelbaum,
was seine Frucht – der Apfel – bedeutet?
Wenn der Apfelbaum reden könnte,
würde er antworten:
Beiß hinein und ihr werdet sehen,
was er bedeutet.

4 **a.** Wer oder was wird hier mit einem Apfelbaum verglichen?
Und mit einem Apfel? Erkläre diesen Vergleich.
b. Finde eine Überschrift für das Gedicht.

→ die Merkmale von Gedichten wiederholen: Seite 290

5 a. Sprecht das folgende Gedicht mehrmals laut.
   Probiert verschiedene Stimmungen aus: überlegt, ruhig, aufgeregt, …
   b. Warum macht die Frage das Ich im Gedicht sprachlos?
   Sprich mit einer Partnerin oder einem Partner darüber.

Sprachlos   Erich Fried

Warum schreibst du
noch immer
Gedichte
obwohl du
5 mit dieser Methode
immer nur
Minderheiten erreichst
fragen mich Freunde
ungeduldig darüber
10 dass sie mit ihren Methoden
immer nur
Minderheiten erreichen
und ich weiß keine Antwort für sie

   Hans Kruppa

Dieses Gedicht ist ein kleines Gegengewicht
auf der Schale der Waage,
auf der immer zu wenig liegt.
Ein Gegengewicht zum Autolärm,
5 zu überfüllten Wartezimmern,
ein Gegengewicht zu den Nachrichten,
zu Schlagzeilen und Schlagbäumen,
Hochstraßen und Dampfwalzen,
Herzinfarkt und Krebsverdacht.
10 Ich lege es vorsichtig auf die Waagschale
zu all den andren leichten Dingen …
Einen Moment erschien es mir,
als hätte sich etwas verändert.   Ⓡ

6 Schreibe einen passenden **Titel** für das Gedicht von Hans Kruppa auf.
   Tipp: Den richtigen Titel findest du im Inhaltsverzeichnis.

Z 7 Gestaltet gemeinsam eine „Gedichte-Wand".
   • Schreibt jeder ein Gedicht von den Seiten 116 und 117 auf.
   • Findet oder gestaltet Bilder, die für euch zu den Gedichten passen.
   • Schreibt eure Gedanken oder Gefühle als kurze Kommentare auf.

Politische Gedichte und Lieder

Der Dichter und Dramatiker Bertolt Brecht stellt in
diesem Gedicht Fragen zur Geschichte der Menschheit.

Fragen eines lesenden Arbeiters   Bertolt Brecht

Wer baute das siebentorige Theben?
In den Büchern stehen die Namen von Königen.
Haben die Könige die Felsbrocken herbeigeschleppt?
Und das mehrmals zerstörte Babylon –
5 Wer baute es so viele Male auf? In welchen Häusern
Des goldstrahlenden Lima wohnten die Bauleute?
Wohin gingen an dem Abend, wo die Chinesische Mauer fertig war
Die Maurer? Das große Rom
Ist voll von Triumphbögen. Wer errichtete sie? Über wen
10 Triumphierten die Cäsaren? Hatte das viel besungene Byzanz
Nur Paläste für seine Bewohner? Selbst in dem sagenhaften Atlantis
Brüllten in der Nacht, wo das Meer es verschlang
Die Ersaufenden nach ihren Sklaven.
Der junge Alexander eroberte Indien.
15 Er allein?
Cäsar schlug die Gallier.
Hatte er nicht wenigstens einen Koch bei sich?
Philipp von Spanien weinte, als seine Flotte
Untergegangen war. Weinte sonst niemand?
20 Friedrich der Zweite siegte im Siebenjährigen Krieg. Wer
Siegte außer ihm?
Jede Seite ein Sieg.
Wer kochte den Siegesschmaus?
Alle zehn Jahre ein großer Mann.
25 Wer bezahlte die Spesen?
So viele Berichte.
So viele Fragen.   R (1935)

1 Untersuche die Fragen in dem Gedicht:
- Auf welche Themen beziehen sich die Fragen?
- Warum könnte Bertolt Brecht diese Fragen formuliert haben?

Z **2** a. Wählt jeder ein bis zwei Fragen aus dem Gedicht aus.
Tragt dazu Informationen zu den geschichtlichen Ereignissen zusammen.
b. Informiert euch in der Klasse über die Ereignisse.
c. Versucht, die Fragen aus dem Gedicht gemeinsam zu beantworten.

Der Text des deutschen Volksliedes „Die Gedanken sind frei" wurde
Ende des 18. Jahrhunderts auf Flugblättern veröffentlicht. Die Melodie
zu diesem Lied entstand erst einige Jahre später, zwischen 1810 und 1820.

📖 Die Gedanken sind frei

Die Gedanken sind frei
wer kann sie erraten?
Sie fliehen vorbei
wie nächtliche Schatten.
5 Kein Mensch kann sie wissen,
kein Jäger erschießen
mit Pulver und Blei:
  Die Gedanken sind frei!

Ich denke, was ich will
10 und was mich beglücket,
doch alles in der Still'
und wie es sich schicket.
Mein Wunsch und Begehren
kann niemand verwehren,
15 es bleibet dabei:
  Die Gedanken sind frei!

Und sperrt man mich ein
im finsteren Kerker,
das alles sind rein
20 vergebliche Werke.
Denn meine Gedanken
zerreißen die Schranken
und Mauern entzwei:
  Die Gedanken sind frei!

25 Drum will ich auf immer
den Sorgen entsagen
und will mich auch nimmer
mit Grillen mehr plagen.
Man kann ja im Herzen
30 stets lachen und scherzen
und denken dabei:
  Die Gedanken sind frei. *(ca. 1790)*

Susanne Hilbert:
Die Gedanken sind frei, 2010

3 Was bedeutet es, dass die Gedanken frei sind?
  Diskutiert die Kernaussage des Gedichtes.
  Bezieht das Bild ein.

4 Warum wurde dieses Gedicht zu einem Volkslied?
  Tauscht euch darüber aus.
  Tipp: Berücksichtigt auch die liedhaften Elemente.

In Zeiten politischer Unterdrückung war das Lied immer wieder Ausdruck
für die Sehnsucht nach Freiheit und Unabhängigkeit.

5 Warum ist dieses Lied heute noch aktuell?
  Notiert Gründe.

Z **6** Was ist wirkungsvoller: eine Vertonung des Gedichtes oder
  ein Gedichtvortrag?
  a. Tragt das Gedicht ausdrucksvoll vor.
  b. Hört euch Interpretationen im Internet an und vergleicht diese.
  c. Sprecht über die Vor- und Nachteile von Sprech- und Gesangsvortrag.

Das folgende Gedicht setzt sich mit der Situation
der afroamerikanischen Bevölkerung in den USA um 1924 auseinander.

📖 I, too, sing America   Langston Hughes

I, too, sing America.
I am the darker brother.
They send me to eat in the kitchen
when company[1] comes,
5 but I laugh
and eat well
and grow strong[2].

Tomorrow
I'll sit at the table
10 when company comes.
Nobody'll dare[3]
say to me,
"Eat in the kitchen"
then.

15 Besides[4],
they'll see how beautiful I am

and be ashamed –
I, too, am America.

1 Übersetze das Gedicht ins Deutsche.

2 Der Ausdruck "eat in the kitchen" kommt
in dem Gedicht zweimal vor.
• Was bedeutet der Ausdruck wörtlich?
• Welche übertragene Bedeutung hat
der Ausdruck in dem Gedicht?
Sprecht darüber.

3 Langston Hughes hat das Gedicht
vor mehr als 90 Jahren geschrieben.
Inwiefern ist der Inhalt des Gedichts auch
heute noch aktuell?
Überlegt gemeinsam.

Langston Hughes (1902–1967)
war ein amerikanischer Autor,
der sich häufig mit den Problemen
der afroamerikanischen
Bevölkerung in den Südstaaten
der USA auseinandersetzte.
Dort litten Afroamerikaner auch
nach Abschaffung der Sklaverei
1865 noch lange Zeit
unter Benachteiligungen.

[1 **company:** Besuch
2 **grow strong:** stark werden
3 **dare:** wagen, sich trauen
4 **besides:** außerdem

Vor etwa 800 Jahren verfasste Gottfried von Straßburg ein Gedicht über die Zustände in seinem Land in mittelhochdeutscher Sprache.

Gottfried von Straßburg

Liute unde lant die mohten mit genâden sîn,
wan zwei vil kleiniu **wortelîn** 'mîn' unde 'dîn',
5 diu briuwent **michel wunder** ûf der erde.
wie gânt si **vrüetende und wüetende** über al
und trîbent al die wélt úmbe **als einen bal**:
ich waene, ir krieges iemer ende werde.
10 **Diu vertâne gîte**
diu wahset allez umbe sich dâher sît Êven **zîte**
und irret elliu herze und elliu rîche.
dewander hant noch zunge
15 die méinènt noch minnent niht wan valsch und anderunge.
lêre und **volge liegent offenlîche**.

Leuten und Land könnte es passabel[1] ergehen,
gäb's nicht die winzigen Wörtchen mein und dein,
5 die auf der Erde höchst Wunderliches[2] zusammenbrauen!
Wie stapfen sie überall rüstig und verheerend
und treten die Welt umher wie einen Ball.
Ich glaube, dass ihr Krieg nie enden wird.
10 Die völlig überflüssige Habgier
wächst um alles seit Evas Zeiten[3],
macht alle Herzen und Reiche irre.
Weder Hand noch Zunge
15 erstreben und lieben anderes als Falschheit Zerteilung Umsturz.
Die Lehren und Wirkungen liegen offen.

(aus dem Mittelhochdeutschen von Wersch)

4 Lasst euch das Gedicht auf Mittelhochdeutsch vorlesen.
  a. Findet für die hervorgehobenen Wörter die passenden Wörter in der Übersetzung.
  Was stellt ihr fest?
  b. Besprecht, worum es im Gedicht geht.
  → mehr über Sprache im Wandel: Seiten 266–271

5 Was für eine Situation könnte auf dem Bild dargestellt sein? Beschreibt sie.

Z 6 Interpretiert das Gedicht mit Hilfe dieser Fragen:
  • Welche Ursachen werden für die Zustände genannt?
  • Welche Lehren und Wirkungen könnte der Dichter meinen?
  • Warum ist das Gedicht auch heute noch aktuell?

[1] **passabel:** hier: einigermaßen gut, erträglich
[2] **Wunderliches:** hier: Folgenschweres
[3] **seit Evas Zeiten:** hier: solange Menschen denken können (Adam und Eva gelten in der Bibel und im Koran als das erste Menschenpaar auf der Erde.)

1844 schrieb Heinrich Heine dieses Gedicht über die schlesischen Weber.
Es handelt von ihrer Armut und von ihrer Wut.

📖 Die schlesischen Weber Heinrich Heine

Im düstern Auge keine Träne,
Sie sitzen am Webstuhl und fletschen die Zähne:
Deutschland, wir weben dein Leichentuch,
Wir weben hinein den dreifachen Fluch –
5   Wir weben, wir weben!

Ein Fluch dem Gotte, zu dem wir gebeten
In Winterskälte und Hungersnöten;
Wir haben vergebens gehofft und geharrt,
Er hat uns geäfft und gefoppt und genarrt –
10   Wir weben, wir weben!

Ein Fluch dem König, dem König der Reichen,
Den unser Elend nicht konnte erweichen,
Der den letzten Groschen von uns erpresst
Und uns wie Hunde erschießen lässt –
15   Wir weben, wir weben!

Ein Fluch dem falschen Vaterlande,
Wo nur gedeihen Schmach und Schande,
Wo jede Blume früh geknickt,
Wo Fäulnis und Moder den Wurm erquickt –
20   Wir weben, wir weben!

Das Schiffchen fliegt, der Webstuhl kracht,
Wir weben emsig Tag und Nacht –
Altdeutschland, wir weben dein Leichentuch,
Wir weben hinein den dreifachen Fluch,
25 Wir weben, wir weben!

Not (1897) aus dem Zyklus „Ein Weberaufstand"
von Käthe Kollwitz

Die Wut der Weber kommt in ihren Flüchen zum Ausdruck.

1 a. Beantworte diese Fragen zu den Strophen 2 und 3 schriftlich:
Wen verfluchen die Weber? Warum?
b. In welcher Zeile des Gedichts wird der stärkste Grund für die Wut genannt?
Schreibe die Zeile als Zitat auf.

2 Tragt das Gedicht mit mehreren Sprecherinnen und Sprechern vor.
• Macht die wachsende Wut der Weber deutlich.
• Verdeutlicht beim Sprechen auch den eintönigen Rhythmus des Webens.

W Von den beiden Aufgaben 3 und 4 kannst du dir eine aussuchen.

W **3** Analysiere den Inhalt, die Gestaltung, die Sprache und die Form
des Gedichts „Die schlesischen Weber".
Lege deine Ergebnisse in einem zusammenhängenden Text dar.

→ Gedichtmerkmale untersuchen und analysieren: Seite 313

W **4** Stelle einen Bezug zwischen dem Gedicht und dem Schaffen
Heinrich Heines her.
- Lies die folgende Kurzbiografie über Heinrich Heine.
  Tipp: Du kannst dich außerdem selbst in Büchern oder
  im Internet über Heinrich Heine informieren.
- Lege deine Ergebnisse in einem zusammenhängenden Text dar.

Heinrich Heine (1797–1856) war einer der größten deutschen Dichter.
Als kritischer politischer Journalist war er in Deutschland bekannt,
aber auch gefürchtet. Heine setzte sich als einer der ersten deutschen Dichter
mit den schlechten Lebensbedingungen der entstehenden Arbeiterklasse
auseinander. So griff er die Geschehnisse des Weberaufstandes im Jahre 1844
in seinem „Weberlied" auf, das kurz nach Erscheinen in Deutschland
verboten wurde. Wegen seiner politischen Ansichten wurde Heine
in Deutschland schon in jungen Jahren angefeindet. Anfang der 1830er
Jahre verließ er aus diesem Grunde das Land und lebte bis zu seinem Tod
in Paris. Seine Bücher waren auch im nationalsozialistischen Deutschland
verboten und wurden verbrannt.

Z **5** Heute schützt das Grundgesetz die Meinungsfreiheit in Deutschland.
   a. Lies den folgenden Gesetzesauszug mit Hilfe des Textknackers.
   b. „Übersetze" den Gesetzestext in verständliche Sprache.
      Schreibe kurze Sätze auf.
   c. Wäre es für eine Regierung in Deutschland heute möglich,
      Bücher zu verbieten? Begründe.

I. Die Grundrechte [...]
Artikel 5 [Meinungs-, Informations-, Pressefreiheit]
(1) Jeder hat das Recht, seine Meinung in Wort, Schrift und Bild frei zu äußern
und zu verbreiten und sich aus allgemein zugänglichen Quellen ungehindert
zu unterrichten. Die Pressefreiheit und die Freiheit der Berichterstattung durch
Rundfunk und Film werden gewährleistet. Eine Zensur[1] findet nicht statt. [...]
(3) Kunst und Wissenschaft, Forschung und Lehre sind frei. Die Freiheit der
Lehre entbindet nicht von der Treue zur Verfassung.

→ ein anderes politisches Gedicht im weiterführenden Anhang: Seite 311

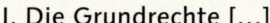

[1] **die Zensur:** staatliche Kontrolle von Büchern und Zeitungen im Hinblick
auf kritische Aussagen

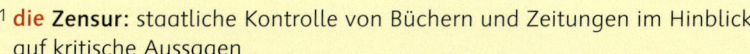

Projekt Poetry Slam

Ein Poetry Slam ist eine moderne Form
eines Gedichtewettstreits.
Insbesondere viele junge Leute nutzen diese Form,
um sich selbst über ihr Leben und die Gesellschaft zu äußern.

1 Mimi Meister hat mit ihrem Text
einen solchen Wettbewerb gewonnen.
Lest den Textauszug.

Lost Generation – reloaded   Mimi Meister

Ich bin wie ihr.
Wir sind alle gleich in unserem verzweifelten Streben nach Glückseligkeit.
Doch wir kommen nicht weit, weil uns Weltkriege, Krise, Computerspiele,
falsche Ziele und falsche Idole den Weg blockieren.
5 Wir klauen uns Vorbilder und Ideale aus längst vergangenen Tagen,
weil wir hier im Jetzt keine haben, denen nachzueifern sich lohnt.
Wir sind es gewohnt, in einer Welt zu leben, aus der wir –
umgeben von Umweltkatastrophen und Terrorphilosophen, die Selbstmord preisen –
flüchten müssen, um den Lebenszug nicht entgleisen zu lassen.
10 Wir leben in einer Welt, in der Fünfjährige sich gegenseitig erschießen und erstechen,
in der Regelnbrechen Alltag ist und die Grenze zwischen „legal"
und „verboten" verwischt.
Wir sind die „Lost Generation", die verlorene Generation,
die im großen Meer der Impressionen und Expressionen untergeht. […]

2 Sprecht in der Gruppe über den Inhalt des Textes.
• Wer ist hier mit „wir" gemeint?
Fühlt ihr selbst euch angesprochen?

Z **3** Warum ist der Text ein Gedicht?
• Findet in der Gruppe Gedichtmerkmale.
• Beschreibt und belegt sie mit Textstellen.

4 Texte für einen Poetry Slam werden erst durch den Vortrag lebendig.
• Bereitet den Textauszug für einen Poetry Slam vor.
• In welcher Stimmung und mit welcher Betonung könntet ihr
den Textauszug vortragen?
Besprecht es.

→ Einen weiteren Text für einen Poetry Slam findet ihr auf der weiterführenden Seite 312.

Ihr könnt an eurer Schule selbst einen Poetry Slam organisieren.

5 Lest die folgenden Informationen.

> **Slam ist Vision. – Slam ist Party. – Slam ist Literatur. – Slam ist Wahrheit**.
> (Wolfgang Hogekamp, deutscher Filmemacher, Slam Master und Slam Poet)
>
> Der Poetry Slam entstand in den achtziger Jahren in den USA und verbreitete sich seit den neunziger Jahren weltweit. Das Wort „slam" kommt aus dem Englischen und bedeutet „zuschlagen, zuknallen". Bei diesem literarischen Vortragswettbewerb wird sozusagen mit Worten „zugeschlagen". Es werden selbst geschriebene Texte innerhalb einer bestimmten Zeit einem Publikum vorgetragen. Der Inhalt der Texte und die Art des Vortrags werden bewertet.
>
> **Die Regeln eines Poetry Slam**
> 1. Jeder, der einen eigenen Text verfasst hat, darf teilnehmen.
> 2. Alle Künstler erhalten dasselbe Zeitlimit auf der Bühne.
> 3. Es dürfen keine Requisiten oder Kostüme mit auf die Bühne genommen werden.
> 4. Reine Gesangsstücke sind nicht erlaubt.
>   Die Texte können jedoch im Sprechgesang vorgetragen werden.
> 5. Das Publikum bewertet die Beiträge der Künstler.
> 6. Ein/e MC (Master of Ceremony) sorgt für den geregelten Ablauf der Veranstaltung.
>   Sie oder er animiert das Publikum und hält Juryabstimmungen schriftlich fest.
> 7. Am Ende der Veranstaltung erhält der Gesamtsieger einen Preis.

6 a. Führt ein Brainstorming durch:
Wie könnte ein Poetry Slam an eurer Schule aussehen?
Tipp: Sammelt Ideen mit Hilfe einer Mindmap oder eines Clusters.
b. Organisiert die Veranstaltung: Zeit, Raum, Teilnehmerinnen
und Teilnehmer, Publikum, Jury, Master of Ceremony.

→ Tipps zur Projektarbeit: Seite 294

7 Schreibt eigene Texte.
Tipps: • Schreibe zum Beispiel Mimi Meisters Text weiter.
• Findet andere Gedichte und Texte,
die ihr weiterschreiben oder umschreiben möchtet.

8 Bereitet eure Präsentationen mit Sprechübungen vor.
• Sprecht in der Kleingruppe einen kurzen Satz.
Dabei wird der Satz in möglichst kleinen Schritten von hoch nach tief,
von laut nach leise oder von langsam nach schnell gesprochen.
• Lest einen Sachtext aus einem Schulbuch vor.
Lest den Text als schauerliche Geschichte, Predigt oder Liebesbrief.
Achtet dabei vor allem auf Gestik und Mimik, um euren Vortrag
zu unterstreichen.
VIEL VERGNÜGEN UND VIEL ERFOLG!

Prüfungsvorbereitung: Gedichte vergleichen

Die Gedichte untersuchen

Gedichte aus unterschiedlichen Jahrhunderten können dennoch viele Gemeinsamkeiten haben.

Was es alles gibt   Robert Gernhardt

Da gibt es die, die schlagen
Da gibt es die, die rennen
Da gibt es die, die zündeln[1]
Da gibt es die, die brennen

5 Da gibt es die, die wegsehn
Da gibt es die, die hinsehn
Da gibt es die, die mahnen:
Wer hinsieht, muss auch hingehn

Da gibt es die, die wissen
10 Da gibt es die, die fragen
Da gibt es die, die warnen:
Wer fragt, wird selbst geschlagen

Da gibt es die, die reden
Da gibt es die, die schweigen
15 Da gibt es die, die handeln:
Was wir sind, wird sich zeigen.   (1999)

Robert Gernhardt (1937–2006) war ein deutscher Maler und Schriftsteller, der besonders die humoristische Literatur in Deutschland beeinflusste. Er war Mitbegründer von bekannten satirischen Zeitschriften, z. B. der „Titanic". Heute gilt er als einer der bedeutendsten zeitgenössischen Lyriker.

1 a. Schreibt eure ersten Leseeindrücke und auch Fragen auf.
   b. Vergleicht eure Ergebnisse und findet gemeinsam Antworten auf eure Fragen.

2 a. Welche Menschen könnten gemeint sein? Erklärt die Verse durch Beispiele.
   b. Wie versteht ihr den Titel des Gedichts? Bezieht den Titel auf den Inhalt des Gedichts und schreibt eine Erklärung auf.

3 Die sprachliche Gestaltung eines Gedichts hat Einfluss auf seine Wirkung.
   a. Untersucht, welche Rolle der Satzbau im Gedicht spielt.
   b. Untersucht die Reime: Erkennt ihr ein Reimschema?

[[1] **zündeln:** anzünden, mit dem Feuer spielen

Gut 300 Jahre vor Robert Gernhardt machte sich
Friedrich von Logau Gedanken über die menschliche Natur.

4 Was könnte der Titel bedeuten?
Notiert Stichworte.

Heutige Weltkunst   Friedrich von Logau

Anders sein und anders scheinen,
Anders reden, anders meinen,
Alles loben, alles tragen,
Allen heucheln, stets behagen,
5 Allem Winde Segel geben,
Bös' und Guten dienstbar leben;
Alles Tun und alles Dichten
Bloß auf eignen Nutzen richten:
Wer sich dessen will befleißen,
10 Kann politisch heuer heißen.   (1654)

Friedrich von Logau (1605–1655)
war ein deutscher Dichter
des Barock. Er verfasste
mehr als 3000 Sinngedichte,
in denen er schlechte
Charaktereigenschaften
der Menschen wie Heuchelei
oder Habgier beklagte.
Er verurteilte den Krieg und
äußerte auch kritische
Ansichten zum Verhalten
der Politiker seiner Zeit.

5 a. Lest das Gedicht und
klärt unbekannte oder schwierige Wörter.
b. Schreibt in Stichworten auf, welche Gedanken
und bildhaften Vorstellungen ihr zu dem Gedicht habt.
c. Welche Stimmung geht von dem Gedicht aus?
Notiert Stichworte.

6 a. Worum geht es in dem Gedicht?
Fasst die Kernaussage in einem Satz zusammen.
b. Wer wird in dem Gedicht dargestellt?
Begründet eure Vermutungen.
c. Erklärt das Wort „Weltkunst" im Titel.

7 Wie ist das Gedicht aufgebaut?
Untersucht die Gedichtform.

8 Welche sprachlichen Mittel findet ihr in dem Gedicht?
Nennt Beispiele und beschreibt die jeweilige Wirkung.

Metapher
Personifikation
Wortwiederholung
Vergleich
Aufzählung
Anhäufung von Verben
Paralleler Satzbau
Alliteration

5 heucheln: so tun, als ob; **behagen**: gefallen; **dienstbar leben**: dienen, zu Diensten sein; **sich befleißen**: sich (einer Sache) bedienen; **heuer** (süddeutsch, österreichisch, schweizerisch): in diesem Jahr, hier: aktuell, auf dem Laufenden, zeitgemäß

Die Gedichte vergleichen

Beim Vergleichen von zwei Gedichten suchst du zunächst
nach einem gemeinsamen thematischen Kern.

1 Um welches Thema geht es in den beiden Gedichten auf den Seiten 126 und 127?
Schreibe die Antwort in einem Satz auf.
Tipp: Du kannst deinen Satz mit den anderen Ergebnissen
in der Klasse vergleichen.

> **Starthilfe**
> In beiden Gedichten steht das Thema ...
> im Mittelpunkt ...

Bei einem Gedichtvergleich suchst du nach den Gemeinsamkeiten
und Unterschieden. Beginne mit den inhaltlichen Aspekten.

2 Arbeite inhaltliche Gemeinsamkeiten und Unterschiede zwischen
den beiden Gedichten heraus.
Notiere deine Ergebnisse in einer Tabelle.

> **Starthilfe**
>
> | „Was es alles gibt" | „Heutige Weltkunst" |
> | --- | --- |
> | ... | Beschreibung des Verhaltens von Politikern |
> | | gedrückte Stimmung |

Politische Gedichte wollen in der Regel etwas bewirken, sie beschreiben
ungerechte Zustände, kritisieren einzelne Menschen oder Gruppen,
die Verantwortung tragen, oder wollen allgemein zum Handeln auffordern.

3 Überlege, was beide Gedichte bewirken könnten.
Notiere Stichworte.

> **Starthilfe**
> Robert Gernhardt ...
> Friedrich Logau kritisiert ...

Der Gedichtband, aus dem die „Heutige Weltkunst" stammt,
wurde kurz nach dem Dreißigjährigen Krieg (1618–1648) veröffentlicht.

Z 4 Informiere dich in Büchern oder im Internet über
den Dreißigjährigen Krieg. Überlege, inwiefern der Krieg
die Aussagen des Dichters über Politik beeinflusst haben könnte.

5 Diskutiert, ob das Gedicht „Heutige Weltkunst" noch aktuell ist.
Begründet eure Meinung.

Der Gedichtaufbau gibt dem Inhalt eine Form.

6 Welche Gemeinsamkeiten und Unterschiede kannst du bei der Form
der Gedichte feststellen? Achte auf die Stropheneinteilung
und das Reimschema.

Starthilfe

Merkmal	„Was es alles gibt"	„Heutige Weltkunst"
Anzahl der Strophen und Verse	…	…
Reimschema	…	…

Mit ausgewählten sprachlichen Mitteln wird der Inhalt verdeutlicht.

7 In beiden Gedichten findest du Wiederholungen und parallelen Satzbau.
Welche Wirkung erzeugen sie in dem jeweiligen Gedicht?
Schreibe deine Eindrücke auf.

**Nach der Analyse kannst du deine Ergebnisse in einem Gedichtvergleich
zusammenfassen.**

8 Schreibe einen Gedichtvergleich mit Hilfe der Arbeitstechnik.

Arbeitstechnik

Einen Gedichtvergleich schreiben

Vor dem Schreiben:
• Untersuche die beiden Gedichte jeweils einzeln nach Inhalt, Form und
  sprachlichen Besonderheiten. Mache dir Notizen.
• Mache dir Notizen zu den Gemeinsamkeiten und Unterschieden.
  Du kannst auch Tabellen mit Stichworten anlegen.
Den zusammenhängenden Text schreiben:
Die Einleitung:
• Nenne das gemeinsame Thema oder die Themen der beiden Gedichte.
• Beschreibe deinen ersten Leseeindruck.
• Gib den Inhalt beider Gedichte in einigen Sätzen wieder.
Der Hauptteil:
• Stelle die Ergebnisse deiner Gedichtuntersuchung dar. Belege sie mit Zitaten.
  – die Form des Gedichtes (Strophenbau, Verse, Reim …)
  – die sprachlichen Besonderheiten und ihre Wirkung
• Fasse die Gemeinsamkeiten und Unterschiede beider Gedichte zusammen.
Der Schluss:
• Fasse die Ergebnisse des Vergleichs zusammen.
• Erkläre, wie du die Gedichte verstanden hast.
• Formuliere deine Meinung zur Aussage, Deutung und/oder Wirkung der Gedichte.

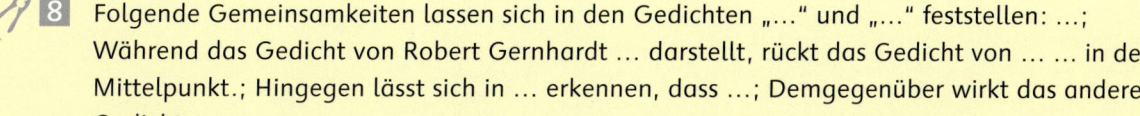

8 Folgende Gemeinsamkeiten lassen sich in den Gedichten „…" und „…" feststellen: …;
Während das Gedicht von Robert Gernhardt … darstellt, rückt das Gedicht von … … in den
Mittelpunkt.; Hingegen lässt sich in … erkennen, dass …; Demgegenüber wirkt das andere
Gedicht …

Prüfungsvorbereitung:
Ein Gedicht untersuchen und dazu schreiben

Mit den Schritten 1 und 2 des Textknackers verschaffst du dir einen ersten Eindruck vom Gedicht.

1. Vor dem Lesen
2. Das erste Lesen

1 Sieh dir das Bild an und lies die Überschrift:
- Was fällt dir auf?
- Welche Gedanken gehen dir durch den Kopf?

2 Lies das Gedicht einmal.
- Welche Wörter fallen dir zuerst auf?
- Worum geht es?

Die Nachbarskinder   Wilhelm Busch

Wer andern gar zu wenig traut,
Hat Angst an allen Ecken;
Wer gar zu viel auf andre baut,
Erwacht mit Schrecken.

Es trennt sie nur ein leichter Zaun,
die beiden Sorgengründer;
Zu wenig und zu viel Vertraun
Sind Nachbarskinder.

Mit Schritt 3 des Textknackers liest du das Gedicht genau und untersuchst es.

3. Genau lesen

3 a. Lies das Gedicht genau, Vers für Vers.
b. Untersuche den Inhalt des Gedichts:
Worum geht es in jeder Strophe?
Notiere es in wenigen Worten.

4 Erkläre diese bildhaften Ausdrücke:
auf andere bauen (Zeile 3), **ein leichter Zaun** (Z. 5),
Sorgengründer (Z. 6).

→ Merkmale von Gedichten: Seite 290

5 Untersuche den Aufbau und die Form des Gedichts.
- Wie viele Strophen hat das Gedicht?
- Wie viel Verse pro Strophe hat das Gedicht?
- Welches Reimschema liegt vor?

Z 6 Das Gedicht enthält einen Zeilensprung.
- Schreibe die Verse mit dem Zeilensprung auf.
- Erkläre mit eigenen Worten, was ein Zeilensprung ist.
- Welche Wirkung hat er?

Tipp: Lies in „Wissenswertes auf einen Blick" auf Seite 290 nach.

7 Wie verstehst du das Gedicht?
- Schreibe fünf bis sechs zusammenhängende Sätze als Antwort auf.
- Welche Redensart passt deiner Meinung nach am besten zu dem Gedicht? Begründe.

Redensarten:
Vertrauen ist gut, Kontrolle ist besser.
Trau, schau, wem!
Alles in Maßen!
jemandem blind vertrauen
für jemanden die Hand ins Feuer legen
jemandem nicht über den Weg trauen

**W In Schritt 4 arbeitest du mit dem Inhalt oder der Aussage des Gedichts.
Wähle dir dazu eine von den Aufgaben 8 bis 11 aus.**

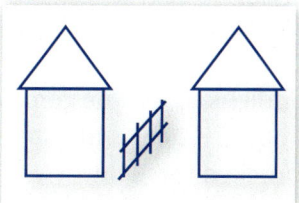

4. Nach dem Lesen

W 8 Bewerte das Gedicht.
- Wie gefällt dir das Gedicht?
- Was gefällt dir gut, was weniger?
Formuliere und begründe deine Meinung.

W 9 Setze das Gedicht in Bezug zu deinem Leben.
- Beschreibe Situationen, die zu dem Gedicht passen.
- Erkläre, welche Erfahrungen du in deinem Leben gemacht hast.

W 10 Schreibe einen eigenen Text zu dem Gedicht.
- Du kannst in einer Geschichte ein Beispiel geben.
- Du kannst ein Parallelgedicht zu anderen „Nachbarskindern" schreiben.

Lachen – Weinen
Heimweh – Fernweh
Geborgenheit – Enge
…

W 11 Gestalte ein Bild zu dem Gedicht.
Das kann eine freie Zeichnung sein oder ein Schaubild.
- Setze deine Fantasie ein.
- Du kannst auch Wörter dazu schreiben.

 5 Reimschema: Welche Verse reimen sich?
aabb – Paarreim, abab – Kreuzreim, abba – umarmender Reim

Begegnungen in Kurzgeschichten

Eine Geschichte über Lebenseinstellungen

Heinrich Böll erzählt eine Geschichte von zwei Männern, die ihr Leben ganz unterschiedlich verbringen wollen.

1. Vor dem Lesen
2. Das erste Lesen
3. Den Text genau lesen

1 Lies die Geschichte mit den Textknacker-Schritten 1 bis 3.

2 Worum könnte es in der Geschichte gehen? Notiere es.

Anekdote zur Senkung der Arbeitsmoral

Heinrich Böll

1 In einem Hafen an der westlichen Küste Europas liegt ein ärmlich gekleideter Mann in seinem Fischerboot und döst[1]. Ein schick angezogener Tourist legt eben einen neuen Farbfilm in seinen Fotoapparat, um das idyllische Bild zu fotografieren:
5 blauer Himmel, grüne See mit friedlichen, schneeweißen Wellenkämmen, schwarzes Boot, rote Fischermütze. Klick. Noch einmal: klick, und da aller guten Dinge drei sind und sicher sicher ist, ein drittes Mal: klick. Das spröde[2], fast feindselige Geräusch weckt den dösenden Fischer,
10 der sich schläfrig aufrichtet, schläfrig nach seiner Zigarettenschachtel angelt, aber bevor er das Gesuchte gefunden hat, hat ihm der eifrige Tourist schon eine Schachtel vor die Nase gehalten, ihm die Zigarette nicht gerade in den Mund gesteckt, aber in die Hand gelegt, und viertes Klick,
15 das des Feuerzeuges, schließt die eilfertige Höflichkeit ab. Durch jenes kaum messbare, nie nachweisbare Zuviel an flinker Höflichkeit ist eine gereizte Verlegenheit entstanden, die der Tourist – der Landessprache mächtig – durch ein Gespräch zu überbrücken versucht.

Heinrich Böll (1917–1985) war einer der bedeutendsten Schriftsteller der Nachkriegszeit. Er schrieb Romane, Kurzgeschichten, Erzählungen, Hörspiele und Satiren. Zu den bekanntesten Romanen zählen „Ansichten eines Clowns" und „Die verlorene Ehre der Katharina Blum". Er engagierte sich politisch und forderte, dass die Literatur einem breiten Publikum zugänglich sein sollte. 1972 erhielt er den Nobelpreis für Literatur.

---

[1] **dösen:** vor sich hin träumen, nichts denken und tun
[2] **spröde:** hier: abweisend, unnahbar

2 „Sie werden heute einen guten Fang machen."
Kopfschütteln des Fischers.
„Aber man hat mir gesagt, dass das Wetter günstig ist."
Kopfnicken des Fischers.
„Sie werden also nicht ausfahren?"
Kopfschütteln des Fischers, steigende Nervosität des Touristen.
Gewiss liegt ihm das Wohl des ärmlich gekleideten Menschen am Herzen,
nagt an ihm die Trauer über die verpasste Gelegenheit.
„Oh, Sie fühlen sich nicht wohl?"
Endlich geht der Fischer von der Zeichensprache zum wahrhaft gesprochenen
Wort über. „Ich fühle mich großartig", sagt er. „Ich habe mich nie besser gefühlt."
Er steht auf, reckt sich, als wolle er demonstrieren, wie athletisch er gebaut ist.
„Ich fühle mich fantastisch."

3 Der Gesichtsausdruck des Touristen wird immer
unglücklicher, er kann die Frage nicht mehr unterdrücken, die
ihm sozusagen das Herz zu sprengen droht: „Aber warum fahren
Sie dann nicht aus?" Die Antwort kommt prompt und knapp:
„Weil ich heute Morgen schon ausgefahren bin."
„War der Fang gut?"
„Er war so gut, dass ich nicht noch einmal auszufahren brauche,
ich habe vier Hummer in meinen Körben gehabt, fast zwei
Dutzend Makrelen gefangen …"
Der Fischer, endlich erwacht, taut jetzt auf und klopft dem
Touristen beruhigend auf die Schulter. Dessen besorgter
Gesichtsausdruck erscheint ihm als ein Ausdruck zwar
unangebrachter, doch rührender Kümmernis. „Ich habe sogar für
morgen und übermorgen genug", sagt er, um des Fremden Seele
zu erleichtern. „Rauchen Sie eine von meinen?" „Ja, danke."

4 Zigaretten werden in Münder gesteckt, ein fünftes Klick, der Fremde setzt
sich kopfschüttelnd auf den Bootsrand, legt die Kamera aus der Hand,
denn er braucht jetzt beide Hände, um seiner Rede Nachdruck zu verleihen³.
„Ich will mich ja nicht in Ihre persönlichen Angelegenheiten mischen", sagt er,
„aber stellen Sie sich mal vor, Sie führen⁴ heute ein zweites, ein drittes,
vielleicht sogar ein viertes Mal aus und Sie würden drei, vier, fünf, vielleicht gar
zehn Dutzend Makrelen fangen … stellen Sie sich das mal vor." Der Fischer nickt.
„Sie würden", fährt der Tourist fort, „nicht nur heute, sondern morgen, übermorgen,
ja, an jedem günstigen Tag zwei-, dreimal, vielleicht viermal ausfahren –
wissen Sie, was geschehen würde?" Der Fischer schüttelt den Kopf.
„Sie würden sich in spätestens einem Jahr einen Motor kaufen können,
in zwei Jahren ein zweites Boot, in drei oder vier Jahren könnten Sie vielleicht
einen kleinen Kutter haben, mit zwei Booten oder dem Kutter würden Sie
natürlich viel mehr fangen – eines Tages würden Sie zwei Kutter haben, Sie würden …",
die Begeisterung verschlägt ihm für ein paar Augenblicke die Stimme,

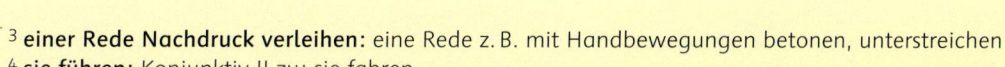

³ **einer Rede Nachdruck verleihen:** eine Rede z. B. mit Handbewegungen betonen, unterstreichen
⁴ **sie führen:** Konjunktiv II zu: sie fahren

„Sie würden ein kleines Kühlhaus bauen, vielleicht eine Räucherei,
später eine Marinadenfabrik, mit einem eigenen Hubschrauber rundfliegen,
65 die Fischschwärme ausmachen und Ihrem Kutter per Funk Anweisungen geben.
Sie könnten die Lachsrechte erwerben, ein Fischrestaurant eröffnen,
den Hummer ohne Zwischenhändler direkt nach Paris exportieren – und dann …"
wieder verschlägt die Begeisterung dem Fremden die Sprache. Kopfschüttelnd,
im tiefsten Herzen betrübt, seiner Urlaubsfreude schon fast verlustig, blickt
70 er auf die friedlich hereinrollende Flut, in der die ungefangenen Fische munter
springen. „Und dann", sagt er, aber wieder verschlägt ihm die Erregung die Sprache.

5 Der Fischer klopft ihm auf den
Rücken, wie einem Kind, das sich
verschluckt hat. „Was dann?", fragt er
75 leise. „Dann", sagt der Fremde mit
stiller Begeisterung, „dann könnten Sie
beruhigt hier im Hafen sitzen, in der
Sonne dösen – und auf das herrliche
Meer blicken." „Aber das tu ich ja
80 schon jetzt", sagt der Fischer, „ich sitze
beruhigt am Hafen und döse, nur Ihr
Klicken hat mich dabei gestört."
Tatsächlich zog der solcherlei belehrte
Tourist nachdenklich von dannen,
85 denn früher hatte er auch einmal
geglaubt, er arbeite, um eines Tages
einmal nicht mehr arbeiten zu müssen,
und es blieb keine Spur von Mitleid
mit dem ärmlich gekleideten Fischer
90 in ihm zurück, nur ein wenig Neid.

Du arbeitest nun mit dem 3. Schritt des Textknackers.

3 Beantworte diese Fragen in Stichworten:
• Was erfährst du über den Fischer?
• Was erfährst du über den Touristen?
• Was hat dich vielleicht staunen lassen?

4 a. Schreibe für jeden Absatz eine Überschrift auf.
b. Notiere dir Schlüsselwörter für jeden Absatz.
   Tipp: Im Absatz **1** sind einige bereits orange hervorgehoben.

3 ärmlich gekleidet … / schick angezogen …

5 Untersuche die Hauptfiguren.
Notiere zu den Fragen Stichworte aus dem Absatz **1** .
- Wer sind die Hauptfiguren?
- Wo begegnen sie sich?
- Warum sind sie an diesem Ort?

6 Lies noch einmal den Beginn des Gesprächs, das beide Hauptfiguren miteinander führen. Notiere dazu Stichworte aus dem Absatz **2** . Schreibe auch die Zeilennummern auf.
- Wer beginnt das Gespräch?
- Warum beginnt er das Gespräch?
- Wie reagiert der andere am Beginn des Gesprächs?
- Welche Frage bringt den Fischer zum Sprechen?

7 Untersuche, wie sich das Gespräch zwischen den beiden entwickelt. Notiere dazu Stichworte aus den Absätzen **3** und **4** .
- Warum guckt der Tourist immer unglücklicher?
- Welche Frage kann der Tourist nicht mehr zurückhalten?
- Was antwortet der Fischer?
- Wie sagt er es?
- Welchen Vorschlag unterbreitet der Tourist dem Fischer?

8 Wie endet das Gespräch?
Notiere auch hier Stichworte aus dem Absatz **5** .
- Wie reagiert der Fischer auf diesen Vorschlag?
- Wie geht es dem Touristen nach dem Gespräch?

9 Notiere Stichworte zu den Merkmalen dieser Kurzgeschichte.
a. Welche Merkmale kannst du entdecken?
b. Schreibe zu jedem Merkmal die Textstellen auf.

**Die Kurzgeschichte erschien am 1. Mai 1963 zum „Tag der Arbeit".
Versuche nun, das Geschehen in der Geschichte zu deuten.**

10 Schreibe auf, welche Botschaft die Kurzgeschichte enthalten könnte.
- Welche unterschiedlichen Lebenseinstellungen haben beide Hauptfiguren?
- Wie kannst du den Titel der Kurzgeschichte erklären?

11 Stelle den Autor Heinrich Böll in einem Referat vor.
Recherchiere dazu im Lexikon oder im Internet.

6 Tourist beginnt – Zeile 20; will Verlegenheit überbrücken – Zeile 18

9 ein alltägliches Geschehen; plötzlich mittendrin, ein kurzer Abschnitt aus dem Leben; ein entscheidender Moment – ein Wendepunkt; ein offenes Ende

10 Während der Fischer …, will der Tourist … / Dieser Tag feiert das Recht auf Arbeit, aber …

Prüfungsvorbereitung:
Eine Kurzgeschichte interpretieren

Die Geschichte genau untersuchen

Die folgende Kurzgeschichte führt uns in den Alltag eines Krieges.
Der Autor hat den spanischen Bürgerkrieg (1936–1939) selbst erlebt.

1 Lies zunächst den Text über den Autor.

Ernest Hemingway (1899–1961) wurde in Oak Park/Illinois geboren.
Er bereiste viele Länder. Als Sanitätsfreiwilliger nahm er am Ersten
Weltkrieg teil; während des spanischen Bürgerkriegs (1936–1939) war
er Reporter und Auslandskorrespondent. Aus diesen Erfahrungen
heraus hat er das Thema Krieg oft in Kurzgeschichten und Romanen
behandelt. Hemingway gilt als ein Meister der modernen
amerikanischen Shortstory[1]. 1954 erhielt er den Literaturnobelpreis.

2 Lies die Geschichte mit den Textknacker-Schritten 1 bis 3.

1. Vor dem Lesen
2. Das erste Lesen
3. Den Text genau lesen

Alter Mann an der Brücke   Ernest Hemingway

1 Ein alter Mann mit einer stahlumränderten Brille und sehr
staubigen Kleidern saß am Straßenrand. Über den Fluss führte
eine Pontonbrücke[2], und Karren und Lastautos und Männer,
Frauen und Kinder überquerten sie. Die von Maultieren gezogenen
5 Karren schwankten die steile Uferböschung hinter der Brücke hinauf
und Soldaten halfen und stemmten sich in die Speichen der Räder.
Die Lastautos arbeiteten schwer, um aus all dem herauszukommen,
und die Bauern stapften in dem knöcheltiefen Staub einher.
Aber der alte Mann saß da, ohne sich zu bewegen. Er war zu
10 müde, um noch weiterzugehen.

2 Ich hatte den Auftrag, die Brücke zu überqueren,
den Brückenkopf[3] auf der anderen Seite auszukundschaften
und ausfindig zu machen, bis zu welchem Punkt der Feind
vorgedrungen war. Ich tat das und kehrte über die Brücke
15 zurück. Jetzt waren dort nicht mehr so viele Karren und nur
noch wenige Leute zu Fuß, aber der alte Mann war immer
noch da.

Merkmal:
plötzlich mittendrin

Merkmal:
ein kurzer Ausschnitt
aus dem Leben

[1] die **Shortstory** (engl.): die Kurzgeschichte
[2] die **Pontonbrücke**: eine Brücke aus schwimmenden Elementen
[3] der **Brückenkopf**: Stellung auf der Seite des Flusses, auf der sich der Feind befindet

3 „Wo kommen Sie her?", fragte ich ihn. „Aus San Carlos"[4],
sagte er und lächelte. Es war sein Heimatort, und darum machte es ihm

20 Freude, ihn zu erwähnen, und er lächelte. „Ich habe Tiere gehütet",
erklärte er. „So", sagte ich und verstand nicht ganz. „Ja", sagte er, „wissen
Sie, ich blieb, um die Tiere zu hüten. Ich war der Letzte, der die Stadt
San Carlos verlassen hat." Er sah weder wie ein Schäfer noch wie ein
Rinderhirt aus, und ich musterte seine staubigen, schwarzen Sachen

25 und sein graues, staubiges Gesicht und seine stahlumränderte Brille
und sagte: „Was für Tiere waren es denn?" „Allerhand Tiere", erklärte er
und schüttelte den Kopf. „Ich musste sie dalassen."

Merkmal:
ein alltägliches
Geschehen

Merkmal:
ein kurzer
Zeitabschnitt

4 Ich beobachtete die Brücke und
das afrikanisch aussehende Land

30 des Ebro-Deltas[5] und war neugierig, wie
lange es jetzt wohl noch dauern würde,
bevor wir den Feind sehen würden, und
ich horchte die ganze Zeit über auf
die ersten Geräusche, die immer wieder

35 das geheimnisvolle Ereignis ankündigen,
das man „Fühlung nehmen" nennt, und
der alte Mann saß immer noch da.
„Was für Tiere waren es?", fragte ich.
„Es waren im Ganzen drei Tiere", erklärte er.

40 „Es waren zwei Ziegen und eine Katze
und dann noch vier Paar Tauben."
„Und Sie mussten sie dalassen?", fragte ich.
„Ja, wegen der Artillerie[6]. Der Hauptmann befahl mir fortzugehen,
wegen der Artillerie." „Und Sie haben keine Familie?", fragte ich und

45 beobachtete das jenseitige Ende der Brücke, wo ein paar letzte Karren
die Uferböschung herunterjagten. „Nein", sagte er, „nur die Tiere,
die ich angegeben habe. Der Katze wird natürlich nichts passieren.
Eine Katze kann für sich selbst sorgen, aber ich kann mir nicht vorstellen,
was aus den andern werden soll." „Wo stehen Sie politisch?", fragte ich.

50 „Ich bin nicht politisch", sagte er. „Ich bin 76 Jahre alt.
Ich bin jetzt zwölf Kilometer gegangen, und ich glaube, dass ich jetzt nicht
weitergehen kann." „Dies ist kein guter Platz zum Bleiben", sagte ich.
„Falls Sie es schaffen könnten, dort oben, wo die Straße nach Tortosa abzweigt,
sind Lastwagen." „Ich will ein bisschen warten", sagte er, „und dann werde ich

55 gehen. Wo fahren die Lastwagen hin?" „Nach Barcelona zu", sagte ich ihm.
„Ich kenne niemand in der Richtung", sagte er, „aber ich danke sehr.
Nochmals sehr schönen Dank."

---

[4] **San Carlos:** Die Stadt heißt heute Sant Caries de la Ràpita.
[5] **das Ebro-Delta:** Hier mündet der Fluss Ebro ins Mittelmeer.
[6] **die Artillerie:** eine Truppengattung der Armee, ausgerüstet mit Geschützen und Granatwerfern

5 Er blickte mich ganz ausdruckslos und müde an, dann sagte er, da er seine Sorgen mit jemandem teilen musste:

60 „Der Katze wird nichts passieren, das weiß ich; man braucht sich wegen der Katze keine Gedanken zu machen. Aber die andern; was glauben Sie wohl von den andern?" „Ach, wahrscheinlich werden sie heil durch alles durchkommen." „Glauben Sie das?" „Warum nicht?", sagte

65 ich und beobachtete das jenseitige Ufer, wo jetzt keine Karren mehr waren. „Aber was werden sie unter der Artillerie tun, wo man mich wegen der Artillerie fortgeschickt hat?" „Haben Sie den Taubenkäfig unverschlossen gelassen?", fragte ich. „Ja." „Dann werden sie wegfliegen."

70 „Ja, gewiss werden sie wegfliegen. Aber die andern? Es ist besser, man denkt nicht an die andern", sagte er.

6 „Wenn Sie sich ausgeruht haben, würde ich gehen", drängte ich. „Stehen Sie auf und versuchen Sie jetzt einmal zu gehen." „Danke", sagte er und stand auf, schwankte hin und her und setzte sich dann

75 rücklings[7] in den Staub. „Ich habe Tiere gehütet", sagte er eintönig, aber nicht mehr zu mir. „Ich habe doch nur Tiere gehütet." Man konnte nichts mit ihm machen. Es war Ostersonntag und die Faschisten[8] rückten gegen den Ebro vor. Es war ein grauer, bedeckter Tag mit tief hängenden Wolken, darum waren ihre

80 Flugzeuge nicht am Himmel. Das und die Tatsache, dass Katzen für sich selbst sorgen können, war alles an Glück, was der alte Mann je haben würde.

> **Merkmal:**
> ein entscheidender Moment

> **Merkmal:**
> ein offenes Ende

3 Notiere deine ersten Gedanken nach dem Lesen.
- Wie wirkt die Kurzgeschichte auf dich?
- Was hat dich vielleicht besonders berührt?

4 Mache dir Notizen zur Textsorte.
Belege deine Notizen mit Textstellen.
Tipp: Beachte die Merkmale am Rand des Textes.

5 Schreibe zu jedem Absatz einige Sätze auf.
- Was geschieht nacheinander?
- Was denken, fühlen und tun die beiden Hauptfiguren?

6 Im entscheidenden Moment ist klar, dass der alte Mann bleiben wird.
- Was erwartet den alten Mann nun?
- Ist er in Lebensgefahr?
Belege deine Antworten mit Textstellen.

[7] **rücklings:** nach hinten, rückwärts
[8] **die Faschisten:** hier: die Anhänger der Monarchisten, die im spanischen Bürgerkrieg (1936–1939) gegen die Republikaner kämpften

Die Interpretation planen, schreiben, überarbeiten

Wenn du die Kurzgeschichte „Alter Mann an der Brücke" verstanden hast, kannst du deine Arbeitsergebnisse in einer Interpretation zusammenfassen.

1 Beginne mit der Einleitung und wecke das Interesse des Lesers. **Einleitung**
- Erinnere dich an deine ersten Gedanken nach dem Lesen.
- Mache Angaben zum Autor, zum Titel, zur Textsorte und zum Thema des Textes.
- Fasse den Inhalt kurz zusammen.

Tipp: Verwende deine Notizen zu den Aufgaben 3 und 4 von Seite 138.

2 Schreibe im Hauptteil zu den Hauptfiguren und Handlungsschritten. **Hauptteil**
- Wann und wo spielt die Geschichte?
- Wie werden die Hauptfiguren beschrieben?
- Wie verhalten sich die Hauptfiguren?
- Warum verhalten sie sich so?
- Welche wichtigen Eigenschaften haben sie?
- Was ändert sich im entscheidenden Moment?
  Belege deine Antworten mit Textstellen.

Tipp: Nutze deine Notizen zu den Aufgaben 5 und 6 von Seite 138.

Starthilfe

> Eigentlich ist Ostersonntag (Zeile 77), ein Feiertag. Aber es ist Krieg. Ein alter Mann …

3 Gehe auf besondere sprachliche und Gestaltungsmittel ein, die dir in der Geschichte aufgefallen sind.
- Wer erzählt die Geschichte?
- In welcher Zeitform wird erzählt?

4 Bewerte am Schluss die Ergebnisse deiner Untersuchungen. **Schluss**
- Welche Meinung hast du zur Kurzgeschichte insgesamt?
- Was denkst du über die Hauptfiguren?
- Wie könnte die Geschichte weitergehen?
- Welche Fragen bleiben vielleicht offen?

5 Überarbeite deine Interpretation.
- Hast du in der Einleitung deinen Leser für die Geschichte interessiert?
- Welche Sätze kannst du noch treffender formulieren?
- Hast du zum Schluss deine Meinung zur Kurzgeschichte geschrieben?

→ Arbeitstechnik „Eine Kurzgeschichte interpretieren": Seite 147

1 Die Kurzgeschichte hat mich … / Beim Lesen war ich … / Besonders berührt hat mich … Geschrieben hat die Erzählung … / Der Autor ist …
Die Geschichte spielt … / … sind die Hauptfiguren. / Beide unterhalten sich und tauschen sich über … aus …

ⓩ Eine Geschichte über eine Begegnung im Bus

Die Kurzgeschichte von Bekir Sıtkı Kunt wurde vor über sechzig Jahren geschrieben und trägt den Titel „Moderne Alte".

Bekir Sıtkı Kunt (1905–1959) war ein türkischer Schriftsteller. Zunächst studierte er an der Universität Istanbul Rechtswissenschaft. Er arbeitete als Richter und schrieb Kurzgeschichten über türkische Alltagssituationen in den vierziger und fünfziger Jahren des 20. Jahrhunderts.

1 a. Notiert Stichworte über Bekir Sıtkı Kunt.
  b. Erklärt, was ihr unter „modern" versteht.
  c. Schreibt auf, worum es in der Kurzgeschichte gehen könnte.

2 Lest nun den Text mit den Textknacker-Schritten 1 bis 3.

1. Vor dem Lesen
2. Das erste Lesen
3. Den Text genau lesen

Moderne Alte   Bekir Sıtkı Kunt

1 Er stand an der Haltestelle am Kızılay[1] und wartete auf den Bus.
Er wollte hinunter zum Ulus fahren und im Finanzministerium eine Auskunft
einholen. Die Gelegenheit wollte er gleich nutzen, um anschließend noch in
ein paar Geschäften vorbeizuschauen und einige Einkäufe zu erledigen.
5 Doch was war das Warten für eine Quälerei! An der Haltestelle hatte sich
eine schier endlose Schlange gebildet. Eine lange Schlange aus Männern und
Frauen, die Mäntel, Jacken und andere Kleidungsstücke in den unterschiedlichsten
Farben trugen. Er selbst stand etwa in der Mitte der Schlange.

2 Ach, käme doch von oben einmal ein nur halb voller Bus,
10 dann stünden die Chancen gut, dass man würde einsteigen
können! Aber nein, die Busse, die kamen, waren immer
brechend voll. Manche hielten erst gar nicht. Und wenn doch
mal einer stoppte, konnte er höchstens noch zwei bis drei
Personen aufnehmen. Jedes Mal, wenn einer einstieg, setzte
15 sich die Schlange in Bewegung, die Wartenden machten ein,
zwei Schritte vorwärts und erhöhten so ihre Chance, selbst
einzusteigen, um eben diese Schritte. War ein voller Bus
vorbeigefahren, drehten alle ihre Köpfe und schauten so weit
wie möglich den Boulevard hinab bis an die Stelle, wo er auf
20 die Meşrutiyet-Straße traf, um zu sehen, ob dem einen Bus
nicht ein anderer folgte. War dort tatsächlich einer zu sehen,
schöpften sie gleich wieder neue Hoffnung. Doch oftmals

[1 **Kızılay:** ein Platz in der Südstadt Ankaras, der Hauptstadt der Türkei

wurden die letzten freien Plätze in diesen Bussen wenn nicht von den an
der Meşrutiyet-Straße wartenden Fahrgästen, so doch spätestens von den an
25 der Haltestelle Yüksel zugestiegenen besetzt.
War dies der Fall, dann machte sich unter den Leuten in der Schlange
Hoffnungslosigkeit breit. Außer den aus Çankaya über Kavaklıdere und
Bakanlıklar kommenden Bussen hielten am Kızılay auch solche aus Maltepe[2].

3 Die Busse aus Maltepe wurden gemeinhin als ein Geschenk des Himmels
30 oder zumindest als eine freudige Überraschung angesehen. Meist stieg nämlich
ein Teil der Fahrgäste aus Maltepe in Kızılay aus und machte so Platz für
neue Passagiere. Sobald also auf der Straße zwischen dem Emniyet- und
dem Kızılay-Park ein Bus gesichtet wurde, der aus Maltepe kam, ging in
der Warteschlange immer ein Fußgetrappel los, als habe jemand das Kommando
35 „Rührt euch!" gegeben. Auch diesmal war es so. Der riesige, granatapfelblütenfarbene
Schweizer Bus, der fast leer eintraf und aus dem sogar noch einige Fahrgäste
ausstiegen, nahm mehr als die Hälfte der Wartenden auf und fuhr weiter in
Richtung Gesundheitsministerium. Auch er hatte es geschafft einzusteigen.
Ja, er hatte sogar einen Sitzplatz ergattern können. Welch ein Glück!

40 **4** Ja, es war wirklich ein Glück! Ihnen erscheint das vielleicht nicht
so bedeutsam. Dennoch, es bleibt dabei: Dies war ein wirklicher
Glücksfall. Stellen Sie sich einmal vor: Es ist Winter, und
Sie warten, vor Kälte bibbernd, fast eine halbe Stunde lang
an einer Haltestelle, an der Sie Schnee, Regen und
45 schneidend kaltem Wind ausgesetzt sind. Und wenn
Sommer ist – man kennt ja Ankaras Hitze –, werden
Sie eben langsam geröstet. Wenn Sie nun also kurz
davor sind, zu erfrieren oder aber einen Hitzschlag zu
bekommen, kommt der lebensrettende Omnibus und
50 bietet Ihnen in seinem Innern Schutz. Und dabei zwingt
er Ihnen nicht einmal die unerquickliche Rolle
eines Stehenden auf, der so eingezwängt ist, dass er nicht
einmal beide Füße gleichzeitig auf den Boden bekommt, der seinen Körper
krümmt wie auf einem Folterinstrument und sich mit den Händen an einem
55 der Haltegriffe festklammert. Nein, nichts von alledem: Sie werden dazu auserkoren,
in einem bequemen, angenehm weichen Ledersessel Platz zu nehmen,
wo Sie sicher davor sind, erdrückt zu werden! Also, wenn das kein Glück ist. […]

5 Von seinem bequemen Sitz aus sah er sich um. Wie viele Menschen sich
doch in diesem Bus befanden, und wie verschieden sie waren! Frauen in
60 Pelzmänteln, stattliche Herren, Geschäftsmänner, die nicht wussten, wo, wie
und mit welcher Hand sie ihre Aktentaschen halten sollten, Familien mit Kind
und Kegel, Alte, Junge, kurz: von allem etwas. Nach einer Weile fiel sein Blick
auf zwei junge Mädchen, die direkt vor ihm saßen. Die eine mochte fünfzehn,
die andere vielleicht zwei Jahre älter sein. Das Haar der Jüngeren war zum

[[2] **Çankaya, Kavaklıdere, Bakanlıklar, Maltepe:** Stadtteile Ankaras

65 Zopf geflochten. Sie trug einen grauen Mantel mit einem braunen Kragen aus Samt. Die kastanienbraunen Haare der Älteren bedeckte ein rötlich grüner Wollschal. Und wie wunderbar sich ihr blassgrüner Mantel an ihren schlanken, wohl geformten Körper schmiegte! Sein Blick wollte sich gar nicht mehr von den beiden Mädchen lösen. Es gefiel ihm, sie eingehend zu mustern. Sicherlich

70 waren die beiden Schwestern oder Freundinnen, denn sie tuschelten miteinander. Worüber sie sprachen, war nicht zu verstehen. Zwischendurch kicherten sie immer wieder. Wenn sie sich einander zuwandten und sich anblickten, sah man ihre Gesichter. Schöne Mädchen mit gesunden, rosigen Wangen. Da bemerkte er plötzlich neben den Mädchen eine alte Frau. Die Frau stand.

75 Doch wie sie dastand! Sie sah aus, als würde ihr die Enge arg zu schaffen machen. An dem gequälten Ausdruck auf ihrem müden, eingefallenen, blassen Gesicht war leicht zu erkennen, dass sie Schmerzen haben musste. Sie trug einen schwarzen Mantel und ein gemustertes Seidentuch auf dem Kopf, das unter dem Kinn verknotet war. Vor ihr stand ein dicker Mann, der jedes Mal,

80 wenn es einen Ruck gab, an sie gedrückt wurde. Hinter ihr war eben noch der Kopf eines Mädchens mit roter Haarschleife zu sehen.

6 Die alte Frau, die bestimmt über sechzig war, hatte nicht die Kraft, den Arm zu heben und sich oben an der Stange festzuhalten, und so klammerte sie sich an die Lehne der Sitzbank, auf der die beiden Mädchen saßen.

85 Die Gleichgültigkeit aber, mit der die Sitzenden dem Zustand der alten Frau begegneten, sprach jeglicher Menschlichkeit Hohn. Der Mann, der eben noch so verzückt die beiden Mädchen beobachtet hatte, verspürte nun angesichts dieses Anblicks großen Schmerz. Wie war es möglich, dass diese beiden Mädchen nicht einmal bemerkten, welche Tragödie sich da in ihrer unmittelbaren Nähe

90 abspielte, dass sie den hilflosen, stumm um einen Sitzplatz flehenden Blick der alten Frau nicht gewahrten? Er fühlte, wie er innerlich revoltierte. Auch er selbst war nicht mehr jung zu nennen, und noch dazu verspürte er große Müdigkeit in seinem Körper und seinen Beinen. Trotz alldem ergriff der unbezwingbare Wunsch von ihm Besitz, dieser Frau

95 unter Aufopferung seiner eigenen Bequemlichkeit zu helfen, und so sprang er auf und machte ihr ein Zeichen, sich zu setzen. Doch das Mädchen mit der roten Schleife, von dem man hinter der alten Frau nur den Kopf gesehen hatte, reagierte schneller und versuchte sofort den Platz zu besetzen. Er aber hielt es zurück und schaffte es mit viel Mühe, der Alten einen Weg zu bahnen,

100 der durch das Gewirr aus Mänteln, Händen, Armen und Beinen hindurchführte, sodass sie sich schließlich setzen konnte.

7 Die alte Frau blickte ihn dankbar an. Aus ihrem Gesicht war jedes Anzeichen tiefen Schmerzes gewichen. Auch ihre Wangen wirkten nicht mehr so eingefallen wie zuvor. Mit Verwunderung bemerkte er jetzt, dass sie ein leichtes Rouge

105 aufgelegt hatte, dass ihre Augenbrauen sorgfältig gezupft und ihre Lippen dezent geschminkt waren. Aber er machte sich weiter keine Gedanken darüber. Sollte die Alte doch ruhig eitel sein!

Jetzt, wo er stand, spürte er zwischen seinen Beinen den Kopf des Kindes mit
der roten Haarschleife, während er gleichzeitig versuchte, mit der Brust
110 die ständigen Stöße des Dicken abzuwehren, die bei jedem Ruckeln des Omnibusses
stärker wurden. Doch innerlich verspürte er Genugtuung wegen seiner guten Tat.
Der Gedanke, dass er durch sein Handeln den beiden jungen Mädchen eine Lektion
in Moral und Menschlichkeit erteilt habe, behagte ihm.

8   Während sich der Bus der Ausstellungshalle näherte, bemerkte
115 er mit Erstaunen, dass die alte Frau ihren Kopf nach vorne gestreckt
und mit eben diesen Mädchen zu sprechen begonnen hatte.
Die beiden Mädchen, die sich bis dahin nicht um die Alte geschert
hatten, lachten und scherzten nun mit ihr, als wären sie alte
Bekannte. Als er kurz darauf hörte, wie eines der Mädchen
120 die alte Frau mit „Oma" anredete, stieg plötzlich Wut in ihm
empor. Er überlegte, was das zu bedeuten habe, und schnell
hatte er durchschaut, nach welchem Plan die Gegenseite
vorgegangen war. Sie hatten sich offensichtlich ausgerechnet,
dass sich schon einer finden würde, der ihrer Großmutter,
125 die ihre Rolle als müde und erschöpfte Alte so überzeugend
spielen konnte, seinen Platz überließe. Als sie in den Bus gestiegen
waren, hatten sich die Mädchen deshalb sofort auf zwei
freie Plätze gesetzt und das Alter ihrer Großmutter als Köder benutzt,
der ihnen zu einem dritten Platz verhelfen sollte. Gut, so waren die Mädchen
130 heutzutage eben. Aber dass die Alte bei diesem perfiden[3] Plan mit den beiden
unter einer Decke gesteckt hatte, das konnte er kaum glauben. Was war nur
aus dieser Welt geworden! Als sie am Ulus hielten, sah er, wie sich die beiden
Mädchen bei ihrer Großmutter unterhakten, die eine links, die andere rechts,
und wie sie gut gelaunt und beschwingten Schrittes davongingen. Er sah ihnen
135 noch eine Weile nach, bis sie im Eingang eines Kinos verschwanden,
in dem ein Musicalfilm lief.

3   a. Notiert Angaben zu Autor, Titel, Textsorte und zum Thema des Textes.
    b. Tauscht euch über diese Fragen aus:
       • Welche Situation erlebt der Erzähler?
       • Was ist das Besondere daran?
       • Wie verhalten sich die anderen Hauptfiguren?
       • Was erfahrt ihr über den Charakter des Erzählers?

4   Am Ende ist der Erzähler vom Verhalten der drei Frauen schockiert und wütend.
    Diskutiert, warum. Bezieht eure Antworten von Aufgabe 1 ein.

Z 5   Interpretiert die Kurzgeschichte in einem eigenen zusammenhängenden Text.

→ eine andere Kurzgeschichte im weiterführenden Anhang: Seiten 314–315

[3 **perfide:** hier: arglistig, hinterlistig

Prüfungsvorbereitung: Eine Interpretation zu einer Kurzgeschichte schreiben

Die Geschichte lesen und untersuchen

Was hat dieses Bild von Neapel mit dem Inhalt der Kurzgeschichte „Neapel sehen" von Kurt Marti zu tun?
Du findest es heraus, wenn du die Kurzgeschichte interpretierst.

1 Sieh dir das Bild von Neapel an.
- Was siehst du alles auf diesem Bild?
- Wie wirkt der Blick auf Neapel auf dich?

Notiere es.

In Italien sagt man: Neapel sehen und sterben.

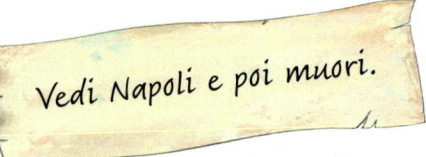

Vedi Napoli e poi muori.

2 Was könnte mit der Redewendung gemeint sein? Schreibe deine Gedanken dazu auf.
Tipp: Deine Notizen zu Aufgabe 1 helfen dir.

3 Lies die Kurzgeschichte mit den Textknacker-Schritten 1 bis 3. Notiere Wichtiges.

1. Vor dem Lesen: Bilder
2. Das erste Lesen
3. Den Text genau lesen

 4 … könnte gemeint sein, dass … / Die Redewendung könnte bedeuten, dass … /
Ich verstehe darunter, dass … ; … eine schöne/reizvolle/wundervolle/traumhafte … ;
Neapel ist eine besonders … ; In Neapel gibt es … ; Neapel ist bekannt für … ;
beliebt/bekannt/einmalig … ; … drückt Sehnsucht/einen Traum/einen Wunsch aus

Neapel sehen   Kurt Marti

1 Er hatte eine Bretterwand gebaut. Die Bretterwand entfernte
die Fabrik aus seinem häuslichen Blickkreis. Er hasste die Fabrik.
Er hasste seine Arbeit in der Fabrik. Er hasste die Maschine,
an der er arbeitete. Er hasste das Tempo der Maschine, das er
5 selber beschleunigte. Er hasste die Hetze nach Akkordprämien[1],
durch welche er es zu einigem Wohlstand, zu Haus und Gärtchen
gebracht hatte. Er hasste seine Frau, sooft sie ihm sagte, heute Nacht
hast du wieder gezuckt. Er hasste sie, bis sie es nicht mehr erwähnte.

2 Aber die Hände zuckten weiter im Schlaf, zuckten im schnellen Stakkato[2]
10 der Arbeit. Er hasste den Arzt, der ihm sagte, Sie müssen sich schonen,
Akkord ist nichts mehr für Sie. Er hasste den Meister, der ihm sagte, ich gebe
dir eine andere Arbeit, Akkord ist nichts mehr für dich. Er hasste so viele
verlogene Rücksicht, er wollte kein Greis sein, er wollte keinen kleineren Zahltag,
denn immer war das die Hinterseite von so viel Rücksicht, ein kleinerer Zahltag.
15 Dann wurde er krank, nach vierzig Jahren Arbeit und Hass zum ersten Mal krank.

3 Er lag im Bett und blickte zum Fenster hinaus. Er sah sein Gärtchen. Er sah
den Abschluss des Gärtchens, die Bretterwand. Weiter sah er nicht. Die Fabrik
sah er nicht, nur den Frühling im Gärtchen und eine Wand aus gebeizten[3] Brettern.
Bald kannst du wieder hinaus, sagte die Frau, es steht alles in Blust[4]. Er glaubte
20 ihr nicht. Geduld, nur Geduld, sagte der Arzt, das kommt schon wieder.
Er glaubte ihm nicht. Es ist ein Elend, sagte er nach drei Wochen zu seiner Frau,
ich sehe immer das Gärtchen, sonst nichts, nur das Gärtchen, das ist mir
zu langweilig, immer dasselbe Gärtchen, nehmt doch einmal zwei Bretter
aus der verdammten Wand, damit ich was anderes sehe.

25 **4** Die Frau erschrak. Sie lief zum Nachbarn. Der Nachbar kam und löste
zwei Bretter aus der Wand. Der Kranke sah durch die Lücke hindurch,
sah einen Teil der Fabrik. Nach einer Woche beklagte er sich, ich sehe
immer das gleiche Stück der Fabrik, das lenkt mich zu wenig ab.
Der Nachbar kam und legte die Bretterwand zur Hälfte nieder.
30 Zärtlich ruhte der Blick des Kranken auf seiner Fabrik, verfolgte
das Spiel des Rauches über dem Schlot, das Ein und Aus der Autos
im Hof, das Ein des Menschenstromes am Morgen, das Aus am Abend.
Nach vierzehn Tagen befahl er, die stehengebliebene Hälfte der Wand
zu entfernen. Ich sehe unsere Büros nie und auch die Kantine nicht,
35 beklagte er sich. Der Nachbar kam und tat, wie er wünschte. Als er
die Büros sah, die Kantine und so das gesamte Fabrikareal, entspannte
ein Lächeln die Züge des Kranken. Er starb nach einigen Tagen.

4 Wie wirkt die Kurzgeschichte auf dich?
- Was hat dich vielleicht besonders beeindruckt?
- Was hast du vielleicht noch nicht verstanden?

[1] **die Akkordprämie:** zusätzlicher Lohn, der für besonders schnelles Arbeiten gezahlt wird
[2] **das Stakkato:** kurze, lärmende, abgehackte Schläge
[3] **gebeizt:** mit Beize, einer Chemikalie, gestrichen
[4] **in Blust stehen** (süddeutsch): in Blüte stehen

Nach dem genauen Lesen sammelst du wichtige Informationen für deine Interpretation. Am besten notierst du Stichworte.

4. Nach dem Lesen

5 Notiere Angaben zum Autor, zum Titel, zur Textsorte und zum Thema des Textes.

6 Was geschieht in der Kurzgeschichte nacheinander? Markiere es in deinen Textknacker-Notizen oder schreibe Stichworte auf.

> die Handlung

7 Mache dir Notizen über den Erzähler:
- Wer erzählt die Geschichte?
- Was könnte der Erzähler über die Figuren denken?

> der Erzähler

8 Untersuche sprachliche Mittel, die der Erzähler verwendet.
- **a.** Finde in den Absätzen **1** und **2** besondere sprachliche Mittel, z. B. Wiederholungen, auffällig gebaute Sätze …
  Tipp: Du kannst eine Folie über den Text legen und markieren.
- **b.** Wie wirken diese Wiederholungen und Sätze auf dich? Notiere es.

> sprachliche Mittel

9 **a.** Finde auch in den Absätzen **3** und **4** besondere sprachliche Mittel.
- **b.** Vergleiche sie mit den sprachlichen Mitteln aus Aufgabe 8. Was fällt dir auf? Schreibe es auf.

10 Erkläre: Wie wird die Handlung durch die Wahl der sprachlichen Mittel unterstützt?

11 Was erfährst du über die Hauptfigur?
- **a.** Finde Textstellen, die für die Charakteristik der Hauptfigur wichtig sind.
- **b.** Mache dir Notizen zum Charakter der Hauptfigur.

> die Hauptfigur

Z 12 Die Personen in der Kurzgeschichte haben keinen Namen.
- **a.** Überlege: Welche Gründe könnte es dafür geben?
- **b.** Wie wirkt das auf dich? Notiere es.

13 **a.** Welche Merkmale einer Kurzgeschichte entdeckst du in dieser Geschichte?
- **b.** Belege deine Antworten mit Textstellen.

➔ die Merkmale von Kurzgeschichten: Seite 291

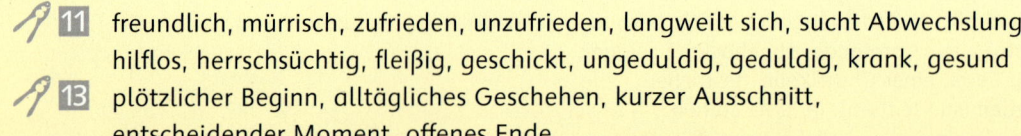

11 freundlich, mürrisch, zufrieden, unzufrieden, langweilt sich, sucht Abwechslung, hilflos, herrschsüchtig, fleißig, geschickt, ungeduldig, geduldig, krank, gesund

13 plötzlicher Beginn, alltägliches Geschehen, kurzer Ausschnitt, entscheidender Moment, offenes Ende

Die Interpretation planen, schreiben, überarbeiten

Mit Hilfe deiner Analyseergebnisse kannst du nun deine Interpretation schreiben.

1 Schreibe wichtige allgemeine Angaben zur Geschichte auf.
Tipp: Nenne Verfasser, Titel, Textsorte.

Einleitung

2 Fasse den Inhalt mit Hilfe deiner Notizen knapp zusammen.
Schreibe nur die wichtigsten Handlungsschritte auf.

3 a. Beschreibe die Situationen, in denen die Figuren handeln.
b. Beschreibe wichtige Charaktereigenschaften der Figuren.
Belege dabei deine Aussagen mit Textstellen.
Gib auch die Zeilennummern an.

Hauptteil

4 • Wer erzählt die Kurzgeschichte?
• Was erfährst du über den Erzähler?
Beschreibe und erkläre es.

5 a. Beschreibe wichtige sprachliche Mittel, die in der Kurzgeschichte vorkommen.
Tipp: Beachte, wie die Personen in der Geschichte genannt werden.
b. Beschreibe auch, wie diese Mittel auf dich wirken.

6 a. Erkläre den Titel der Kurzgeschichte.
b. Schreibe deine Meinung zur Kurzgeschichte und zu den Figuren auf.
Überarbeite deine Interpretation mit Hilfe der Arbeitstechnik.

Schluss

Arbeitstechnik

Eine Kurzgeschichte interpretieren

Mit einer Interpretation zeigst du, dass du die Kurzgeschichte verstanden hast.
Du **fasst** deine Analyseergebnisse **zusammen** und **deutest** das Geschehen.
Deine Deutung **belegst** du mit Textstellen. Du schreibst im **Präsens**.
• In der **Einleitung** nennst du den Titel, die Autorin oder den Autor,
die Textsorte und du fasst den Inhalt knapp zusammen.
• Im **Hauptteil** analysierst du die Geschichte inhaltlich und sprachlich.
– Nenne wichtige **Handlungsschritte**.
– Nenne wichtige Eigenschaften der **Figuren** und erkläre, woran du sie
erkannt hast.
– Erkläre wichtige **Merkmale** der Kurzgeschichte.
– Erkläre sprachliche **Besonderheiten** und wie sie auf dich **wirken**.
• Zum **Schluss** fasst du die Ergebnisse zusammen und
bewertest die Kurzgeschichte.

Alles hat seine Zeit
Über die Zeit nachdenken und schreiben

Schon immer haben sich Menschen Gedanken über die Zeit gemacht.

Es ist nicht zu wenig Zeit,
die wir haben, sondern es ist
zu viel Zeit, die wir nicht nutzen.

*Lucius Annaeus Seneca, römischer Philosoph
und Dramatiker (1–65)*

Es ist erstaunlich, wie voll der
Tag sein kann, wenn man sich
vor Zeitverschwendung hütet.

*Katherine Mansfield, neuseeländisch-
britische Schriftstellerin (1888–1923)*

Wir brauchen viele Jahre,
bis wir verstehen, wie kostbar
Augenblicke sein können.

*Ernst Ferstl, österreichischer Schriftsteller
(geb. 1955)*

Wenn man zwei Stunden lang mit einem Mädchen zusammensitzt,
meint man, es wäre eine Minute. Sitzt man jedoch eine Minute
auf einem heißen Ofen, meint man, es wären zwei Stunden.
Das ist Relativität.

Albert Einstein, deutsch-amerikanischer Physiker (1879–1955)

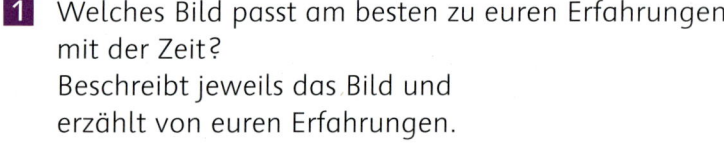
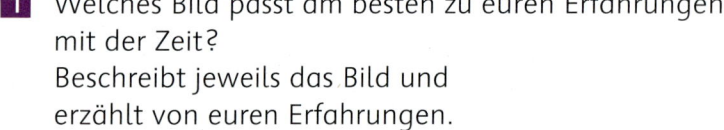

1 Welches Bild passt am besten zu euren Erfahrungen
mit der Zeit?
Beschreibt jeweils das Bild und
erzählt von euren Erfahrungen.

2 a. Lest die Aussagen bekannter Persönlichkeiten über die Zeit.
b. Erkennt ihr Bezüge zwischen einzelnen Bildern und Aussagen?
Erklärt die Bezüge.

3 a. Schreibt jeder drei Fragen zu den Bildern oder den Zitaten auf.
b. Tauscht eure Fragen aus und beantwortet sie gemeinsam.

W 4 Wählt jeder ein Bild oder ein Zitat aus, zu dem ihr schreiben möchtet.
- Ihr könnt eine kurze Geschichte schreiben.
- Oder ihr könnt einen persönlichen Brief schreiben, in dem ihr
von eurem Bezug zu dem Bild, dem Zitat und der Zeit erzählt.
- Oder ihr könnt das Bild oder das Zitat erklären und mit Beispielen
anschaulich machen.

 1 jonglieren, Wecker in verschiedenen Farben, Uhren als Zeichen für die Zeit,
Schwierigkeiten, mit Zeit umzugehen, Tropfen für Tropfen, die Zeit geht dahin/vergeht

Sprachliche Bilder verwenden

Dichter und Schriftsteller haben viele unterschiedliche Bilder gefunden,
um das Wesen der Zeit zu beschreiben.

1 Welche sprachlichen Bilder veranschaulichen das Wesen der Zeit?
Notiert gemeinsam Beispiele an der Tafel.

Die folgenden Wortgruppen werden in literarischen Texten
als sprachliche Bilder verwendet.

ein Kreisel	eine Treppe, die nach oben führt
ein Weg, der über einen Berg führt	vom Wind verwehter Sand
aufgehende Blattknospen	eine alte Frau am Spinnrad
ein alter Mann mit Stock	dahinziehende Wolken
ein Vogel im Flug	marschierende Füße
ein sausendes Weberschiffchen	ein verschlingendes Ungeheuer
ein rasender Zug	eine Perlenschnur
eine brennende Kerze	ein galoppierender Reiter

W **2** a. Wähle zwei Wortgruppen aus, die dich besonders ansprechen.
Erläutere, was sie dir über die Zeit vermitteln können.
b. Welche Wortgruppen erscheinen dir veraltet?
Gib sie mit Wörtern aus der heutigen Zeit wieder.

3 Wann verging die Zeit für dich einmal sehr langsam oder sehr schnell?
Schreibe einen kurzen Text über ein Erlebnis.
Veranschauliche darin die Zeit mit verschiedenen sprachlichen Bildern.

Z **4** Gruppenarbeit!
a. Gestaltet eine **Zeit**-Collage:
• Wie lässt sich Zeit mit Fotos, Zeichnungen, Wörtern
und Texten darstellen?
• Tragt Ideen und Materialien zusammen und fertigt eine Collage an.
b. Stellt eure Collage vor und kommt mit den anderen in der Klasse
ins Gespräch.
Tipp: Eine oder einer aus der Gruppe
übernimmt die Gesprächsführung.

→ Tipps zur Gestaltung der Collage: Seite 300
→ Tipps zur Gesprächsführung: Seite 296

Sprachliche Bilder oder Sprachbilder
machen Gedichte anschaulich und lebendig.
Sprachbilder sind zum Beispiel:
• ein **Vergleich**: Zeit ist wie ein Vogel im Flug

• eine **Personifikation**: die Zeit marschiert
• eine **Metapher**: eine Perlenschnur aus
einzelnen Tagen
• ein **Gegensatz**: Zeit ist langsam und schnell

Die Zeit im Rückblick – ein Romanauszug

„Wenn du stirbst, zieht dein ganzes Leben an dir vorbei,
sagen sie" lautet der Titel eines Jugendromans von
Lauren Oliver.

1 Sprecht in der Klasse über den Titel.
Was fällt euch auf?

2 Welche Momente deines Lebens würdest du
gerne noch einmal an dir vorbeiziehen lassen?
  a. Notiere deine Erlebnisse.
  b. Warum sollten es gerade diese Erlebnisse
  und Momente sein?
  Schreibe einen kurzen Text darüber.
  Begründe deine Meinung.

Lauren Oliver (geb. 1982) ist
eine US-amerikanische
Jugendbuchautorin.
Ihr Roman „Wenn du stirbst, …"
erschien 2010 und wurde 2011 für
den Deutschen Jugendbuchpreis
nominiert.

Die 16-jährige Samantha Kingston, die Hauptfigur
des Romans, erzählt von ihrem letzten Tag und den Eindrücken ihres Lebens.
Der Roman beginnt mit dem Prolog, einer Einführung in das Geschehen.

Wenn du stirbst, zieht dein ganzes Leben an dir vorbei, sagen sie   Lauren Oliver

 ## Prolog

1 Wenn du stirbst, zieht dein ganzes Leben an dir vorbei, sagen sie,
aber bei mir war es nicht so.
Um ehrlich zu sein, fand ich schon immer, dass diese ganze Sache mit dem
letzten Augenblick und dem gedanklichen Schnelldurchlauf durchs Leben
5 ziemlich furchtbar klang. Manche Dinge bleiben besser begraben und vergessen,
wie meine Mutter sagen würde. Ich zum Beispiel würde liebend gerne
die komplette fünfte Klasse vergessen (die Brillen- und Rosa-Zahnspangen-Phase),
und will wirklich jemand den ersten Tag auf der weiterführenden Schule noch
mal durchleben? Dazu kommen all die langweiligen Familienurlaube,
10 sinnlosen Mathestunden, Regelschmerzen und miesen Küsse, die ich schon
beim ersten Mal kaum ertragen habe …

2 Ich muss allerdings zugeben, dass es mir nichts ausgemacht hätte,
meine strahlendsten Sternstunden noch mal zu erleben: Als Rob Cokran und
ich beim Jahresball zum ersten Mal geknutscht haben – mitten auf der Tanzfläche,
15 wo es alle sehen konnten und so wussten, dass wir miteinander gingen; als Lindsay,

Elody, Ally und ich betrunken waren und versuchten, im Mai Schneeengel
zu machen, und lebensgroße Abdrücke auf dem Rasen vor Allys Haus
hinterließen; die Party zu meinem sechzehnten Geburtstag,
als wir hundert Teelichter aufgestellt und auf dem Gartentisch getanzt
20 haben; Halloween, als Lindsay und ich Clara Seuse einen Streich
gespielt haben, von der Polizei verfolgt wurden und so lachen
mussten, dass wir uns beinahe übergeben hätten. Die Dinge,
die ich in Erinnerung behalten wollte; die Dinge, derentwegen ich
in Erinnerung bleiben wollte.

25 **3** Aber bevor ich starb, dachte ich nicht an Rob oder irgendeinen
anderen Jungen. Ich dachte nicht an all die verrückten Sachen,
die ich mit meinen Freundinnen gemacht hatte. Ich dachte
auch nicht an meine Familie oder daran, wie die Morgensonne
die Wände in meinem Zimmer cremefarben tönt, oder daran,
30 wie die Azaleen vor meinem Fenster im Juli riechen,
nach einer Mischung aus Honig und Zimt.

4 Stattdessen dachte ich an Vicky Hallinan. Genauer gesagt
dachte ich daran, wie Lindsay in der vierten Klasse einmal
im Sport vor allen Leuten verkündete, sie wolle Vicky nicht in
35 ihrer Völkerballmannschaft haben. „Sie ist zu fett", platzte Lindsay heraus.
„Die trifft man ja mit geschlossenen Augen." Ich war zu diesem Zeitpunkt
noch nicht mit Lindsay befreundet, aber schon damals hatte sie die Fähigkeit,
Dinge so zu sagen, dass sie urkomisch klangen, und ich lachte zusammen
mit allen anderen, während Vickys Gesicht so dunkellila anlief wie die Unterseite
40 einer Gewitterwolke. Das war es, was mir im Augenblick vor meinem Tod einfiel,
als ich eigentlich irgendeine große Offenbarung aus meiner Vergangenheit hätte
haben sollen: der Geruch nach Lack und das Quietschen unserer Turnschuhe
auf dem polierten Boden; wie eng meine Polyester-Shorts saßen; das Gelächter,
das durch den großen, kahlen Raum hallte, als wären viel mehr als
45 fünfundzwanzig Leute in der Sporthalle.
Und Vickys Gesicht.

5 Das Komische ist, dass ich schon ewig nicht mehr daran gedacht hatte.
Es war eine dieser Erinnerungen, von der mir nicht einmal bewusst war,
dass ich sie hatte, wenn ihr wisst, was ich meine. Vicky war deswegen auch nicht
50 traumatisiert oder so. Es war einfach das, was Kinder sich gegenseitig antun.
Keine große Sache. Es wird immer jemanden geben, der lacht, und jemanden,
über den gelacht wird. Das kommt jeden Tag vor, in jeder Stadt in Amerika –
wahrscheinlich auf der ganzen Welt, soweit ich weiß. Beim Erwachsenwerden
geht es einfach darum zu lernen, auf der Seite der Lacher zu bleiben. Vicky war
55 gar nicht mal besonders dick, sie hatte nur ein bisschen Babyspeck im Gesicht
und am Bauch – und noch vor der Highschool[1] hatte sie den verloren und war
sieben Zentimeter gewachsen. Sie freundete sich sogar mit Lindsay an.

[[1] die **Highschool**: eine weiterführende Schule in den USA

Sie spielten zusammen Hockey und sagten Hallo, wenn sie sich auf dem Gang
begegneten. Einmal in der neunten Klasse brachte Vicky die Sache auf einer Party
60 zur Sprache – wir waren alle ziemlich angeschickert[2] – und wir lachten und lachten,
Vicky am meisten von allen, bis ihr Gesicht fast genauso lila wurde wie vor Jahren
in der Sporthalle. Das war das eine, was komisch war.

6 Noch komischer war es, dass wir gerade genau darüber
geredet hatten – wie das sein würde, kurz bevor man starb,
65 meine ich. Ich weiß nicht mehr genau, wie wir darauf kamen,
nur dass Elody sich beklagte, dass ich immer vorne sitzen durfte.
Sie weigerte sich, sich anzuschnallen, und beugte sich vor,
um durch Lindsays iPod zu scrollen, obwohl ich eigentlich das
DJ-Recht hatte. Ich versuchte meine Theorie der „strahlendsten
70 Sternstunden" im Angesicht des Todes zu erklären und wir

überlegten, welche das sein würden. Lindsay wählte natürlich
den Augenblick, als sie erfahren hatte, dass sie an der
Duke Universität zugelassen worden war, und Ally –
die wie üblich über die Kälte meckerte und damit drohte,
75 an einer Lungenentzündung zu sterben – machte lange genug
mit, um zu sagen, sie würde am liebsten ihren ersten Kuss
mit Matt Wilde für immer durchleben, was keine von uns
überraschte. Lindsay und Elody rauchten und eiskalter Regen
kam durch die Fenster herein, die einen Spaltbreit offen standen.
80 Die Straße war schmal und kurvig und zu beiden Seiten peitschten die dunklen,
kahlen Zweige der Bäume hin und her, als hätte der Wind sie zum Tanzen gebracht. […]

7 Die Reifen schlitterten ein bisschen auf der nassen Straße und das Auto war voller
Zigarettenrauch, kleine Rauchfahnen, die in die Luft aufstiegen wie Gespenster.
Dann blitzte plötzlich etwas Weißes vor dem Auto auf. Lindsay schrie etwas –
85 Wörter, die ich nicht verstehen konnte, irgend so was wie Sitz oder Sicht oder
Scheiß – und plötzlich überschlug sich das Auto und schleuderte von der Straße
herunter mitten hinein in das schwarze Maul des Waldes. Ich hörte ein schrecklich
kreischendes Geräusch – Metall auf Metall, zersplitterndes Glas, ein Auto,
das zusammengeknautscht wurde – und roch Feuer. Ich hatte noch Zeit,
90 mich zu fragen, ob Lindsay wohl ihre Zigarette ausgemacht hatte.
Dann stieg Vicky Hallinans Gesicht aus der Vergangenheit auf.

3 a. Was hält Samantha von der Vorstellung, ihr ganzes Leben an sich
vorbeiziehen zu sehen? Gib ihre Meinung wieder.
b. Welche Momente bewertet Samantha im Rückblick als die wichtigsten
in ihrem Leben?
• Gib wieder, was sie über ihre „Sternstunden" erzählt.
• Bewerte diese Sternstunden aus der Sicht von Samanthas
Eltern und Freunden sowie aus deiner eigenen Sicht.

[[2] **angeschickert:** hier: angeheitert, berauscht

4 Samantha erinnert sich an eine Episode, die sie längst vergessen hatte.

   a. Untersuche Samanthas Verhalten gegenüber Vicky.

   b. Vergleiche, wie sie selbst ihr Verhalten einschätzt und wie du es siehst.

5 Welche Eindrücke und Erinnerungen an Samantha könnten
bei den Menschen, die ihr nahestanden, zurückbleiben?

   a. Wähle eine der Personen aus.

   b. Suche im Text nach zentralen Aussagen über diese Person.
Ordne die Aussagen in eine Tabelle ein.

Starthilfe

Was ist geschehen?	Was könnte … denken?	Was könnte … fühlen?
…	…	…

W 6 Wähle aus: Schreibe aus der Perspektive der ausgewählten Person

   • einen Tagebucheintrag,

   • einen inneren Monolog oder

   • einen Brief.

   Tipp: Achte darauf, dass die Sprache zu der Person passt.

Z 7 Schreibe einen Kommentar zu deinem Text zu Aufgabe 6.

   • Warum sind die von dir ausgewählten Textstellen wichtig?

   • Worauf hast du inhaltlich und sprachlich besonders geachtet?
Erläutere es.

8 Gruppenarbeit!
Der Tag wiederholt sich – was könnte passieren?

   • Überlegt, wie die Handlung des Romans sich entwickeln könnte.

   • Erarbeitet gemeinsam eine Charakteristik der Hauptfigur
Samantha.

   • Entwerft jeder eine Erzählung des letzten Tages.

   • Stellt euch eure Erzählungen vor und ordnet sie in
einer möglichen Reihenfolge.

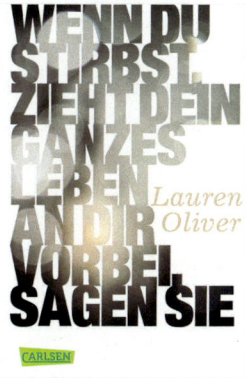

> Mit diesem letzten Moment in Samanthas Leben fängt die Geschichte allerdings
> erst an. Denn auf unerklärliche Art wiederholt sich dieser Tag, wieder und
> wieder.
> Samantha ist die Einzige, die diese Wiederholung bemerkt. Und als Einzige kann
> sie deshalb die Dinge ändern, die sie tut. Und so verläuft der Tag immer wieder
> anders, bis Samantha begreift, was es ist, das sie ändern muss.

Z 9 Im Roman hat Samanthas Geschichte ein Ende, das ihr vielleicht
nicht unbedingt erwartet.
Wenn ihr neugierig geworden seid, lest den Roman!

➔ Weitere Texte und Aufgaben rund um das Thema Zeit
findet ihr auf den weiterführenden Seiten 316 bis 320.

Die Liebe in Romanen

In diesem Kapitel lernt ihr drei Romane
aus sehr verschiedenen Epochen kennen.
Jeder der Romanauszüge erzählt
von der Begegnung zweier Menschen,
die sich zueinander hingezogen fühlen.

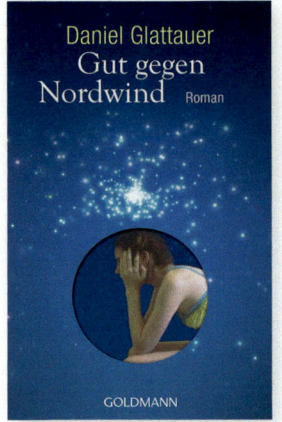

1 Klassengespräch!
Was verraten euch die Buchcover über die Bücher?

2 Lest die Ausschnitte aus Rezensionen zu den Büchern.
Welches Buch könnte euch interessieren? Warum?

Erzählt wird die Geschichte eines etwas kauzigen Mannes, der Reiseführer für Leute schreibt, die beruflich viel unterwegs sein müssen. Eines Tages, seine Frau hat sich gerade von ihm getrennt, platzt Muriel, eine junge Frau, in sein Leben, denn sie soll seinen Hund erziehen. Aber auch das Herrchen des Hundes wird zu einer pädagogischen Aufgabe für sie.

Ein junger Mann verliebt sich unsterblich in eine junge Frau, die mit einem anderen Mann verlobt ist und diesen auch heiratet. In Briefen an seinen Freund Wilhelm schreibt er, was ihn bewegt. Wird es ihm gelingen, sich aus ihrem Bann zu befreien? Was ist passiert, als er nach eineinhalb Jahren keinen anderen Ausweg mehr sieht, als sich das Leben zu nehmen?

Im Mittelpunkt des Romans steht der ungewöhnliche Briefwechsel eines Mannes mit einer Unbekannten. Obwohl sie sich nicht kennen, kommen sie sich immer näher, bis sie sich eines Tages fragen müssen: Werden ihre Liebesgefühle auch einer Begegnung im realen Leben standhalten?

Ein E-Mail-Roman

Eigentlich wollte Emmi Rothner per E-Mail ein Zeitschriften-Abonnement abbestellen. Aber bei der Adresse vertippte sie sich und so erhielt Leo Leike die Nachricht. Was daraus wurde, lest ihr hier.

1 Lies den Roman-Ausschnitt mit dem Textknacker.

Gut gegen Nordwind   Daniel Glattauer

1 Betreff: Guten Morgen
Guten Morgen, Leo.
Drei Minuten später
AW:
5 Guten Morgen, Emmi.
20 Minuten später
RE:
Ich fliege heute Abend für zwei Wochen nach Portugal:
Badeurlaub mit den Kindern. Leo, sind Sie noch da, wenn ich zurückkomme?
10 Ich muss das wissen. Mit „da" meine ich …, was meine ich eigentlich?
Ich meine: einfach da. Sie verstehen schon, was ich meine. Ich habe Angst,
dass Sie mir verloren gehen. Von mir aus Bremse. Von mir aus Stillstand.
Von mir aus stumme, leere Worte. Aber stumme, leere Worte MIT Ihnen,
nicht ohne Sie!

15 *18 Minuten später*
AW: Ja, liebe Emmi, ich werde zwar nicht auf Sie warten.
Aber ich werde da sein, wenn Sie zurückkommen. Ich bin immer da für Sie,
auch bei Stillstand. Wir werden sehen, wie es uns nach diesen vierzehn Tagen
„Pause" gehen wird. Vielleicht tut sie uns gut. Ich finde, wir haben uns in
20 den letzten Tagen schon recht schön darauf eingeschrieben. Alles Liebe, Leo. […]

2 *Acht Tage später*
Kein Betreff
Hallo Leo, ich bin in einem Internetcafé in Porto.
Ich schreibe nur schnell, damit Ihr Herz nicht stehen
25 bleibt vor lauter „Nicht-Klopfen".
Uns geht es gut: Der Kleine hat seit Urlaubsbeginn
Durchfall, die Große hat sich in einen portugiesischen
Surflehrer verliebt.
Nur noch sechs Tage!
30 Ich freu mich auf Sie! (PS[1]: Nichts mit Marlene anfangen!)

[[1] **PS**: das Postscriptum (lat.), die Nachschrift

3 *Sechs Tage später*

Betreff: Hallo!

Lieber Leo, da bin ich wieder. Wie war die „Pause"? Was gibt es Neues?
Sie haben mir gefehlt! Sie haben mir nicht geschrieben. Warum nicht?
35 Ich habe Angst vor Ihrer ersten E-Mail. Noch größere Angst habe ich,
dass Sie mich darauf warten lassen. Frage: Wie tun wir weiter?

15 Minuten später

AW:

Emmi, Sie brauchen keine Angst vor meiner ersten E-Mail zu haben.
40 Hier ist sie, und sie ist ganz harmlos.
   1.) Neues gibt es – nichts.
   2.) Die Pause war – lang.
   3.) Geschrieben habe ich Ihnen nicht, weil – Pause war.
   4.) Gefehlt haben Sie mir – auch! (Vermutlich mehr als ich Ihnen. Sie hatten
45   wenigstens eine sechzehnjährige Tochter gegen einen portugiesischen Surflehrer
       zu verteidigen. Wie ist die Geschichte ausgegangen?)
   5.) Wie wir weiter tun? – Da gibt es exakt drei Möglichkeiten:
       Weiter wie bisher. Aufhören. Treffen.

Zwei Minuten später

50 RE:

Zu 4.) Fiona wird nach Portugal auswandern und
den Surflehrer heiraten. Sie ist nur noch einmal rasch mit
uns heimgeflogen, um ihre Sachen zu packen. Glaubt sie.
Zu 5.) Ich bin für – treffen!

55 *Drei Minuten später*

AW:

Letzte Nacht habe ich intensiv von Ihnen geträumt, Emmi.

Zwei Minuten später

RE:

60 Tatsächlich? Das ist mir auch schon passiert. Ich meine,
dass ich intensiv von Ihnen geträumt habe. Was verstehen Sie eigentlich
unter „intensiv"?
War der Traum nur irgendwie intensiv oder wenigstens auch erotisch?

35 Sekunden später

65 AW:

Ja, hocherotisch! […]

Wie sich die Figuren in dem Roman begegnen, ist eher ungewöhnlich.

2 Was hast du über die beiden Romanfiguren erfahren? Notiere Stichworte.

3 Beschreibe das Verhältnis der beiden Personen zueinander.
Tipps: • Belege deine Aussagen mit passenden Textstellen.
 • Die Handlung des Romans wird ausschließlich über E-Mails erzählt.

4 Untersuche die Erzählweise in diesem Roman genauer.
 • Welche Merkmale von E-Mails findest du im Text?
 • Was bewirken die Zeitangaben in den E-Mails? Was schließt du daraus?
 • Auf welche Weise wird in dem Roman Spannung erzeugt?
 • Wie wirkt diese Erzählweise auf dich?
 • Schreibe Stichworte auf.

5 In dem Romanausschnitt gibt es einige Leerstellen […], z. B. vor Absatz 2.
 a. Lies noch einmal die Zeilen davor und danach.
 b. Was könnte in der Zwischenzeit passiert sein? Schreibe es auf.

Z **6** Finde im Text weitere Leerstellen.
Wie wirken diese Leerstellen auf dich? Schreibe es auf.

Die weibliche Hauptfigur Emmi ist verheiratet.
Ihr Mann weiß nichts Genaues von dieser E-Mail-Bekanntschaft.

W **7** Schreibe eine Fortsetzung des Romans in Form von E-Mails.
Wähle aus:
 • Emmi erzählt ihrem Mann von der E-Mail-Bekanntschaft.
 • Die E-Mail-Bekanntschaft bleibt auch weiterhin Emmis Geheimnis.
 Tipps: • Was schreibt Emmi an Leo? Was antwortet er?
 • Tauscht eure Ergebnisse von Aufgabe 5 und 7 aus.

Z **8** Was könnte mit dem Roman-Titel „Gut gegen Nordwind" gemeint sein?
Erkläre die Metapher „Nordwind". Setze sie in Beziehung zum Roman.

> **Daniel Glattauer** wurde 1960 in Wien geboren. Nach dem Studium
> der Pädagogik arbeitete er unter anderem als Journalist; er war Autor und
> Redakteur bei einer österreichischen Tageszeitung. Zwischendurch war er
> immer wieder schriftstellerisch tätig, bis ihm im Jahre 2006 mit dem Roman
> „Gut gegen Nordwind" ein Bestseller gelang. Damit wurde er schlagartig
> als Schriftsteller bekannt. Der Roman wurde in andere Sprachen übersetzt
> und als Hörspiel, Hörbuch und Theaterstück produziert.

Z **9** Fasst die biografischen Angaben mit eigenen Worten zusammen.
Warum ist wohl „Gut gegen Nordwind" ein Bestseller geworden?

4 **5** der Mann/die Frau/die Kinder; Emmi/Leo; hat/ist/konnte/wollte/musste erst
einmal…/zögerte, weil …; war sich nicht sicher/unsicher; vielleicht/sicherlich; aber
auch; befürchtete/hatte Angst/war verhindert; die Verbindung/keine Verbindung

Ein Roman in Briefen

Im Jahre 1774 veröffentlichte der damals 25-jährige
Johann Wolfgang Goethe seinen Roman „Die Leiden des jungen
Werthers". Der Roman war damals ein unglaublicher Erfolg.

 Die Leiden des jungen Werthers Johann Wolfgang Goethe

> Im Mai 1771 trifft Werther in einem kleinen Landstädtchen in der Nähe
> von Frankfurt am Main ein. Hier soll er für seine Mutter eine
> Erbschaftsangelegenheit regeln. Zugleich genießt er die Schönheit der
> frühlingshaften Natur und die Begegnung mit einfachen Menschen auf
> dem Lande. Eines Tages laden ihn neu gewonnene junge Freunde zu einem
> Ball ein. Als sie eine weitere Freundin abholen wollen, begegnet Werther
> Charlotte zum ersten Mal, und zwar im Hause des Amtmanns, ihres Vaters.

Am 16. Junius

1 Warum ich dir nicht schreibe? – Du fragst das, obwohl du
sonst alles errätst? Es geht mir gut, und – kurz und gut, ich
habe eine Bekanntschaft gemacht, die mein Herz näher
angeht. Ich habe – ich weiß nicht.

5 Alles der Reihe nach zu erzählen, wie es zugegangen ist, dass
ich eines der liebenswürdigsten Geschöpfe kennen gelernt
habe, wird schwer sein. Ich bin fröhlich und glücklich und
also kein guter Berichterstatter.
Einen Engel! – Ach was! Das sagt jeder von seiner Freundin,
10 nicht wahr? Und doch bin ich nicht in der Lage, dir zu sagen,
wie vollkommen sie ist, warum sie vollkommen ist – sie hat
alle meine Sinne gefangen.
So viel Herzlichkeit bei so viel Verstand, so viel Güte bei so viel Festigkeit,
und die Ruhe der Seele bei so viel Tätigkeit.

15 **2** Das ist alles nur Gerede, was ich da von ihr sage, nichts Genaues,
das nicht ein einziges Merkmal ihres Wesens richtig ausdrückt.
Ein andermal – nein, jetzt gleich will ich es dir erzählen. Wenn nicht jetzt,
dann tu ich's nie. Denn seit ich angefangen habe, diesen Brief zu schreiben,
wollte ich schon dreimal alles liegen lassen und zu ihr hinausreiten.
20 Und doch schwor ich mir heute früh, nicht hinauszureiten, und gehe doch alle
Augenblicke ans Fenster, um zu sehen, wie hoch die Sonne noch steht[1]. Ich hab's
nicht aushalten können, ich musste zu ihr hinaus. Da bin ich wieder, Wilhelm,
will mein Abendbrot essen und dir schreiben. Welch eine Wonne es ist,
sie in dem Kreis der lieben, munteren Kinder, ihrer acht Geschwister zu sehen!

[[1] **wie hoch die Sonne noch steht**: hier: ob es noch lange genug hell ist, um zu Charlotte zu reiten

25 Wenn ich so weiterschreibe, wirst du am Ende so
klug sein wie am Anfang. Also, ich will mich zwingen,
dir die Einzelheiten genau zu erzählen:

3 Ich schrieb dir neulich, wie ich den Amtmann S. kennen gelernt
habe und dass er mich gebeten hatte, ihn bald in seinem kleinen
30 Haus (oder vielmehr: seinem kleinen Königreich) zu besuchen. Ich
verschob es immer wieder und wäre vielleicht nie hingekommen,
hätte ich nicht durch Zufall den Schatz entdeckt, der in der stillen
Gegend verborgen liegt. […]
Ich war ausgestiegen. Eine Magd, die ans Tor kam, bat uns,
35 einen Augenblick zu warten, „Fräulein Lottchen" werde gleich
kommen. Ich ging durch den Hof zu dem wohlgebauten Haus,
und als ich die Stufen hinaufgestiegen war und durch die Tür
eintrat, sah ich das reizendste Schauspiel: In dem Vorraum
wimmelten Kinder von zwei bis elf Jahren um ein Mädchen

40 mit einer schönen Figur, die ein schlichtes weißes Kleid mit rosa
Schleifen an Arm und Brust anhatte. Sie hielt ein Brot und schnitt
für jeden ein Stück ab, entsprechend ihrem Alter und Appetit.
Sie gab es jedem mit solcher Freundlichkeit, und jedes rief ganz aufrichtig
sein „Danke!", nachdem es die kleinen Händchen lange in die Höhe gehalten hatte.
45 Einige liefen nun mit ihrem Abendbrot vergnügt weg, andere gingen ruhig
zum Hoftor, um die Fremden und die Kutsche zu sehen, in der ihre Lotte
wegfahren sollte.

4 „Ich bitte um Verzeihung", sagte sie, „dass ich Sie hereinbemühe und die Damen
warten lasse. Beim Ankleiden und bei allerlei Hausarbeiten hatte ich vergessen,
50 den Kindern ihr Abendbrot zu geben, und sie wollen von niemandem das Brot
geschnitten haben als von mir." Ich verbeugte mich höflich. Meine ganze Seele
ruhte auf der Gestalt, der Stimme, dem Benehmen, und ich hatte eben Zeit,
mich von der Überraschung zu erholen, als sie in die Stube lief, um ihre Handschuhe
und den Fächer zu holen. […]

Werther erfährt, dass Charlotte ihren Geschwistern die Mutter ersetzen muss,
und erlebt, wie liebevoll sie mit ihnen umgeht. Er erfährt aber auch, dass sie
mit Albert verlobt ist. Als dieser von einer Reise zurückkehrt, findet Werther
in ihm einen Freund. Er begreift aber, dass Charlotte für ihn selbst unerreichbar
sein wird. Deshalb nimmt Werther eine Stelle bei einem Minister an. In der
Ferne sehnt er sich immer wieder nach Charlotte. Sie hat inzwischen Albert
geheiratet. Kurz vor Weihnachten 1782 besucht Werther Charlotte zum
letzten Mal, um Abschied zu nehmen. – Nur wenige Tage später nimmt
Werther sich aus Verzweiflung das Leben. In seinem Nachlass hat man auch
diesen Brief vom 12. Dezember 1782 gefunden.

12. Dezember

55 **5** Lieber Wilhelm, ich bin so unglücklich und fühle mich, als würde ich von
einem bösen Geiste verfolgt. Manchmal ist es kaum zu ertragen; es ist nicht
Angst, nicht Begier – es ist ein inneres unbekanntes Toben, das meine Brust
zu zerreißen droht, das mir die Gurgel zupresst! Wehe, wehe! Und dann schweife
ich umher in den furchtbaren nächtlichen Szenen dieser menschenfeindlichen
60 Jahreszeit.
Gestern Abend musste ich hinaus. Es hatte plötzlich Tauwetter eingesetzt;
ich hatte gehört, der Fluss sei übergetreten, alle Bäche geschwollen und er hatte
von Wahlheim[1] herunter mein liebes Tal überschwemmt! Nachts nach elfe
rannte ich hinaus. Es war wie ein fürchterliches Schauspiel, vom Fels herunter
65 die wühlenden Fluten in dem Mondlichte wirbeln zu sehen, über Äcker und
Wiesen und Hecken, und alles, auch das weite Tal hinauf und hinab überschwemmte.
Eine stürmende See im Sausen des Windes! Und wenn dann der Mond wieder
hervortrat und über der schwarzen Wolke ruhte und vor mir hinaus die Flut
in fürchterlich herrlichem Widerschein rollte und klang: da überfielen mich
70 ein Schauer und ein Sehnen zugleich! Ach, mit offenen Armen stand ich, sah
in den Abgrund und atmete hinab!, hinab!, und verlor mich in der Wonne,
mich mit meinen Qualen und meinen Leiden da hinabzustürzen!
Dahinzubrausen wie die Wellen!
Oh! – und doch war ich nicht fähig, den Fuß vom Boden zu heben und
75 alle Qual zu beenden! – Meine Uhr ist noch nicht ausgelaufen, ich fühle es!
O Wilhelm!, wie gern hätte ich mein Leben und mein Menschsein darum gegeben,
mit jenem Sturmwinde die Wolken zu zerreißen, mich in die Fluten zu werfen! […]
Ich stand! – Ich schelte mich nicht, denn ich habe Mut, zu sterben. –
Und nun sitze ich hier, wie eine arme Bettlerin, die Holz sammelt und
80 an fremden Türen um Brot bittet, um ihr hinsterbendes, freudloses Dasein
noch einen Augenblick zu verlängern und zu erleichtern.

**Was Werther seinem Freund schreibt,
ist stark von seinen Gefühlen geprägt.**

1 a. Lies noch einmal den Brief vom 16. Juni 1771.
   b. Erzähle, von welchen Ereignissen Werther
      seinem Freund Wilhelm berichtet.

2 Werther ist von Lotte sehr beeindruckt.
   a. Was fühlt er, als er sie zum ersten Mal sieht?
      Finde passende Textstellen.
   b. Notiere Wörter und Wendungen,
      mit denen Werter seine Gefühle beschreibt.

Fritzi Haberlandt als Lotte und Hans Loew als
Werther in „Die Leiden des jungen Werthers",
Maxim-Gorki-Theater, Berlin 2006

[[1] **Wahlheim:** ein von Goethe erfundener Ortsname

3 Auf dem Ball tanzen Werther und Lotte ganz unbeschwert miteinander. Was könnte Werther seinem Freund darüber berichten? Schreibe einen Brief Werthers an seinen Freund Wilhelm.

Bevor Werther eineinhalb Jahre später von Lotte Abschied nehmen will, zieht ein Unwetter auf.

4 a. Lies noch einmal den Brief vom 12. Dezember 1782.
- Was erlebt Werther in dieser Nacht?
- Welche Gefühle drückt er aus? Wonach sehnt er sich?
- Wie wird das ausgedrückt?

b. Was könnte Wilhelm auf diesen Brief geantwortet haben? Schreibe den Brief.

Hans Loew als Werther (s. S.160)

Der Briefroman und die starke Betonung von Gefühlen sind besondere Merkmale der Literatur in den 1770er Jahren.

5
- Mit der Figur des Werther identifizierten sich damals sehr viele Leser. Was könnten der Inhalt und die Briefform damit zu tun haben? Sprecht darüber.
- Fühlt auch ihr euch als heutige Leser davon angesprochen? Begründet.

Z **6** Lies den Text über die Entstehungsgeschichte des Romans. Was könnte Goethe veranlasst haben, den Roman zu schreiben? Schreibe einen inneren Monolog des Dichters als Antwort.

Johann Wolfgang Goethe (1749 – 1832), der einer der bedeutendsten deutschen Dichter ist, ging nach seinem Studium der Rechtswissenschaften auf Wunsch seines Vaters im Jahr 1772 nach Wetzlar. Dort sollte er die Befähigung für den Staatsdienst erwerben. Dafür aber interessierte er sich nur wenig. Vielmehr genoss er die herrliche Umgebung Wetzlars und das Landleben. In einem benachbarten Dorf verliebte er sich leidenschaftlich in die 19-jährige Charlotte Buff, die aber bereits mit einem anderen Mann verlobt war. Da Charlotte für Goethe unerreichbar war, verließ er Wetzlar wieder, zutiefst unglücklich. Aber Lotte, wie er sie nannte, ging ihm nicht aus dem Sinn. – Zu dieser Zeit hörte Goethe auch davon, dass sich ganz in seiner Nähe ein ehemaliger Studienfreund aus der Leipziger Zeit das Leben genommen hatte, wohl auch wegen der hoffnungslosen Liebe zu einer verheirateten Frau. Das alles mag Goethe inspiriert haben, seinen Roman „Die Leiden des jungen Werthers" zu schreiben. Durch den Roman wurde Goethe über Nacht berühmt. Dieser Roman ist bezeichnend für die Epoche des Sturm und Drang.

→ die Epoche des Sturm und Drang: Seite 292

 3 immer wieder/den ganzen Abend fast nur/viel mit Lotte getanzt; großes Vergnügen; gut unterhalten/amüsiert/erheitert; sahen uns in die Augen; tanzte sorglos/unbefangen/reizvoll; anzusehen/ihr zuzusehen/zuzuhören; liebenswürdiges/entzückendes/bezauberndes Mädchen; und doch… mit einem anderen/Albert verlobt ist; die Treue hält

Das Ende einer Liebe – ein neuer Anfang?

Anne Tylers Roman „Die Reisen des Mr. Leary" beginnt mit dem Ende einer glücklichen Beziehung.

> **Anne Tyler** (geb. 1941) ist eine US-amerikanische Schriftstellerin. In ihren Romanen erzählt sie aus unterschiedlichen Perspektiven von US-amerikanischen „Durchschnittsmenschen". 1989 erhielt sie den Pulitzer-Preis, den am höchsten angesehenen US-amerikanischen Literaturpreis.

Die Reisen des Mr. Leary   Anne Tyler

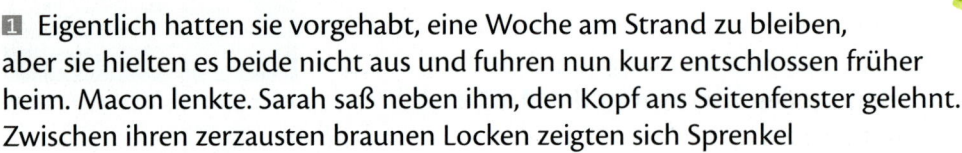

1 Eigentlich hatten sie vorgehabt, eine Woche am Strand zu bleiben, aber sie hielten es beide nicht aus und fuhren nun kurz entschlossen früher heim. Macon lenkte. Sarah saß neben ihm, den Kopf ans Seitenfenster gelehnt. Zwischen ihren zerzausten braunen Locken zeigten sich Sprenkel
5 des wolkenverhangenen Himmels.
Macon trug einen korrekten Sommeranzug, seinen Reiseanzug – viel vernünftiger für Reisezwecke als Jeans, behauptete er immer; Jeans hätten lauter harte, steife Nähte und dann diese Nieten. Sarah trug ein trägerloses Strandkleid aus Frottee. Man hätte meinen können, die beiden kehrten von zwei
10 grundverschiedenen Reisen zurück. Sarah war braun gebrannt, Macon nicht. Er war ein hochgewachsener, blasser, grauäugiger Mann mit glattem, kurz geschnittenem Blondhaar und jenem Typ von empfindlicher Haut, die leicht Sonnenbrand bekommt. Er hatte sich während der mittleren Tageszeit immer der Sonne ferngehalten.
15 **2** Kaum waren sie auf der Schnellstraße, wurde der Himmel fast schwarz, und einige dicke Tropfen klatschten auf die Windschutzscheibe. Sarah richtete sich auf. „Hoffentlich regnet es nicht", sagte sie. „Mir macht ein bisschen Regen nichts aus", sagte Macon. Sarah lehnte sich wieder zurück, behielt jedoch die Straße im Auge.
20 Es war ein Donnerstagmorgen. Es gab kaum Verkehr. Sie überholten einen Lieferwagen, dann einen Kleinbus, der über und über mit Aufklebern von Attraktionen aus aller Welt bepflastert war. Die Tropfen auf der Windschutzscheibe wurden immer dichter. Macon schaltete die Scheibenwischer ein. Wisch-wasch machten sie – ein einlullendes Geräusch[1];
25 und aufs Dach begann es sacht zu plätschern. Ab und zu fauchte ein Windstoß. Regen drückte das hohe, fahle[2] Gras am Straßenrand flach, fiel in schrägen Schnüren über Bootsliegeplätze, Holzlager und Möbel-Discount-Märkte, die bereits nachgedunkelt aussahen, als hätte es hier schon längere Zeit geregnet.
3 „Siehst du denn überhaupt etwas?", fragte Sarah.
30 „Klar", sagte Macon. „Das ist doch gar nichts."

[1] **ein einlullendes Geräusch:** ein einschläferndes Geräusch
[2] **fahl:** blass aussehend

Sie schlossen zu einem Lastzug auf, dessen Hinterräder sprühende Gischt[3] aufwirbelten. Macon scherte links aus und überholte ihn. Sekundenlang, bevor der Lastzug zurückblieb, war vor lauter Wasser die Sicht gleich null. Sarah griff mit einer Hand nach dem Armaturenbrett und hielt sich daran fest.

35 „Ich versteh' nicht, wie du genug zum Fahren siehst", sagte sie.

„Vielleicht solltest du deine Brille aufsetzen."

„Wenn ich meine Brille aufsetze, siehst du dann besser?"

„Ich nicht; du", gab Macon zurück. „Du konzentrierst dich auf die Windschutzscheibe statt auf die Fahrbahn."

40 Sarah hielt sich noch immer am Armaturenbrett fest. Sie hatte ein breites, glattes Gesicht, das ruhig wirkte, doch bei näherem Hinsehen wäre einem die nervöse Spannung um ihre Augenwinkel nicht entgangen. Der Wagen wurde ihnen ungemütlich eng. Ihr Atem trübte die Fenster. Zuvor war die Klimaanlage gelaufen, und schon bald wurde der verbliebene Rest

45 künstlicher Kühle klamm und roch nach Moder. Sie zischten in eine Unterführung hinein. Der Regen hörte schlagartig auf. Sarah stieß erleichtert einen kleinen Seufzer aus, aber noch bevor er ganz heraus war, begann es wieder auf das Dach zu prasseln. Sie drehte sich um und schaute verlangend der Unterführung nach. Macon raste weiter, die Hände locker

50 und ruhig auf dem Steuer. […]

🔳 „Ich weiß nicht, ob es dir im Grunde nicht ziemlich egal ist", sagte Sarah. „Oder?" Macon wiederholte: „Egal?"

„Neulich habe ich doch zu dir gesagt: ‚Macon, seit Ethan[4] tot ist, frage ich mich manchmal, ob das Leben noch einen Sinn hat.' Weißt du noch,

55 was du geantwortet hast?"„Im Moment nicht."

„Du hast gesagt: ‚Schatz, ehrlich gestanden hatte ich nie den Eindruck, dass es überhaupt je viel Sinn gehabt hätte.' Wörtlich."

„Hm …" „Und du merkst nicht einmal, was da nicht stimmt."

„Durchaus möglich", erwiderte Macon. […]

🔲**1** Was deutet darauf hin, dass Sarah und Macon nicht mehr glücklich miteinander sind?
   a. Finde passende Textstellen.
   b. Fasse deine Ergebnisse zusammen.

„Macon, ich möchte mich scheiden lassen."
„Macon, glaubst du, wir können noch mal von vorne anfangen?"

W 🔲**2** Wie könnte das Gespräch weitergehen?
   Schreibe zu einem der beiden Sätze eine passende Fortsetzung des Gesprächs.

Z 🔲**3** Wählt ein Buch aus diesem Kapitel aus und lest es.
   Tipp: Ihr könnt dazu einen Buch-Workshop planen und durchführen.

⌐ [3] **die Gischt:** hier: das Sprühwasser von der nassen Straße
└ [4] Ethan, der Sohn der beiden, war auf tragische Weise ums Leben gekommen.

Leseecke: Joyce Carol Oates – Eine Stimme Nordamerikas

Eine vielseitige Autorin

In ihrem Buch „Beim Schreiben allein" erzählt Joyce Carol Oates, wie sie selbst Zugang zur Literatur gefunden hat.

📖 Beim Schreiben allein   Joyce Carol Oates

1946 schenkte mir meine Großmutter zu meinem achten Geburtstag eine wunderschön illustrierte Ausgabe von Lewis Carrolls[1] „Alice im Wunderland" und „Alice hinter den Spiegeln". Wie aus dem Nichts kam dieses Wunder zu
5 mir, dem Bauernkind in einem Haushalt, in dem sich alles um Arbeit drehte und es kaum Bücher und Zeit zum Lesen gab. Das Geschenk meiner Großmutter mit dem hübschen Leineneinband, auf dem die ewig staunende Alice inmitten bizarrer[2] Wesen zu sehen war, sollte der große Schatz
10 meiner Kindheit und der grundlegende literarische Einfluss meines ganzen Lebens werden. Es war Liebe auf den ersten Blick. (Sehr wahrscheinlich verliebte ich mich gleichzeitig in das Phänomen[3] Buch!) [...] Wie Alice, mit der ich mich ohne Frage identifizierte, tauchte ich kopfüber
15 in den Kaninchenbau oder stieg mutig durch den Spiegel in die Welt dahinter, und ich kehrte, sozusagen, niemals wirklich in die reale Welt zurück. [...] Die Gedichte, die ich in der Highschool, im College und mit Anfang zwanzig immer wieder las, hatten natürlich einen weitaus deutlicheren Einfluss auf meinen Schreibstil. Und in dieser Phase war Robert Frost[4] fraglos und
20 vermutlich unausweichlich mein wichtigster Dichter. [...] Frost erlaubte jungen Autoren wie mir zu erkennen, dass die Erfahrungen unseres alltäglichen, scheinbar gewöhnlichen Lebens durchaus in würdige Kunst verwandelt werden konnten. Seine Poesie bestand nicht aus komplizierten und ausgefeilten Reimen, [...] sondern in einer vollkommen anderen Sprache, die Männer, Frauen
25 und Kinder wie wir gebrauchten.

Joyce Carol Oates, geb. am 16. Juni 1938, gehört zu den bedeutendsten Autorinnen der US-amerikanischen Literatur. Ihren ersten Roman veröffentlichte sie 1963. Seitdem sind mehr als 40 Bücher von ihr erschienen, für die sie zahlreiche Preise erhielt.

1   Klassengespräch!
Was hat die Schriftstellerin an den erwähnten Büchern fasziniert?
a. Findet entsprechende Textstellen.
b. Besprecht, was sie für sich als Schriftstellerin daraus gelernt hat.

---

[1] **Lewis Carroll** (1832–1898) war ein britischer Schriftsteller.
[2] **bizarr:** hier: seltsam

[3] **das Phänomen:** hier: die Erscheinung, die Besonderheit
[4] **Robert Frost** (1884–1963) war ein US-amerikanischer Lyriker.

Das literarische Schaffen von Joyce Carol Oates ist sehr vielfältig.
Du kannst es für dich entdecken und eine Lesemappe dazu anlegen.

Blond

In dem Buch beschreibt die Autorin das Leben von Norma Jean Baker,
die als die Schauspielerin Marilyn Monroe berühmt wurde. Joyce Carol
Oates begründet ihre Buchidee: „Vor ein paar Jahren sah ich eine Fotografie
der siebzehnjährigen Norma Jean Baker, auf der sie ganz anders wirkt als
die Marilyn Monroe, die zur Ikone wurde. […] Das stellte ich mir
unter einem amerikanischen Epos vor. Ich wollte nicht unbedingt
über den Mythos Marilyn Monroe schreiben, aber zeigen, wie sie innen war."

Jene

Im Jahre 1937 steht die 16-jährige Loretta Botsford vor dem Spiegel und
denkt über die Zukunft nach. Sie ist hübsch, lebenslustig und voller
Zuversicht, dass ihr Leben glücklich und erfolgreich sein wird. Aber sie hat
keine Chance: In derselben Nacht erschießt ihr Bruder ihren Liebhaber.
Angst und Verzweiflung treiben sie in eine übereilte Ehe, und sie gerät
immer tiefer in die dumpfe Welt der Armen und Verlassenen. Die Geschichte
einer Familie, die auch die Geschichte Amerikas von den dreißiger Jahren
bis zu den blutigen Rassenunruhen in Detroit 1968 ist.

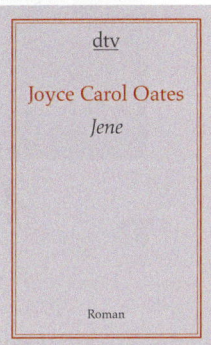

Du fehlst

Als Nikki Eaton, Anfang dreißig, unabhängig und eigenwillig, endlich ihr
schlechtes Verhältnis zu ihrer Mutter klären will, wird diese Opfer eines
Raubüberfalls. Wäre Nikki zehn Minuten eher bei ihrer Mutter eingetroffen,
hätte sie deren Tod vielleicht noch verhindern können. Jetzt muss sie sich
mit dem plötzlichen Tod ihrer Mutter Gwen auseinandersetzen. Engagiert
und spannend beschreibt Joyce Carol Oates das Spektrum
der Veränderungen und verwirrenden Gefühle in Nikkis Trauerjahr:
Lähmung, Wut, Sorge und auch Erkenntnis.

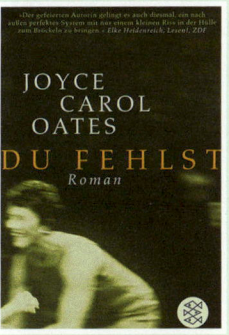

Über Boxen

In dem Essay[1] schreibt Joyce Carol Oates über die Welt des Boxsports,
über bedeutende Boxkämpfe und berühmte Boxer, die auch selbst
zu Wort kommen.

2 Recherchiere weitere Informationen über die Autorin und ihr Schaffen.
Mache dir Notizen für deine Lesemappe.

Z 3 Stelle ein Buch der Autorin vor, das dich vom Thema her interessiert.

---

[1] **der Essay:** ein Text, in dem ein Autor oder eine Autorin zu einem bestimmten Thema Stellung
nimmt. Dabei werden auch persönliche Eindrücke und Beobachtungen dargestellt.

Zwei Erzählperspektiven in einem Roman

In vielen Romanen übt Joyce Carol Oates Kritik an der heutigen Gesellschaft. Dabei gibt sie ihren Romanfiguren eine Stimme, so wie in dem Buch „Unter Verdacht".

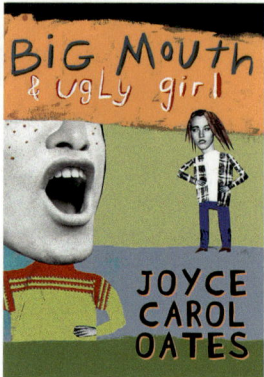 

1 Klassengespräch!
Seht euch die beiden Cover an.
- Woran erkennt ihr, dass beide Cover zu demselben Roman gehören?
- Welche zusätzlichen Informationen findet ihr auf dem Cover der amerikanischen Ausgabe?
- Worum könnte es in dem Roman gehen?

> Der 16-jährige Matt – „Big Mouth"[1] – und die gleichaltrige Außenseiterin Ursula, die sich selbst „Ugly Girl"[2] nennt, sind die beiden Hauptfiguren in dem Jugendroman von Joyce Carol Oates. Eines Tages passiert etwas, das ihre bisher heile Welt zerstört, denn Matt gerät „unter Verdacht".

Unter Verdacht   Joyce Carol Oates

1 Auf der Polizeiwache verstand Matt, wieso jemand, der unschuldig in Polizeigewahrsam gerät, auf einmal „gesteht". Er verstand, wieso ein Mensch plötzlich durchdreht und auf Polizisten losgeht, von denen er weiß, dass sie bewaffnet sind. Oder vor ihnen davonrennt. Wie ein Tier, das in Panik gerät
5 und verzweifelt versucht zu entkommen. Obwohl er seine Mutter dabeihatte, seinen Anwalt und die wohlmeinende Frau vom Familiengericht, war Matt nahe daran gewesen, im Untersuchungszimmer zusammenzubrechen. […] Anfangs, als sie noch in der Schule waren, hatte er sogar noch kurz gedacht, das Ganze sei ein ziemlich wildes Abenteuer, nicht unkomisch, über das er
10 für die Zeitung schreiben und mit dem er seine Freunde unterhalten konnte. Die Mädchen würden beeindruckt sein, ihm mit großen Augen zuhören.

[1 **Big Mouth:** (sprich: big mauθ): ein Spitzname, übersetzt: das Großmaul
[2 **Ugly Girl:** (sprich: agli göːl): ein Spitzname, übersetzt: hässliches/unangenehmes/bedrohliches Mädchen

Jetzt wusste er: Sie würden es nie verstehen. Nie würde er in
der Lage sein, einem anderen Menschen zu erklären,
wie schwach er sich fühlte.

15 **2** Und welche Wut in ihm kochte. Als er zu Hause war,
hatte er gleich E-Mails an Russ, Skeet, Call und Neil geschickt.
Nicht einer von ihnen hatte geantwortet.
Er hatte eine zweite Mail an Russ und Skeet geschickt.

He, Jungs, wo habt ihr euch versteckt?
20 Ihr könnt rauskommen. Die Luft ist rein.

Dann noch eine dritte an Russ.

Russ, es ist alles okay. Ich glaub's jedenfalls.
Rufst du mich an? Danke!

Aber Russ hatte sich nicht gemeldet. (Zumindest bis jetzt noch nicht.)
25 Und nun flimmerte auf seinem Bildschirm diese Nachricht von URSULA RIGGS. [...]

3 Als Nächstes musste Matt mit seinem Vater telefonieren; es führte kein Weg
daran vorbei. Dad war in Atlanta in einem Hotel. Eigentlich hätte er an
diesem Abend heimkommen sollen, aber der Flug war wegen schlechten Wetters
gestrichen worden. Dad mühte sich Ruhe zu bewahren, doch Matt spürte,
30 dass er aufgeregt war, aufgewühlt. Matt fiel auf, dass der Vater, genau wie vorher
die Mutter, als Allererstes mit einer Stimme wie straff gespannter Draht gefragt
hatte: „Ist da – ist da irgendetwas dran an diesen Vorwürfen, Matt?"
„Nein", antwortete Matt mit müder Stimme.
Klar, sie mussten das fragen. Das war ein Instinkt. Matt saß zusammengesunken
35 auf seinem Bett. Horchte auf seine Stimme, versuchte auf seine
Schnellfeuergewehrfragen zu antworten. Gott sei Dank war Pumkin da, so konnte
er sein erhitztes Gesicht in ihr Fell graben. Die ganze Zeit wollte Dad wissen,
ob sein Name –„unser Name" – bereits durch die Nachrichten gegangen sei,
und Matt antwortete, nein, er glaube es nicht.
40 „Du bist noch minderjährig. Da gibt es ein Gesetz, meine ich jedenfalls.
Sie dürfen deinen Namen nicht veröffentlichen. Glaube ich." Dad hörte sich so an,
als dächte er laut. „Ausgerechnet jetzt muss so etwas passieren! Ich hab's dir
und Alex noch nicht gesagt, aber … in meiner Firma steht eine Umstrukturierung
an. Sie wollen meine Abteilung verkleinern und …"
45 Matt hätte am liebsten den Hörer in die Ecke geknallt. Bitte nicht! Er konnte
es nicht ertragen, was Dad da sagte. Er hörte nur halb, was Dad weiter sagte,
es schien mehr oder weniger zusammenhangloses Zeug zu sein. (Ob er getrunken
hatte? Vielleicht.) In seinem fernen Four Seasons Hotel in Atlanta wirkte er
abwechselnd benommen, ärgerlich, ungläubig oder optimistisch.
50 „Mach dir keine Sorgen, Matt. Du bist derjenige, dem hier Unrecht geschieht.
Wir werden dafür sorgen, dass das Recht wieder hergestellt wird." Klar, Dad. [...]

4 *Bitte ruf mich an. Es ist dringend.*

Es konnte sich nur um den Schlamassel handeln, in dem er steckte. Vielleicht
gehörte Ursula Riggs ja zu den anonymen Zeugen, die ihn bei Mr. Parrish
55 angeschwärzt hatten? Nein: nicht Ursula. Dieses großknochige, draufgängerische
Mädchen mit der wilden, dunkelblonden Mähne, den Ohrsteckern, die wie
Glasscherben aussahen, der schmuddeligen Baseballkappe mit dem Schriftzug
der Mets, dieses Mädchen mit dem direkten, unerschrockenen Blick aus den
blauen Augen. Wenn man Big Ursula ansah, schaute sie einem gerade ins Gesicht.
60 Sie konnte einen Jungen in Grund und Boden starren. Jeden. Matt bewunderte
Ursula, auch wenn er sich neben ihr unsicher fühlte, verlegen. Nein, Ursula
würde niemanden bei irgendwelchen Autoritäten anschwärzen; sie war von
Natur aus Anarchistin. Matt wusste das – er wäre selbst gern einer gewesen.
Stattdessen war er immer ein braver Junge gewesen. Pflichtbewusst, höflich,
65 immer nur scheinbar rebellisch, dann, wenn er Witze riss. Instinktiv neigte er dazu,
vor allen Autoritäten zu kuschen. Und was hatte es ihm gebracht? Vom Unterricht
hatten sie ihn ausgeschlossen, für drei Tage. Mindestens.

5 Zweimal wählte Matt die Nummer, die Ursula ihm gegeben hatte,
zweimal legte er schnell wieder auf, bevor es läutete. Diese verfluchte
70 Schüchternheit! Als er zum dritten Mal gewählt hatte, ließ er es
läuten. Sofort ging jemand ran.
„Hallo?" Die Stimme des Mädchens klang heiser, reserviert.
„Hi, hier ist … Matt. Sprech ich mit Ursula?" „Ja."
„Ich hab deine Nachricht bekommen."
75 Matt sprach mit leiser, zittriger Stimme. […]
Jetzt begann Ursula zu sprechen, sehr schnell, als hätte sie sich
ihre Worte vorher überlegt. „Hör zu, Matt. Ich hab gehört,
was du heute in der Cafeteria gesagt hast. Ich ging gerade an eurem
Tisch vorbei und hab dich gehört. Ich weiß, dass du bloß einen Witz
80 gemacht hast; kein intelligenter Mensch könnte deine Worte oder Gesten
missverstehen. Wenn man sie aus dem Zusammenhang reißt, vielleicht,
aber es gab ja einen Zusammenhang. Ich kann mich als Zeugin melden.
Gleich morgen früh gehe ich zu Mr. Parrish und sprech mit ihm. Meinetwegen
auch mit der Polizei, wenn es nötig ist." Die letzten Sätze hatte Ursula sehr lebhaft
85 gesprochen. Matt war sich nicht sicher, ob er richtig gehört hatte. Als Zeugin?
Er fühlte sich wie ein Ertrinkender, der auf einmal spürt, wie sein ermüdender
Arm von jemandem ergriffen wird, von einem Fremden, dessen Gesicht er nicht
sehen kann.

6 „Du … hast mich gehört?", stammelte er. „Du weißt, dass ich nicht …?"
90 „Eine Freundin von mir, Eveann McDowd, war bei mir. Sie hat dich auch gehört.
Ich werde mit ihr sprechen."
„Du würdest also für mich aussagen, Ursula, als Zeugin? Wahnsinn."
„Das würde ich für jeden tun, der zu Unrecht beschuldigt wird",
sagte Ursula rasch. „Ich meine – selbst für Leute, die ich nicht mag."

95 Matt war zu konfus, um richtig zu begreifen, was Ursula Riggs damit
sagen wollte. Dass sie ihn mochte? Er konnte bloß wiederholen:
„Danke, Ursula, ich – bin dir wirklich dankbar."
„Du bist die Einzige, die sich bei mir gemeldet hat", fügte er dann
noch impulsiv hinzu. „Ich komme mir vor wie ein Paria – so heißt
100 doch das Wort, oder? Ein Aussätziger. Ein Ausgestoßener." Als Ursula
nicht antwortete, sagte er: „Sie haben mich vom Unterricht
ausgeschlossen, für mindestens drei Tage, haben sie gesagt.
Bis die Ermittlungen über mich abgeschlossen sind."

2 Fasse zusammen: Was hast du über Matt und seine Situation erfahren?
Gehe dabei auch auf seine Gefühle ein.   ➜ Lesemappe

3 Wer ist Ursula? Beschreibe sie näher.   ➜ Lesemappe

4 Beschreibe die Erzählperspektive.
• Wer ist der Erzähler? Was weiß der Erzähler? Was weiß er nicht?
• Woran hast du das erkannt?   ➜ Lesemappe

Der folgende Romanauszug erzählt aus Ursulas Perspektive.

7 Schon merkwürdig, wie Dinge, die mir in der Mittelschule unheimlich viel
105 ausgemacht haben, die so schlimm für mich waren, dass ich mich in ein Versteck
verzogen und geheult habe, mir von einem Tag auf den anderen nichts mehr
ausmachten. Genau genommen seit dem Tag, als ich aufwachte und wusste,
ich war nicht einfach *ein* hässliches Mädchen – ich war *das* hässliche Mädchen.
Ugly Girl. Ich musste lachen, und es war nicht mehr dieses mädchenhafte Lachen,
110 das meine Mom so nett fand. Es war ein richtiges Lachen, das von ganz unten
aus dem Bauch kommt. Nie mehr würde ich mich für meinen Körper schämen.
Ich würde stolz auf ihn sein. […]

8 Meine Lehrer wussten nicht, wie sie mich einschätzen sollten, das war mir
schon klar. Da war zum einen Ursula Riggs, eine ausgezeichnete Schülerin,
115 ein ernsthaftes Mädchen mit Interesse für Biologie und Kunst. Zum anderen
aber war da Ugly Girl, die sich im Sport wie ein Komantsche[3] aufführte und
eine unfreundliche, sarkastische[4] Art hatte. Ugly Girl hatte ihre Launen,
die von Tintenschwarz bis Feuerrot reichten. Wenn ich in der entsprechenden
Stimmung war, dann konnte es passieren, dass ich gähnend den Unterricht
120 verließ oder mir mitten in einer Klassenarbeit meinen Rucksack schnappte und
rausging. Meine Noten schwankten zwischen A+ und F[5]. Wenn ich bei klarem
Verstand war, wusste ich sehr wohl, dass ich befürchten musste, mir meine
Eignungstests zu versauen und es nicht auf eines der erträglicheren Colleges
zu schaffen. Doch im nächsten Moment konnte ich einfach mit den Schultern
125 zucken und lachen. *Wen kümmert das schon? Ugly Girl jedenfalls nicht.*

---

[3] **der Komantsche:** der Angehörige eines nordamerikanischen Indianerstammes
[4] **sarkastisch:** hier: bissig, höhnisch
[5] **A, F:** Zensuren an amerikanischen Highschools: 1, 6

9 Ursula Riggs war ein Feigling, sie hatte Angst vor dem, was die Leute dachten,
Angst vor der Zukunft. Ugly Girl war kein Feigling und scherte sich einen Dreck
um die Zukunft. *Ugly Girl, die Kriegerin.*
Klar wusste ich, dass die Leute hinter meinem Rücken über mich redeten.
130 Meine Eltern. Meine Klassenkameraden. Selbst sogenannte Freunde.
Wenn ich mich in der Schule durch den Korridor schob, wenn ich die Cafeteria
betrat – immer sah ich die Blicke, hörte ich das Geflüster, das unterdrückte Lachen.
Ursula, die Hässliche. Ich wusste es und es war mir egal. […]

10 Freitagmorgen wollte ich unbedingt so früh wie möglich zur Schule, bevor
135 Mom *einen ihrer ernst gemeinten Appelle* an mich richten konnte. Aber da
stand sie schon und versperrte mir den Weg. Und gleich ging's los:
„Ursula! Du wirst dich doch nicht in diese … diese Sache an deiner Schule
hineinziehen lassen! Bloß weil du zufällig ein paar Worte mitgehört hast,
die du genauso gut falsch verstanden haben kannst. Dein Vater und ich sind
140 beide der Meinung –" Das war typisch Mom – etwas in Frage zu stellen, wovon
ich ganz genau wusste, dass es stimmte. „– dass es ein schrecklicher Fehler wäre."
Höflich erkundigte sich Ugly Girl: „Von wem, Mom? Von mir oder von euch?"
„Ursula, das hier ist nicht komisch."
Ugly Girl schaute ernst und aufmerksam. „Es sieht dir ähnlich, dich mit einem
145 Jungen einzulassen, der öffentlich beschuldigt wird, eure Schule in die Luft jagen
zu wollen. Wir kennen den Jungen ja nicht einmal."
Ugly Girl ließ ihr das durchgehen. Nicht einmal kennen?
„Das wird ein schlechtes Licht auf dich werfen."
(Und auf euch?)
150 „Sag mal, hörst du mir überhaupt zu? Ich hab die ganze Nacht wach
gelegen und mir Sorgen gemacht – was, wenn sie dich auch verhören?
Als – als Mitverschwörerin? Ein Albtraum! Womöglich käme es
in den Nachrichten. Und wenn es in deiner Schülerakte landet –" […]
Okay, Ugly Girl hat einen Fehler gemacht. Ich habe Mom erzählt, was ich
155 in der Cafeteria gehört habe, und sie hat es Dad weitergesagt. Logo. Und ich
war mir so sicher, dass sie es richtig finden, wenn ich für die Wahrheit einstehe.

5 Woran erkennst du, dass die Geschichte jetzt aus Ursulas
Perspektive erzählt wird?
Wie wirkt der Perspektivwechsel auf dich?
Erkläre es.

→ Lesemappe

6 Die Ich-Erzählerin begegnet uns in zwei Rollen.
a. Beantworte die folgenden Fragen.
• Wann ist sie Ursula? Wann ist sie Ugly Girl?
• Wie wirkt dieser Rollenwechsel auf dich?
b. Leite daraus Charaktereigenschaften ab. Notiere sie.

→ Lesemappe

In dem Roman gibt es viele Leerstellen. Du kannst sie selbst füllen.

7 Wähle aus den vier Aufgaben **A** bis **D** eine aus: → Lesemappe

A Schreibe den Dialog zwischen Ursula und ihrer Mutter in eine Spielszene um.

Tipps: • Einmal könnte die schüchterne Ursula sprechen und einmal das „Ugly Girl" in ihr.

• Führe die Spielszene mit einer Partnerin oder einem Partner auf.

B Warum ist es Ursula wichtig, Matt zu helfen? Schreibe eine kurze Rede für Ursula, in der sie das erklärt.

C Schreibe einen Dialog zwischen Ursulas Eltern, in dem sie sich über Ursula und ihren Plan unterhalten.

D Stell dir vor, das Buch soll verfilmt werden. Entwirf eine Rollenbiografie von Matt und Ursula für die Verfilmung.

Joyce Carol Oates lässt die Leser an der Erlebniswelt von Matt und Ursula teilhaben. Sie erzählt auch, was die Figuren denken, fühlen, hoffen oder fürchten.

8 Gruppenarbeit! → Lesemappe

a. Was denken und fühlen Matt und Ursula in verschiedenen Situationen? Ordnet den folgenden Situationen Zitate aus dem Text zu.

• Matt auf der Polizeiwache
• Matt während des Gesprächs mit seinem Vater
• Matt während des Gesprächs mit Ursula
• Ursula während des Gesprächs mit Matt
• Ursula während des Gesprächs mit ihrer Mutter

b. Verfasst einen inneren Monolog zu einer der Situationen.

Starthilfe

> „Auf der Polizeiwache verstand Matt, wieso jemand, der unschuldig in Polizeigewahrsam gerät, …" (Zeilen 1–…)

Z 9 Wie könnte die Geschichte weitergehen?

• Meldet sich Ursula als Zeugin?
• Wie entwickelt sich die Beziehung zwischen Matt und Ursula?

Diskutiert mehrere Möglichkeiten.

Wenn ihr wissen wollt, wodurch genau Matt unter Verdacht geriet und wie die Geschichte tatsächlich weitergeht, dann lest das Buch.

Z Ein Roman voller Sehnsucht und Poesie

Die 15-jährige Jenna hat einen schweren Verkehrsunfall knapp überlebt,
aber ihre Mutter ist dabei ums Leben gekommen.
Wie Jenna wieder ins Leben zurückfindet, erzählt dieser Roman.

Nach dem Unglück schwang ich mich auf, breitete meine Flügel aus und flog davon   Joyce Carol Oates

Prolog

Eine Weile war ich weg, und als ich zurückkam, war Mom
nicht mehr da. Meine Schuld war's nicht. Mir dürft ihr
keine Vorwürfe machen.
Wir fuhren auf der Tappan-Zee-Brücke nach Westen,
5 gegen die Sonne. Die Sonne war dieses irre rote Auge
in einer kränklich aussehenden Wolkenbank. Die Sonne blendete, grell
wurde ihr Licht von der Motorhaube zurückgeworfen. Moms Wagen
auf der Tappan-Zee-Brücke, hoch über dem Hudson River, wo man selbst
an sonst eher stillen Tagen spürt, wie der Wind am Auto rüttelt,
10 und ich schiebe eine CD ein, aber der Apparat wirft sie wieder raus, das
passiert manchmal und ist verdammt nervig, also drücke ich noch mal
die CD-Taste und dieses Mal bleibt die Scheibe tatsächlich drin, und ich
lege die Hand über die Augen zum Schutz vor der Sonne, und plötzlich
sehe ich ein Rehkitz direkt vor uns auf der Fahrbahn! – oder vielleicht
15 einen Hund! – diesen Schatten, den Mom nicht zu sehen scheint,
und ich kriege die Panik und schreie Mom! Pass auf!, und ich greife
(vielleicht) ins Steuer oder versuche (vielleicht) ins Steuer zu greifen,
oder Mom reißt (vielleicht) das Steuer herum, weil ich (vielleicht) schreie,
oder hat Mom (vielleicht) das Rehkitz oder den Hund jetzt selbst gesehen
20 oder (vielleicht) auch einen großen Vogel, einen Falken, oder eine Gans …
Und der Wagen bekommt Flügel und *fliegt*.
Doch! Im Ernst!

> Ein **Prolog** ist die Einleitung
> eines Romans oder
> eines Theaterstücks, in dem
> die Vorgeschichte erzählt wird.

1 Was erfährst du aus dem Prolog?
Schreibe die Fakten heraus.   → Lesemappe

2 Im Prolog sind zwei sprachliche Bilder hervorgehoben.
  a. Was haben diese Bilder mit dem Geschehen zu tun? Erkläre es.
  b. Stelle eine Beziehung zwischen den Bildern und dem Titel des Romans her.

3 Was hat Jenna in diesem schrecklichen Moment erlebt?
Verfasse ein kurzes Interview mit Jenna.

Nach dem Tod der Mutter lebt Jenna wie in einem Rausch.

 1 Im Blauen

Im Blauen waren wir fliegende Schneegänse.
Schöne große, weiß gefiederte Schneegänse inmitten
einer Schar anderer Gänse. Wir flogen in Keilformation,
5 die langen Hälse gereckt und die Augen schmale Schlitze
in unseren wilden, weißen, gefiederten Gesichtern.
Und dann unsere Flügel!
Ihr hättet uns sehen sollen, wie wir mit den Flügeln schlugen
und vom Wind getragen wurden. Dreihundert Meter über
10 dem Fluss schlugen wir heftig mit den Flügeln, um unser Leben zu retten.
Zeilen aus einem Lied gingen mir durch den Kopf.
Sah die Schneegänse fliegen, sah sie tapfer mit den Flügeln schlagen,
und ich wusste, es würde schwer werden in dieser alten Welt, sehr schwer.

2 Es war eine Zeit des Vergessens.

15 Eine lange Zeit *im Blauen*, du wünschst, wünschst, wünschst, sie würde niemals enden.
Du schläfst viel. Du träumst, musst dich aber an nichts erinnern.
Als würdest du dich ohne Ton durch 101 Fernsehkanäle zappen.
Bis du alles durchhast und wieder bei 1 bist, erinnerst du dich an gar nichts
mehr und fängst wieder von vorne an.
20 Oder auch nicht. Kickst die Fernbedienung von der Bettkante.

Viele Lieder flogen mich damals an. Aus heiterem Himmel flogen die Lieder
in meinen Kopf. Anschließend vergaß ich sie alle wieder. Bis auf eines:

In the Country of the Blue
There is no you.

**Nicht nur im Titel, sondern auch in Jennas Zeit „im Blauen"
hat Joyce Carol Oates eine poetische Sprache verwendet.**

Als **poetisch** bezeichnet man eine bilderreiche, ausdrucksvolle und stimmungsvolle Sprache.

4 Was ist mit der Zwischenüberschrift „Im Blauen"
gemeint?
  a. Beschreibt mit eigenen Worten, in welchem Zustand sich Jenna befindet,
  wenn sie „im Blauen" ist.
  b. Vergleicht eure Beschreibung von Jennas Zustand mit der Sprache
  im Romanauszug.
  Tipp: Findet Zitate, in denen eine poetische Sprache verwendet wird.
  c. Wie wirkt diese poetische Sprache auf euch?
  d. Wie ist der Liedtext zu verstehen?

**Jenna muss vom „Blauen" wieder zurück ins normale Leben.
Wie, das könnt ihr erfahren, wenn ihr das Buch lest.**

[Z] Ratschläge einer Autorin: Sich die Seele aus dem Leib schreiben

In ihrem Buch „Beim Schreiben allein" beschreibt Joyce Carol Oates in vierzehn Kapiteln, wie Geschichten lebendig werden können.

📖 Beim Schreiben allein Joyce Carol Oates

An einen jungen Schriftsteller

1 Schreib dir die Seele aus dem Leib.
Schäme dich nie deines Themas noch deiner Leidenschaft für dieses Thema.
Diese „verbotenen" Leidenschaften sind wahrscheinlich der Antrieb für
deine Arbeit. […]
5 Der Kampf mit der verschütteten Seite oder den Seiten deiner Persönlichkeit
bringt deine Kunst hervor; diese Gefühle sind der Antrieb für dein Schreiben,
der es möglich macht, dass du Tage, Wochen, Monate und Jahre bei etwas bleibst,
das anderen aus der Distanz als „Arbeit" erscheint. […]
Lies viel und ohne dich dafür zu entschuldigen. Lies, was du lesen willst,
10 und nicht, was du lesen sollst. […]

2 Schreibe für die Zeit, in der du lebst, wenn nicht sogar ausschließlich für
deine Generation. Du kannst nicht für die „Nachwelt" schreiben – sie existiert nicht –,
und du kannst nicht für eine vergangene Welt schreiben. Du könntest dich,
unbewusst, an ein Publikum wenden, das nicht existiert; du könntest versuchen,
15 jemandem zu gefallen, der keinen Gefallen finden will und der es darüber hinaus
nicht wert ist.
(Aber wenn du merkst, dass du dir nicht „die Seele aus dem Leib schreiben" kannst
– du bist gehemmt, peinlich berührt, ängstlich, dass du die Gefühle der anderen
verletzen könntest –, dann liegt die Lösung vielleicht in einem Pseudonym.)
20 Es hat etwas wunderbar Befreiendes, sogar Kindliches, einen anderen Namen zu
verwenden – einen erfundenen Namen, der nicht unmittelbar mit dir zusammenhängt.
Wenn sich deine Lage ändert, kannst du immer noch dein wahres Ich preisgeben. […]

3 Schäm dich nicht, idealistisch zu sein, romantisch und
voller Sehnsucht. Wenn du dich nach Menschen sehnst,
25 die dein Interesse an ihnen nicht erwidern, dann mache dir
bewusst, dass deine Sehnsucht nach ihnen vielleicht das
Wertvollste an ihnen ist. Solange sie nicht erwidert wird.
Urteile nicht zu rasch über Klassiker. Oder zeitgenössische
Werke. Suche dir dann und wann ein Buch zu lesen,
30 das nicht unbedingt deinem Geschmack entspricht –
oder dem, was du für deinen Geschmack hältst. […]

4 Sprache ist, geschrieben, ein eiskaltes Medium. Anders als Schauspieler und Sportler können wir verbessern, überarbeiten oder komplett neu schreiben, wenn wir wollen. Bis unsere Arbeit in Druck gegeben – wie in Stein gemeißelt –

35 wird, haben wir die Macht darüber. Der erste Entwurf ist vielleicht holprig und anstrengend, aber der nächste oder der übernächste berauschend und erhebend. Hab Vertrauen: Der erste Satz ist nicht geschrieben, bis nicht der letzte geschrieben ist. Erst dann weißt du, wohin du gewollt hast und wo du gewesen bist. Der Roman ist das Leiden, für das nur der Roman das Heilmittel ist.

40 Ein letztes Mal: Schreib dir die Seele aus dem Leib.

1 a. Was meint die Autorin mit „sich die Seele aus dem Leib schreiben"? Tauscht euch darüber aus.
  b. Findet eine eigene Formulierung dafür.

2 Warum kann ein Pseudonym beim Schreiben helfen?
  a. Besprecht, was die Vorteile eines Pseudonyms sind.
  b. Wählt euch ein Pseudonym aus.

W In den folgenden Aufgaben findest du Anregungen,
wie du dir selbst „die Seele aus dem Leib schreiben kannst".

W 3 Wähle aus:
  • Schreibe einen Tagebucheintrag über einen Vorfall in der Schule.
  • Oder schreibe einen Brief an eine der Hauptfiguren aus den beiden Jugendbüchern von Joyce Carol Oates.
  • Oder schreibe einen kurzen Zeitungsbericht in einen Text um, der poetisch klingt.
  • Oder schreibe einfach drauflos, was dir in den Kopf kommt.
    Tipp: Konzentriere dich dabei auf das, was du wahrnimmst: Geräusche, Gefühle, Gedanken.

Die schwierigste Arbeit beim Schreiben von Texten ist das Überarbeiten.

4 a. Lies deinen Text laut vor oder lasse dir den Text vorlesen.
  b. Mache dir Notizen für deine Überarbeitung.
  c. Überarbeite deinen Text.
  d. Lies deinen Text jemandem vor und bitte um ein Feedback.
  e. Überarbeite den Text, wenn nötig, noch einmal.

→ Texte überarbeiten/Schreibkonferenz: Seiten 227/294
→ Feedback: Seite 298

Mit spitzer Feder ...

... gezeichnet und geschrieben

Zeitungen und Magazine veröffentlichen regelmäßig Karikaturen und satirische Texte. In diesem Kapitel untersucht ihr, welche Ziele Autoren und Karikaturisten verfolgen und welche Gestaltungsmittel sie verwenden.

Kamensky/toonpool.com: Eisbären

Igor Zakowski: Selfie

dieKLEINERT: Fotos posten

die KLEINERT: Das Wasser steht bis zum Hals

1 **a.** Seht euch die vier Bilder an.
 b. Lest die Texte und Bildunterschriften genau.
 c. Tauscht euch dazu aus:
  • Um welche zwei großen Themen geht es?
  • Welche Situationen werden dargestellt?
  • Welche Figuren werden dargestellt?
  • Was findet ihr überraschend oder witzig?

1. Vor dem Lesen
2. Das erste Lesen
3. Den Text genau lesen

2 Was müsst ihr wissen, um diese Bilder zu verstehen?
Schreibt zu jedem Bild zwei Fragen auf und beantwortet sie.

Starthilfe

Bild 1: Wo leben Eisbären eigentlich?
    Sie leben …
    Warum fragt …

Karikaturen sind oft zugespitzt. Die oft ernsten Aussagen werden mit Humor verpackt. Deshalb sind viele Karikaturen manchmal erst bei genauem Hinsehen und Nachdenken zu verstehen.

3 Welche Ziele verfolgen Karikaturisten mit ihrer Arbeit?
Sprecht darüber.
Die folgenden Aussagen können euch dabei helfen.

> Karikaturen sind das Salz in der Suppe der Politik. Im besten Falle versalzen sie der Politik sogar die Suppe.
> **Andreas Dunker**, Journalist

> Der Karikaturenzeichner hat's leicht: Oft braucht er die Wirklichkeit nur zu kopieren.
> **Otto Weiss**, Wiener Musiker und Feuilletonist

> Eine treffende Karikatur ist optisches Juckpulver. Sie zwingt den Getroffenen, sich zu kratzen.
> **Ronald Searle**, Comiczeichner

> Über Karikaturen sollte man nicht nur schmunzeln, sondern auch nachdenken.
> **Andreas Dunker**, Journalist

W 4 Wählt eine Karikatur von Seite 176 aus und untersucht sie genauer.
 • Was seht ihr darauf?
 • Was hat euch zum Lachen und zum Nachdenken gebracht?
 • Gibt es Symbole, die für eine Entwicklung oder ein Ereignis stehen?
 • Mit welchem Ziel wurde das Bild gezeichnet?
  Stellt eure Ergebnisse in der Klasse vor.

1 die Erderwärmung, der Umweltschutz, die Klimapolitik, das Abschmelzen der Pole, der Medienumgang, die Handy-Kultur, das Selfie, das Posten
2 Eisbär: Symbol für Klimawandel, Ring: Symbol für eine emotionale Situation

Durch Widersprüche schockieren

Karikaturen machen auf Missstände aufmerksam und weisen oft auf mögliche Verantwortliche hin. Zum Verstehen ist es mitunter nötig, über politische Hintergründe informiert zu sein.

1
a. Sieh dir das Bild an.
Um welches Thema geht es?
b. Beschreibe das Bild genauer.
- Welche Situation ist dargestellt?
- Welche Figur ist dargestellt?
- Welcher Widerspruch steckt darin?

WER WAFFEN SÄET...

NEL/Ioan Cozacu: Wer Waffen säet, ...

2 Die Bildunterschrift bezieht sich auf die Redensart „Wer Wind sät, wird Sturm ernten".
a. Ergänzt den zweiten Teil der Bildunterschrift.
b. Warum wurde hier nur der erste Teil verwendet? Sprecht darüber.
c. Welche Aussage hat die Karikatur für euch?

3 Beschäftigt euch genauer mit der Karikatur.
a. Stellt Fragen und klärt Details, die euch nicht verständlich sind.
b. Tragt Informationen zu den politischen Hintergründen zusammen. Tauscht euch darüber aus.

4 Interpretiert die Karikatur mit Hilfe der folgenden Arbeitstechnik.

Arbeitstechnik

Eine Karikatur interpretieren

Betrachte die Karikatur und finde heraus, welches **Thema** dargestellt wird.
Beschreibe die Karikatur mit Hilfe folgender Fragen:
- Welche **Situation** oder welches **Problem** wird dargestellt?
- Welche **Figuren** werden dargestellt?
- Welche **Symbole** werden als zeichnerische Elemente verwendet?
- Welche **Informationen** bietet die **Bildunterschrift**? Welche Bedeutung hat sie?
- Wie ist der **Bildaufbau** gestaltet (Vordergrund, Hintergrund, Perspektive)?

Erkläre die Karikatur.
Recherchiere dazu auch zu den politischen, wirtschaftlichen oder kulturellen Zusammenhängen, die wichtig sind, um die Karikatur zu verstehen.
Untersuche, welches Ziel und welche Aussage die Karikatur hat.
Bewerte die Karikatur. Ist die Aussage der Karikatur genau dargestellt? Wie findest du die zeichnerischen Mittel? Ist die Karikatur überzeugend?

1 der Waffenexport, der Sämann, das Feld bestellen

Rüdiger Hoffmann hat das Thema in einem Songtext verarbeitet.

📖 Waffenschieber   Rüdiger Hoffmann

Jeden Morgen geh ich aus dem Haus,
Meine Frau, die winkt zum Fenster raus.
Der Kleine bringt nen 2er in Latein,
Die Große, die macht gerade
5   den Führerschein.
Unser Bungalow, der steht in der Natur,
Den Abend jogg ich gern durch Wald
    und Flur.
Wir essen gut, doch halten auch Diät,
10 Denn Gesundheit hat für uns Priorität[1].

Doch Dienst ist Dienst und Schnaps ist
    Schnaps
Und meiner Frau, der schenke ich Straps.

Bin ein Waffenschieber,
15 Großkaliber[2],
Ich bin kein Kapuziner[3],
Ich bin Großverdiener.
Und wenn's wo auf der Welt so richtig
    kracht,
20 Wird bei mir Kasse gemacht.

In der Kirch bin ich ein gern gesehner Mann,
Der Pfarrer ruft mich auch privat mal an.
Denn er weiß, ich habe etwas Geld
Und spende gern bei Brot für die Welt.
25 Der neue Mann im Auswärtigen Amt,
Der ist ja auch schon lang mit mir bekannt.
Alleine steht man heut sehr schnell im
    Regen,
Drum muss man seine Freundschaften gut
30   pflegen.

Doch Dienst ist Dienst und Schnaps ist
    Schnaps
Und meiner Frau, der schenke ich Straps.

Bin ein Waffenschieber,
35 Großkaliber,
Ich bin kein Kapuziner,
Ich bin Großverdiener.
Und wenn's wo auf der Welt so richtig
    kracht,
40 Wird bei mir Kasse gemacht.

5 Vergleiche unterschiedliche Textaussagen.
  a. Welchen Eindruck hast du nach der ersten Strophe?
  b. Vergleiche deinen Eindruck mit der Überschrift des Textes.

Der Song zeigt einen Widerspruch, der sich zwischen der privaten
und der beruflichen Welt des Waffenschiebers auftut.

6 Untersuche den Widerspruch.
Übertrage dazu die Tabelle in dein Heft und vervollständige sie.

Der Waffenschieber privat	...
– hat Frau und Kinder – liebt die Natur ...	– trägt dazu bei, dass anderswo Familien zerstört werden ...

7 Fasse mit eigenen Worten zusammen,
wie und wodurch der Waffenschieber kritisiert wird.

[1] **die Priorität:** Vorrang, große Wichtigkeit
[2] **das Großkaliber:** Maß für Lauf und Projektil einer Waffe; hier: in großem Stil
[3] **der Kapuziner:** hier: Mönch

Satire durch Übertreibung

Diese Kurzgeschichte hat Heinrich Böll 1956 verfasst.

1 Welche Erwartungen habt ihr nach dem Lesen des Titels und des Untertitels? Sprecht darüber.

2 Lest die Kurzgeschichte mit dem Textknacker.

→ Informationen zum Autor: Seite 132

Es wird etwas geschehen — Heinrich Böll

Eine handlungsstarke Geschichte

1 Zu den merkwürdigsten Abschnitten meines Lebens gehört wohl der, den ich als Angestellter in Alfred Wunsiedels Fabrik zubrachte. Von Natur bin ich mehr dem Nachdenken und dem Nichtstun zugeneigt als der Arbeit, doch hin und wieder
5 zwingen mich anhaltende finanzielle Schwierigkeiten – denn Nachdenken bringt so wenig ein wie Nichtstun –, eine so genannte Stelle anzunehmen. Wieder einmal auf einem solchen Tiefpunkt angekommen, vertraute ich mich der Arbeitsvermittlung an und wurde mit sieben anderen
10 Leidensgenossen in Wunsiedels Fabrik geschickt, wo wir einer Eignungsprüfung unterzogen werden sollten.

2 Schon der Anblick der Fabrik machte mich misstrauisch: Die Fabrik war ganz aus Glasziegeln gebaut und meine Abneigung gegen helle Gebäude und helle Räume ist so stark
15 wie meine Abneigung gegen die Arbeit. Noch misstrauischer wurde ich, als uns in der hellen, fröhlich ausgemalten Kantine gleich ein Frühstück serviert wurde. Ich ahnte gleich, was meine Leidensgenossen nicht zu ahnen schienen: dass auch dieses Frühstück zur Prüfung gehöre; und so kaute ich hingebungsvoll,
20 mit dem vollen Bewusstsein eines Menschen, der genau weiß, dass er seinem Körper wertvolle Stoffe zuführt. Ich tat etwas, wozu mich normalerweise keine Macht dieser Welt bringen würde: Ich trank auf den nüchternen Magen Orangensaft, ließ den Kaffee und ein Ei stehen, den größten Teil des Toasts liegen,
25 stand auf und marschierte handlungsschwanger[1] in der Kantine auf und ab.

[[1] **handlungsschwanger:** bereit zum Handeln

3 So wurde ich als Erster in den Prüfungsraum geführt, wo auf
reizenden Tischen die Fragebogen bereitlagen. Die Wände waren
in einem Grün getönt, das Einrichtungsfanatikern[2] das Wort
30 „entzückend" auf die Lippen gezaubert hätte. Niemand war zu
sehen, und doch war ich so sicher, beobachtet zu werden, dass ich
mich benahm, wie ein Handlungsschwangerer sich benimmt, wenn
er sich unbeobachtet glaubt: Ungeduldig riss ich meinen
Füllfederhalter aus der Tasche, schraubte ihn auf, setzte mich an
35 den nächstbesten Tisch und zog den Fragebogen an mich heran,
wie Choleriker[3] Wirtshausrechnungen zu sich hinziehen. *Erste
Frage: Halten Sie es für richtig, dass der Mensch nur zwei Arme, zwei
Beine, Augen und Ohren hat?* Hier erntete ich zum ersten Male die
Früchte meiner Nachdenklichkeit und schrieb ohne Zögern hin:
40 „Selbst vier Arme, Beine, Ohren würden meinem Tatendrang nicht
genügen. Die Ausstattung des Menschen ist kümmerlich." *Zweite
Frage: Wie viele Telefone können Sie gleichzeitig bedienen? ... Dritte
Frage: Was machen Sie nach Feierabend?* ...

4 Ich bekam die Stelle. Tatsächlich fühlte ich mich sogar mit
45 den neun Telefonen nicht ganz ausgelastet. Ich rief in die Muscheln
der Hörer: „Handeln Sie sofort!" oder: „Tun Sie etwas! – Es muss
etwas geschehen – Es wird etwas geschehen – Es ist etwas
geschehen – Es sollte etwas geschehen." Doch meistens – denn
das schien mir der Atmosphäre gemäß – bediente ich mich
50 des Imperativs[4].

5 Interessant waren die Mittagspausen, wo wir in der Kantine,
von lautloser Fröhlichkeit umgeben, vitaminreiche Speisen aßen.
Es wimmelte in Wunsiedels Fabrik von Leuten, die verrückt darauf
waren, ihren Lebenslauf zu erzählen, wie eben handlungsstarke
55 Persönlichkeiten es gern tun. Ihr Lebenslauf ist ihnen wichtiger
als ihr Leben, man braucht nur auf einen Knopf zu drücken und
schon erbrechen[5] sie ihn in Ehren. Wunsiedels Stellvertreter war
ein Mann mit Namen Broschek, der seinerseits einen gewissen
Ruhm erworben hatte, weil er als Student sieben Kinder und

60 eine gelähmte Frau durch Nachtarbeit ernährt, zugleich vier
Handelsvertretungen erfolgreich ausgeübt und dennoch
innerhalb von zwei Jahren zwei Staatsprüfungen mit Auszeichnung
bestanden hatte. Als ihn Reporter gefragt hatten: „Wann schlafen Sie denn, Broschek?",
hatte er geantwortet: „Schlafen ist Sünde!" Wunsiedels Sekretärin hatte ...
65 Wunsiedel selbst war ...

6 Innerhalb der ersten Woche steigerte ich die Zahl der bedienten Telefone
auf elf, innerhalb der zweiten Woche auf dreizehn, und es machte mir Spaß,

---

[2] **der Einrichtungsfanatiker:** jemand, dem übertrieben viel an der Einrichtung von Räumen liegt
[3] **der Choleriker:** jemand, der leicht wütend wird und die Beherrschung verliert
[4] **der Imperativ:** die Aufforderungs- oder Befehlsform eines Verbs
[5] **den Lebenslauf erbrechen:** gemeint ist: die Personen erzählen anderen ihren Lebenslauf,
ohne Rücksicht darauf, ob er wirklich interessiert

morgens in der Straßenbahn neue Imperative zu erfinden oder das Verbum[6]
geschehen durch die verschiedenen Tempora[7], durch die verschiedenen Genera[8],
70 durch Konjunktiv und Indikativ[9] zu hetzen; zwei Tage lang sagte ich nur den
einen Satz, weil ich ihn so schön fand: „Es hätte etwas geschehen müssen",
zwei weitere Tage lang einen anderen: „Das hätte nicht geschehen dürfen."
So fing ich an, mich tatsächlich ausgelastet zu fühlen, als wirklich etwas geschah.
▧ An einem Dienstagmorgen – ich hatte mich noch gar nicht richtig zurechtgesetzt –
75 stürzte Wunsiedel in mein Zimmer und rief sein „Es muss etwas geschehen!".
Doch etwas Unerklärliches auf seinem Gesicht ließ mich zögern, fröhlich und
munter, wie es vorgeschrieben war, zu antworten: „Es wird etwas geschehen!"
Ich zögerte wohl zu lange, denn Wunsiedel, der sonst selten schrie, brüllte mich an:
„Antworten Sie! Antworten Sie, wie es vorgeschrieben ist!" Und ich antwortete
80 leise und widerstrebend wie ein Kind, das man zu sagen zwingt: Ich bin
ein böses Kind. Nur mit großer Anstrengung brachte ich den Satz heraus:
„Es wird etwas geschehen", und kaum hatte ich ihn ausgesprochen, da geschah
tatsächlich etwas: Wunsiedel stürzte zu Boden, rollte im Stürzen auf die Seite
und lag quer vor der offenen Tür. Ich wusste gleich, was sich mir bestätigte,
85 als ich langsam um meinen Tisch herum auf den Liegenden zuging: dass er tot war.
▧ Kopfschüttelnd stieg ich über Wunsiedel hinweg, ging langsam durch
den Flur zu Broscheks Zimmer und trat dort, ohne anzuklopfen,
ein. Broschek saß an seinem Schreibtisch, hatte in jeder Hand
einen Telefonhörer, im Mund einen Kugelschreiber, mit dem er

90 Notizen auf einen Block schrieb, während er mit den bloßen
Füßen eine Strickmaschine bediente, die unter dem Schreibtisch
stand. Auf diese Weise trägt er dazu bei, die Bekleidung seiner
Familie zu vervollständigen. „Es ist etwas geschehen", sagte ich
leise. Broschek spuckte den Kugelstift aus, legte die beiden Hörer
95 hin, löste zögernd seine Zehen von der Strickmaschine.
„Was ist denn geschehen?", fragte er.
„Herr Wunsiedel ist tot", sagte ich.
„Nein", sagte Broschek.
„Doch", sagte ich, „kommen Sie!"
100 „Nein", sagte Broschek, „das ist unmöglich", aber er schlüpfte in seine
Pantoffeln und folgte mir über den Flur.
▧ „Nein", sagte er, als wir an Wunsiedels Leiche standen, „nein, nein!"
Ich widersprach ihm nicht. Vorsichtig drehte ich Wunsiedel auf
den Rücken, drückte ihm die Augen zu und betrachtete ihn
105 nachdenklich. Ich empfand fast Zärtlichkeit für ihn, und zum ersten
Male wurde mir klar, dass ich ihn nie gehasst hatte. Auf seinem
Gesicht war etwas, wie es auf den Gesichtern der Kinder ist, die sich
hartnäckig weigern, ihren Glauben an den Weihnachtsmann

[6 **das Verbum** (lat.): das Verb
7 **die Tempora** (lat.): die Zeitformen des Verbs
8 **die Genera** (von Genus Verbi): das Aktiv und das Passiv des Verbs
9 **der Konjunktiv und der Indikativ**: Formen des Verbs

aufzugeben, obwohl die Argumente der Spielkameraden so überzeugend
110 klingen. „Nein", sagte Broschek, „nein."
„Es muss etwas geschehen", sagte ich leise zu Broschek.
„Ja", sagte Broschek, „es muss etwas geschehen."
Es geschah etwas:

**Nach dem genauen Lesen untersuchst du nun
die satirischen Momente dieser Kurzgeschichte genauer.**

> **Sa|ti|re** die: → (lateinisch): Personen, Ereignisse, Sitten oder Unsitten werden verspottet; Übertreibung als wichtiges Mittel; satirische Texte unterhalten, kritisieren, belehren oder überzeugen in humorvoller Weise

3 Der Ich-Erzähler bewirbt sich
in der „handlungsstarken" Firma.
- Was erfährst du über die Firma?
- Wodurch wird deutlich, wie handlungsstark Broschek ist?
- Was hat er als Student alles geleistet und was leistet er in der Firma? Schreibe Stichworte auf.

4 a. Was erfährst du vom Ich-Erzähler
über seine Einstellungsprüfung?
Untersuche das Verhalten des Ich-Erzählers beim Frühstück.
b. Mit welchen Ausdrücken übertreibt der Erzähler dabei?
Schreibe Beispiele für Übertreibungen aus dem Text (Z. 17 bis 41) heraus.
Ersetze dabei alle übertriebenen Ausdrücke durch normale Ausdrücke.

5 An einigen Stellen der Satire gibt es Auslassungen ... .
Fülle die Auslassungen auf der Seite 181 mit handlungsstarken
Übertreibungen. Die folgenden Fragen helfen dir dabei:
- Was könnte der Ich-Erzähler auf die weiteren Fragen des Fragebogens antworten?
- Wodurch könnte die Sekretärin ihre Handlungsstärke unter Beweis stellen?
- Wie könnte der Tagesbeginn des Firmenchefs Alfred Wunsiedel aussehen?

Der satirische Text endet mit den Worten: „Es geschah etwas:"

6 Was könnte geschehen sein?
Erfindet gemeinsam einen Schluss.

Z 7 Wählt einen Abschnitt der Satire aus und spielt ihn als Szene. → Tipps dazu: Seite 300

→ Weitere satirische Texte und Aufgaben findet ihr auf den weiterführenden Seiten 321–324.

3 helles Gebäude, helle Räume, farbenfrohe Kantine, handlungsstarke Persönlichkeiten ... / Broschek: hatte als Student ...

4 ehrgeizig benahm / Ich nahm gleich eilig/kam ich auf einen Gedanken und schrieb / Auch ... würden für ... nicht reichen/nicht gut genug übertrieben: und so kaute ich hingebungsvoll ... (Z. 19); normal: und so aß ich

Unterwegs im Netz
Das Internet für Ausbildung und Beruf nutzen

Anwendungsprogramme im Internet können dir auch in deiner Ausbildung nützlich sein.

der Blog
die Jobbörse für Ausbildungsstellen
der Online-Sprachkurs
das soziale Netzwerk
das Videoportal

1
a. Lest die Texte und seht euch die Bilder an.
b. Welche Anwendungen kennt ihr? Schreibt die Nummer und die Anwendung auf.
c. Worum geht es in den Anwendungen 1 bis 5 ? Schreibt jeweils einen Satz dazu auf.

1

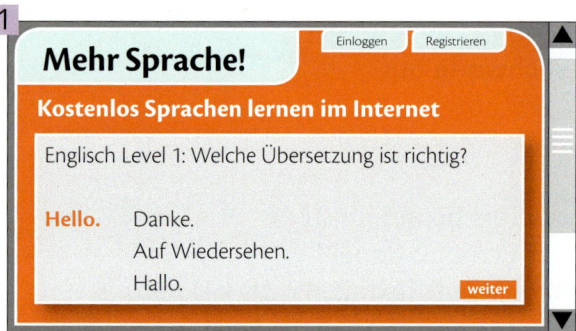

Mehr Sprache!

Einloggen   Registrieren

Kostenlos Sprachen lernen im Internet

Englisch Level 1: Welche Übersetzung ist richtig?

Hello.   Danke.
Auf Wiedersehen.
Hallo.

weiter

2

Dein Kanal   Cupcakes

Rezeptidee von **Mira**:
Cupcakes mit Schokolade

12516

3

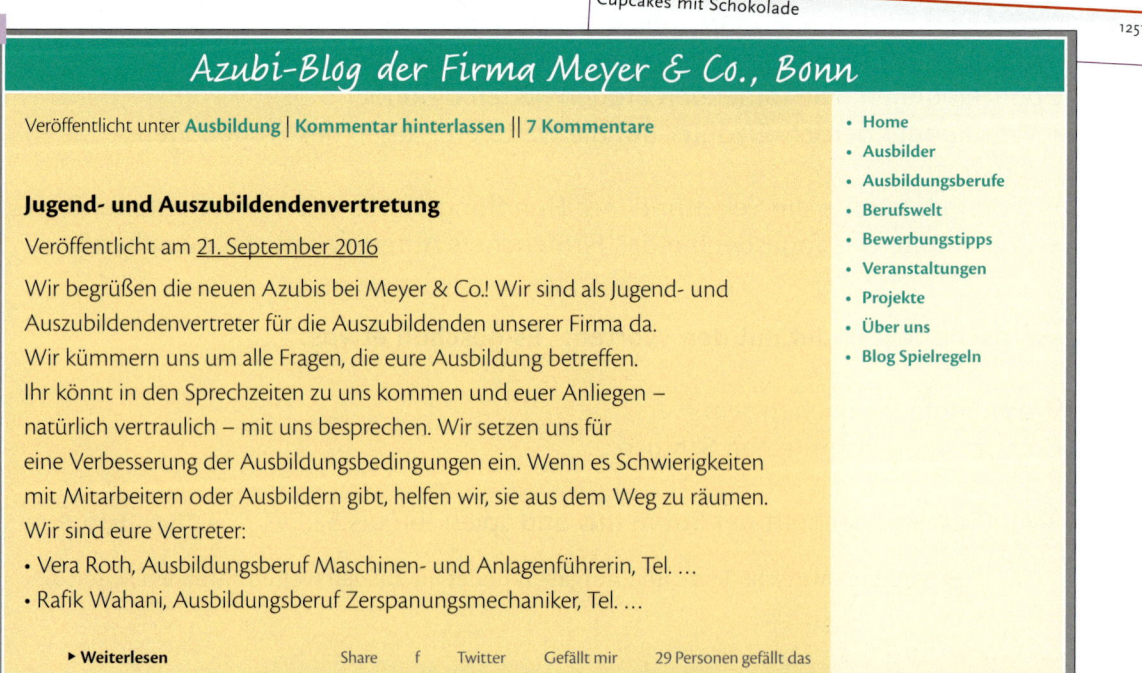

Azubi-Blog der Firma Meyer & Co., Bonn

Veröffentlicht unter **Ausbildung** | **Kommentar hinterlassen** || **7 Kommentare**

Jugend- und Auszubildendenvertretung

Veröffentlicht am 21. September 2016

Wir begrüßen die neuen Azubis bei Meyer & Co.! Wir sind als Jugend- und Auszubildendenvertreter für die Auszubildenden unserer Firma da. Wir kümmern uns um alle Fragen, die eure Ausbildung betreffen. Ihr könnt in den Sprechzeiten zu uns kommen und euer Anliegen – natürlich vertraulich – mit uns besprechen. Wir setzen uns für eine Verbesserung der Ausbildungsbedingungen ein. Wenn es Schwierigkeiten mit Mitarbeitern oder Ausbildern gibt, helfen wir, sie aus dem Weg zu räumen. Wir sind eure Vertreter:
• Vera Roth, Ausbildungsberuf Maschinen- und Anlagenführerin, Tel. …
• Rafik Wahani, Ausbildungsberuf Zerspanungsmechaniker, Tel. …

▶ **Weiterlesen**   Share   f   Twitter   Gefällt mir   29 Personen gefällt das

• Home
• Ausbilder
• Ausbildungsberufe
• Berufswelt
• Bewerbungstipps
• Veranstaltungen
• Projekte
• Über uns
• Blog Spielregeln

1   … kann man seine Sprachkenntnisse trainieren. / … Erklärvideos ansehen. / … sich aktuelle Informationen zur Ausbildung besorgen. / … sich mit den Azubis im Betrieb austauschen / … einen Ausbildungsplatz finden …

4

5
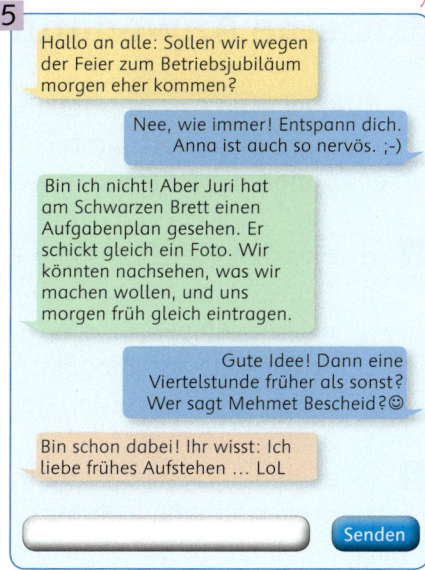

Hallo an alle: Sollen wir wegen der Feier zum Betriebsjubiläum morgen eher kommen?

Nee, wie immer! Entspann dich. Anna ist auch so nervös. ;-)

Bin ich nicht! Aber Juri hat am Schwarzen Brett einen Aufgabenplan gesehen. Er schickt gleich ein Foto. Wir könnten nachsehen, was wir machen wollen, und uns morgen früh gleich eintragen.

Gute Idee! Dann eine Viertelstunde früher als sonst? Wer sagt Mehmet Bescheid?☺

Bin schon dabei! Ihr wisst: Ich liebe frühes Aufstehen … LoL

Senden

©DIHK

Während deiner Ausbildung können verschiedene Fragen oder Probleme auftauchen.

A   Selma: Ich habe in der Berufsschule Schwierigkeiten mit Englisch.

B   Carolin: Wer weiß, wie das mit unserem Azubi-Ticket für
              den Nahverkehr funktioniert?

C   Dario: Ich darf demnächst allein meine erste Torte mit Marzipan verzieren.
              Ich habe aber noch keine Idee, wie …

D   Amina: Hilfe! Mein Ausbilder fällt wegen einer Krankheit längere Zeit aus.
              Ich brauche schnell einen neuen Ausbildungsbetrieb.

E   Elias: In unserer Azubi-Gruppe unterstützen wir uns jeden Tag im Betrieb.
              Ich will mich mit ihr austauschen, ohne dass jeder mitlesen kann.

2   Welche Anwendung ist für wen nützlich?
   a. Lies die Fragen und Probleme der Auszubildenden (A bis E).
   b. Ordne den Fragen und Problemen
          die passenden Anwendungen 1 bis 5 zu.
   c. Schreibe zu jedem Namen einen Satz.

   Starthilfe

   A: Selma kann ihr Englisch mit einem kostenlosen Online-Sprachkurs verbessern.
   B: …

 3
   a. Findet ähnliche Anwendungen im Internet.
   b. Seht euch die Seiten genau an und tauscht euch darüber aus.

Einzelne Anwendungen untersuchen und bewerten

Ein Blog ist eine Art Internet-Tagebuch, das ein Blogger oder
eine Bloggerin zu bestimmten Themen führt. Die Leserinnen und
Leser können die Beiträge in Kommentaren ergänzen und bewerten.

1 a. Lies den Blogeintrag von Seite 184.
  b. Beantworte folgende Fragen schriftlich:
  - Um welchen Blog handelt es sich?
  - Wer hat den Blogeintrag geschrieben?
  - An wen richtet sich der Eintrag? Worum geht es darin?

2 Wie können die Leserinnen und Leser ihre Meinung
zu diesem Blogeintrag mitteilen?
Schreibe einige Sätze dazu auf.
Tipp: Achte vor allem auf die untere Zeile im Blogeintrag.

Über die Menüleiste kannst du die Inhalte
in diesem Blog ansteuern, die dich interessieren.

3 Am rechten Rand des Blogs auf Seite 184 siehst du
die Menüleiste.
  a. Lies die Menüpunkte, die zu diesem Blog gehören.
  b. Schreibe zu jedem Menüpunkt auf, welche
  Informationen du hier bekommen kannst.

Starthilfe

Home: Das ist die Startseite
des Blogs.
Ausbilder: Hier finde ich die
Namen der Ausbilderinnen
und Ausbilder in diesem
Betrieb und Informationen zu
ihnen …

Auszubildende können sich auch über mobile Nachrichtendienste austauschen.

4 a. Lies die Nachrichten **5** auf Seite 185.
  b. Beantworte folgende Fragen schriftlich:
  - Um welche Fragen geht es in den Einträgen?
  - Welche Arten von Nachrichten können die Teilnehmer
  austauschen?
  - Welche Teilnehmer gehören zu dieser Nachrichtengruppe?
  Was verbindet sie?

Netzwerk

5 Vergleicht den Nachrichtendienst mit einem Blog.
Was ist gleich? Worin unterscheiden sie sich?

Starthilfe

Ein Blog ist im Internet für alle lesbar. Mit dem Nachrichtendienst …

2 … können einen Kommentar schreiben /… den Blogbeitrag liken/mit anderen
teilen /… in sozialen Netzwerken einen Link zu diesem Beitrag setzen

4 Die Auszubildenden einer Firma … / … um aktuelle Fragen, die ihre Ausbildung
im beruflichen Alltag betreffen. /… können Bilder, Filme und Textnachrichten
verschicken.

Auf der Suche nach einem Ausbildungsplatz oder einer Arbeitsstelle helfen Jobbörsen im Internet.

6 Untersucht die Informationsseite der Jobbörse von Seite 185.
Tipp: Seht euch die Seite auch im Internet an.
Beantwortet schriftlich die folgenden Fragen:
- Wer betreibt die Jobbörse?
- Was ist der Hauptzweck der Seite?
- Welche Informationen findet man außerdem?
- Ist die Seite übersichtlich gestaltet?
- Welchen Vorteil könnte eine persönliche Registrierung haben?

Recherchiere nun selbst, wie dir das Internet helfen kann, wenn du für deine berufliche Ausbildung Informationen brauchst.

7 Für welche der folgenden Fragen findest du im Internet Hilfen?
a. Notiere zuerst deine Vermutungen.
b. Recherchiere dann im Internet, ob deine Vermutungen zutreffen.
c. Schreibe auf, wo du Hilfe gefunden hast.
d. Beantworte auch die Fragen aus Aufgabe 6, soweit sie auf deine Internetquelle zutreffen.

> **Starthilfe**
> Auf der Seite www… kann ich mich über Ausbildungsbeihilfe informieren. …

A Wo kann ich Berufsausbildungsbeihilfe beantragen?
B Wie decke ich einen Tisch im Hotelrestaurant festlich ein?
C Warum muss immer ich in meiner Abteilung den Kaffee kochen?
D Wie funktioniert ein Laser Cutter?
E Was muss ich tun, wenn ich im Urlaub krank werde?
F Wie komme ich in das Sonderprojekt in meinem Betrieb, von dem mein Ausbilder erzählt hat?

8 Welche Anforderungen stellst du an eine hilfreiche Anwendung im Internet? Schreibe eine Checkliste.
Tipp: Die Ergebnisse der Aufgaben 1 bis 7 helfen dir dabei.

Checkliste für Anwendungen im Internet	ja	nein
Ist deutlich, wer die Seite betreibt?	▪	▪
Sind die Einträge aktuell?	▪	▪
Finde ich mich leicht auf der Seite zurecht?	▪	▪
Ist die Anwendung kostenlos?	▪	▪
…	▪	▪

Gefahren im Netz

1 Hilfe, mein Konto ist leergeräumt!

2 Mein Ausbilder hat das Foto von mir aus dem Club gesehen. Wie peinlich!

3 Das war doch ein Gratisdownload. Wieso kommt jetzt diese Rechnung für ein Abo?

4 Da beschimpft mich jemand dauernd auf meiner Facebook-Seite.

5 Ich soll Geld bezahlen, damit private Nachrichten von mir nicht ins Netz gestellt werden!

6 Ich habe ein Smartphone im Netz gekauft. Die Polizei sagt nun, dass es aus Diebesgut stammt.

1 Klassengespräch!
Sprecht über die Aussagen 1 bis 6 im Kasten.
Was könnten die Betroffenen tun?

Die Initiative *klicksafe* der Europäischen Union kümmert sich um mehr Sicherheit im Netz und richtet jährlich den Safer Internet Day aus.

2 Lies den Text mit Hilfe des Textknackers.

Schritt 1
Schritt 2

Äußerungen zum Safer Internet Day 2016

A **Thomas de Maizière, Bundesminister des Innern:**

„Diese Chancen des Internets können wir uns nur dann dauerhaft sichern, wenn wir gleichzeitig Sicherheitsrisiken und Gefahren im Internet erkennen und meiden. Nur so können wir verhindern, dass Schadprogramme
5 unbemerkt in unsere Computer und Smartphones eindringen, Bankkonten manipuliert[1] werden, teure Abo-Fallen zuschlagen und wir durch Unbefugte ausgeforscht und in unserer Privatsphäre[2] verletzt werden. (…) Für 2016 greift das Bundesamt für Sicherheit in der Informationstechnik das Thema Angriffe mit Schadsoftware in Verbindung mit Erpressungsversuchen auf.
10 Es informiert über Angriffswege und Schutzmöglichkeiten auf www.bsi-fuer-buerger.de.“

B **Aydan Özoğuz, Mitglied des Deutschen Bundestags:**

„Im Internet fallen die Hemmungen: Beschimpfungen, Drohungen und Hetze sind leicht in die Tastatur getippt, wenn man sich hinter einem Pseudonym[3]
15 versteckt und niemandem direkt ins Gesicht sieht. Ich habe fast täglich mit Hass-Posts auf Facebook zu tun. Als Politikerin kann ich damit umgehen. Ich kann mir aber vorstellen, wie sehr es junge Menschen trifft, wenn sie

[1] **manipulieren:** hier: zum eigenen Vorteil verändern
[2] **die Privatsphäre:** der persönliche Bereich
[3] **das Pseudonym:** ein angenommener Name

persönlich im Netz angegriffen werden – das verunsichert tief. Daher unterstütze ich die Initiative *Extrem im Netz* von *klicksafe,* die Jugendlichen helfen soll,
20 sich gegen Angriffe im Netz zu wehren."

C Beate Friese, Mitbegründerin der Initiative „Nummer gegen Kummer":
„Als anonymes[4] und bundesweit kostenfreies Beratungsangebot für Kinder, Jugendliche und Eltern beraten wir seit einigen Jahren auch zu Themen rund um das Internet. (…) Aus den Schilderungen der Betroffenen wird einerseits
25 der häufig zu sorglose Umgang vieler User mit dem Web 2.0 deutlich (wer macht sich schon Gedanken über die Reichweite seines Posts?), andererseits ergeben sich aus der scheinbar unaufhaltsamen Zunahme virtueller Kommunikationsräume immer mehr Möglichkeiten für Gerüchte, Schikane und Ausgrenzung (denkt man nur an die sogenannten ‚Schlampenseiten', auf denen Fotos
30 von Mädchen hämisch kommentiert werden)."

D Dagi Bee, Betreiberin eines YouTube-Kanals:
„(…) natürlich sind neben den vielen unendlich netten und süßen Kommentaren zu meinen Videos immer auch welche dabei, die sehr gemein sind. Ich habe gelernt, damit umzugehen. Das können aber bestimmt nicht alle. Deshalb
35 zum Safer Internet Day mein Tipp an alle, die online Sachen von sich hochladen: Denkt vorher darüber nach, ob das wirklich JEDER sehen und seine Kommentare dazu abgeben können soll."

3 Worum geht es in dem Text? Lies den Text genau.

Schritt 3

4 Schreibe für die Absätze **A** bis **D** auf, von welchen Gefahren dort jeweils die Rede ist.

Schritt 4

> **Starthilfe**
> A: Bankkonten manipuliert, teure …
> B: …

5 **a.** In den Absätzen **A** bis **C** gibt es Hinweise darauf, wo Geschädigte Hilfe erhalten können.
Schreibe die Hinweise zu den Gefahren aus Aufgabe 4.
b. Schreibe Dagi Bees wichtigen Tipp aus Absatz **D** auf.

W 6 Bereitet ein Plakat zu Gefahren aus dem Internet vor.
a. Wählt aus:
• Ihr könnt über den Safer Internet Day informieren.
• Ihr könnt über eine der angegebenen Hilfen aus dem Text informieren.
• Ihr könnt Tipps für einen sicheren Umgang mit dem Internet auflisten.
b. Recherchiert im Internet.
c. Gestaltet ein Plakat, das ihr im Klassenzimmer aushängt.

➔ Eine Debatte zum Thema könnt ihr auf den weiterführenden Seiten 308–310 organisieren.

[[4] **anonym:** ohne den Namen zu nennen

Mensch – Wer bist du?

Menschenbilder in verschiedenen Zeiten

Wie haben die Menschen früher gelebt? Haben sie auch so gefühlt wie wir heute? In diesem Kapitel untersucht ihr literarische Texte aus zwei Zeitabschnitten der Literaturgeschichte.

Venus Genetrix

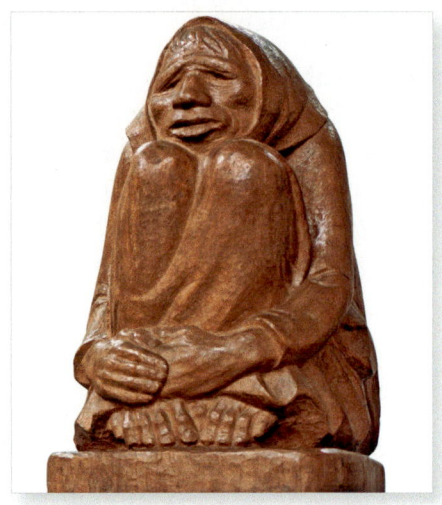

Ernst Barlach: Frierende Alte

1 Was könnt ihr auf den Bildern sehen?
Beschreibt die Kunstwerke. Bezieht die Titel mit ein.

2 Welches Kunstwerk spricht euch besonders an?
  a. Schreibt eure persönlichen Eindrücke, Gefühle und Fragen zu dem Kunstwerk auf.
  b. Tauscht euch darüber aus.

3 Vergleicht die beiden Kunstwerke miteinander: Welche Gemeinsamkeiten und Unterschiede erkennt ihr? Haltet eure Ergebnisse in einer Tabelle fest.

Starthilfe

Gemeinsamkeiten	Unterschiede
zwei Skulpturen …	…

1 das Material, die Personen, die Kleidung, die Körperhaltung, der Gesichtsausdruck

Kunstwerke einer bestimmten Zeit beantworten auch Fragen:
Welche Vorstellungen hatten die Menschen von sich selbst?
Was für ein Verhältnis hatten sie zu ihrer Welt?

4 Untersuche die beiden Darstellungen des Menschen.
Ordne jeder dargestellten Situation passende Adjektive zu.
Begründe deine Zuordnung.

> harmonisch angespannt zufrieden ängstlich
> ausgeglichen bedroht verzweifelt liebevoll

Die folgenden Textauszüge stammen aus unterschiedlichen Zeiten.
Sie lassen sich den beiden Kunstwerken von Seite 190 zuordnen.

1 Ich weeß m'r keen'n Rat nimehr. Ma mag anstell'n, was ma will, ma mag
rumlaufen, bis ma liegen bleibt. Ich bin mehr tot wie lebendig und is doch und
is kee Anderswerden. Neun hungriche Mäuler, die soll eens nu satt machen.
Von was d'nn, hä? Nächten Abend hatt ich a Stickl Brot,
's langte noch nich amal fier de zwee Kleenst'n.
Wem sollt ich's d'nn geb'n, hä?

Gerhart Hauptmann: Die Weber

2 Edel sei der Mensch, hilfreich und gut!

Johann Wolfgang Goethe: Das Göttliche

5 Lies die Textauszüge. Beantworte folgende Fragen:
• Worum geht es in den Textauszügen?
• Wer ist der Sprecher bzw. Erzähler?
• Welche Situationen könnten die Textauszüge beschreiben?
• Wie werden die Menschen in den Textauszügen dargestellt?

6 Ordne die Textauszüge den Kunstwerken von Seite 190 zu.
Begründe deine Zuordnung.

7 Tauscht euch darüber aus, welches der Menschenbilder
auch zu unserer heutigen Zeit passen könnte.
Begründet eure Vermutung.

Z Das Zitat „Edel sei der Mensch, hilfreich und gut!" von
Johann Wolfgang Goethe ist zu einem bekannten Sprichwort geworden.

8 Ist diese Aufforderung für die heutige Zeit noch gültig?
Diskutiert darüber.

Der Mensch als das ideale Wesen

In dem Gedicht „Das Göttliche" entwirft Johann Wolfgang Goethe das Bild eines idealen Menschen.

1 Wer oder was ist ideal?
Wie sollte ein idealer Mensch eurer Ansicht nach sein?
Erstellt einen Cluster.

Das Göttliche   Johann Wolfgang Goethe

Edel sei der Mensch,
Hilfreich und gut!
Denn das allein
Unterscheidet ihn
5 Von allen Wesen,
Die wir kennen.

Heil den unbekannten
Höhern Wesen[1],
Die wir ahnen[2]!
10 Ihnen gleiche der Mensch;
Sein Beispiel lehr' uns
Jene glauben.

Denn unfühlend
Ist die Natur:
15 Es leuchtet die Sonne
Über Bös' und Gute,
Und dem Verbrecher
Glänzen, wie dem Besten,
Der Mond und die Sterne.

20 Wind und Ströme,
Donner und Hagel
Rauschen ihren Weg
Und ergreifen,
Vorübereilend,
25 Einen um den andern.

Auch so das Glück
Tappt unter die Menge,
Fasst bald des Knaben
Lockige Unschuld,
30 Bald auch den kahlen
Schuldigen Scheitel.

Nach ewigen, ehrnen[3],
Großen Gesetzen
Müssen wir alle
35 Unseres Daseins
Kreise vollenden.

Nur allein der Mensch
Vermag das Unmögliche:
Er unterscheidet,
40 Wählet und richtet;
Er kann dem Augenblick
Dauer verleihen.

Er allein darf
Den Guten lohnen,
45 Den Bösen strafen,
Heilen und retten,
Alles Irrende, Schweifende
Nützlich verbinden.

Und wir verehren
50 Die Unsterblichen,
Als wären sie Menschen,
Täten im Großen,
Was der Beste im Kleinen
Tut oder möchte.

55 Der edle Mensch
Sei hilfreich und gut!
Unermüdet schaff' er
Das Nützliche, Rechte,
Sei uns ein Vorbild
60 Jener geahneten[4] Wesen!

(1783)

Michelangelo: David

---

 1 vollkommen, herrlich, göttlich …

[1] **die höhern Wesen:** die göttlichen Wesen
[2] **ahnen:** vermuten
[3] **nach ehrnen Gesetzen:** nach festen, unerschütterlichen Gesetzen
[4] **geahnete Wesen:** Wesen, von denen der Mensch vermutet, dass es sie gibt

Das Gedicht wirft beim ersten Lesen viele Fragen auf.

2 Lest das Gedicht mehrmals still
mit Hilfe der Textknacker-Schritte 1 bis 3.

1. Vor dem Lesen:
   Bild und Überschrift
2. Überfliegend lesen
3. Genau lesen

3 Schreibt die Verse auf, zu denen ihr Fragen habt.
Schreibt eure Fragen dazu.

4 Gruppenarbeit!
a. Lest eure Fragen vor. Überlegt gemeinsam, wie ihr sie beantworten könnt.
b. Wählt eine oder zwei Strophen aus, deren Bedeutung ihr erfasst habt. Schreibt mit eigenen Worten auf, wovon die Strophe jeweils handelt.
c. Stellt eure Ergebnisse der Klasse vor und besprecht sie.

Goethe entwirft in seinem Gedicht ein besonderes Menschenbild.

5 Notiert Stichworte in einer Tabelle zu folgenden Fragen:
- Wie werden die göttlichen Wesen beschrieben?
- Wie werden die Menschen im Verhältnis zu den göttlichen Wesen beschrieben?

Starthilfe

göttliche Wesen	Menschen
• höhere Wesen	• sollen edel sein
• sind Vorbild für den Menschen	• …
• …	

Venus Genetrix

Antike Statuen, wie diese auf den Bildern, waren zu Goethes Zeiten ein Vorbild für die Darstellung des Menschen.

6 Tauscht euch zu folgenden Fragen aus:
- Was könnten die Bilder mit dem Gedicht zu tun haben?
- Welche Eindrücke hinterlassen das Gedicht und die Bilder bei euch?

7 Gruppenarbeit!
Tragt das Gedicht ausdrucksvoll vor.
Welche Verszeilen könntet ihr einzeln und welche im Chor sprechen?
Entscheidet.

5 hilfreich / gut / soll den göttlichen Wesen gleichen, vollkommen sein / es gibt Gute und Böse, Verbrecher und Beste / als Kind unschuldig …

Johann Wolfgang Goethe (1749–1832) hat das Gedicht auf Seite 192
in einer für ihn wichtigen Lebensphase geschrieben.

📖 Johann Wolfgang Goethe

Seit 1776 war Goethe als Staatsminister
am Weimarer Hof tätig.
1782 wurde er als Geheimrat geadelt.
Seine Hoffnung, durch politisches Wirken
5 die Staatsgeschäfte des Herzogtums zum Guten
zu wenden, schwanden im Laufe der Jahre.
Dennoch hatte sich der Bürgersohn
für ein harmonisches Zusammenwirken
mit dem Adel entschieden.
10 Die kleine Stadt Weimar hatte sich
unter der verwitweten Herzogin Anna Amalia
und ihrem Sohn Carl August zu einem
kulturellen Mittelpunkt entwickelt. Goethe konnte hier seine Möglichkeiten
als Minister, Schriftsteller, Naturforscher
15 und Theatermann nutzen. Als 1789, sechs Jahre nach Goethes Ode[1],
die Nachrichten über die Französische Revolution Weimar erreichten,
lehnte Goethe die Revolution wegen ihrer Gewalt ab.
Er setzte stattdessen auf die allmähliche Erziehung zum Guten.
Der Mensch sollte durch Kunst und Literatur zur Humanität[2] erzogen werden.
20 Die Regierungen sollten dabei ein Vorbild sein.

Z 8 a. Welche Vorstellungen hatte Goethe vom Leben
in der menschlichen Gesellschaft?
Erkläre es mit Hilfe der Informationen aus dem Text.
b. Welche Vorstellungen Goethes findest du in dem Gedicht
auf Seite 192 wieder?
Zitiere die jeweiligen Verse.

W 9 Wählt aus:
• Informiert über Goethe und sein literarisches Werk.
Entscheidet, welche Medien ihr nutzt,
z. B. Referat, informativen Text, Plakat.
• Kennt ihr einen idealen Menschen?
Wen würdet ihr als einen solchen bezeichnen?
Tauscht euch in der Klasse darüber aus.

[1] die **Ode**: eine meist reimlose, aber in Strophen gegliederte, lange Gedichtform;
beschreibt wichtige Themen in einem gehobenen, feierlichen Sprachstil
[2] die **Humanität**: innere Einstellung, stets die Würde des Menschen zu achten

Der Mensch als unterdrücktes Wesen

Das folgende Drama entstand 1879 und handelt von Nora,
einer jungen Frau, deren Geschichte heute noch berührt.

Nora ist verheiratet und Mutter von drei Kindern. Sie hat heimlich
die Unterschrift für die Aufnahme eines Kredits gefälscht. Mit dem Geld
will sie ihrem Mann, Torvald Helmer, nach einer schweren Krankheit
eine Erholungsreise ermöglichen.
Der Geldverleiher erpresst Nora mit dem Verrat des Geheimnisses.

1 Lies den Dramenauszug auf den Seiten 195 bis 198
mit den Textknacker-Schritten 1 und 2.

1. Bilder und
   Überschrift
2. Einmal durchlesen

Nora oder Ein Puppenheim   Henrik Ibsen

3. Akt

Helmer:	Du hast mich geliebt, wie eine Frau ihren Mann lieben soll. Es fehlte dir nur an der nötigen Einsicht zur Beurteilung der Mittel. Aber glaubst du, dass du mir weniger teuer bist, weil du nicht selbstständig zu handeln verstehst? Nein, nein, stütz dich nur auf mich, ich will dir Berater, will dir Führer sein. Ich müsste kein Mann sein, wenn nicht gerade diese weibliche Hilflosigkeit dich doppelt anziehend in meinen Augen machte. Kehr dich nicht an die harten Worte, die ich im ersten Schrecken sprach, in einem Augenblicke, da ich meinte, alles müsste über mir zusammenstürzen. Ich habe dir verziehen, Nora; ich schwöre dir zu, ich habe dir verziehen.
Nora:	Ich danke dir für deine Verzeihung. *Geht rechts durch die Tür ab.*
Helmer:	So bleib doch –. *Sieht hinein.* Was willst du da im Alkoven¹?
Nora *drinnen:*	Das Maskenzeug heruntertun.
Helmer *an der offenen Tür:*	Recht so, suche dich zu fassen und das Gleichgewicht deiner Seele wiederzuerlangen, du mein kleines, verschüchtertes Singvögelchen! Ruh dich getrost aus; ich werde dich mit meinen starken Flügeln decken. *Geht in der Nähe der Tür umher.* O wie behaglich und schön unser Haus ist, Nora. Hier bist du geborgen; ich will dich halten wie eine verfolgte Taube, die ich den mörderischen Krallen des Habichts

¹ **der Alkoven:** ein kleiner, abgetrennter fensterloser Raum,
manchmal mit einem Bett

entrissen habe; ich werde dein armes, pochendes Herz schon zur Ruhe bringen. Nach und nach, Nora, – glaub mir das. Schon

30 morgen wirst du alles mit ganz anderen Augen ansehen; bald wird alles wieder beim Alten sein. Ich werde dir nicht mehr oft zu wiederholen brauchen, dass ich dir verziehen habe; du selbst wirst untrüglich fühlen, dass es so ist. Wie bist du auf den Gedanken gekommen, ich könnte dich verstoßen oder dir auch nur einen Vorwurf machen? O Nora, du kennst das Herz eines wirklichen Mannes nicht. Für den Mann liegt etwas

35 unbeschreiblich Holdes[2] und Befriedigendes in dem Bewusstsein, seiner Frau vergeben zu haben, – ihr aus vollem, aufrichtigem Herzen vergeben zu haben. Ist sie doch gewissermaßen in doppeltem Sinne dadurch sein Eigen geworden; als hätte er sie zum zweiten Male in die Welt gesetzt. Sie ist sozusagen sein

40 Weib und sein Kind zugleich geworden. Das sollst du mir fortan sein, du ratloses, hilfloses Persönchen. Fürchte nichts, Nora; sei nur offenherzig gegen mich, dann werde ich dein Wille und auch dein Gewissen sein. – Was ist das? Du gehst nicht zu Bett? Du hast dich umgekleidet?

45 **Nora** *in ihrem Alltagskleide:* Ja, Torvald, ich habe mich umgekleidet.

Helmer: Aber warum denn? Jetzt? So spät –?

Nora: Diese Nacht werde ich nicht schlafen.

Helmer: Aber, liebe Nora –

Nora *sieht auf ihre Uhr:* Es ist noch nicht allzu spät.

50 Nimm Platz, Torvald; wir zwei haben viel miteinander zu reden. *Setzt sich an die eine Seite des Tisches.*

Helmer: Nora, – was soll das heißen? Diese starre Miene –.

55 **Nora:** Setz dich. Es dauert lange. Ich habe mit dir über vieles zu reden.

Helmer *setzt sich ihr gegenüber an den Tisch:* Du machst mir Angst, Nora. Und ich verstehe dich nicht.

60 **Nora:** Ja, das ist es eben. Du verstehst mich nicht. Und ich habe dich ebenfalls nicht verstanden – bis zu dieser Stunde. Bitte, unterbrich mich nicht. Du sollst mir nur zuhören. – Es ist eine Abrechnung, Torvald.

65 **Helmer:** Wie meinst du das?

Nora *nach kurzem Schweigen:* Wie wir so dasitzen, – fällt dir gar nichts daran auf?

Helmer: Was sollte das sein?

Nora: Wir sind jetzt acht Jahre verheiratet. Fällt es dir nicht auf, dass

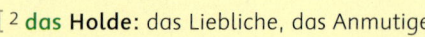

[[2] **das** Holde: das Liebliche, das Anmutige

70	wir – du und ich, Mann und Frau – heute zum ersten Male ein ernstes Gespräch miteinander führen?
Helmer:	Ein ernstes Gespräch, – was heißt das?
Nora:	Acht ganze Jahre – und länger noch, – vom ersten Tage unserer Bekanntschaft an haben wir nie ein ernstes Wort über ernste Dinge gewechselt.
75 **Helmer:**	Hätte ich dich etwa beständig einweihen sollen in Widerwärtigkeiten, die du doch nicht mit mir hättest teilen können?
Nora:	Ich spreche nicht von Widerwärtigkeiten. Ich sage nur, dass wir niemals ernst beieinandergesessen haben, um etwas gründlich
80	zu überlegen.
Helmer:	Aber liebste Nora, das wäre doch nichts für dich gewesen.
Nora:	Da sind wir bei der Sache. Du hast mich nie verstanden. – Ihr habt viel an mir gesündigt, Torvald. Zuerst Papa, dann du.
Helmer:	Was? Wir beide –? Wir beide, die wir dich über alles in der Welt
85	geliebt haben?
Nora *schüttelt den Kopf:*	Ihr habt mich nie geliebt. Euch machte es nur Spaß, in mich verliebt zu sein.
Helmer:	Aber, Nora, was sind das für Worte!
Nora:	Ja, es ist so, Torvald. Als ich zu Hause war bei
90	Papa, teilte er mir alle seine Ansichten mit, und so hatte ich dieselben Ansichten. War ich aber einmal anderer Meinung, dann verheimlichte ich das; denn es wäre ihm nicht recht gewesen. Er nannte mich sein Puppenkind und spielte
95	mit mir, wie ich mit meinen Puppen spielte. Dann kam ich zu dir ins Haus –
Helmer:	Was für einen Ausdruck gebrauchst du da von unserer Ehe?
Nora *unbeirrt:*	Ich meine, dann ging ich aus Papas Händen in
100	deine über. Du richtetest alles nach deinem Geschmack ein und so bekam ich denselben Geschmack wie du; aber ich tat nur so: Ich weiß es nicht mehr recht – vielleicht war es auch beides: bald so und bald so. Wenn ich jetzt
105	zurückblicke, so ist mir, als hätte ich hier wie ein Bettler gelebt, – nur von der Hand in den Mund. Ich lebte davon, dass ich dir Kunststücke vormachte, Torvald. Aber du wolltest es ja so haben. Du und Papa, ihr habt euch schwer an mir versündigt. Ihr seid schuld daran, dass nichts aus mir geworden ist.
110 **Helmer:**	Wie lächerlich und wie undankbar, Nora! Bist du hier nicht glücklich gewesen?

Nora:	Nein. Das bin ich nie gewesen. Ich habe es geglaubt, aber ich bin es nie gewesen.
Helmer:	Nicht – nicht glücklich?
115 **Nora:**	Nein, – nur lustig. Und du warst immer so lieb zu mir. Aber unser Heim ist nichts anderes als eine Spielstube gewesen. Hier bin ich deine Puppenfrau gewesen, wie ich zu Hause Papas Puppenkind war. Und die Kinder, die waren wiederum meine Puppen. Wenn du mich nahmst und mit mir spieltest, so machte mir das gerade solchen Spaß, wie es den Kindern Spaß machte, wenn ich sie nahm und mit ihnen spielte. Das ist unsere Ehe gewesen, Torvald.

120

2 Lies die Dramenszene noch einmal in Ruhe.
Kläre unbekannte Wörter mit Hilfe der Fußnoten und mit einem Wörterbuch.

3. Genau lesen

3 Worum geht es in der Szene?
Gib den Inhalt mit eigenen Worten wieder.

Starthilfe

In der Szene geht es um eine Auseinandersetzung, die zwischen ...

4 Beantworte folgende Fragen in Stichworten:
• Wie sieht Helmer seine Frau?
• Wie verhält er sich gegenüber Nora?
• Warum ist Nora unglücklich?
• Womit vergleicht sie sich?
Tipp: Notiere Zeilenangaben als Belegstellen.

Z 5 Wie spricht Nora, wie Helmer? Welche Wörter verwenden sie?
Untersuche Noras und Helmers Sprache.

6 Gruppenarbeit!
Wie ist das Verhältnis zwischen Nora und Helmer?
Präsentiert dazu ein Standbild.

4. Nach dem Lesen

4 Z. 2: kann Entscheidungen nicht beurteilen / kann nicht selbstständig handeln ...

Henrik Ibsen war der erste Dramatiker, der sich
mit der gesellschaftlichen Stellung der Frau auseinandersetzte.

Die Stellung der Frau im 19. Jahrhundert

Die Frau hatte bis zum Ende des 19. Jahrhunderts keinen Platz
im öffentlichen Leben und besaß kein Wahlrecht.
Sobald eine Frau von ihrem Vater verheiratet wurde,
hatte sie keine eigene Verantwortung mehr,
5 sie durfte auch nicht arbeiten. Bis 1896 musste der Vater
die Heirat von Söhnen und Töchtern, die jünger als 25 Jahre
waren, erlauben. Der Ehemann hatte das Recht,
sämtlichen Umgang der Frau zu kontrollieren. Er teilte
das Haushaltsgeld zu und bestimmte über Erziehung und
10 Ausbildung. Er musste seine Frau beschützen, aber die Frau
musste gehorchen. – Als Folge der beginnenden Frauenbewegung
wurden mehr Rechte gefordert. 1884 wurde das Recht auf
Scheidung für die Frau festgelegt, allerdings musste sie auf
das Sorgerecht für ihre Kinder verzichten.

Henrik Ibsen (1828–1906)
enthüllt in seinen Werken
verlogene Moralvorstellungen
und soziale Missstände.

7 Klassengespräch!
Welche Chancen hatte die Hauptfigur Nora zu ihrer Zeit? Diskutiert.

In der Originalfassung verlässt Nora ihren Mann und ihre Kinder.
Für die Aufführung an deutschen Theatern musste Ibsen den Schluss ändern.

Nora:	Dass ein Zusammenleben zwischen uns eine Ehe werden könnte.
	Lebe wohl! *Will gehen.*
Helmer:	Nun denn – gehe! *Fasst sie am Arm.*
	Aber erst sollst du deine Kinder zum letzten Male sehen!
5 **Nora:**	Lass mich los. Ich will sie nicht sehen! Ich kann es nicht!
Helmer *zieht sie gegen die Türe links:*	Du sollst sie sehen! *Öffnet die Tür*
	und sagt leise: Siehst du; dort schlafen sie so sorglos und ruhig.
	Morgen, wenn sie erwachen und rufen nach ihrer Mutter,
	dann sind sie – mutterlos.
10 **Nora** *bebend:*	Mutterlos – !
Helmer:	Wie du es gewesen bist.
Nora *kämpft innerlich, lässt die Reisetasche fallen und sagt:*	
	O, ich versündige mich gegen mich selbst,
	aber ich kann sie nicht verlassen. *Sinkt halb nieder vor die Türe.*
15 **Helmer** *freudig, aber leise:* Nora!	
Der Vorhang fällt.	

8 Vergleicht den Schluss beider Fassungen miteinander. Welcher Schluss gefällt euch besser? Begründet.

Auch heute noch wird das Drama „Nora" an vielen Bühnen inszeniert und gespielt.

Katrin Wichmann in „Nora", Deutsches Theater Berlin, 2015

9 **a.** Welches Frauenbild wird in der Inszenierung am Deutschen Theater in Berlin dargestellt? Beschreibt anhand der Szenenfotos.
b. Warum wird „Nora" auch heute noch inszeniert? Diskutiert über mögliche Gründe.

Z **10** Nehmt Stellung zu diesen Fragen:
- Wie war die gesellschaftliche Stellung der Frau im 19. Jahrhundert?
- Welche Stellung hat die Frau in der Gegenwart in Europa? Vergleicht.

Das Drama „Nora" von Henrik Ibsen wird dem Naturalismus zugeordnet.

Z **11** Warum ist Ibsens Drama „Nora" ein Werk des Naturalismus? Lest im Text auf Seite 201 nach und erläutert.

W **12** Wählt eine Aufgabe aus und bearbeitet sie:
- Recherchiert das Leben und das Schaffen des Schriftstellers Henrik Ibsen. Informiert darüber in einem Referat, einer PowerPoint-Präsentation, einem Text oder auf einem Plakat.
- Gestaltet und spielt folgende Szene: Nora und ihre alte Freundin Christine unterhalten sich rückblickend über Noras Leben nach der Trennung von Helmer.

9 folgt nicht / widerspenstig / lehnt sich auf / willenlos / passiv / machtlos …

Zeitabschnitte der deutschen Literaturgeschichte

Die in diesem Kapitel vorgestellten Werke stammen aus bestimmten Zeitabschnitten der Literaturgeschichte.

1 Lies die Texte. Informiere dich über die beiden Zeitabschnitte.

1. Vor dem Lesen
2. Das erste Lesen
3. Den Text genau lesen
4. Nach dem Lesen

Klassik

Die Klassik wurde durch das Schaffen der beiden Dichter Johann Wolfgang Goethe und Friedrich Schiller geprägt. Goethe (1749–1832) lebte ab 1776 am Weimarer Hof. Dort lernte er auch Schiller (1759–1805) kennen, mit dem er
5 einen intensiven künstlerischen Austausch pflegte. An der Herrschaft des Adels hatte sich noch nichts geändert. Aber nach den gewalttätigen Ausschreitungen der Französischen Revolution (1789) wandte man sich der Hoffnung auf Veränderung durch Reformen zu. Schiller schrieb seine Briefe
10 über die ästhetische Erziehung des Menschen: Man sah den Menschen als erziehbar an. Er sollte sich einem Ideal annähern, sollte tugendhaft sein und nach innerer und äußerer Harmonie streben. Dies wollte man durch die Kunst erreichen. Als Vorbild diente das griechische Altertum.

Das Goethe-Schiller-Denkmal in Weimar

Naturalismus

Gegen Ende des 19. Jahrhunderts (1880–1900) entwickelt sich eine Richtung in der Literatur, die den neuartigen naturwissenschaftlichen Erkenntnissen verpflichtet war – der Naturalismus. Darwin hatte die Evolutionstheorie entwickelt
5 und Freud seine Psychoanalyse. Autoren dieser Zeit wollten die „Wahrheit" ans Licht bringen, der Mensch sollte in allen guten und schlechten Handlungsweisen, Bedürfnissen und Eigenschaften gezeigt werden. In den literarischen Werken wollten die Künstler die Wirklichkeit so zeigen, wie sie ist. Damit
10 verbunden war eine sozialkritische Sicht auf gesellschaftliche Erscheinungen. Themen wie Alkoholismus, das Elend der Industrialisierung oder die Unterdrückung der Frauen wurden behandelt. Die möglichst naturgetreue Abbildung ist auch in der Sprache auffällig. In diesen Werken sind oft auch
15 umgangssprachliche Formen und Dialekte aufgenommen.

Gerhart Hauptmann (1862–1946) gilt als der bedeutendste deutsche Vertreter des Naturalismus.

Prüfungsaufgaben „knacken"

1. Schritt: Du liest die Prüfungsaufgabe genau.

W 1 a. Lies die folgenden Prüfungsaufgaben mehrmals genau und in Ruhe.
b. Wähle dann eine Aufgabe aus, die du analysieren möchtest.

Aufgabe: Im Rahmen eines Projekts wird es an eurer Schule eine Ausstellung zum Thema Baumwolle geben. In einem Flyer sollst du über das Thema „Baumwolle – vom Luxusprodukt zum Alltagsprodukt" informieren.
Verfasse den Text. Nutze dazu die bereitgestellten Materialien.

A Nenne in der Einleitung Beispiele dafür, wo Baumwolle uns täglich begegnet.
B Stelle an Beispielen dar, auf welchen Wegen die Baumwolle nach Europa kam.
C Erkläre, wie aus dem einstigen Luxusprodukt ein Alltagsprodukt wurde.
D Erläutere anhand der Grafik „Wasserfußabdrücke der Baumwolle" die Konsequenzen für die Natur in den Anbaugebieten.
E Gib unterhalb des Textes die von dir genutzten Quellen an.

Aufgabe: In der Zeitung deines Heimatkreises wird über dieses Thema diskutiert: „Nanotechnologie – was bringt sie uns wirklich?"
Du möchtest in einem Leserbrief deine Position dazu erörtern.
Schreibe einen Leserbrief auf der Grundlage der bereitgestellten Materialien.

A Nenne in der Einleitung das Thema und formuliere deine Position dazu als These.
B Setze dich zunächst mit einem wichtigen Argument der Gegenposition auseinander.
C Begründe deine Position mit Argumenten und veranschauliche sie mit Beispielen.
D Schlussfolgere aus deinen Argumenten, wie mit dem Problem umgegangen werden sollte.
E Gib unterhalb des Textes die von dir genutzten Quellen an.

Aufgabe: Analysiere aus dem Drama „Nora oder Ein Puppenheim" von Henrik Ibsen (1828–1906) den Dialog zwischen Nora und ihrem Mann Helmer im 3. Akt. Belege dabei deine Erkenntnisse mit Textstellen.

A Benenne in der Einleitung den Titel und den Autor des Dramas. Fasse auch den Inhalt der Szene kurz zusammen.
B Untersuche den Konflikt zwischen den beiden Figuren und wie er endet.
C Stelle dar, welche Eigenschaften der Figuren in dieser Szene sichtbar werden.
D Eine Schülerin sagt über Nora: „Nora ist selbst schuld, dass sie in ihrer Ehe so unglücklich ist." Setze dich mit dieser Aussage auseinander. Beziehe dich dabei auf Aussagen Noras und Helmers.
E Gib bei Zitaten die Seiten- und Zeilennummern an.

Weiter mit dem 1. Schritt: Du liest die Prüfungsaufgabe genau.

2 Untersuche zunächst die ersten drei bis vier Zeilen
deiner ausgewählten Aufgabe. Mache dir Notizen:
- Was sollst du tun?
- Wofür sollst du es tun?
- Worüber und auf welcher Grundlage sollst du schreiben?

2. Schritt: Du überlegst: Was gehört alles zur Lösung der Aufgabe?

3 a. Schreibe die Teilaufgaben **A** bis **E** auf.
b. Markiere die Aufforderungsverben in den Teilaufgaben.

4 Wichtige Wörter in den Teilaufgaben sagen dir,
worauf sich das Aufforderungsverb bezieht.
Markiere wichtige Wörter in den Teilaufgaben.

3. Schritt: Du gibst die Aufgabe mit eigenen Worten wieder.

5 Wozu fordern dich die Aufforderungsverben auf?
a. Schreibe die Verben mit passenden Worterklärungen in eine Liste.
b. Schreibe jede Teilaufgabe mit eigenen Worten auf.
Tipp: Berücksichtige dabei auch die wichtigen Wörter in den Teilaufgaben.

**In Prüfungsaufgaben musst du manchmal
auch Grafiken auswerten.**

6 Mache dir Notizen zu folgenden Fragen:
- Zu welcher Teilaufgabe gehört die Grafik?
- Was wird in der Grafik dargestellt?
- Was soll ich mit der Grafik tun?

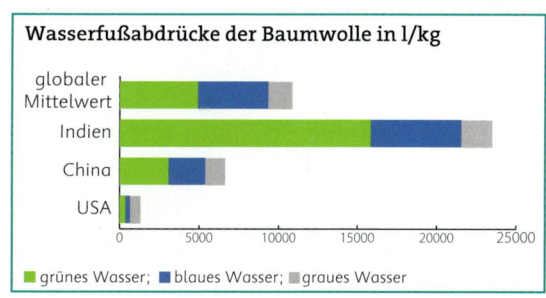

4. Schritt: Du prüfst, ob du die Aufgabe genau verstanden hast.

7 a. Erarbeite mit Hilfe der Arbeitstechnik „Der Aufgabenknacker"
eine Checkliste zum Verstehen und Lösen von Prüfungsaufgaben.
b. Prüfe mit Hilfe der Checkliste deine Lösungen
zu den Aufgaben 5 und 6.
➜ Arbeitstechnik: Seite 293

5 einen Sachverhalt formulieren; Zusammenhänge herstellen; Zusammenhänge aufzeigen
und veranschaulichen; etwas nur aufzählen; etwas untersuchen und den eigenen
Standpunkt darstellen; Gründe und Beispiele für etwas anführen; Konsequenzen für etwas
ableiten; etwas nennen; wichtige Inhalte knapp wiedergeben; Zusammenhänge und
Abläufe erkennen; einen Sachverhalt prüfen und einschätzen; Besonderheiten finden

Einen Sachtext mit dem Textknacker lesen

1. Vor dem Lesen
2. Das erste Lesen
3. Den Text genau lesen
4. Nach dem Lesen

Der Sachtext „Wie viel Sonne verträgt der Mensch?"
gehört zu deiner Textknacker-Aufgabe.

> **Textknacker-Aufgabe:** Deine Arbeitsgruppe erarbeitet für die Klasse
> einen Info-Flyer zum Thema „Wie können wir die Sonne genießen, ohne Schaden
> zu nehmen?". Du bist für die erste Seite zuständig, die in das Thema einführen
> soll. Du schreibst einen Text darüber, wie sich die Einstellung
> zum Sonnenbaden im Lauf der Zeit gewandelt hat.
>
> **A** Lies als Grundlage für deine Einstiegsseite den Sachtext
> „Wie viel Sonne verträgt der Mensch?".
> Wähle aus: Du kannst Teil I oder beide Teile I und II lesen.
>
> **B** Mache dir zunächst Notizen zu den Informationen aus dem Sachtext.
>
> **C** Suche passende Informationen für deine Einstiegsseite heraus.
> Stelle mit Hilfe eines Zeitstrahls dar, wie sich die Haltung
> zum Sonnenbaden geändert hat.
>
> **D** Bereite deinen Einstiegstext vor und schreibe ihn.

1 Untersuche die Aufgabenstellung mit dem Aufgabenknacker.
   Tipp: Sprich über die Aufgabe mit einer Partnerin oder einem Partner.
   • Lies die Aufgabe noch einmal genau Zeile für Zeile.
   • Überlege: Was sollst du in den Teilaufgaben **A** bis **D** tun?
   • Gib die Aufgabe in eigenen Worten wieder. ➜ „Der Aufgabenknacker": Seite 202

Lies nun den Sachtext mit dem Textknacker.

2 Lies den von dir ausgewählten Teil des Textes
   mit den Textknacker-Schritten 1 und 2. ➜ Teil I: Seiten 204–205
   ➜ Teil II: Seite 206

Wie viel Sonne verträgt der Mensch? – Teil I

1 „Ab in die Sonne!" Nach diesem Motto planen Millionen Menschen
ihre Ferien und verreisen in sonnige Länder. Auch die Daheimgebliebenen
zieht es bei schönem Wetter in Freibäder, Parks, Gärten und
auf die Balkone. Zum Sommer gehört für viele wie selbstverständlich
5 auch das Sonnenbad. Kein Wunder: Wir fühlen uns einfach wohl, wenn es
draußen hell und sonnig ist. Das schöne Wetter hebt die Stimmung und
sonnengebräunte Haut gilt als attraktiv[1] und als Zeichen von Gesundheit.

[[1] **attraktiv:** hübsch, anziehend

Allerdings setzt allmählich ein Umdenken ein. Seit den 1990er-Jahren
warnen Experten verstärkt vor zu viel Sonne, denn ihre ultravioletten Strahlen[2],
10 kurz: UV-Strahlen, schädigen die Haut: Bei zu starker Sonnenbestrahlung
können sie Sonnenbrand verursachen, zur Hautalterung beitragen und sogar
das Erbgut der Hautzellen schädigen, was Hautkrebs verursachen kann.

▣ Bis zum Beginn des 20. Jahrhunderts[3] waren nur
die Menschen gebräunt, die viel im Freien arbeiteten:
15 Bauern, Seeleute, Kutscher oder Bauarbeiter.
Höher gestellte Mitglieder der Gesellschaft, die es
nicht nötig hatten, draußen zu arbeiten, behielten
ihre blasse Haut. Diese war ein Zeichen von Wohlstand
und vornehmer Herkunft. Man war darum sehr darauf

20 bedacht, sich im Freien vor der Sonne zu schützen.
Das änderte sich erst, als immer mehr Menschen
in Fabriken arbeiteten. Fabrikarbeiter erkannte man an ihrer blassen Haut,
da sie 12 bis 14 Stunden am Tag in geschlossenen Räumen arbeiteten.
Sie hatten wenig Zeit, sich in der Sonne zu erholen – im Gegensatz
25 zu besser gestellten Menschen mit mehr Freizeit. In den 1920er-Jahren galten
für eine begüterte Minderheit der Aufenthalt in einem Strandbad und
sanft gebräunte Haut als sehr schick.
Seit den Jahren des sogenannten „Wirtschaftswunders"[4] ab 1950 konnten sich
immer mehr Menschen eine Reise in den sonnigen Süden leisten.
30 Die Urlaubsbräune war das sichtbare Zeichen dafür. Die schädliche Wirkung
der Sonnenstrahlen wurde von der Bevölkerung bis dahin kaum beachtet.

▣ Auch heute noch möchten die meisten Menschen im Sommer braun werden.
Aber angesichts von jährlich etwa 230 000 Neuerkrankungen mit Hautkrebs werden
viele vorsichtiger und schützen sich besser. Dass inzwischen häufiger blasse Haut
35 getragen wird, kann auch daran liegen, dass viel Sonne die Haut stärker altern lässt.
Da lang anhaltende Jugend ein großes Ziel für viele ist, möchten sie dieses Risiko
vermeiden. Auf jeden Fall ist es immer noch nötig, die Menschen über die Gefahren
der Sonne und über Schutzmöglichkeiten aufzuklären.

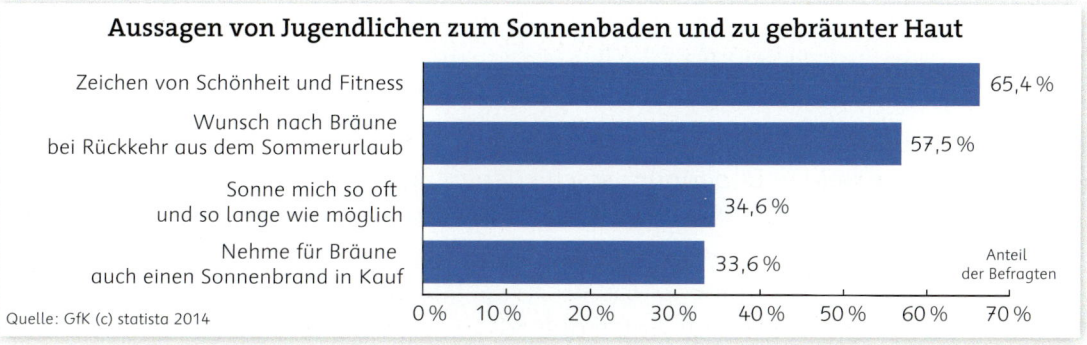

Aussagen von Jugendlichen zum Sonnenbaden und zu gebräunter Haut

Zeichen von Schönheit und Fitness — 65,4 %
Wunsch nach Bräune bei Rückkehr aus dem Sommerurlaub — 57,5 %
Sonne mich so oft und so lange wie möglich — 34,6 %
Nehme für Bräune auch einen Sonnenbrand in Kauf — 33,6 %

Anteil der Befragten

0 % 10 % 20 % 30 % 40 % 50 % 60 % 70 %

Quelle: GfK (c) statista 2014

---

[2] die ultravioletten Strahlen (= UV-Strahlen): nicht sichtbare Strahlen,
die die Haut schädigen können; Bestandteil des Sonnenlichts
[3] das 20. Jahrhundert: die Zeit von 1901 bis 2000
[4] das Wirtschaftswunder: Bezeichnung für den schnellen wirtschaftlichen
Aufstieg in Westdeutschland nach dem Zweiten Weltkrieg

4 Hautkrebs gehört heute zu den häufigsten Tumorarten. Die größte Gefahr
40 geht von den UV-Strahlen der Sonne aus. Sie schädigen die Hautzellen
in den verschiedenen Schichten der Epidermis[5]. Wie können wir uns davor schützen?
Zwischen 11 und 15 Uhr ist die UV-Strahlung am intensivsten, weshalb man
in dieser Zeit am besten im Schatten oder in Gebäuden bleibt. Auch langärmlige
Kleidung, lange Hosen und Kopfbedeckungen schützen die Haut.
45 Der Schweizer Chemiker Franz Greiter erfand 1938 seine „Gletscher-Creme".
Er hatte sich zuvor bei einer Gletscherwanderung die Haut verbrannt und
wollte dies mit der Salbe in Zukunft verhindern.
Wie gefährlich ein Sonnenbrand sein konnte, war den meisten Menschen damals
aber noch nicht bewusst.
50 Seitdem wurden die Sonnenschutzmittel stetig verbessert. Chemische Substanzen
dringen in die Haut ein, fangen die Strahlen ab und wandeln sie in Wärme um.
Zusätzlich enthalten die Mittel oft weiße Pigmente[6], die das Licht zum großen Teil
reflektieren, bevor die Strahlen in die Haut eindringen können. In jedem Fall muss
die Creme gründlich und nicht zu dünn aufgetragen werden.
55 Wer sich vor der Sonne in Acht nimmt, sollte aber bedenken: Auch zu wenig
Sonnenlicht kann krank machen: Erst im Zusammenhang mit natürlichem Licht
bildet sich Vitamin D, das der Körper dringend für den Knochenaufbau braucht.
Darum raten Ärzte, regelmäßig für eine kurze Zeit Sonne an die Haut zu lassen
und sich danach wieder zu schützen. Für das Sonnenbad gilt also: alles in Maßen.

Im 3. Schritt des Textknackers liest du den Inhalt des Sachtextes genau.
Der Sachtext ist in Absätze gegliedert. Was in einem Absatz steht,
gehört inhaltlich zusammen.

3 a. Schreibe zu jedem Absatz eine passende Überschrift auf.
b. Finde in jedem Absatz die Schlüsselwörter.
Sie enthalten wichtige Informationen.
Tipp: In Absatz **1** sind die Schlüsselwörter bereits hervorgehoben.
c. Schreibe alle Schlüsselwörter zu den Überschriften.

Zum Sachtext gehören auch Abbildungen.

4 Auf Seite 204 und Seite 205 siehst du zwei Szenen am Strand.
a. Vergleiche die beiden Bilder aus verschiedenen Zeiten.
Was ist gleich, was ist unterschiedlich?
Tipp: Denke an das Thema
deiner Textknacker-Aufgabe.
b. Schreibe zu jedem Bild einige Sätze auf.

Starthilfe

Heute sind die Menschen am
Strand meistens … bekleidet.
Früher trugen sie …

[5 die **Epidermis**: die Oberhaut, sie besteht aus mehreren Schichten
[6 die **Pigmente**: kleinste Farbteilchen

5 Was zeigt die Grafik auf Seite 205?
  a. Worüber wurden die Jugendlichen befragt? Erkläre es.
  b. Welche Ergebnisse hat die Befragung?
    Schreibe es in eigenen Worten auf.

Im 4. Schritt des Textknackers arbeitest du mit dem Inhalt des Textes.
Bereite nun deinen Einstiegstext und den Zeitstrahl vor.

6 a. Welche Informationen zum Thema brauchst du für deinen Text?
    Schreibe sie aus deinen Notizen auf.
    Tipp: Achte auf Zeitangaben und Wörter wie **seit**, **damals**, **heute**.
  b. Ordne die Informationen in der zeitlich richtigen Abfolge.

7 a. Zeichne einen Zeitstrahl auf ein DIN-A4-Blatt.
  b. Trage darauf deine Ergebnisse aus Aufgabe 6
    in Stichworten ein.
  Tipp: Wenn du nur Teil I des Sachtextes bearbeitet
  hast, bleibt das obere mittlere Feld frei.

> **Starthilfe**
> • braune Haut als Zeichen für niederen Stand
> • Sonnenbad ist schick für reiche Leute
> • Urlaubsbräune für viele Menschen, Gesundheit wird kaum beachtet
> …

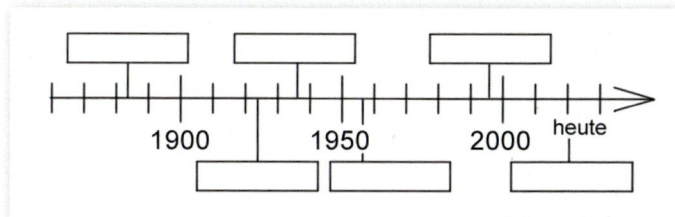

8 Mit Hilfe deines Zeitstrahls kannst du nun
  deinen Einstiegstext schreiben.
  a. Formuliere die stichwortartigen Einträge
    zu jeder Zeitangabe in vollständige Sätze um.
  b. Fasse zum Schluss dein Fazit in einem Satz zusammen.
  Tipp: Bedenke, worüber der Info-Flyer aufklären möchte.

Z 9 In Teil II des Sachtextes geht es darum,
  wie man sich vor zu viel Sonne schützen kann.
  a. Beschreibe in eigenen Worten, wie eine Sonnencreme wirkt.
  b. Formuliere für den Info-Flyer Tipps für einen sinnvollen Sonnenschutz.

> **Starthilfe**
> 1. Zwischen 11 und 15 Uhr …
> 2. …

8 in früheren Jahrhunderten/damals/heute/später / die Arbeiter/die Wohlhabenden/
die Bauern / helle Haut/gebräunte Haut / zum niederen/höheren Stand /
ein Zeichen für …/zeigt an, dass …/lässt erkennen, dass …

Grafiken und eine Karikatur mit dem Textknacker erschließen

? Welchen Zusammenhang gibt es zwischen den Themen der Grafiken und dem Thema der Karikatur in diesem Kapitel?
Die vier Schritte des Textknackers helfen dir, diese Frage zu beantworten.

1. Vor dem Lesen
2. Das erste Lesen
3. Die Grafik genau untersuchen
4. Nach dem Lesen

1. Schritt: Vor dem Lesen
Du siehst dir die Grafik als Ganzes an.

1 a. Sieh dir die Überschrift der ersten Grafik an.
   b. Worüber informiert die Grafik? Notiere es.

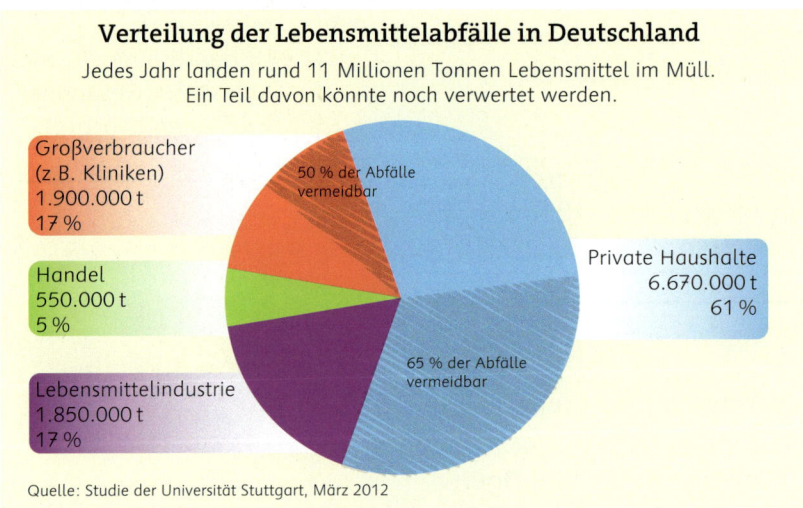

Verteilung der Lebensmittelabfälle in Deutschland

Jedes Jahr landen rund 11 Millionen Tonnen Lebensmittel im Müll.
Ein Teil davon könnte noch verwertet werden.

Großverbraucher (z.B. Kliniken)
1.900.000 t
17 %

50 % der Abfälle vermeidbar

Handel
550.000 t
5 %

Private Haushalte
6.670.000 t
61 %

Lebensmittelindustrie
1.850.000 t
17 %

65 % der Abfälle vermeidbar

Quelle: Studie der Universität Stuttgart, März 2012

2. Schritt: Das erste Lesen
Du siehst dir die Bestandteile der Grafik an.

2 a. Lies die Beschriftungen, die zur Grafik gehören.
   b. Beantworte folgende Leitfragen in Stichworten.

> **Form:** Welche Form hat die Grafik: Balkendiagramm, Säulendiagramm oder Kreisdiagramm?
> **Quelle:** Woher stammen die Angaben in der Grafik?
> **Beschriftung:** Was bedeuten die verschiedenen Farben? Welche Angaben werden gemacht?

1 Die Grafik informiert über … /stellt … dar/gibt Auskunft über …
2 Es handelt sich um … / In der Grafik werden … angegeben. / Die Daten stammen aus … / Die Farben stehen für … / In zwei Bereichen geben die Schraffierungen an, dass …

3. Schritt: Die Grafik genau untersuchen
Du untersuchst die einzelnen Informationen.

3 Mache dir Notizen zu folgenden Fragen:
- Wie viele Tonnen Lebensmittel werden insgesamt weggeworfen?
- In welchen Bereichen fallen Lebensmittelabfälle an?
- In welchem Bereich gibt es die meisten Lebensmittelabfälle?
- Wo könnten Lebensmittelabfälle vermieden werden?
- Wie viele Tonnen Lebensmittel könnten noch genutzt werden?

Zum besseren Verständnis untersuchst du eine zweite Grafik.

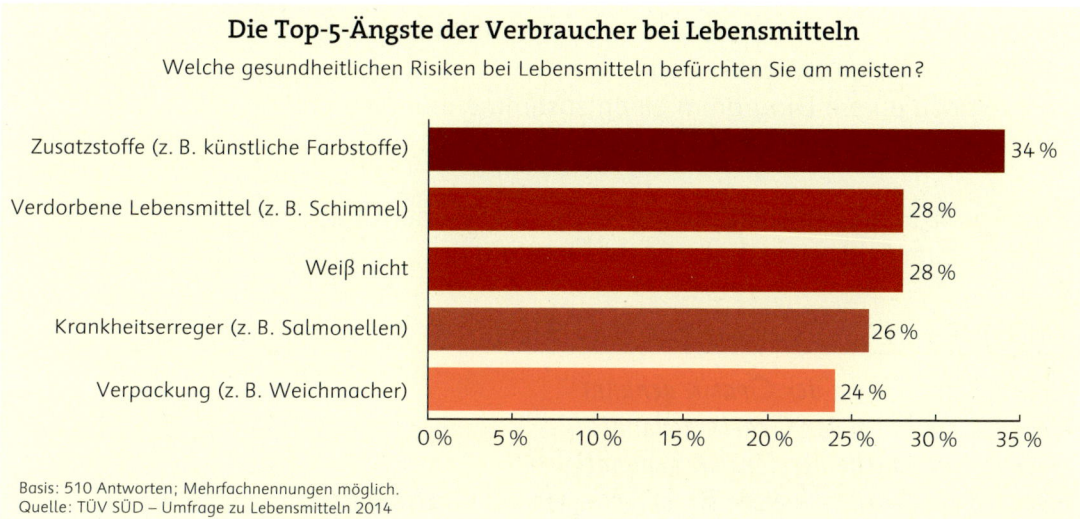

Die Top-5-Ängste der Verbraucher bei Lebensmitteln
Welche gesundheitlichen Risiken bei Lebensmitteln befürchten Sie am meisten?

Zusatzstoffe (z. B. künstliche Farbstoffe) — 34 %
Verdorbene Lebensmittel (z. B. Schimmel) — 28 %
Weiß nicht — 28 %
Krankheitserreger (z. B. Salmonellen) — 26 %
Verpackung (z. B. Weichmacher) — 24 %

Basis: 510 Antworten; Mehrfachnennungen möglich.
Quelle: TÜV SÜD – Umfrage zu Lebensmitteln 2014

1. Schritt: Vor dem Lesen
Du siehst dir die Grafik als Ganzes an.

4 a. Sieh dir die Überschrift der zweiten Grafik an.
Was bedeutet „Top-5-Ängste"?
   b. Worüber informiert die Grafik? Notiere es.

2. Schritt: Das erste Lesen
Du siehst dir die Bestandteile der Grafik an.

5 a. Lies die Beschriftungen, die zur zweiten Grafik gehören.
   b. Beantworte die Leitfragen aus Aufgabe 2 in Stichworten.

3 Die meisten Lebensmittel werden … weggeworfen. / Insgesamt könnten noch … genutzt werden.

4 Menschen befürchten, dass Lebensmittel wegen … krank machen / … die fünf am meisten geäußerten Ängste …

3. Schritt: Die Grafik genau untersuchen
Du untersuchst die einzelnen Informationen.

6 Mache dir Notizen zu folgenden Fragen:
- Welche gesundheitlichen Risiken bei Lebensmitteln werden genannt?
- Welches Risiko befürchten die meisten Befragten?
  Nenne auch die Zahlenangabe.
- Wie viele der Befragten haben kein Risiko genannt?

4. Schritt: Nach dem Lesen
Du arbeitest mit den Informationen, die dir die Diagramme geliefert haben.

7 a. Wer von euch möchte welches Diagramm übernehmen?
   Klärt diese Frage zwischen euch.
   b. Schreibt zu eurem Diagramm einen zusammenhängenden Text.
   Verwendet dazu die Notizen aus den Aufgaben 1 bis 6.

8 a. Überprüft und überarbeitet eure Texte mit Hilfe der Checkliste.
   b. Checkt zum Schluss auch die Rechtschreibung.

Checkliste: eine Grafik erschließen und erklären	ja	nein
Habe ich das Thema der Grafik genannt?	☐	☐
Habe ich die Form der Grafik genannt?	☐	☐
Habe ich die Quelle der Grafik genannt?	☐	☐
Habe ich beschrieben, welche Beschriftungen die Grafik hat?	☐	☐
Habe ich angegeben, was die verschiedenen Farben bedeuten?	☐	☐
Habe ich die wichtigsten Informationen in vollständigen Sätzen wiedergegeben?	☐	☐
Habe ich alles so erklärt, dass es andere auch verstehen können?	☐	☐

9 Sprecht über die beiden Diagramme:
- Welchen Zusammenhang könnte es zwischen den Ängsten der Menschen und dem Wegwerfen von Lebensmitteln geben?
- Kennt ihr Beispiele, die zu den Aussagen der Diagramme passen?
- Welche Meinung habt ihr zu den Themen?

**Für die Beantwortung der ? Frage brauchst du noch eine Karikatur.
Sie steht auf der nächsten Seite.**

6 Die Verbraucher fürchten, dass ... krank machen. / Am meisten haben sie vor
... Angst. / ... sehen keine gesundheitlichen Risiken.

7 In dem Balkendiagramm/Kreisdiagramm geht es um ... / Es soll aufgezeigt
werden, wie viele Lebensmittel .../wovor die Menschen bei Lebensmitteln ...

Karikaturen zeigen Zustände oder Widersprüche in unserem Leben
auf zugespitzte Weise. Auch bei der Untersuchung einer Karikatur kannst
du nach den Schritten des Textknackers vorgehen.

Mit den Schritten 1 und 2 des Textknackers verschaffst du dir einen Überblick.

10 Was fällt dir auf den ersten Blick auf?
  a. Lies die Überschrift.
  b. Sieh dir das Bild an.

Essen und Müll

Mit Schritt 3 des Textknackers
untersuchst du die Karikatur genau.

11 Sieh dir die Zeichnung nun genau an und
beschreibe, was du siehst:
  • Welche Personen sind dargestellt?
  • Was tun sie?
  • Wie wirken sie auf dich?

12 Lies die Sprechblasen.
  • Was möchte die Person links ausdrücken?
  • Was meint die Person auf der rechten Seite?
  Tipp: Achte auf die fett gedruckten Schlüsselwörter in den Sprechblasen.

4. Schritt: Nach dem Lesen
Du hast nun alle Informationen für die Beantwortung der **?** Frage von Seite 208.

13 Welche Situation wird hier übertrieben dargestellt?
Schreibe einen kurzen Text zu dieser Karikatur.
→ Arbeitstechnik „Eine Karikatur interpretieren": Seite 178

14 Beantworte die **?** Frage.
Erkläre den Zusammenhang zwischen den beiden Grafiken
auf den Seiten 208 und 209 und der Karikatur.
Verwende dabei deine Ergebnisse aus den Aufgaben 1 bis 13.

Z **15** Wie ist deine Meinung zu dem Thema „Essen und Müll"?
Schreibe einige Sätze dazu.

10 Die Karikatur zeigt zwei Männer, die …/stellt … dar/gibt Auskunft über …
11 Zwei Männer sitzen auf einer Bank und … / Jeder hat einen Hamburger in …
12 Der erste Sprecher meint mit dem Begriff „Müll" … / Der zweite denkt stattdessen an …

Werbung mit dem Textknacker untersuchen

1 **a.** Welche der folgenden Werbeslogans findet ihr überzeugend? Begründet.

b. Tragt weitere Werbeslogans zusammen.

Schleck dich schlank. Schüttel-Schokoshake.

Entspannen Sie sich.
Wir kümmern uns um Ihre Sicherheit.
Ihre C.A.R. Versicherung

Wer kann schon dreimal im Jahr in Urlaub fahren?
Sie!
Überlassen Sie uns das Geldverdienen.
Die TRAU BANK

Wer sagt denn, dass was Neues auch neu aussehen muss?
Be yourself. Destroyed Jeans by Miller.

Ragoli Kosmetik
Mit Gold nicht aufzuwiegen.

SCHON EINE MILLION KAUFTEN IHN.
UND SIE?

2 In Werbeslogans werden besondere „Tricks" verwendet, um Interesse zu wecken und zum Kaufen zu verführen. Ordnet die Werbeslogans den passenden Tricks zu.

Der Herdentrieb-Trick
Weil schon so viele dieses Produkt gekauft haben, möchte man auch dabei sein, zur „Herde" gehören.

Der Rundum-sorglos-Trick
Wenn man das Produkt kauft, kümmert sich jemand anderes um alle Probleme und man lebt glücklich und zufrieden.

Der Sie-sind-etwas-Besonderes-Trick
Man ist etwas ganz Besonderes, wenn man das Produkt kauft. Dafür sollte man dann auch bereit sein, etwas mehr zu bezahlen.

Der Gesund-und-fit-Trick
Wenn man das Produkt isst oder trinkt, fühlt man sich gut und bleibt gesund und fit.

3 **a.** Untersuche die folgende Werbeanzeige.
Verwende dazu den Werbetextknacker.
Tipp: Stelle zunächst Fragen an die Anzeige.
b. Beschreibe, wie die Anzeige auf dich wirkt.

KOMM DOCH REIN!

Mit **TAURA** electronics bist du dabei.

Arbeitstechnik

Der Werbetextknacker

Der Werbetextknacker hilft dir dabei, Werbung zu verstehen und
die „Tricks" zu erkennen.
• Beschreibe das Bild: Wie wirkt es auf dich?
• Sieh dir den Slogan der Werbeanzeige an: Wofür wird geworben?
• Wodurch fällt die Werbung/das Bild/der Slogan besonders auf?
• Was haben Bild und Slogan miteinander zu tun?
• Untersuche Slogan und Text genauer.
  – Welche sachlichen Informationen erhältst du?
  – Welche Tricks werden verwendet?
  – Welche sprachlichen Besonderheiten gibt es? (Satzanfänge,
    Länge der Sätze, Wortwahl)
• Untersuche das Image der Werbeanzeige.
  – Welche Erwartungen und Vorstellungen werden geweckt?
  – An wen wendet sich die Werbeanzeige?

Z **Die vier Stufen des sogenannten AIDA-Modells erklären,
wie eine Werbeanzeige auf Kundinnen und Kunden wirken soll.**

1. **A**ttention
2. **I**nterest
3. **D**esire
4. **A**ction

Erklärungen: Wunsch auslösen, Aufmerksamkeit erregen,
zum Kaufen anregen, Interesse wecken

4 **a.** Ordne die Erklärungen den Stufen des AIDA-Modells zu.
b. Erkläre mit Hilfe des Modells, wie eine Werbeanzeige wirken soll.
Erkläre mit diesem Modell, wie die Anzeige „Komm doch rein!" wirkt.

Ein Ergebnisprotokoll schreiben

In einer Vorbesprechung möchte eine Gruppe des Projekts „Baumwolle" über folgende Tagesordnungspunkte beraten. Die Ergebnisse der Besprechung sollen in einem Ergebnisprotokoll festgehalten werden.

Projekt Baumwolle der Klasse 10 b
Besprechung des Tages der offenen Tür
Tagesordnung
TOP 1: Dauer der Präsentation
TOP 2: Medien der Gruppe
TOP 3: Benötigter Platz der Gruppe (Raumplan)
TOP 4: Dauer des Aufbaus
TOP 5: Gliederung der Präsentation (einzelne Themen)
TOP 6: Besondere Wünsche der Gruppe

1 Worum soll es im Einzelnen bei der Besprechung gehen? Schreibe zu jedem TOP einen Satz auf.

Starthilfe

Als Erstes soll besprochen werden, wie lange … dauert.
Danach …
Als Drittes muss geklärt werden, …

Im folgenden Ausschnitt aus der Besprechung diskutiert die Gruppe über einen der TOPs.

Irina: Was die Medien und Materialien angeht, sollten wir
mal alles sammeln, was wir benötigen. Ich brauche
den Overheadprojektor für meine Folien.
Serkan: Ich benötige einen Kartenständer für die Weltkarte.
5 Und du, Dennis?
Dennis: Eine Stellwand für meine Plakate genügt mir.
Lea: Und mir reicht die Tafel.
Irina: Wie viel Zeit brauchen wir an dem Abend
für den Aufbau? Fünf Minuten?
10 **Serkan:** Das ist zu knapp. Ich denke, zehn Minuten
sind schon nötig, bis alles seinen Platz hat.
Lea: Wir brauchen auch noch Zeit, um zu kontrollieren,
ob alles in Ordnung ist.
Dennis: Okay. Wie ich das sehe, reicht uns von
15 der Raumaufteilung her der Platz um die Tafel, oder?
Lea: Ja, klar. Rechts von der Tafel steht die Stellwand, links der Kartenständer.
(*Irina und Dennis nicken.*)

[[1] **der TOP:** Kurzwort für Tagesordnungpunkt, Plural: die TOPs

Irina:	Alles klar. – „Gliederung der Präsentation". Das ist schnell erledigt. Darüber haben wir ja schon gesprochen. Zuerst kommt Serkan

Irina: Alles klar. – „Gliederung der Präsentation". Das ist schnell erledigt.
Darüber haben wir ja schon gesprochen. Zuerst kommt Serkan
20 mit den Anbaugebieten auf seiner Weltkarte, dann Lea mit
den klimatischen Bedingungen, danach ich mit den Informationen
zu einzelnen Ländern und am Schluss Dennis mit der Bewirtschaftung
der Baumwollplantagen. Habe ich was vergessen?

Serkan: Ja, den Filmausschnitt als Einstieg!

25 **Lea:** Oh, da haben wir ja etwas Wichtiges bei den Medien vergessen.
Das Videogerät!

Dennis: Das ist jetzt alles. Sonderwünsche haben wir nicht.

Irina: Doch! Es wäre super, wenn wir nicht als erste Gruppe präsentieren
müssten. Ich muss noch meinen Bruder vom Turnen abholen,
30 da wird es etwas knapp. Hat jemand von euch etwas dagegen?

Lea: Kein Problem, wenn du nur trotzdem pünktlich bist.

Irina: Danke. Das klappt bestimmt.

---

2 Welcher Teil der Besprechung passt zu welchem Tagesordnungspunkt?
Ordne die TOPs den passenden Zeilen zu.

3 Schreibe ein Ergebnisprotokoll zu diesem Ausschnitt aus der Besprechung.
Tipps: • Lies zunächst die Arbeitstechnik
in „Wissenswertes auf einen Blick" auf Seite 298.
• Achte darauf, dass du nur Ergebnisse formulierst.
• Denke dir zu nicht besprochenen TOPs eigene Ergebnisse aus.

Jedes Protokoll braucht einen „Kopf".

4 a. Wozu benötigt man
bei Ergebnisprotokollen
die Angaben im Protokollkopf?
Beschreibe eine Situation,
in der diese Angaben wichtig sind.

b. Schreibe mit den Angaben
aus dem Kasten den Protokollkopf.

– Lea Kumpf
– Glasbeck, den 12.05.2016
– Gruppenbesprechung der Gruppe
„Anbaugebiete"
– Besprechungszimmer der Kantschule
– 12.05./8:00–9:40 Uhr
– Lea Kumpf, Serkan Göztas,
Dennis Schürle, Irina Wolf

Ergebnisprotokoll

(Anlass der Sitzung)
Zeit: (Datum, Beginn – Ende)
Ort: (Raum)
Teilnehmer:
Protokollführer/-in:

(Text: zusammengefasste
Ergebnisse)

(Ort, Datum des Protokolls)

(Unterschrift Protokollführer/-in)

Eine Kurzgeschichte analysieren und interpretieren

Den Text mit dem Textknacker lesen

Um eine Kurzgeschichte zu interpretieren, solltest du den Text zunächst verstehen und genau untersuchen.

1 Lies die folgende Kurzgeschichte mit den Textknacker-Schritten 1 bis 3.

1. Vor dem Lesen: Bilder
2. Das erste Lesen
3. Den Text genau lesen

Nur ein Test Reinhold Ziegler

1 Dieses Wartezimmer hat so etwas Frohes, Lebensbejahendes, ich war schon als Kind hier. Fröhliche Farben und die muntere Familienwerbung eines Krankenversicherungskalenders. Es gibt nie Uhren in Wartezimmern. Hier und jetzt, wo mir das Verrinnen des Lebens am eindeutigsten bewusst wird, fehlt
5 der allgegenwärtige Zeitzumesser.

2 *In den drei Tagen, seit sie mir das Blut abgenommen haben, lief mein Leben tausendmal vor mir ab, tausendmal ein Film, immer bis zu diesem Moment im fahlen Abendlicht in den Dünen, für den ich mich wütend und verzweifelt tausendmal angeschrien und geohrfeigt habe.*
10 *Oft meinte ich das Virus schon in mir zu fühlen, meinte plötzlich zu spüren, dass ich todgeweiht bin.*
Am Freitagabend im Bad, als auf einmal meine Nase zu bluten begann, kam mir mit einem Mal beim Blick in meine trüben Augen die Idee, dass ich von meiner
15 *Urlaubsliebe noch andere Andenken als ein Säckchen voll betörend riechender Eukalyptuskapseln mitgebracht haben könnte.*

3 Eine Frau sitzt mir gegenüber, die linke Hand in einem dicken, provisorischen Verband. Ab und
20 zu legt sie die rechte darüber, stöhnt ein wenig. Ich wünschte mir ein gebrochenes Handgelenk oder eine Verbrennung. Irgendwas, bloß nicht das.

4 *„Warum machst du auch so was?", hatte der Arzt am Montag gefragt, aber das war auch das Einzige, was ich*
25 *als Vorwurf hätte deuten können. Wahrscheinlich hatte er gemerkt, dass man mir keine Vorwürfe mehr machen*

musste, *das ganze Wochenende hatte ich mir genug vorgeworfen.* Zwei *Tage und zwei Nächte lang, vom Moment der schrecklichen Idee bis zum Montagmorgen, als endlich die Praxis geöffnet wurde.*

30 *„Mach dich nicht verrückt,* wir testen es. Komm am Donnerstag wieder,
dann wissen wir mehr."
Wahrscheinlich wusste er, dass ich bis dahin kein Auge zutun würde.
Ich bin noch so jung, ich will noch nicht sterben!
Ich habe das Internet durchsucht und Millionen von Hinweisen gefunden.

35 *Wie, wo, wann und wobei man sich ansteckt. Über Tests und Therapien,
Selbsthilfegruppen und Medikamente. Nichts über Dummheit. Nichts über
abgrundtiefe, sinnlose, unnötige Dummheit.*

5 Die Frau mit dem Verband wird reingerufen. Sie jammert. Wollen wir tauschen?,
denke ich. Ich tausche alles, gegen ein kleines Virus oder tausende von ihnen.

40 Wie viele sind jetzt schon in mir? Hundert, tausend, Millionen? Auch das steht
bestimmt im Internet. Oder in Broschüren.
Wo steht, wie man stirbt?
Warum war mir mein Leben in diesem Moment so billig, dass ich es so kopflos
riskieren konnte?

45 Vor dem Fenster Geräusche, dann fährt eine Kabine an der Fassade herunter.
Ein junger Kerl mit Fensterwischer und Eimer grinst von außen in das Wartezimmer,
zieht blitzschnell in gekonnten Serpentinen[1] seinen Schwamm über die Scheibe.
Die Praxis liegt im sechsten Stock, das würde reichen, würde schneller gehen,
als das, was mir bevorsteht.

50 Kann man sterben, ohne dass es wehtut?

6 „So!" Der Doktor steht selber in der Tür, „Komm, du bist dran!"
Ich laufe hinter ihm her, setz mich auf den Stuhl, auf den seine Hand weist.
Er setzt sich in seinen Bürosessel, zieht ein Blatt aus meinem Krankenakt.
„Hier, dein Test", sagt er. „Negativ!"

55 Ich fang an zu zittern, zu weinen, er nimmt mich an den Schultern,
schüttelt mich ein bisschen.
„Was ist denn los, he? Negativ! Du hast es nicht! Negativ heißt, du hast das
Virus nicht, es ist alles in Ordnung."
Er hat „alles in Ordnung" gesagt. Natürlich, wenn man es hat, heißt es positiv.

60 Negativ bedeutet, alles ist in Ordnung. Negativ ist in Ordnung, natürlich.
Ich steh auf, putz mir die Nase am Ärmel ab, egal.
Negativ heißt in Ordnung.
„Danke", sage ich zu ihm, als wäre er es gewesen, der die Hand über mich gehalten hätte,
stolpere in den Gang, in den Aufzug, raus.

65 Draußen nieselt es ein wenig. Irgendwo sticht ein Sonnenstrahl durch die Wolken.
Auf einem Tulpenbaum sitzt eine Amsel und schmettert ihr Lied quer durch
die Stadt.
„Hallo Welt!", sage ich leise und versuche ein Lachen.

[[1] **in Serpentinen:** in Schlangenlinien

Das Haus der Textanalyse

1 Klassengespräch!
Stellt euch gegenseitig eure Arbeitsergebnisse
zu den Textknacker-Schritten 1 bis 3 vor:
- Worum geht es?
- Welche Überschriften habt ihr für die Absätze gefunden?
- Was sind die wichtigen Schlüsselwörter?

2 Welche Fragen habt ihr an den Text?
Notiert die Fragen an der Tafel.

Im 4. Schritt des Textknackers analysierst und interpretierst
du die Kurzgeschichte. Dabei hilft dir das Haus der Textanalyse.

> 4. Nach dem Lesen

3 Seht euch das Haus der Textanalyse genau an.
Lest auch die Beschriftungen.

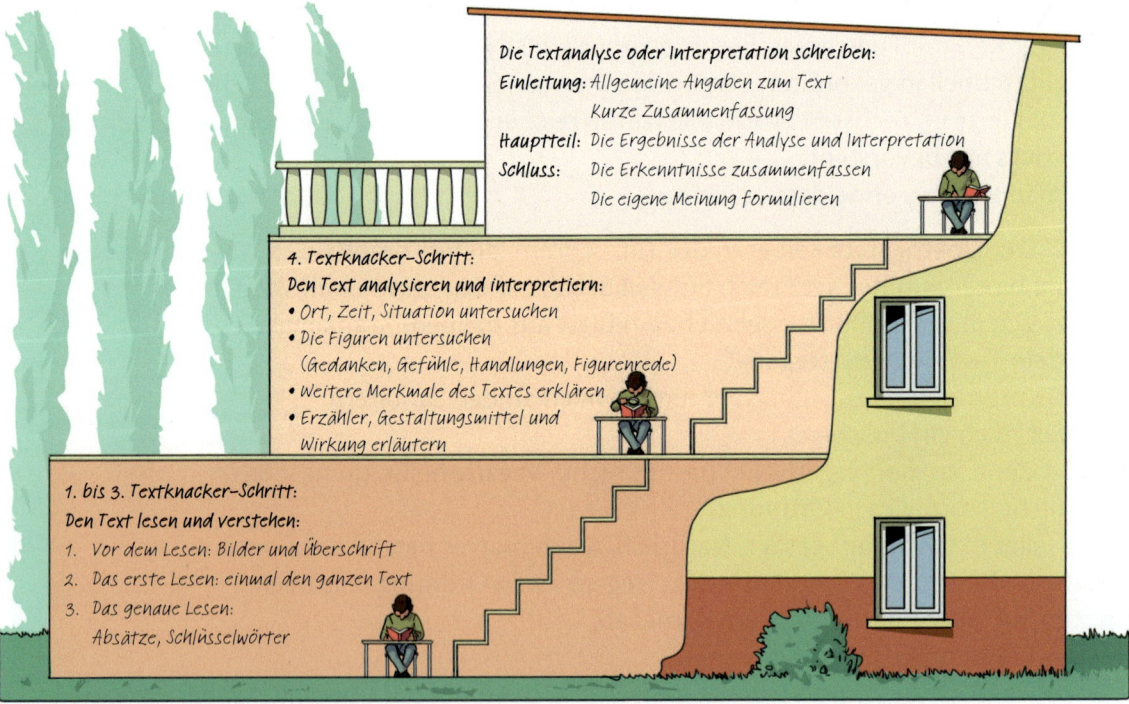

Die Textanalyse oder Interpretation schreiben:
Einleitung: Allgemeine Angaben zum Text
Kurze Zusammenfassung
Hauptteil: Die Ergebnisse der Analyse und Interpretation
Schluss: Die Erkenntnisse zusammenfassen
Die eigene Meinung formulieren

4. Textknacker-Schritt:
Den Text analysieren und interpretiern:
- Ort, Zeit, Situation untersuchen
- Die Figuren untersuchen
  (Gedanken, Gefühle, Handlungen, Figurenrede)
- Weitere Merkmale des Textes erklären
- Erzähler, Gestaltungsmittel und
  Wirkung erläutern

1. bis 3. Textknacker-Schritt:
Den Text lesen und verstehen:
1. Vor dem Lesen: Bilder und Überschrift
2. Das erste Lesen: einmal den ganzen Text
3. Das genaue Lesen:
   Absätze, Schlüsselwörter

4 Klassengespräch!
- Was „passiert" im Haus der Textanalyse auf den einzelnen Etagen?
- Welche Aufgaben habt ihr bereits bearbeitet?

Den Text untersuchen

Du untersuchst die Kurzgeschichte genau.
Dabei helfen dir die Merkmale einer Kurzgeschichte.

→ die Merkmale der Kurzgeschichte auf einen Blick: Seite 291

Zunächst beschäftigst du dich mit der Hauptfigur.

1 Untersuche den Anfang der Kurzgeschichte
mit Hilfe der Fragen:
- In welcher Situation begegnet uns die Hauptfigur?
- Was denkt und fühlt die Hauptfigur am Anfang?

> **Merkmal:**
> plötzlich mittendrin

2 Was erfährst du über die Hauptfigur und ihre Lebensumstände?
- Mache dir Notizen.
- Schreibe passende Textstellen mit Zeilenangeben dazu.

Im nächsten Schritt untersuchst du die verschiedenen Orte
in der Kurzgeschichte.

3 a. Notiere die verschiedenen Orte, die in der Kurzgeschichte
vorkommen. Lege dazu eine Tabelle an.
b. Untersuche die Orte: Welche Gedanken und Gefühle
der Hauptfigur sind mit den einzelnen Orten verbunden?
Schreibe Stichworte in die Tabelle.
Tipp: Die Gedanken und Gefühle sind im Text hervorgehoben.

Ort	Gedanken und Gefühle der Hauptfigur
das Wartezimmer	Verrinnen des Lebens, ängstlich …
das Badezimmer	Erinnerung an Urlaubsliebe, Abend in den …, Panik, …
das Behandlungs…	…

**Die Handlung spielt zu unterschiedlichen Zeitpunkten
und umfasst insgesamt nur eine kurze Zeitspanne.**

> **Merkmal:**
> ein kurzer Ausschnitt
> aus dem Leben

4 Untersuche die Zeitangaben in der Kurzgeschichte.
Schreibe die entsprechenden Textstellen als Zitate auf.

> **Starthilfe**
>
> „In den drei Tagen, seit sie mir das Blut abgenommen haben […]". (Zeile 6)
> „Am Freitagabend …" (Zeile …)
> …

1 Die Hauptfigur hat Angst davor, dass sie …
Am Anfang der Geschichte fühlt sich die Hauptfigur …, weil sie …
2 Die Figur ist verzweifelt und ärgert sich über … (Zeilen 8 bis 9)
Die Figur bekommt … und denkt an … (Zeilen 12 bis …)

Die erzählte Zeit ist die Zeit in der Geschichte,
über die erzählt wird. Die Erzählzeit ist die reale Zeit,
in der eine Geschichte erzählt bzw. gelesen wird.

Merkmal:
erzählte Zeit und
Erzählzeit

5 Die Absätze **2** und **4** in der Kurzgeschichte sind kursiv gedruckt.
Was könnte das mit der Zeit in der Geschichte zu tun haben?
Beschreibe es.

6 In einem entscheidenden Moment hat sich alles verändert.
   a. Lies noch einmal die Zeilen 12 bis 17.
   b. • Was denkt die Hauptfigur an dieser Stelle?
       • Wie fühlt sie sich?
       Beschreibe es und belege es mit Textstellen.

Merkmal:
ein entscheidender
Moment –
ein Wendepunkt

7 Aus welcher Perspektive wird die Kurzgeschichte erzählt?
Begründe deine Antwort mit Hilfe von Textstellen.

Die Gefühle des Ich-Erzählers oder der Ich-Erzählerin
werden im inneren Monolog beschrieben.

Merkmal:
innerer Monolog

„Hier und jetzt, wo mir das Verrinnen des Lebens am eindeutigsten
bewusst wird …"
„Zwei Tage und zwei Nächte lang, vom Moment der schrecklichen Idee
bis zum Montagmorgen, als endlich die Praxis geöffnet wurde."
„Warum war mir mein Leben in diesem Moment so billig, dass ich es so
kopflos riskieren konnte?"
„Ich steh auf, putz mir die Nase am Ärmel ab, egal. Negativ heißt in Ordnung."
„Irgendwo sticht ein Sonnenstrahl durch die Wolken. ‚Hallo Welt!',
sage ich leise und versuche ein Lachen."

8 **a.** Finde die Stellen im Text und notiere die Zeilenangaben
       untereinander.
   b. Was denkt und fühlt die Hauptfigur jeweils?
       Notiere es mit eigenen Worten dazu.

9 Erkläre diese **sprachlichen Bilder**:

Mein Leben war mir billig. Ich riskierte es kopflos.
Ich stehe wieder auf. Ein Sonnenstrahl sticht durch die Wolken.

Merkmal:
sprachliche Bilder

5 Die kursiv gedruckten Absätze sind in der Zeitform … geschrieben, die gerade gedruckten
Absätze stehen im … Dadurch wirkt der Text … / Das hat die Wirkung, dass … /
Für mich wird dadurch deutlich, dass …

6 Der Ich-Erzähler denkt zuerst in seiner Panik, dass er … Dann wird ihm jedoch bewusst, …
Ich denke, er fühlt sich verwirrt/panisch/erleichtert/… Das erkenne ich daran,
dass er über das Wort … und seine Bedeutung nachdenkt (Zeile …). Außerdem …

Die Textanalyse planen, schreiben, überarbeiten

Du fasst die Erkenntnisse deiner Textuntersuchung in einem eigenen Text
so zusammen, dass andere sie nachvollziehen können.

1 a. Ordne deine Notizen.
    b. Schreibe eine Gliederung für deinen Text.

In die Einleitung schreibst du allgemeine Angaben zur Kurzgeschichte.

2 Schreibe einen zusammenhängenden Text im Präsens.
    a. Schreibe den Titel, die Textsorte und den Autor in einem Satz.
    b. Fasse den Inhalt der Geschichte in ein bis zwei Sätzen zusammen.

> In der Kurzgeschichte … von … geht es um …

→ Inhalte zusammenfassen: Seite 298

Im Hauptteil formulierst du deine Erkenntnisse über die Kurzgeschichte.

3 Schreibe einen zusammenhängenden Text
aus deinen Notizen zu den Seiten 219 und 220.

4 Setze die Handlung in Beziehung zum Titel der Geschichte.
- Warum heißt die Kurzgeschichte „Nur ein Test"?
- Welche Auswirkungen hat der Test auf die Gedanken
und Gefühle der Hauptperson?
- Was könnte der Test am Leben der Hauptfigur verändern?

> - die Hauptfigur:
>   Situation und
>   Lebensumstände
> - verschiedene Orte
>   und ihre Funktion
> - unterschiedliche
>   Gedanken und
>   Gefühle
> - die erzählte Zeit
>   und die Erzählzeit
> - Besonderheiten und
>   Merkmale der
>   Kurzgeschichte
> - sprachliche
>   Besonderheiten

**Im Schlussteil fasst du deine Erkenntnisse zusammen und
formulierst deine eigene Meinung zur Kurzgeschichte.**

5 a. Fasse deine Erkenntnisse in drei bis vier Sätzen
      zusammen.
    b. Schreibe deine persönliche Meinung zu der Kurzgeschichte auf:
      - Was bedeutet die Kurzgeschichte für dich? Was hat sie mit dir zu tun?
      - Was hat dir gefallen? Was hat dir nicht gefallen?

→ „Eine Kurzgeschichte analysieren und interpretieren"
in der Zusammenfassung: Seite 147

6 Überarbeite deine Textanalyse. → Arbeitstechnik „Eigene Texte überarbeiten": Seite 227

4 Die Kurzgeschichte trägt den Titel „Nur ein Test", weil… /
Der Titel „Nur ein Test" hat auf mich folgende Wirkung/für mich diese Bedeutung: …
Durch den Test denkt die Hauptfigur … / Der Test führt dazu, dass die Figur …
Ich denke, durch den Test wird der Hauptfigur bewusst, dass …

Richtig zitieren
Aussagen mit Textstellen belegen

Wenn du dich mit einem Text auseinandersetzt und ihn interpretierst,
solltest du deine Aussagen mit Zitaten aus dem Text belegen.
Mit Hilfe der folgenden Erzählung von Franz Kafka kannst du üben,
wie du Textstellen richtig zitierst.

 Heimkehr   Franz Kafka

Ich bin zurückgekehrt, ich habe den Flur[1] durchschritten
und blicke mich um. Es ist meines Vaters alter Hof.
Die Pfütze in der Mitte. Altes, unbrauchbares Gerät,
ineinander verfahren, verstellt den Weg zur Bodentreppe.
5 Die Katze lauert auf dem Geländer. Ein zerrissenes Tuch,
einmal im Spiel um eine Stange gewunden, hebt sich
im Wind. Ich bin angekommen. Wer wird mich empfangen?
Wer wartet hinter der Tür der Küche?
Rauch kommt aus dem Schornstein, der Kaffee zum Abendessen
10 wird gekocht. Ist dir heimlich[2], fühlst du dich zu Hause? Ich weiß es nicht,
ich bin sehr unsicher. Meines Vaters Haus ist es, aber kalt steht Stück neben Stück,
als wäre jedes mit seinen eigenen Angelegenheiten beschäftigt,
die ich teils vergessen habe, teils niemals kannte. Was kann ich ihnen nützen,
was bin ich ihnen, und sei ich auch des Vaters, des alten Landwirts Sohn.
15 Und ich wage nicht, an der Küchentür zu klopfen, nur von der Ferne horche ich,
nur von der Ferne horche ich stehend, nicht so, dass ich als Horcher überrascht
werden könnte. Und weil ich von der Ferne horche, erhorche ich nichts,
nur einen leichten Uhrenschlag höre ich oder glaube ihn vielleicht nur
zu hören, herüber aus den Kindertagen. Was sonst in der Küche geschieht,
20 ist das Geheimnis der dort Sitzenden, das sie vor mir wahren[3].
Je länger man vor der Tür zögert, desto fremder wird man. Wie wäre es,
wenn jetzt jemand die Tür öffnete und mich etwas fragte.
Wäre ich dann nicht selbst wie einer, der sein Geheimnis wahren will.

1 a Lies die Erzählung mit Hilfe des Textknackers.
   b. Worum geht es in der Erzählung?
      Notiere es in eigenen Worten.

[1] **der Flur:** hier: ein Gang mit Türen, z. B. der Hausflur
[2] **heimlich:** hier: heimisch
[3] **wahren:** bewahren, aufrechterhalten

 1 der Sohn eines Landwirts/eines Bauern / das Haus des Vaters/seiner Eltern/
sein Elternhaus/er kehrt zurück / nach langer Zeit/nach vielen Jahren /
er sieht/fühlt / er wundert sich darüber, dass …

2 Zu jeder der folgenden Aussagen gibt es ein passendes Zitat.
Ordne die Zitate **1** bis **3** aus dem Text
der jeweils passenden Aussage **A**, **B**, **C** zu.

1 „Es ist meines Vaters alter Hof. Die Pfütze in der Mitte. Altes, unbrauchbares Gerät […] verstellt den Weg zur Bodentreppe."	**A** Den Heimkehrer beschleicht ein Gefühl des Unbehagens, wenn er sich fragt:
2 „Wer wird mich empfangen? Wer wartet hinter der Tür der Küche?"	**B** Der Sohn fühlt sich wie ein Fremder, wenn er feststellt:
3 „Was sonst in der Küche geschieht, ist das Geheimnis der dort Sitzenden, das sie vor mir wahren. Je länger man vor der Tür zögert, desto fremder wird man."	**C** Obwohl er lange weg war, erkennt er einiges wieder. Dies belegt die Aussage:

Merkwissen

In einem Zitat übernimmst du Wörter, Wortgruppen oder Sätze aus einem fremden Text in deinen eigenen Text, ohne etwas zu verändern. Damit man das Zitat erkennt, setzt du es in Anführungszeichen. Wenn du Wörter auslässt, füge an der Stelle im Zitat drei Punkte in eckigen Klammern ein: […].
Du gibst nach dem Zitat in runden Klammern die zitierte Textstelle mit Seitenzahl und Zeilenzahl an.

3 a. Finde zu den drei Zitaten aus Aufgabe 2 die Textstellen in der Erzählung.
b. Schreibe die Aussagen mit dem Zitat und mit den Angaben zur Textstelle auf.

Starthilfe

Den Heimkehrer beschleicht ein Gefühl des Unbehagens, wenn er sich fragt: „Wer wird mich empfangen? Wer wartet hinter der Tür der Küche?" (Seite 222, Zeilen 7 bis 8)

W **4** Wähle aus:
- Du kannst eine eigene Aussage zum Text mit einem Zitat belegen.
- Du kannst die folgende Aussage mit einem Zitat belegen:
  Der Sohn wagt nicht, das Haus zu betreten. Er denkt: …

Z **5** Schreibe eine Interpretation zur Erzählung „Heimkehr" von Franz Kafka.

Arbeitstechnik

Richtig zitieren

Du kannst eigene Aussagen mit passenden Zitaten **belegen**.
- Du kannst Sätze, Wortgruppen oder Wörter **wörtlich** zitieren, **ohne** sie **zu verändern**.
- Kennzeichne Zitate wie die wörtliche Rede durch **Anführungszeichen**.
- Gib nach dem Zitat in Klammern die **Textstelle** (Seite, Zeile) an.
- Kennzeichne **Auslassungen** mit drei Punkten in eckigen Klammern: […].

Texte überarbeiten

Eine Argumentation überarbeiten

Ben soll eine Argumentation zu dem Thema
„Nanotechnologie in der Medizin – Segen oder Gefahr?" schreiben.
Sein Entwurf muss noch überarbeitet werden.

1 In seiner **Einleitung** äußert Ben seine Meinung zum Thema:
Er sieht eher die Gefahr der Nanotechnologie in der Medizin.
  a. Lies die Sätze aus seiner Einleitung.
  b. Geben sie Bens Meinung eindeutig wieder?
     Wenn nicht, formuliere die Sätze um.

> *Mit der Nanotechnologie in der Medizin könnte vielen kranken Menschen
> geholfen werden. Das finde ich faszinierend. Bisher werden die Risiken
> für die Umwelt und alle Lebewesen zu wenig erforscht.*

2 a. Lies Bens Entwurf für den **Hauptteil** seiner Argumentation.
  b. Überlege: Was sollen die Pro-Argumente belegen?
     Was die Kontra-Argumente?
  c. Lege eine Folie über den Text. Markiere Pro und Kontra unterschiedlich.

> *Oft verbreiten sich in Krankenhäusern gefährliche Keime. Nanobeschichtete
> Oberflächen auf Geräten oder Böden können das verhindern, denn sie wirken
> antibakteriell. Auch machen Beschichtungen auf Jmplantaten einen
> Knochenersatz länger haltbar. Auch in neue Medikamente werden die winzigen*
> 5 *Nanoteilchen eingebaut. Die Wirkstoffe sollen so zielgenau an die kranken
> Stellen transportiert werden. Auch viele Krebspatienten hoffen auf Hilfe.
> Metallische Nanoteilchen sollen in das kranke Gewebe gebracht und dort
> erhitzt werden, um Krebszellen zu töten. Dann wiederum wird befürchtet, dass
> Nanopartikeln selbst Krebs auslösen können. Die winzigen Teilchen können*
> 10 *eingeatmet werden und über die Lunge ins Blut gelangen. Welche Folgen das
> hat, ist noch nicht erforscht. Daneben fließt viel weniger Geld in die
> Risikoforschung als in die Forschung für neue Anwendungen. Aber Kritiker
> sehen die Gefahr, dass sich die Nanoteilchen unkontrolliert in der Umwelt
> ausbreiten und Menschen, Tieren und Pflanzen schaden. Der menschliche*
> 15 *Organismus könnte jedoch verlernen, mit Bakterien umzugehen, und erst recht
> krank werden. Aber es ist noch offen, wie die Nanoteilchen, die ins Abwasser
> gelangen, entsorgt werden können.*

 1 Obwohl die Einsatzmöglichkeiten …, finde ich, dass … / Solange die Risiken
nicht genügend erforscht sind, sollte meiner Meinung nach …

Im Hauptteil sollen die Leserinnen und Leser
mit starken Argumenten überzeugt werden.

→ eine Argumentation schreiben: Seite 96–97

3 Ordne Bens Argumente in eine Tabelle ein.

Starthilfe

Pro-Argumente (Segen)	Kontra-Argumente (Gefahr)
Nanobeschichtete Oberflächen verhindern die Verbreitung von Keimen. …	Nanopartikeln können vielleicht selbst Krebs auslösen. …

**Ben kann den Hauptteil seiner Argumentation
nach dem Sanduhrprinzip gliedern.**

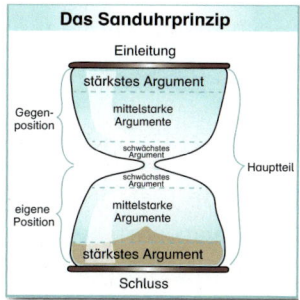

4 a. Trage zu jedem Pro- und Kontra-Argument aus deiner
Tabelle eine Bewertung ein: 1 = sehr starkes Argument,
2 = mittelstarkes, 3 = schwaches Argument.
   b. Welche Reihenfolge der Argumente im Hauptteil
würdest du Ben empfehlen? Notiere sie.

**Der Hauptteil einer Argumentation wirkt überzeugend,
wenn die Argumente sinnvoll miteinander verknüpft sind.**

5 Untersuche die Verknüpfungen von Bens Argumenten.
   a. Markiere auf deiner Folie Wiederholungen in Bens Entwurf.
   b. Markiere auch solche Verknüpfungen, die nicht logisch sind.
   c. Notiere Vorschläge für bessere Verknüpfungen.
Tipp: Du kannst die Textverknüpfer vom Rand nehmen.

andererseits
außerdem
deshalb
ebenso
hingegen
indem
jedoch
trotzdem
weil

Auch diese Checkliste hilft dir, Bens Entwurf zu überprüfen.

Checkliste: Den Hauptteil einer Argumentation überprüfen	Ja	Nein
Sind Pro- und Kontra-Argumente enthalten?	▢	▢
Folgt der Aufbau dem Sanduhr-Prinzip?	▢	▢
Beginnt der Hauptteil mit dem stärksten Kontra-Argument?	▢	▢
Sind die Argumente mit Beispielen belegt?	▢	▢
Werden die Argumente sinnvoll miteinander verknüpft?	▢	▢
Sind die Satzanfänge abwechslungsreich?	▢	▢

6 Überarbeite nun den Entwurf von Bens Hauptteil.
Deine Ergebnisse aus den Aufgaben 2 bis 5 und die Checkliste helfen dir dabei.

6 Viele Krebspatienten hoffen … Indem … / Nanobeschichtete Oberflächen … können
die Verbreitung von gefährlichen Keimen … / Andererseits wird befürchtet … / Weil
die Wirkstoffe besser … / Trotzdem fließt …

Eigene Texte überarbeiten

Wenn du einen eigenen Text verbessern willst, gehst du Schritt für Schritt vor.
Diese Arbeitstechnik kannst du allein oder in einer Schreibkonferenz anwenden.
Sie hilft dir bei jeder Textsorte.

Schritt 1: Den eigenen Text wie mit fremden Augen lesen

1 Es hängt von der Textsorte und dem Schreibanlass ab,
was Leserinnen und Leser von einem Text erwarten.
- **a.** Lies deinen Text aufmerksam durch. Versetze dich dabei in deine Leser.
- **b.** Lege eine Folie über deinen Text. Wenn dir eine Stelle auffällt,
die verbessert werden muss, markiere sie.

Schritt 2: Den Inhalt des Textes überprüfen

2 Jede Textsorte hat bestimmte Regeln für den Inhalt.
Beispiele:
- In einem Bericht müssen die W-Fragen beantwortet werden.
- In einer Versuchsbeschreibung ist es wichtig, alle Materialien zu nennen.

Schreibe die Regeln für deine Textsorte auf.

Tipps: • Lies im Teil „Wissenswertes auf einen Blick" Arbeitstechniken
zu Texten nach.
- Sieh im Sachregister nach, wo im Buch noch etwas
über deine Textsorte steht.

3 **a.** Hast du die Regeln in deinem Text beachtet?
Prüfe es mit Hilfe dieser Fragen:
- Fehlt etwas Wichtiges beim Inhalt?
- Sind alle Angaben verständlich?
- Muss etwas gestrichen werden, weil es ungenau oder
eine Wiederholung ist?
- Fällt dir zu einzelnen Stellen etwas Besseres ein?
b. Schreibe deine Anmerkungen an den Rand.
c. Markiere auf der Folie die Textstellen,
auf die sich die Anmerkungen beziehen.

Schritt 3: Den Aufbau des Textes überprüfen

4 Textsorten können verschieden gegliedert sein.
Meist gibt es eine Einleitung, einen Hauptteil
und einen Schluss. Schreibe für deinen Text auf,
wie er aufgebaut sein soll.

> **Starthilfe**
>
> Einleitung: das Thema nennen …
> Hauptteil: …
> Schluss: …

 4 das Thema/die Fragestellung / die eigene Meinung / Antworten auf W-Fragen /
Argumente und Beispiele / Beschreibungen / eine Bewertung /
eine Zusammenfassung / eine Schlussfolgerung …

5 **a.** Überprüfe mit Hilfe des Ergebnisses von Aufgabe 4,
ob der Aufbau deines Textes stimmt.

b. Markiere falsch platzierte Textteile und zeige
mit Pfeilen an, wohin sie gehören.

Schritt 4: Die Sprache des Textes überprüfen

Oft kommt es beim Sport zu Schweißbildung und man stinkt
echt heftig. Nanoteilchen aus Silber, die in Textilien verarbeitet
werden, können das verhindern. Nanopartikeln können auch in
Autoreifen verarbeitet werden. Weil man auch Kraftstoff
sparen wollte. Außerdem warnen ängstliche Umweltverbände,
dass die Risiken der Technologie noch nicht genug erforscht sind.

6 Findest du in dem Textbeispiel oben alle Stellen, die sprachlich
überarbeitet werden müssen?

a. Lies die folgenden sprachlichen Fehler, die es häufig in Texten gibt.

b. Ordne mangelhafte Textstellen den Fehlern zu.

c. Verbessere das Textbeispiel und formuliere die Sätze um.

Keine einheitliche Zeitform	Umgangssprache
Wortwiederholungen	Unlogische Satzverknüpfer
Schlechter Satzbau	Unpassende Verben/Adjektive

Schritt 5: Den eigenen Text überarbeiten und neu aufschreiben

7 Mit den Ergebnissen der Schritte 1 bis 4 kannst du nun
deinen eigenen Text überarbeiten und neu aufschreiben.

Schritt 6: Rechtschreibung und Zeichensetzung prüfen

8 Prüfe zuletzt in deinem überarbeiteten Text die Rechtschreibung und
die Zeichensetzung.

> **Arbeitstechnik**
>
> **Eigene Texte überarbeiten**
>
> Schritt 1: Den eigenen Text **wie mit fremden Augen lesen**
> Schritt 2: Den **Inhalt** des Textes überprüfen
> Schritt 3: Den **Aufbau** des Textes überprüfen
> Schritt 4: Die **Sprache** des Textes überprüfen
> Schritt 5: Den **eigenen Text überarbeiten** und neu aufschreiben
> Schritt 6: **Rechtschreibung** und **Zeichensetzung** prüfen

 6 riechen – man riecht / sind enthalten / kommen vor / um einzusparen /
andererseits / besorgt / das Nanopartikel – die Nanopartikeln / …

Ein Referat vorbereiten und mit dem Computer präsentieren

Um den Grafen Dracula ranken sich viele Legenden.
Doch wie sind sie eigentlich entstanden? Was ist wahr daran?
In einer Präsentation kannst du diese Fragen beantworten.

1. Schritt: Über das Thema nachdenken

1 Lies die folgende Aufgabe mit dem Aufgabenknacker.
Was genau sollst du tun? Mache dir Notizen.

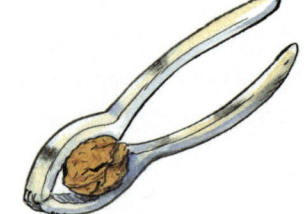

→ Aufgabenknacker: Seiten 202–203

Aufgabe:
eine Präsentation mit dem Computer vorzubereiten.
Dein Thema lautet: „Legenden um Vampire – was steckt dahinter?"
Die Präsentation gestaltest du für Eltern, Mitschülerinnen und Mitschüler.
Berücksichtige folgende Gesichtspunkte:

- Gliedere dein Referat und die Präsentation so, dass dein Publikum deinen Gedanken folgen kann.

- Zeige zunächst, worum es in deiner Präsentation geht.

- Wähle wenige wichtige Informationen für deine Präsentation aus.

- Achte dabei auf eine logische Gedankenfolge.

- Notiere auch, welche Informationen dein Publikum während der Präsentation zusätzlich erhalten soll.

- Verwende passende Gestaltungsmittel für deine Folien: Farben, Schriften, Grafiken, Bilder. Du kannst auch ein Präsentationsprogramm nutzen.

2. Schritt: Informationen zum Thema sammeln

2 Lies die beiden Sachtexte auf den Seiten 229 bis 232
mit Hilfe der Textknackerschritte 1, 2 und 3.
Tipps für den 3. Schritt:
- Worüber informieren die Texte hauptsächlich?
- Welche Informationen brauchst du für deine Präsentation?
- Formuliere zu jeder dieser Informationen wenige Stichworte auf Karteikarten.

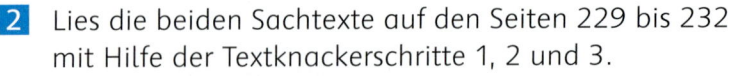

1. Bilder und Überschrift
2. Den Text überfliegen
3. Das genaue Lesen: Absätze und Schlüsselwörter

→ der Textknacker auf einen Blick: Seite 293

Die Texte **1** (Seiten 229 bis 231) und **2** (Seite 232) informieren dich über Dracula und die Vampire.

Dracula – Wahrheit oder Legende?

1 ### Die Schöpfung des berühmtesten aller Vampire Britta Pawlak

Bram Stoker „Dracula", 1901

1 Vampire – das sind Untote, die ihre Gräber verlassen, um sich auf die Jagd nach menschlichem Blut zu begeben. Schon lange gibt es
5 den Mythos[1] um blutsaugende Wesen, die am Tage erstarrt und reglos in ihren Särgen liegen, um nach Sonnenuntergang „zum Leben zu erwachen". Die bekannteste Vampirfigur ist
10 der berüchtigte Graf Dracula. Bram Stoker[2] verfasste den Schauerroman im Jahr 1897. Doch gab es diesen unheimlichen Grafen wirklich? Tatsächlich diente ein grausamer Fürst, der im 15. Jahrhundert
15 über die Walachei[3] im heutigen Rumänien herrschte, als Romanvorlage. Und die wahre Geschichte ist dabei ähnlich blutrünstig wie die Legende.

2 Die Vorstellungen von Vampiren gehen auseinander, meist handelt es sich aber
20 um Gestalten, die bei einbrechender Dunkelheit ihre Gräber verlassen und sich von menschlichem Blut ernähren. Vernichten kann man diese Wesen der Legende nach, indem man ihre Körper mit einem Pfahl durchbohrt. Weitere Mythen besagen, dass Vampire durch Kreuze gebannt und durch Knoblauch vertrieben werden. Schon im Mittelalter schuf man in verschiedenen Teilen der Welt ähnliche Sagen
25 von Untoten. Das heute verbreitete Bild des Vampirs ist vermutlich um 1600 im osteuropäischen Raum entstanden.

3 Der Volksglaube von Vampiren wurde wohl geschaffen, um Katastrophen, schlimmen Krankheiten oder unerklärbaren Dingen einen Namen zu geben – und einen Verantwortlichen zu finden. Viele Menschen waren damals von Hunger,
30 Missernten, Krankheiten und Armut betroffen. Immer wieder starben Menschen durch plötzlich auftretende Seuchen. Vor allem in der frühen Neuzeit wurden viele Vampirfälle gemeldet: Völlig unerwartet erkrankten Bewohner eines Dorfes schwer und starben. Sie sollen von „untoten Wesen" berichtet haben, die sie in der Nacht heimsuchten. Es gab in vergangenen Zeiten sogar richtige
35 Vampirprozesse. Dabei sollen Menschen, die als „Vampire" enttarnt wurden, zum Tode verurteilt und grausam aufgespießt worden sein.

[1] **der Mythos:** hier: eine Sage von Geistern
[2] **Bram Stoker:** ein irischer Schriftsteller (1847–1912)
[3] **die Walachei:** eine Region in Rumänien, die zwischen den Südkarpaten und der Donau liegt

Bela Lugosi und Helen Chandler in „Dracula", 1931

4 Graf Dracula – der berühmteste aller Vampire

Die bekannteste Vampirfigur ist der berühmt-
berüchtigte „Graf Dracula". Viele Gruselgeschichten
40 ranken sich um ihn, in unzähligen Filmen kommt
er vor – und kaum jemand hat noch nichts
von dem unheimlichen Grafen gehört. Im Roman[4]
reist ein Rechtsanwalt in geschäftlichen
Angelegenheiten zum Schloss eines Grafen, das sich
45 abgelegen inmitten der Südkarpaten befindet.
Bereits die äußere Erscheinung des Gastgebers
mit seiner blassen Haut, den roten Lippen und
auffallend spitzen Zähnen ist unheimlich. Bald schon
verspürt der junge Mann ein unbehagliches Gefühl.
50 Etwas geht nicht mit rechten Dingen zu
in dem Schloss. Er bemerkt, dass der Graf
kein Spiegelbild hat und beim Anblick von Blut
merkwürdig verändert reagiert …

5 Mit Abraham „Bram" Stokers Schauerroman
55 „Dracula" wurde schließlich eine Legende geboren:
Die Geschichte des berühmten Vampirs wurde
immer wieder verfilmt und neu interpretiert,
das Bild Draculas geprägt. Mal war der Graf nur
die „monströse Bestie", mal war er auch
60 eine tragische Figur, der man menschliche Züge
verlieh. […]

6 Die Schöpfung des transsilvanischen[5] Untoten

Der Schriftsteller Bram Stoker beschäftigte sich
intensiv mit mystischen Dingen, Zauberei und
65 Vampirlegenden. Eingehend studierte er Sagen und
überlieferte Geschichten der blutsaugenden
Untoten. […] Doch wer war Dracula eigentlich?

Stimmt es, dass er wirklich gelebt haben soll? Oder handelt es sich um eine reine Erfindung
70 des irischen Schriftstellers? Schon vor Bram Stoker – im Zeitalter der Romantik
(1795–1848) – wurden viele Vampirgeschichten verfasst. Verschiedene Figuren
und Mythen dienten dem Iren also als Vorlage für seinen „Dracula".
Bram Stoker war aber auf eine bestimmte Person gestoßen, die ihn beim Erschaffen
seiner gefürchteten Romanfigur entscheidend inspirierte: Fürst Vlad III. Draculea
75 (1431–1476). Er herrschte zur Zeit des Spätmittelalters über die Walachei,
ein Fürstentum im heutigen Rumänien. Stokers Geschichte spielt in Transsilvanien.
Diese sagenumwobene Region Rumäniens war die damalige Heimat von Vlad III.
Draculea. Die wahre Geschichte des Fürsten ist dabei ähnlich blutrünstig wie
die Vampirlegende. Vlad III. soll nämlich berüchtigt gewesen sein für seine Grausamkeit.

[4 Gemeint ist hier der Roman „Dracula" von Bram Stoker.
5 **transsilvanisch/Transsilvanien**: ein Gebiet in Rumänien,
das auch Siveberjen (Siebenbürgen) genannt wird

Vlad III Dracula Tepes

80 **7 Vlad III. Draculea – ein blutrünstiger Herrscher**
So sah der „echte Dracula" aus: Vlad III. Draculea war
ein grausamer Fürst des 15. Jahrhunderts,
der seine Opfer auf Pfählen aufgespießt haben soll.
Der Vater des Fürsten war Vlad II. Dracul (Draculea
85 bedeutet „Sohn des Dracul") und war Ritter
des Drachenordens – vermutlich trägt er deshalb
seinen Beinamen. Der lateinische Begriff „draco"
heißt nämlich übersetzt „Drachen". Es gibt aber noch
eine andere Bedeutung, die vielen umso passender
90 für den grausamen Fürsten erscheint: Das Wort
„Dracul" heißt im Rumänischen nämlich auch
„der Teufel". So könnte man Draculea ebenso
mit „Sohn des Teufels" übersetzen. […]

8 Der gefürchtete Herrscher hat äußerlich
95 wenige Gemeinsamkeiten mit Stokers Dracula.
Der Schriftsteller soll sich dabei eher
an dem bekannten Shakespeare-Darsteller
Henry Irving orientiert haben, mit dem ihn
eine lange Freundschaft verband. Vlad III. wird
100 als brutal wirkender Mann mit langen schwarzen
Locken und kantigen Zügen beschrieben. Eigentlich
stellt man sich Dracula jedoch als älteren Herrn
mit blassem Gesicht und grauen Haaren vor.

9 Viele Schauerlegenden um „Vlad den Pfähler"
105 Das „Draculaschloss" Bran in Transsilvanien ist
eine Touristenattraktion. Man weiß allerdings nicht,
ob sich der Fürst jemals dort aufgehalten hat.
Weitere Mythen besagen, dass Vlad Draculea
das Blut seiner Opfer trank und seine Leiche
110 bis heute verschwunden blieb. Das Grab im
rumänischen Snagov wurde 1931 geöffnet – und
tatsächlich fand man keine sterblichen Überreste.
Allerdings weiß man bis heute nicht, ob es sich
überhaupt um die richtige Grabstätte des Fürsten handelt. In Rumänien wurden
115 mittlerweile viele Orte zu „Touristenattraktionen" gemacht, die wenig mit dem
früheren Herrscher Vlad III. Draculea zu tun haben. Das Schloss Bran im transsilvanischen
Bezirk Brasov zum Beispiel wird immer wieder als legendäres Draculaschloss
präsentiert. Das imposant wirkende alte Gemäuer gleicht wirklich der Beschreibung
des Gruselromans. Man geht aber davon aus, dass Fürst Vlad III. dieses Schloss
120 niemals betreten hat. Die historische Stadt Sighişoara[6] in Rumänien wird als Geburtsort
des grausamen Fürsten bezeichnet. Dies gilt zwar als wahrscheinlich, es gibt jedoch
keine eindeutigen Belege, dass Vlad III. Draculea dort wirklich zur Welt kam.

[6 **Sighişoara** (sprich: Sigischoara): wird von der dort lebenden deutschen Minderheit auch
Schäßburg genannt

2 Was hat der Vampir mit der Fledermaus zu tun? Andrea Schultens

1 Seit Menschengedenken erscheint uns das Böse in Tiergestalt. Kulturgeschichtler und Mythologen beschäftigen sich mit den tierischen Nachtschwärmern,
5 die schon seit langem als Helfer des Teufels angesehen werden: Auf Tiere wie Wölfe, Eulen oder eben auch Fledermäuse überträgt der Mensch bis heute Ängste und böse Seiten des Menschen und
10 bekämpft diese. [...]

2 Auch Fledermäuse gehören zu den mythischen Tieren, um die sich zahlreiche Legenden ranken. So wurden schon früh Teufel und andere Dämonen mit Fledermausflügeln dargestellt. Und auch Vampire verwandeln sich in Fledermäuse, um sich unauffällig, wie unsichtbar, fortzubewegen und durch die Nacht zu fliegen.
15 Fledermäuse lieben die Dunkelheit und hausen in düsteren Höhlen, weshalb sie schon bei unseren Vorfahren unheimliche Geschichten provozierten.
Ihr ungewöhnliches Aussehen flößte den Menschen Furcht ein – und tut es bis heute. Unerklärbar waren ihre besonderen Zähne und Krallen sowie – wie man im Vergleich der beiden Skelette sehen kann – ihre menschenähnliche Figur. Die großen Ohren,
20 unheimlichen Flügel und vielen Falten weckten Fantasien und machten das Tier noch schreckenerregender.

3 Fledermäuse, die nachts unterwegs sind und schon früh als unreine Tiere galten, wurden zum Symbol
25 der Unsichtbarkeit, der Lautlosigkeit und der Ruhelosigkeit. Nicht zuletzt hat dies auch mit ihrer Fähigkeit zu tun, sich durch eine spezielle Ultraschallorientierung auch in tiefer
30 Dunkelheit problemlos zurechtfinden zu können. Da diese Fähigkeit lange nicht umfassend erforscht war, wurden den Tieren deshalb auch magische Kräfte zugesprochen. Sie wurden für unsichtbar gehalten, galten als ruhelose Seelen und somit als Todesorakel.

4 Seit 1897, als Stokers Roman „Dracula" erschien, trägt nun der Vampir einen Umhang,
35 der Fledermausflügeln ähnelt. Vampire und Fledermäuse, die legendären Teufelsgestalten, die sich nun auch körperlich ähnlich sehen, sind nicht nur lichtscheue Wesen, die an Wänden hinauflaufen können, sondern sie können zudem fliegen und sich anscheinend unsichtbar machen. Bram Stoker ließ sich für Dracula von den zahlreichen Ähnlichkeiten zwischen den beiden Teufelsgestalten inspirieren, aber wohl auch von den lateinamerikanischen
40 Fledermausarten, die sich tatsächlich vom Blut anderer Tiere ernähren.

3. Schritt: Die Informationen gliedern und die Notizen ordnen

Nun wählst du die Informationen für dein Referat und für die Präsentation aus. Achte dabei auf das Thema „Legenden um Vampire – was steckt dahinter?" und auf die Interessen deiner Zuhörer. Was könnte für sie spannend sein?

3 Wähle aus: Welche Informationen aus den beiden Sachtexten sind für dein Referat und für deine Präsentation wichtig? Lege die passenden Karteikarten aus Aufgabe 2 bereit.

4
- Welche Inhalte hast du nicht verstanden?
- Zu welchen Inhalten brauchst du weitere Informationen?
  a. Finde weitere Informationen oder Erklärungen im Internet oder in Sachbüchern. Ergänze dazu Stichworte auf deinen Karteikarten.
  b. Schlage schwierige Wörter in einem Wörterbuch oder in einem Lexikon nach.

> unterschiedliche
> Vorstellungen über Vampire:
> – verlassen nachts ihre
>   Gräber
> – sollen Blut saugen
> – erinnern an Fledermäuse
> – ...

5 Gliedere deine Präsentation.
  a. In welcher Reihenfolge möchtest du deine Informationen dem Publikum vermitteln?
  b. Nummeriere die Karteikarten in dieser Reihenfolge.

6 Welche Informationen brauchst du für die Präsentation? Markiere sie auf deinen Karten in einer Farbe.

> Bram Stokers Roman:
> – Hauptperson:
>   Graf Dracula
> – Vorbild für diese Person:
>   Vlad III. Draculea,
>   15. Jahrhundert
> – furchterregendes
>   Aussehen → Bild
> – ...

4. Schritt: Den Vortrag anschaulich machen

Damit dein Publikum deinem Referat aufmerksam folgen kann, zeigst du während deines Vortrags eine Computerpräsentation.

7 Plane deine Präsentation zunächst mit Hilfe der Fragen:
- Wie heißt das Thema deiner Präsentation?
- Welches sind die wichtigsten Stichworte?
- Welche Bilder und welche anderen Materialien passen zum Thema? Das können z. B. Grafiken und Karten sein.
- Welche Materialien musst du dir noch beschaffen?
- Wo kannst du dir die zusätzlichen Materialien beschaffen?
- In welcher Reihenfolge willst du deine Ergebnisse präsentieren?

Tipp: Mache dir dazu Notizen oder Skizzen.

Deine Präsentation kannst du mit einem normalen Schreibprogramm
oder auch mit einem speziellen Präsentationsprogramm gestalten.

8 Die erste Folie deiner Präsentation ist wichtig,
denn damit motivierst du dein Publikum.

   a. Wähle aus dem Präsentationsprogramm
eine passende Folie aus.

   b. Folge den Anweisungen,
die auf den Feldern der Folie stehen.

Tipp: Auf den Folienvorlagen sind Felder
vorgegeben. Du kannst sie so platzieren,
wie du es möchtest.

9 Lege nun zu jedem Teilthema deiner Präsentation
eine Folie mit einer Überschrift an.

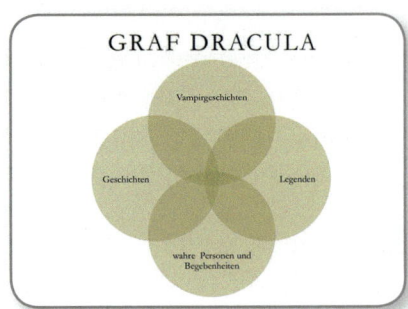

- Wähle aus deinem Präsentationsprogramm
passende Folien-Vorlagen aus,
aber nicht zu viele verschiedene.
- Verwende große und gut lesbare Schriften:
Meist sind sie auf den Vorlagen schon vorgegeben.
- Achte auf ausreichende Zeilenabstände.
- Verwende für Überschriften eine größere und
fettere Schrift.
- Schreibe nur wenige Stichworte auf.
- Achte darauf, dass die Farben auf den Folien die Schriften
nicht überdecken.

Z 10 **a.** Finde passenden Videoausschnitte oder Audiodateien.

   b. Lege fest, an welcher Stelle deiner Präsentation sie abgespielt
werden sollen.

5. Schritt: Eine Einleitung und einen Schluss formulieren

11 Schreibe die Einleitung und den Schluss in vollständigen Sätzen auf,
aber nur für dich und nicht auf die Folien.

6. Schritt: Das Referat und die Präsentation üben

12 **a.** Lies die Arbeitstechnik „Frei vortragen".　　　　　→ Arbeitstechnik: Seite 299

   b. Übe dein Referat mit der Präsentation mehrmals, auch vor anderen.

7. Schritt: Die Zuhörerinnen und Zuhörer mit einbeziehen: Beobachtungsaufträge

Stelle deinen Zuhörerinnen und Zuhörern Aufgaben zum Inhalt des Referats und der Präsentation. Dann hören sie aufmerksamer zu.

13 Worauf sollen deine Zuhörerinnen und Zuhörer besonders achten?
a. Formuliere zwei oder drei Aufgaben.
b. Schreibe die Aufgaben an die Tafel oder auf eine Folie.
c. Bitte nach deiner Präsentation um die Antworten.

14 Erkundige dich, ob das Publikum alles verstanden hat.
a. Bitte deine Zuhörerinnen und Zuhörer, sich Fragen zu notieren.
b. Beantworte die Fragen nach dem Referat und der Präsentation.

15 Erarbeitet gemeinsam Beobachtungskarten.
Verwendet dazu die Arbeitstechnik „Tipps zum Auswerten eines Vortrages und einer Präsentation".

➡ Arbeitstechnik: Seite 299

8. Schritt: Das Referat und die Präsentation halten und auswerten

16 a. Halte nun dein Referat und veranschauliche es mit der Computerpräsentation.
Tipps: • Lege alle benötigten Materialien zurecht.
• Achte darauf, dass jeder dich und auch die Präsentation sehen kann.
• Beginne erst, wenn alle im Publikum ruhig und aufmerksam sind.
• Sprich langsam, laut und deutlich.
• Erkläre den Inhalt der Präsentation, aber lies die Texte nicht vor.
• Achte auf die Zeit und halte dich an die Zeitvorgabe.
b. Beantworte nach dem Referat zuerst die Fragen deines Publikums.
c. Wenn du Aufgaben zum Inhalt gestellt hast, lasse sie beantworten.

Zum Schluss wird dein Referat ausgewertet.
Du bekommst von deinem Publikum ein Feedback, also Rückmeldungen.
So weißt du, was du gut gemacht hast und was du verbessern kannst.

17 Besprecht gemeinsam die Beobachtungen aus Aufgabe 15.
Tipp: Ihr könnt auch mit Hilfe der Arbeitstechnik
„Tipps zum Auswerten eines Vortrages und einer Präsentation"
eine Checkliste erarbeiten. Dann wertet ihr mit Hilfe der Checkliste aus.

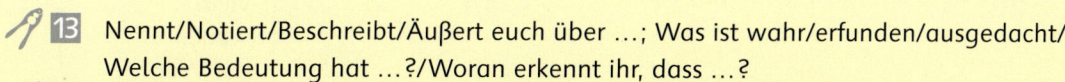

13 Nennt/Notiert/Beschreibt/Äußert euch über ...; Was ist wahr/erfunden/ausgedacht/
Welche Bedeutung hat ...?/Woran erkennt ihr, dass ...?

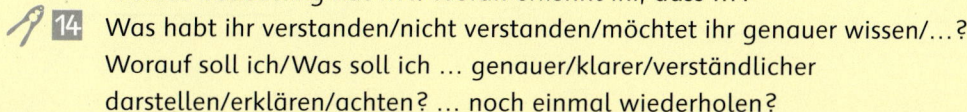

14 Was habt ihr verstanden/nicht verstanden/möchtet ihr genauer wissen/...?
Worauf soll ich/Was soll ich ... genauer/klarer/verständlicher
darstellen/erklären/achten? ... noch einmal wiederholen?

Dein Rechtschreib-Check

Mit dem Rechtschreib-Check kannst du selbstständig Fehler finden.
Du prüfst und korrigierst damit Wörter in deinen Texten.

Checkpunkt 1 : Deutlich sprechen – genau hinhören – genau hinsehen
- Sieh dir das Wort und seine Schreibung genau an.
- Sprich dir das geschriebene Wort langsam und deutlich vor.
- Lies das Wort dabei Buchstabe für Buchstabe mit.
- So kannst du Flüchtigkeitsfehler und fehlende Buchstaben erkennen.

1 Wende Checkpunkt 1 bei dem folgenden Text an.
Schreibe den Text fehlerfrei auf.

📖 Wie die Baumwolle nach Europa kam

Arabische Kaufleute brachtn ab dem Jahr 800 die Baumwolle ersmals nach
Europa. Aber erst im 14. Jahrhundert wurden große Mengen Baumwolle
vor allem in Süddeutschland zu Stoffen gewebt. Durch Spinnmaschinen
und mechanische Webstühle erhöhte sich im 17. Jahrhundert
die Produktionsmenge deutlich. Also musste auch mehr Baumwolle
eingführt werden. In den 1970er-Jahren bekam die Baumwolle Konkurrenz
von der billigeren Kunsfaser. Seit den 1990er-Jahren geht der Trend zu Produkten
aus Naturfasern und es wird wieder mehr Baumwolle verwenet.

> Achtung:
> Fehler!

Checkpunkt 2 : Lang oder kurz?
Sprich das Wort leise vor dich hin:
Ist der Vokal lang oder kurz?

Langer Vokal:
- Meist folgt nur **ein** Konsonant: *sagen*.
- **Langes i** ist meist **ie**: *die Liebe*.
- Vor **l, m, n, r** kommt manchmal ein **h**: *za**h**m*.

Kurzer Vokal:
Meist folgen **zwei** Konsonanten,
- zwei gleiche: *wo̦llen, re̦nnen* oder
- zwei verschiedene: *me̦rken, po̦ltern*.

2 In der Wörterliste am Rand sind Vokale fett geschrieben.
  a. In welchen Wörtern sprichst du einen kurzen Vokal?
     In welchen einen langen Vokal?
  b. Schreibe die Wörter ab.
     - Setze unter die kurzen Vokale einen Punkt.
     - Unterstreiche die langen Vokale.
     - Markiere die Konsonanten nach den Vokalen.

b**i**llig
das Bl**a**tt
f**a**st
f**o**lgen
das J**a**hr
die Qu**e**lle
sp**i**nnen
v**i**ele
w**e**ben
der W**e**g

3 Wende Checkpunkt **2** bei dem folgenden Text an.
Schreibe den Text fehlerfrei auf.

Die Baumwollpflanze

Viele Kleidungsstücke sind aus Baumwolle hergestelt.
Wie eine solche Baumwollpflanze aussieht, wisen
jedoch die wenigsten. Die Projektgrupe hat sich
mit dem Thema „Von der Baumwolle zum T-Shirt"
beschäftigt. Hier stellen sie eine Baumwollpflanze vor: Auf dem Foto
sieht man eine Pflanze, bei der die Baumwollkapseln aufgeplatzt sind.
Die weißen Baumwollfasern sind gut zu erkenen. Die Stängel und
die Bläter sind bereits ausgetrocknet. Die Pflanze steht kurz vor der Ernte.

> Achtung:
> Fehler!

Checkpunkt **3** : Verwandtes Wort?

• Findest du ein Wort schwierig?
Dann finde ein **verwandtes Wort**, das du sicher schreiben kannst.
Denn den **Wortstamm** in verwandten Wörtern schreibst du immer **gleich**:
mächtig – die Macht; die Häuser – das Haus; er fuhr – fahren
• Achte auf Zusammensetzungen:
weggehen – so wie weg + gehen

4 a. Schreibe zu jedem Wort der folgenden Liste
ein verwandtes Wort auf.
  b. Markiere in jedem Wort den Stamm.

färben, das Säugetier, sie lässt, dehnbar, der Käufer, auswählen,
genäht, er hält, bäuerlich, gesäumt, das Gehäuse, die Schäden

> **Starthilfe**
> färben – die Farbe, …

5 Wende Checkpunkt **3** bei dem folgenden Text an.
Schreibe den Text fehlerfrei auf.

Anbau der Baumwollpflanze

Es gibt über 290 unterschiedliche Baumwollpflanzen, aber nur wenige
Sorten sind für die Kleiderherstellung geeignet. Baumwolle wird
hauptsechlich in China, den USA, Indien und Pakistan angebaut, zum Teil
in kleinbeuerlichen Wirtschaften. Zuerst müssen die Samen in die Erde
gesetzt werden. Die Pflenzchen brauchen zum Wachsen viel Sonne und Wasser.
Nach der Blüte sieht man die dicke Baumwollkapsel gut. Etwa 8 Wochen später
platzen die Geheuse auf und weiße Bäusche quellen heraus.
Jetzt kann geerntet werden. Von der Aussaat bis zur Ernte dauert es annähernd
fünf bis sechs Monate.

> Achtung:
> Fehler!

Checkpunkt 4 : b oder p, d oder t, g oder k am Wortende oder am Ende des Wortstamms?

- **Verlängere** das Wort oder den Wortstamm. Dann hörst du die Endung.
  sandig – der sandige Weg
- Zusammengesetzte Wörter trennst du und verlängerst dann.
  das Erdbeben – die Erde; staubsaugen – staubig
- Bilde bei Verben den Infinitiv.
  sie bleibt – bleiben; er band – binden; er liegt – liegen

6 Wende Checkpunkt 4 bei dem folgenden Text an.
Schreibe den Text fehlerfrei auf.

Baumwolle – ein naturbelassener Stoff?

Baumwolle wirt auf großen Flächen angebaut. Deshalb ist sie für
Schädlinge besonders anfällik. Aus diesem Grunt werden zur Bekämpfung
der Schädlinge Spritzmittel eingesetzt. Vor der Ernte werden die Sträucher
noch mit einem Entlaubungsmittel besprüht. So ist die Ernte wesentlich
einfacher und halp so teuer. Dieses Mittel schädikt aber auch die Gesundheit und
die Umwelt. Später wird die Baumwolle mit chemischen Mitteln behandelt,
um den Stoff geschmeidig zu machen oder um ihn in einem Farbbat zu färben.

> **Achtung: Fehler!**

Checkpunkt 5 : Groß oder klein?
Nomen schreibst du groß.
Mit diesen Fragen erkennst du Nomen:
- Hat das Wort einen oder mehrere **Begleiter**?
- Endet das Wort auf **-ung, -heit, -keit, -nis, -tum**?
- Steht vor dem Wort einer der **besonderen Begleiter**:
  am, beim, zum, alles, nichts, viel?

7 Wende Checkpunkt 5 bei dem folgenden Text an.
Schreibe den Text fehlerfrei auf.

Die Jeans – eine Hose für alle

Die erste Jeans wurde in den USA für die goldgräber
aus Zeltplanen genäht. Sie sollte beim arbeiten viel
aushalten. Diese Hosen hatten noch breite hosenträger.
Das gefundene Gold wurde in die Großen Taschen
gesteckt. Später wurden die Hosen mit vielen nieten verstärkt,
damit sie der starken Beanspruchung standhielten. Heute gibt es
Jeanshosen in allen erdenklichen Farben und Formen. – Mit Blumen
bepflanzt und in einer langen Reihe aufgehängt sorgen sie
für aufmerksamkeit.

> **Achtung: Fehler!**

Checkpunkt 6 : Komma – ja oder nein?

- Ein Komma steht bei **Aufzählungen**:
  Die Pflanze braucht Wasser, Licht, Dünger und genügend Platz.
- Ein Komma steht **zwischen Haupt- und Nebensätzen**, z. B. mit den Konjunktionen **dass, weil, obwohl, nachdem, als, wenn** oder mit einem **Relativpronomen**:
  *Ich nehme die Jeans, **die** auf den Taschen bestickt ist.*
- Ein Komma trennt nachgestellte Erläuterungen ab:
  Das Spritzmittel ist ungesund, vor allem für die Arbeiter.
- Ein Komma trennt Hauptsätze in Satzreihen ab.
  Die Jeans passt mir, der Farbton ist schön, ich nehme diese Hose.

8 Wende den Checkpunkt 6 bei folgendem Text an.
Schreibe ihn fehlerfrei auf.

📖 Baumwolle ist vielseitig einsetzbar

Wenn wir von Baumwollprodukten sprechen denken wir meistens
an Hose T-Shirt oder Pullover. Jedoch gibt es viele Produkte
die aus dieser Naturfaser hergestellt werden:
Handtücher Hemden Bettwäsche Teppiche oder Vorhänge.
Weil man Baumwolle bei hohen Temperaturen waschen kann
ist sie so beliebt. Viele bevorzugen Babykleidung aus Baumwolle
wegen der weichen Stoffe besonders als Unterwäsche.

> **Achtung:**
> **8 Kommas**
> **fehlen!**

9 Findest du alle Fehler? Bei dem folgenden Text kannst du
nun alle Checkpunkte anwenden.

Fairer Handel

In den Anbaulendern der Baumwolle arbeiten
die Menschen oft für sehr geringe Löhne und
unter schlechten Arbeitsbedingungen. Damit
die Arbeiter bessere bedingungen haben setzen sich
5 einige Organisationen für sie ein. Die Produkte sollen
umwelschonend angebaut werden die Arbeiter
eine angemessene Bezahlung bekommen und
auf den Plantagen darf kein Kint arbeiten. Auf chemische Mitel soll
verzichtet werden. Das schützt nicht nur die Arbeitr auf den Feldern
10 und in den Fabriken sondern kommt auch den Käufern zugute.
Damit die Arbeiter mehr Gelt erhalten werden die Produkte
direkt vermarktet. So gibt es keine zwischenhändler die ebenfalls
verdienen wollen. Neben Kleidung werden auch Lebensmittel
wie Kaffee Tee Schokolade oder Obst im fairen Handel angeboten.
15 Man erkennt den fairen Handel an dem Logo das auf dem Produkt klept.

> **Achtung:**
> **9 Fehler und**
> **8 fehlende**
> **Kommas**

1. Trainingseinheit

Du findest in den folgenden acht Trainingseinheiten unterschiedliche Texte und Aufgaben zu Themen, die du bisher in der Rechtschreibung und Zeichensetzung kennen gelernt hast.

Einkaufen ohne Preisvergleich? |

Wenn das Portmonee gut gefüllt ist, | macht ein Einkauf im Supermarkt | besonderen Spaß! | Warum soll man | dann noch die Preise checken? | Ob der Jogurt | 40 oder 80 Cent kostet, | spielt keine Rolle. | Für die Lieblingspasta | kommen
5 die Spaghetti, | der teure Thunfisch | und die Cocktailtomaten | in den Einkaufskorb. | Es darf auch gern | der exquisite Kaffee | mit der schicken Verpackung sein. | Dazu passen die Kekse mit Nugat. | Doch die meisten Menschen | vergleichen beim Einkauf | automatisch die Preise. | Sie kaufen nicht einfach, | was gerade
10 im Trend ist | oder worauf sie Appetit haben, | sondern sie achten darauf, | was sie sich leisten möchten | und können. | (103 Wörter)

1 Wie verhalten sich die meisten Menschen beim Einkauf?
Antworte in einem Satz.

2 Schreibe die Wörter der Wörterliste dreimal.

der Einkauf, der Vergleich, füllen – gefüllt, der Spaß, der Preis – die Preise, kosten – gekostet, spielen, die Rolle, der Korb, gern, die Verpackung, kaufen – gekauft, vergleichen – verglichen, gerade, achten auf, sich leisten

Fremdwörter sind Merkwörter

Für die Schreibung von Fremdwörtern gibt es keine einfache Regel. Präge dir ein, wie die Wörter richtig geschrieben werden.

3 Im Text sind einige Fremdwörter hervorgehoben.
 a. Finde weitere Fremdwörter im Text.
  Tipps: • Es sind insgesamt 16 Fremdwörter.
    • Wenn du ein Wort nicht kennst, sieh im Wörterbuch nach oder informiere dich im Internet.
 b. Schreibe die Wörter auf.
  Schreibe vor jedes Nomen den bestimmten Artikel.

> **Starthilfe**
>
> das Portmonee, checken, der Jogurt …

W 4 Wähle eine Aufgabe aus:
- Schreibe mit fünf Fremdwörtern aus dem Trainingstext
  einen eigenen Satz auf. Oder:
- Ordne alle Fremdwörter aus dem Trainingstext nach dem Alphabet.
  Schreibe sie geordnet auf.

**Für viele Fremdwörter gibt es passende deutsche Wörter
oder Wortgruppen, aber nicht für alle.**

5 Welches deutsche Wort oder welche Wortgruppe kannst
du für die Fremdwörter aus dem Trainingstext einsetzen?
a. Prüfe für jedes Fremdwort, ob du ein deutsches Wort
findest.
Tipp: Die Wörter am Rand helfen dir.
b. Übertrage die Tabelle in dein Heft.
c. Ordne die Fremdwörter und die deutschen Wörter in
die Tabelle ein.

prüfen
die Plätzchen
der Geldbeutel
hübsch
die Lieblingsnudeln
erlesen
unwillkürlich
der Zeitgeschmack
das Verlangen,
  etwas zu essen

Fremdwort	deutsches Wort
das Portmonee	der Geldbeutel
checken	prüfen
die Lieblingspasta	…

6 a. Schreibe den Lückentext ab.
b. Ergänze die passenden Fremdwörter
aus dem Trainingstext.

Aus Milch entsteht mit Hilfe von Milchsäurebakterien _____.
Zu den beliebtesten Speisefischen gehört _____.
Viele Pralinen haben eine Füllung aus _____.
Der ehrliche Finder gab das _____ mit dem Geld im Fundbüro ab.
Die Gäste aßen die Torte mit großem _____.
Das Lieblingsessen vieler Kinder ist _____ mit Tomatensauce.
Die erste Tasse _____ am Morgen schmeckt am besten.

7 a. Schreibe die schwierigen Wörter
aus dieser Trainingseinheit dreimal.
b. Schreibe den Trainingstext „Einkaufen ohne
Preisvergleich?" ab.

Thunfische im Mittelmeer

→ Tipps zum Abschreiben: Seite 265

7 **Merkwörter:** besonders, die Tomate, der Supermarkt

2. Trainingseinheit

Adjektive und Verben können zu Nomen werden.
Das sind Nominalisierungen.

Polizeialltag mit Kommissar Beck |

A In der Nähe einer Baumgruppe | kauerte der gesuchte
Mann. | Kommissar Beck verharrte hinter Büschen, | die ihm
Deckung gaben. | Plötzlich hörte er ein Rascheln. | Der Mann
versuchte zu fliehen! | Kommissar Beck überlegte fieberhaft, |
5 was jetzt das Richtige wäre. | Er musste den Dieb überraschen. |
Beim Anschleichen | vermied er jedes Geräusch. | Dann
geschah etwas Unvorhersehbares ... |

B Der Polizeihund umkreiste | die verdächtige Frau. |
Sein Knurren wurde immer bedrohlicher. | Die Frau bekam
10 Angst | und schrie. | Schrilles Schreien führte Kommissar Beck |
zu dem Versteck im Keller. | Er rannte die Treppe hinunter. |
Sofort rief er durch lautes Pfeifen | den Hund zurück. |
Im Stillen gratulierte er sich: | Es war das Richtige gewesen, |
den Hund mitzunehmen. | Alles Weitere war Routine[1] ... |

(114 Wörter)

1 Warum gratulierte sich Kommissar Beck bei der Festnahme
der verdächtigen Frau?
Schreibe einen Satz.

2 Schreibe die Wörter der Wörterliste dreimal.

der Alltag, die Nähe, verharren, der Busch – die Büsche, fliehen – geflohen,
überlegen, der Dieb, überraschen, das Geräusch, verdächtig, der Hund,
bedrohlich, das Versteck, die Treppe, sofort, rufen, der Keller, mitnehmen

Nominalisierungen aus Adjektiven und Verben

Adjektive und Verben, die als Nomen gebraucht werden, werden
großgeschrieben. Die Begleiter zeigen dir die Nominalisierung an.

3 Finde die Nominalisierungen im Trainingstext.
  a. Schreibe die Nominalisierungen mit ihren Begleitern auf.
  b. Markiere die Begleiter.

> **Starthilfe**
> ein Rascheln, das Richtige, ...

[[1] die **Routine**: die Erfahrung, die gewohnheitsmäßige Ausführung

4 **a.** Übertrage die Tabelle in dein Heft.
   b. Ordne die Nominalisierungen mit ihren Begleitern
      aus dem Trainingstext in die Tabelle ein.

Artikel (bestimmter/ unbestimmter)	Präpositionen	unbestimmte Zahlwörter	Possessivpronomen	Adjektive
ein Rascheln	beim Anschleichen	etwas Unvorhersehbares	sein Knurren	schrilles Schreien
…	…	…	…	…

5 Ordne diese Nominalisierungen in die Tabelle von Aufgabe 4 ein.

etwas Weiches, mit Üben, im Gehen, alles Gute, ein Flüstern, das Falsche,
euer Reden, viel Neues, mein Lernen, schnelles Fahren, wenig Lustiges,
das Traurige, zum Weinen, buntes Treiben, im Bösen, dein Lachen,
allerlei Spannendes, nichts Besonderes

6 **a.** Schreibe die Sätze ab.
   b. Ergänze passende Nominalisierungen vom Rand.
      Tipp: Achte auf die Großschreibung am Satzanfang.
   c. Unterstreiche die Nominalisierungen mit den Begleitern.

Die kriminaltechnische Untersuchung ergab   .
Er schüttelte den Kopf   der Zeugenaussage.
Kommissar Beck gefiel   gar nicht.
Er entlockte ihr den entscheidenden Hinweis   .
Seine Zustimmung zeigte er   .
Sie hatte den Tatort   verraten.

> durch unvorsichtiges Ausplaudern
> mit einem leichten Nicken
> nichts Neues
> ihr Schweigen
> beim Lesen
> beim erneuten Nachfragen

Z **7** Im Trainingstext **A** geschieht am Ende
etwas Unvorhersehbares.
Was könnte das sein?
Schreibe einen Schluss für diese Geschichte.
Achte auf die Großschreibung von
Nominalisierungen.

8 **a.** Schreibe die schwierigen Wörter aus dieser Trainingseinheit dreimal.
   b. Schreibe den Trainingstext „Polizeialltag mit Kommissar Beck" ab.

→ Tipps zum Abschreiben: Seite 265

8 **Merkwörter:** die Polizei, plötzlich, fieberhaft, die Angst, gratulieren –
er gratuliert

243

3. Trainingseinheit

Ein Eigenname benennt einzelne Menschen, Tiere, Pflanzen
oder Organisationen. Auch in der Geografie kommen Eigennamen vor.

1 In den Nachrichten werden oft Eigennamen genannt.
   a. Lies die Texte in den Sprechblasen.
   b. Schreibe alle Eigennamen auf.
   c. Schlage unbekannte Namen
      in einem Lexikon nach oder recherchiere im Internet.

Starthilfe

Friedrich der Große, …

**In mehrteiligen Eigennamen werden alle Wörter –
außer Artikel und Präposition – großgeschrieben.**

2 a. Übertrage die Tabelle in dein Heft.
   b. Ordne alle Eigennamen aus Aufgabe 1 in die Tabelle ein.

Personen	Tiere/Pflanzen	Landschaften/Meere/Staaten	Organisationen/Ereignisse	Plätze/Bauwerke
Friedrich der Große	der Afrikanische Elefant	das Kap der Guten Hoffnung	der Deutsche Bundestag	das Weiße Haus
…	…	…	…	…

[[1] **die Regatta:** das Bootsrennen

3 Ordne auch folgende Eigennamen in die Tabelle ein.
Tipp: Informiere dich im Lexikon, in einem Atlas oder
im Internet, wer oder was jeweils gemeint ist.

Katharina die Große, der Zweite Weltkrieg, das Tote Meer,
der Deutsche Gewerkschaftsbund, der Indische Ozean,
die Erste Bundesliga, der Potsdamer Platz, die Lüneburger Heide,
die Vereinigten Arabischen Emirate, Karl der Kühne,
das Fleißige Lieschen, der Bayerische Wald, der Sibirische Tiger

Die Lange Anna ist ein hoher
Felsen auf Helgoland.

4 Welche Erklärung gehört zu welchem Eigennamen?
a. Ordne den Eigennamen von **1** bis **6** die passende Erklärung zu.
Tipp: In der richtigen Reihenfolge ergeben die Buchstaben vor
den Erklärungen ein Lösungswort.
b. Schreibe zu drei Eigennamen einen Satz auf.

> **Starthilfe**
>
> Die Blaue Mauritius war eine sehr seltene …
> Die Schwarze Witwe ist …

1 Pippin der Bucklige	**L**	Glockenturm in Italien, der sich wegen eines weichen Untergrunds stark zu einer Seite neigt
2 die Schwarze Witwe	**A**	Figur aus dem Roman „Jim Knopf und Lukas der Lokomotivführer", König von Lummerland
3 die Gemeine Stinkmorchel	**C**	giftige Spinnenart in Europa und Amerika
4 der Schiefe Turm von Pisa	**S**	der erste Sohn von Karl dem Großen, lebte von 770 bis 811
5 Alfons der Viertelvorzwölfte	**U**	sehr seltene Briefmarke, die im 19. Jahrhundert gedruckt wurde
6 die Blaue Mauritius	**H**	Pilzart, die stark nach Verwesung riecht und dadurch Fliegen anlockt

5 Entscheide: Eigenname oder nicht?
a. Lies die Wortgruppen.
b. Schreibe die Wortgruppen in der richtigen Schreibweise auf.
Tipp: Es gibt fünf Eigennamen.

> DER STILLE OZEAN   DIE AUGSBURGER PUPPENKISTE   DER KLEINE JUNGE
> DER TECHNISCHE DIREKTOR   DIE CHINESISCHE MAUER
> DER ERSTE MAI   DAS LETZTE MAL   DAS ZWEITE DEUTSCHE FERNSEHEN

5 der Stille Ozean / … / der kleine Junge / …

4. Trainingseinheit

Zukunftswünsche |

Welche Zukunftswünsche | haben junge Menschen in
Deutschland? | Für eine neue Studie[1] | wurden Personen |
im Alter von 16 bis 35 Jahren befragt. | Am interessantesten |
sind folgende Ergebnisse: | Für die einen | steht die Gesundheit
5 an erster Stelle. | Junge Menschen haben in der Regel | noch
ein langes Leben vor sich, | in dem sie fit sein möchten. |
Die anderen betonen | dass sie vor allem | unabhängig sein
wollen. | Sie möchten einen Beruf ergreifen | und gut verdienen. |
Als Lebensziel nennen viele, | mit einem Partner | zusammen
10 sein zu wollen. | Für manche stehen auch spannende Erlebnisse |
an erster Stelle. | Am häufigsten wurde persönliche
Zufriedenheit | als Lebensziel genannt. | (100 Wörter)

1 Was war das Thema der neuen Studie?
Schreibe einen Satz dazu auf.

2 Schreibe die Wörter der Wörterliste dreimal.

Deutschland, das Alter, das Jahr, das Ergebnis, die Gesundheit, die Menschen,
die Regel – in der Regel, betonen – er betont, unabhängig, der Beruf,
ergreifen – ergriffen, verdienen, das Ziel, spannend, an erster Stelle,
die Zufriedenheit

Wortgruppen mit sein

Wortgruppen mit sein schreibst du immer getrennt und klein.

3 Im Text findest du einige Wortgruppen mit **sein**.
Schreibe die Wortgruppen mit **sein** auf.

4 a. Schreibe die folgenden Sätze ab.
b. Markiere die Wortgruppen mit **sein**.
c. Schreibe zwei eigene Sätze mit Wortgruppen mit **sein**.

Paul:	„Ich möchte von Anfang an auf dem Fest dabei sein."
Cilly:	„Soll ich jetzt schuld sein, wenn wir zu spät kommen?"
Paul:	„Aber ich wollte längst weg sein!"
Cilly:	„Entspanne dich! Das Taxi wird gleich hier sein."

> allein sein
> bange sein
> da sein
> leid sein
> offen sein
> zusammen sein

[[1] **die Studie:** eine wissenschaftliche Untersuchung zu einer Fragestellung

Superlativ mit am

Den Superlativ eines Adjektivs mit am schreibst du immer klein.

5 Im Trainingstext findest du zwei Superlative mit am.
Schreibe die Superlative mit dem Begleiter auf.

6 **a.** Bilde von den Adjektiven am Rand die Superlative mit am.
Schreibe die Adjektive in der Grundform und im Superlativ auf.
b. Schreibe mit fünf Superlativen jeweils einen eigenen Satz auf.

schön
wenig
hoch
lang
weit
gut
kurz
lieb

Starthilfe

Ich finde den blauen Mantel am schönsten. …

Unbestimmte Zahlwörter

Unbestimmte Zahlwörter schreibst du immer klein.

7 Im Trainingstext sind unbestimmte Zahlwörter hervorgehoben.
a. Schreibe die unbestimmten Zahlwörter auf.
b. Finde weitere unbestimmte Zahlwörter. Schreibe sie auf.

Starthilfe

 die eine, der andere, keiner, die wenigen …

8 Die folgenden Sätze enthalten Fehler.
Schreibe die verbesserten Sätze fehlerfrei auf.

> Als meine Mannschaft 0 : 4 im Rückstand war,
> verließen bereits Viele das Stadion.

> Zum Gelingen des Festes trugen auch Einige bei,
> die spontan Musik machten.

> Hinterher wollte es wieder Keiner gewesen sein.

> Vielleicht hat er auch den Anderen gemeint.

> Die Rede hat Manchen zu denken gegeben.

Achtung: Fehler!

9 **a.** Schreibe schwierige Wörter aus dieser Trainingseinheit dreimal.
b. Schreibe den Trainingstext „Zukunftswünsche" ab.

→ Tipps zum Abschreiben: Seite 265

 9 **Merkwörter:** die Person – persönlich, interessant, die Studie, fit,
der Partner – die Partnerin

5. Trainingseinheit

In der Freizeit |

In Rafiks Klasse | wurden alle Schülerinnen und Schüler gefragt, | was sie am liebsten in ihrer Freizeit tun. | Die meisten Jugendlichen gaben an, | dass sie sich mit Freunden treffen | und Musik hören. | Einige wollen auch selbst Musik machen | und lernen ein Musikinstrument | oder singen. | Rafik kann zum Beispiel | Gitarre spielen. | Viele antworteten, | dass sie regelmäßig Sport treiben. | Aber ob sie lesen, | tanzen oder Eishockey spielen: | Alle möchten in ihrer Freizeit | einfach ein bisschen Spaß haben! |

(77 Wörter)

1 Was machen die meisten Schülerinnen und Schüler aus Rafiks Klasse in ihrer Freizeit?
Schreibe die Antwort ab.

2 Schreibe die Wörter der Wörterliste dreimal.

die Freizeit, die Klasse, der Schüler – die Schülerin, fragen – sie fragt – gefragt, am liebsten, tun – er tut – getan, die Jugendlichen, treffen – getroffen, lernen, singen – gesungen, zum Beispiel, die Gitarre, antworten, spielen, regelmäßig

Getrenntschreibung von Verbindungen aus Nomen und Verb

Verbindungen aus Nomen und Verb schreibst du getrennt:
Angst haben, Rad fahren.

3 Findest du im Trainingstext sechs Wortgruppen aus Nomen und Verb?
Schreibe die Wortgruppen auf.
Tipp: Zwei Wortgruppen sind bereits hervorgehoben.

4 a. Bilde aus den Nomen und Verben unten passende Wortgruppen.
   Tipp: Jedes Wort wird nur einmal verwendet.
b. Schreibe die Wortgruppen auf.
c. Schreibe mit sechs Wortgruppen eigene Sätze auf.

Starthilfe
Feuer fangen, Hilfe leisten, …

Nomen:	Verb:
Feuer Hilfe Kaffee Fußball	leiden laufen spielen stehen
Not Rad Schlange Platz	trinken halten fangen fahren
Gefahr Alarm Diät Angst	haben leisten schlagen nehmen

(Nomen) + (Verb)

Getrenntschreibung von bestimmten Wortgruppen

Diese Wortgruppen schreibst du immer getrennt:
ein bisschen, gar nicht, auf einmal, noch einmal, vor allem.

5 Finde im Trainingstext eine der oben genannten Wortgruppen.
Schreibe den Satz ab.

6 Schreibe den Lückentext ab.
Setze passende Wortgruppen von oben ein.

Annas Familie ist eigentlich _____ musikalisch.
Aber Anna kann sogar _____ Akkordeon spielen.
Das Üben ist anstrengend, _____ wenn schwierige Teile
oft wiederholt werden müssen.
Anna beginnt dann das Lied _____ von vorn.
Sie freut sich umso mehr, wenn das Stück _____ klappt.

Getrenntschreibung von Wortgruppen aus Verb + Verb

Du schreibst Wortgruppen aus Verb + Verb getrennt: Lass uns spazieren gehen!

7 a. Schreibe die folgenden Wortgruppen aus Verb und Verb ab.
   b. Schreibe mit fünf Wortgruppen jeweils einen eigenen Satz auf.

schwimmen gehen, auftreten können, kennen lernen, kochen können, fragen dürfen,
sitzen bleiben, liegen lassen, weinen müssen, sprechen lernen, platzen lassen

Getrenntschreibung von Wortgruppen aus Adjektiv + Verb

Du schreibst Wortgruppen aus Adjektiv + Verb getrennt:
Er kann schnell laufen!

8 Welches Satzende vom Rand passt zu welchem Satzanfang?
   a. Schreibe die Sätze vollständig auf.
   b. Markiere die Wortgruppen aus Adjektiv und Verb.

Kannst du die Pappkartons …
Wir müssen jetzt alle unbedingt …
Da kann sie gar nichts …
Für Janosch soll noch etwas Suppe …
Es wird zeitlich bestimmt …

> ruhig bleiben
> übrig bleiben
> eng werden
> falsch machen
> klein machen

9 Schreibe den Trainingstext „In der Freizeit" ab.

➔ Tipps zum Abschreiben: Seite 265

 9 **Merkwörter:** das Eishockey, das Instrument, die Musik, ob, selbst

6. Trainingseinheit

 **Es war einmal ... der Rechenschieber |**

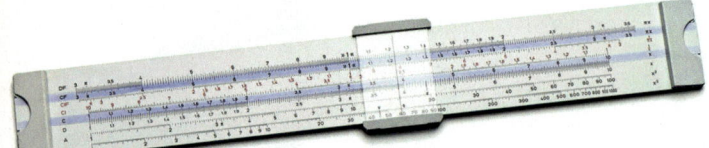

Früher quälten sich viele Schülerinnen und Schüler | mit dem aus Körper, | Zunge und Läufer bestehenden Gerät, | das eigentlich eine Erleichterung 5 beim Rechnen sein sollte. | Der Rechenschieber wurde im 17. Jahrhundert entwickelt, | um die vier Grundrechenarten | und komplizierte Umrechnungen | leichter durchführen zu können. | Viele Mathematiker | nutzten diese Erfindung, | die im Lauf der Zeit | immer weiter verbessert wurde. | Heute ziehen es die meisten Menschen vor, | bei schwierigen Rechnungen | einen Taschenrechner 10 zu benutzen. | Aber es gibt in Deutschland und in anderen Ländern | leidenschaftliche Sammler, | die sich sehr für die alten Rechenschieber interessieren. | Sie treffen sich regelmäßig, | um alte Modelle zu erwerben und zu tauschen. |

(106 Wörter)

1 Wann wurde der Rechenschieber erfunden?
Schreibe einen Satz dazu auf.

2 Schreibe die Wörter der Wörterliste dreimal.

es war einmal, quälen – sich quälen, der Körper, die Zunge, das Gerät,
die Erleichterung, das Jahrhundert, entwickeln, rechnen – berechnen – umrechnen,
leicht – leichter, nutzen – benutzen, die Zeit, verbessern, schwierig, Deutschland,
das Modell, tauschen

Komma in Relativsätzen

Ein Relativsatz erklärt ein Nomen im Hauptsatz genauer.
Er wird mit den Relativpronomen der, das, die oder die eingeleitet.
Du trennst den Relativsatz mit einem Komma ab.

Beispiele: *Er trifft seinen Freund, der gerade aus dem Haus kommt.*

Er läuft dem Freund, der zu seinem Fahrrad geht, schnell hinterher.

3 Im Trainingstext sind drei Relativsätze **hervorgehoben**.
  a. Schreibe die Relativsätze mit den Hauptsätzen ab.
  b. Markiere jeweils das Relativpronomen und das Komma.
  c. Verbinde das Relativpronomen mit dem Nomen,
     auf das es sich bezieht.

4 Schreibe die folgenden Sätze ab.
Setze dabei die Kommas.

1,5 kg wog der erste elektronische Taschenrechner
der 1967 verkauft wurde.
Oft dürfen Schüler die eine Klassenarbeit schreiben
einen Taschenrechner benutzen.
Ein Abakus ist ein Rechenhilfsmittel mit Holzkugeln
das seit 3000 Jahren bekannt ist.

Kommas
fehlen

Komma in Infinitivsätzen

Infinitivsätze beginnen häufig mit einem Signalwort (um, ohne, anstatt).
Sie enden immer mit einem Infinitiv mit zu. Diese Sätze können vor oder
nach dem Hauptsatz stehen. Du trennst sie mit Komma ab.

Beispiele: *Um richtig zu schreiben, musst du viel üben.*
Wende den Rechtschreib-Check an, anstatt einfach loszuraten.

5 Im Trainingstext findest du drei Infinitivsätze.
   a. Schreibe die Sätze ab.
   b. Markiere jeweils den Infinitiv mit **zu** und das Komma.
   c. Markiere auch das Signalwort, wenn es eines gibt.

6 a. Schreibe die folgenden Sätze ab. Setze die Kommas.
   b. Markiere jeweils den Infinitiv mit **zu**, das Signalwort und das Komma.

Ich schaue gemütlich zu anstatt selbst aufzuräumen.
Du triffst die Entscheidung ohne mich zu fragen.
Anstatt Bescheid zu sagen läuft sie einfach davon.
Ohne mit der Wimper zu zucken lügt er sie an.
Um sie zu überraschen verraten wir nichts über das Geschenk.

Kommas
fehlen

7 a. Schreibe eigene Sätze mit den Infinitivsätzen
      vom Rand auf.
   b. Markiere jeweils den Infinitiv mit **zu**
      und das Komma sowie das Signalwort.

… um frische Luft zu bekommen
… ohne auf die Fußgänger zu
achten
… um pünktlich zu sein
… ohne den Wecker zu stellen
… ohne anzuklopfen
… anstatt dem Vortrag zuzuhören

Starthilfe

Ich öffne das Fenster, um frische Luft zu bekommen.
Um frische Luft zu bekommen, öffne ich das Fenster. …

8 a. Schreibe schwierige Wörter aus dieser Trainingseinheit dreimal.
   b. Schreibe den Trainingstext
      „Es war einmal … der Rechenschieber" ab.

➜ Tipps zum Abschreiben: Seite 265

 8 **Merkwörter:** eigentlich, interessieren, kompliziert, der Mathematiker, vier

7. Trainingseinheit

Kommas fehlen

Bitte nicht wecken! |

Wer hat sich das nicht auch schon mal gewünscht: | schlafen schlafen schlafen? | Und das monatelang? | Die Tage werden kürzer | die Temperaturen sinken | und die Sonne lässt sich wenig sehen. | Der Naturschutzbund Deutschland | unterscheidet
5 zwischen | Winterschlaf Winterruhe und Winterstarre. | Igel Siebenschläfer Fledermäuse und Bären | zählen zu den Winterschläfern. | Sie haben eine durchgängige Tiefschlafphase[1]. | Maulwürfe Eichhörnchen und Dachse halten Winterruhe. | Sie legen im Herbst Nahrungsvorräte an | und suchen diese
10 in der Ruhezeit ab und zu auf. | Von Winterstarre sprechen die Zoologen[2] | bei Amphibien[3] Fröschen und einigen Fischarten. | Diese können ihren Körper bei Kälte | nicht selbst ernähren | fallen bei niedrigen Außentemperaturen in eine Starre | und wachen erst mit der Frühlingssonne wieder auf. | Aber möchten
15 wir Menschen das auch tun? |

(109 Wörter)

---

1 Wie verhalten sich Tiere während der Winterruhe?
Schreibe die Antwort aus dem Text ab.

2 Schreibe die Wörter aus der Wörterliste dreimal.

schlafen, wecken, monatelang, die Sonne, unterscheiden – ich unterscheide – unterschieden, zwischen, der Maulwurf, der Herbst, sprechen, der Frosch – die Frösche, der Körper, die Kälte, ernähren, die Starre, aufwachen – sie wacht auf – aufgewacht, der Frühling

Komma in Aufzählungen

Wenn du Wörter, Wortgruppen oder Sätze aufzählst, trennst du sie durch Kommas voneinander ab. Vor **und** und **oder** steht in Aufzählungen kein Komma.

3 Im Trainingstext sind zwei Aufzählungen hervorgehoben.
Es gibt noch weitere fünf Aufzählungen.
   a. Schreibe die Sätze mit den Aufzählungen ab.
   b. Markiere die Wörter oder Wortgruppen der Aufzählungen.
   c. Setze Kommas dazwischen.

---

[1] **die Tiefschlafphase:** der Zeitabschnitt, in dem man besonders tief schläft
[2] **der Zoologe:** ein Wissenschaftler, der Tiere erforscht
[3] **die Amphibien:** Tiere, die sowohl auf dem Land als auch im Wasser leben und ihre Körpertemperatur an die Umgebung anpassen können

Komma bei nachgestellten Erläuterungen

Nachgestellte Erläuterungen trennst du vom Hauptsatz durch Komma ab. Manchmal werden sie durch Signalwörter (zum Beispiel, besonders, nämlich, und zwar) eingeleitet.

4 a. Schreibe den folgenden Text ab.
b. Trenne die nachgestellten Erläuterungen durch Komma ab.

Eisbären leben am Nordpol und zwar hauptsächlich auf dem Packeis des Nordpolarmeeres. Erwachsene Männchen werden über zwei Meter groß und sehr schwer nämlich bis 600 Kilogramm. Der Bestand von ungefähr 20.000 Eisbären wird schrumpfen und zwar um etwa ein Drittel bis zum Jahr 2050. Schuld daran ist die globale Erderwärmung, die das Packeis schmelzen lässt. Auch andere Faktoren gefährden das Leben dieser Tiere zum Beispiel die Meeresverschmutzung oder der Tourismus.

Komma bei Anreden

Eine Anrede trennst du immer durch Komma ab. Die Anrede kann vorangestellt, nachgestellt oder in der Mitte des Satzes stehen.

5 Schreibe die Sätze ab. Setze die fehlenden Kommas.

Kommst du mit ins Kino Leo?
Sira warum liest du nicht weiter?
Sehr geehrte Frau Müller wir alle gratulieren Ihnen zum Jubiläum.
Ich freue mich liebe Freundinnen und Freunde dass ihr gekommen seid.

Kommas
fehlen

Komma bei Ausrufen

Ausrufe trennst du immer durch Komma ab.

6 a. Schreibe die Sätze ab. Ergänze die Ausrufe vom Rand.
b. Setze die fehlenden Kommas.

       jetzt habe ich die Suppe verschüttet!
       bist du da?
       ich bin hier eingeklemmt!

> Hilfe
> Hallo
> Oh nein

7 Schreibe den Trainingstext „Bitte nicht wecken!" richtig, also mit Kommas, auf.

 7 **Merkwörter:** der Dachs – die Dachse, der Igel – die Igel, die Temperatur

8. Trainingseinheit

Eine fantastische Reise |

Am Freitag diskutierten wir in der Klasse | über das Ziel für unseren letzten Klassenausflug. | Unterschiedliche Meinungen wurden geäußert, | einige Schüler setzten sich besonders | für ein Ziel ein, | es wurden sogar Fotos herumgereicht. | Weil ich müde wurde, | schaute ich aus dem Fenster
5 in unseren Schulgarten. | Plötzlich bekam meine Fantasie Flügel, | ich glitt in einen Tagtraum, | die Diskussion ging an mir vorbei. | Statt der Obstbäume sah ich Palmen, | am Teich entstand ein langer Sandstrand. | Als ein weißes Segelschiff | am Horizont[1] erschien, | träumte ich mich an Deck. | Ich schaute den Möwen zu, | während das Schiff | sanft auf den Wellen schaukelte. |
10 Auf einmal ertönte eine Schiffssirene[2], | sie hatte große Ähnlichkeit | mit unserer Schulglocke. | Ich sah mich, | bevor ich in die Schulwirklichkeit zurückkehrte, | ein letztes Mal auf dem Traumschiff um. | Ach ja: | Unsere Klassenfahrt geht zum Hamburger Hafen! |

(136 Wörter)

1 Was taten einige Schüler, um für ihr Ziel zu werben?
Schreibe einen Satz dazu auf.

2 Schreibe die Wörter der Wörterliste dreimal.

am Freitag, unterschiedlich, die Meinung, das Ziel, sogar, müde, das Fenster, plötzlich, der Traum, statt, der Teich, entstehen – es entstand, das Segelschiff, während, sanft, auf einmal, ertönen, ein letztes Mal, zurückkehren – ich kehre zurück

Komma in Satzreihen

Hauptsätze in Satzreihen trennst du durch Komma ab.

Beispiel: *Er kam pünktlich, das Fest begann, der Gastgeber begrüßte alle.*

3 a. Schreibe die vier Satzreihen aus dem Trainingstext ab.
b. Markiere die Kommas.

4 a. Schreibe die folgenden Satzreihen ab.
b. Setze die fehlenden Kommas.

Der Hamburger Hafen liegt an der Elbe er ist der größte Seehafen Deutschlands im Jahr 1189 wurde er eröffnet. Die Gründung wird jedes Jahr mit einem Fest gefeiert eine Million Touristen reisen deshalb an besonders beliebt ist das Drachenbootrennen.

Kommas fehlen

[1] **der Horizont:** die Linie in der Ferne, an der sich Himmel und Erde scheinbar berühren
[2] **die Schiffssirene:** ein Gerät auf einem Schiff, das laute Geräusche erzeugt und damit auf etwas aufmerksam macht

Komma in Satzgefügen

Bindewörter (Konjunktionen) verbinden einen Hauptsatz
mit einem Nebensatz. Es entsteht ein Satzgefüge.
Zwischen Hauptsatz und Nebensatz setzt du ein Komma.
Der Nebensatz steht vor oder nach dem Hauptsatz oder in der Mitte.

Beispiele: *Weil einige zu spät kamen, wartete der Gastgeber mit der Begrüßung.*
Das Fest begann, als alle Gäste da waren. Das Fest endete, bevor sich
die Gäste auf den Heimweg machten, mit einem Feuerwerk.

5 Im Trainingstext findest du vier Satzgefüge.
   a. Schreibe die Satzgefüge auf.
   b. Markiere die Nebensätze und die Konjunktionen.
   c. Markiere die Kommas mit einem Pfeil.

> **Starthilfe**
>
> Weil ich müde wurde, schaute ich …

6 a. Schreibe die folgenden Satzgefüge ab.
   b. Markiere die Nebensätze und die Konjunktionen.
   c. Setze die Kommas und markiere sie.

Weil die meisten in der Klasse für Hamburg stimmten wurde dieses Ziel
gewählt.
Die Größe des Hamburger Hafens wird deutlich wenn man
eine Hafenrundfahrt macht.
Frau Weber erzählte uns bevor wir nach Hamburg fuhren viel über den Hafen.
Obwohl wir wenig Zeit hatten konnten wir eine Segelregatta beobachten.

Kommas fehlen

Z 7 a. Bilde aus zwei Hauptsätzen jeweils ein Satzgefüge.
   Verwende die Konjunktionen **weil, obwohl, während** und **nachdem**.
   b. Schreibe die Sätze auf.
   Tipp: Manchmal gibt es mehrere Möglichkeiten.
   Schreibe dann mehrere Satzgefüge auf.

> **Starthilfe**
>
> Wir kommen mit,
> weil wir das Schiff
> sehen möchten. …

Wir kommen mit. Wir möchten das Schiff sehen.
Ich gehe nach Hause. Ich bin müde.
Er ist beleidigt. Ich habe mich entschuldigt.
Wir hören aufmerksam zu. Der Stadtführer erklärt etwas.
Sie kann sich besser konzentrieren. Das Radio ist ausgestellt worden.

8 a. Schreibe schwierige Wörter aus dieser Trainingseinheit dreimal.
   b. Schreibe den Trainingstext „Eine fantastische Reise" ab.

→ Tipps zum Abschreiben: Seite 265

 8 **Merkwörter:** diskutieren – die Diskussion, fantastisch, das Foto, der Horizont,
die Sirene – die Sirenen

Rechtschreibhilfen: Erkennen, wie Wörter gebildet werden

Zusammengesetzte Nomen richtig schreiben

Beim Schreiben von zusammengesetzten Nomen achtest du genau auf die Bestandteile.

das Radio + die Sendung = die Radiosendung

der Fuß + der Ball + das Spiel = das Fußballspiel

Lampenfieber

Jan hat vor kurzem seinen Radioführerschein gemacht. Heute Abend wird seine erste Sendung im Bürgerfunk ausgestrahlt.

Er berichtet darin über Menschen mit einer seltenen Wahrnehmungsstörung: der Gesichtsblindheit. Betroffene können

5 andere nicht an ihren Gesichtern erkennen. Sie brauchen weitere Informationen wie Kleidungsgewohnheiten, Bewegungsmuster oder die Stimme. Die Ursachenforschung hat ergeben, dass es sich meist um einen Gendefekt[1] handelt, aber auch nach einem Schlaganfall oder schlimmen Kopfverletzungen kann diese Störung auftreten.

10 Jan ist aufgeregt. Aber er gilt als Glückspilz, da wird schon alles klappen!

1 Im Text sind zwei zusammengesetzte Nomen hervorgehoben.
  a. Finde weitere zusammengesetzte Nomen im Text.
  b. Schreibe sie mit ihrem bestimmten Artikel auf.
  c. Schreibe auch die einzelnen Nomen auf, aus denen die zusammengesetzten Nomen bestehen.

Starthilfe

die Wahrnehmungsstörung:
die Wahrnehmung + s +
die Störung, …

Tipps: • Manchmal steht ein s in der Wortfuge: das Liebeslied.
  • Manchmal steht ein n in der Wortfuge: die Blumenwiese.

 **2** Spielzeit!
  Wer findet die meisten zusammengesetzten Wörter?
  • Ihr habt zwei Minuten Zeit!
  • Die Wörter müssen aus zwei oder mehr Nomen bestehen.
  • Schreibt die Wörter mit ihrem bestimmten Artikel auf.
  Tipp: Ihr könnt die Wörter vom Rand benutzen.

die Sonne
der Sommer
das Geld
der Kopf
die Stadt
das Haus
der Satz
die Hand
das Brot

[1 **der Gendefekt:** ein Schaden durch eine Veränderung im Erbgut (das Gen + der Defekt)

3 Welcher Artikel steht vor dem zusammengesetzten Nomen?

    a. Untersucht die einzelnen Nomen und die zusammengesetzten neuen Wörter aus Aufgabe 2.

    b. Schreibt einen Merksatz auf.

> **Starthilfe**
> Der Artikel des .... Nomens bestimmt …

4 **a.** Ersetze in folgenden Sätzen eine Wortgruppe mit zwei Nomen durch ein zusammengesetztes Nomen.

    b. Schreibe die Sätze auf.

Ich backe heute einen Kuchen mit Apfel.
Er hat eine schwere Verletzung am Kopf.
Meine Mutter liest täglich die Zeitung des Tages.
Reiche mir bitte den Streuer für Salz!

> **Starthilfe**
> Ich backe heute einen Apfelkuchen. …

Wenn du in einem zusammengesetzten Nomen die einzelnen Bestandteile erkennst, hilft dir das bei der richtigen Schreibung.

> der Schwerlasttransport, die Kongressstadt, die Brennnessel,
> der Geschirrreiniger, die Leistungssportlerin, der Heringssalat,
> die Schifffahrt, das Betttuch, die Schneeeule

5 Bei zusammengesetzten Nomen können in der Mitte mehrere gleiche Buchstaben stehen.

    a. Schreibe die zusammengesetzten Nomen mit ihrem Artikel auf.

    b. Aus welchen einzelnen Wörtern bestehen die Zusammensetzungen?
Schreibe die Nomen mit ihren Artikeln auf.

> **Starthilfe**
> der Schwerlasttransport: schwer + die Last + der Transport
> …

6 Spielzeit!

Wer findet das längste zusammengesetzte Wort?

Tipp: Es gelten nicht die meisten Buchstaben, sondern die meisten Wörter.

> **Starthilfe**
> Donaudampfschifffahrtskapitänsmütze (6 Wörter)
> Milchspeiseeisfachverkäufer (5 Wörter) …

Dampfschiff auf der Donau

7 Partnerdiktat!

Diktiert euch gegenseitig den Trainingstext von Seite 256.

→ Arbeitstechnik Partnerdiktat: Seite 262

Wörter mit Vorsilben richtig schreiben

Bei vielen Verben kannst du durch Vorsilben neue Verben bilden,
zum Beispiel fahren: verfahren, befahren, erfahren.

„Empört euch!"

„Also bestell deinem Deutschlehrer von mir, dass
du Widerstand nicht noch im Unterricht lernen
musst! Empörung auch nicht! Du widersprichst
deinem Vater und mir, missachtest unsere
5 Essenszeiten, lässt dich gern bedienen und findest
dein unaufgeräumtes Zimmer urgemütlich."
So antwortet Peers Mutter auf seinen
begeisterten Bericht über das aktuelle Thema
im Deutschunterricht, Stéphane Hessels Bestseller
10 „Empört euch!".
Lachend umarmt Peer seine Mutter: „Ach Mutter,
Hauptsache ist doch, dass wir uns mögen."
Da kann Frau Richter, wenn auch ein wenig
widerstrebend, nur zustimmen.

---

1 Im Trainingstext sind alle Verben, die mit einer Vorsilbe beginnen, hervorgehoben.
   a. Schreibe die Verbformen heraus. Ergänze den Infinitiv.
   b. Markiere die Vorsilben.

> **Starthilfe**
>
> bestell – bestellen, …

2 Welche Verben kannst du mit diesen Vorsilben bilden?
   a. Schreibe die Verben in der Infinitivform auf.
   b. Markiere die Vorsilben.
   Tipp: Achte darauf, dass das neue Wort ein Verb ist.
   c. Schreibe mit sechs Verben jeweils einen Satz auf.

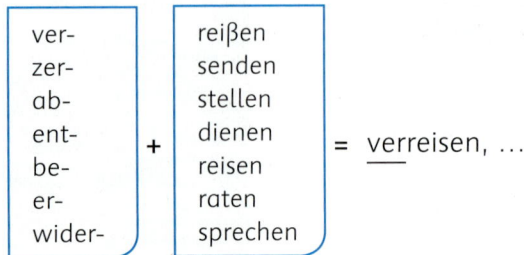

ver-
zer-
ab-
ent-   +
be-
er-
wider-

reißen
senden
stellen
dienen
reisen
raten
sprechen

= verreisen, …

---

2 Ich kann/will/soll/darf/werde verreisen/versprechen … / Er/Sie wird … /
Die Kinder/Wir können/wollen/werden …
Sie wird mich nicht…

Wörter mit Nachsilben richtig schreiben

Viele Nomen sind mit Hilfe der Nachsilbe -ung aus Verben gebildet worden:
achten + -ung = die Achtung

1 Im Trainingstext findest du ein Nomen mit **-ung**.
   a. Schreibe das Nomen mit dem bestimmten Artikel auf.
   b. Schreibe auch das verwandte Verb auf.
   c. Markiere die Nachsilbe **-ung**.

2 a. Bilde aus folgenden Verben und der Nachsilbe **-ung** jeweils ein Nomen.
      Tipp: Wörter mit der Nachsilbe **-ung** sind Nomen und werden großgeschrieben.
   b. Schreibe vor jedes Nomen den bestimmten Artikel.
   c. Markiere die Nachsilbe **-ung**.

   ahnen – drehen – kühlen – ordnen – planen – prüfen – retten – wohnen

Viele Nomen sind mit Hilfe der Nachsilben -heit oder -keit aus Adjektiven gebildet
worden. Sie werden großgeschrieben.
schön + -heit   = die Schönheit
sparsam + -keit = die Sparsamkeit

> die Dummheit   die Gleichheit   die Verwegenheit   die Steifheit
> die Schroffheit   die Lockerheit   die Unzufriedenheit   die Sanftheit
> die Zufriedenheit   die Verzagtheit   die Klugheit   die Verschiedenheit

3 Welche beiden Nomen bilden ein Gegensatzpaar?
   a. Schreibe die Paare mit den bestimmten Artikeln auf.
   b. Schreibe die Adjektive dazu, aus denen die Nomen gebildet sind.
   c. Markiere die Nachsilbe **-heit**.

> **Starthilfe**
> die Zufriedenheit – die Unzufriedenheit; zufrieden – unzufrieden …

4 a. Bilde aus folgenden Adjektiven und der Nachsilbe **-keit** jeweils ein Nomen.
   b. Schreibe vor jedes Nomen den bestimmten Artikel.
   c. Markiere die Nachsilbe **-keit**.

   ewig – flüssig – gültig – heiser – höflich – sauber – zärtlich

Z **5** Untersuche die Artikel der Nomen mit den Nachsilben
   -ung, -heit und -keit auf dieser Seite.
   Was fällt dir auf?

 5 die Achtung, die Schönheit, die Ewigkeit – alle Nomen haben den Artikel …

5-Minuten-Übungen

5min

Mit den folgenden Übungen kannst du in fünf Minuten
deine Rechtschreibung und Zeichensetzung trainieren.

Diese Verbindungen aus Adjektiv und Verb werden immer
zusammengeschrieben: sich schwarzärgern, sich totlachen, sich wichtigmachen,
sich leichtnehmen, blaumachen, schwarzsehen, lahmlegen.

1 a. Schreibe die folgenden Sätze ab.
   b. Ergänze passende zusammengesetzte Verbformen vom Rand.
   Tipp: Achte darauf, ob der Infinitiv, der Infinitiv mit zu oder
       ein Partizip in den Satz passt.

Ich könnte mich über mein Missgeschick _____ .
Über ihren Witz hat er sich beinahe _____ .
Warum muss er sich immer _____ ?
Versuche, das Leben _____ !
Du kannst doch nicht einfach _____ !
Nach der Absage haben wir für unseren Plan _____ .
Der Sturm drohte den Nahverkehr _____ .

> blaumachen
> lahmzulegen
> leichtzunehmen
> schwarzärgern
> schwarzgesehen
> totgelacht
> wichtigmachen

Nomen können zu Präpositionen werden.
Dann schreibst du sie klein: angesichts, dank, kraft, laut, zeit.

2 a. Schreibe die Sätze mit den markierten Wortgruppen ab.
   b. Schreibe zu jeder markierten Wortgruppe eine Erklärung auf.
   c. Schreibe mit den Präpositionen **angesichts, dank, kraft, laut,
      zeit** je einen eigenen Satz auf.

Ich habe die Prüfung dank deiner Mithilfe geschafft.
Für deine Hilfe werde ich zeit meines Lebens dankbar sein.
Das Gesetz wird laut Aussage der Regierung heute verabschiedet.
Es werden angesichts der Arbeitsmenge neue Stellen geschaffen.
Der Präsident überreicht kraft seines Amtes den Orden.

Es gibt nur wenige Merkwörter mit langem i ohne ein e danach.

die Apfelsine, der Igel, das Kaninchen, das Kilo, das Kino, das Krokodil, lila,
die Margarine, die Medizin, mir, prima, der Ski, der Tiger, die Turbine

3 a. Lege drei Wörterlisten mit jeweils fünf Merkwörtern mit i an.
   b. Präge dir jeweils eine Wörterliste ein.
   c. Schreibe die Wörter auswendig auf.
   d. Kontrolliere, ob du sie richtig geschrieben hast.

 2 aufgrund seines Amtes / mein Leben lang / wegen deiner Mithilfe /
nach Aussage der Regierung / wegen der Arbeitsmenge

In den folgenden Sätzen fehlen die Kommas.

4 a. Schreibe die Sätze ab. Setze die fehlenden Kommas.
  b. Markiere die Konjunktionen und die Relativpronomen.

Obwohl ich mich beeilt habe komme ich zu spät zum Training.
Ich suche mein Heft das eben noch auf dem Tisch lag.
Sie freut sich weil das Referat gut geklappt hat.
Die Präsentation die sie sorgfältig vorbereitet hatte beeindruckte die Klasse sehr.

Kommas fehlen!

Zeitadverbien mit s am Ende schreibst du immer klein.

sonntags, abends, montags, nachts, dienstags, morgens, mittwochs,
vormittags, donnerstags, mittags, freitags, nachmittags, samstags

5 a. Ordne die Adverbien nach Tageszeiten und Wochentagen
      in einer Tabelle.
  b. Markiere das **s** am Ende.

Starthilfe

Zeitadverbien für Tageszeiten	Zeitadverbien für Wochentage
abends	sonntags
…	…

Werden Wortgruppen zu zusammengesetzten Nomen, schreibst du sie groß und zusammen, z. B. auswendig lernen – das Auswendiglernen

Auto fahren, gesund werden, Rad fahren, krank sein, einkaufen gehen,
kennen lernen, spazieren gehen, Kaffee trinken, Schlange stehen

6 a. Bilde aus den Wortgruppen zusammengesetzte Nomen.
      Verwende die starken Wörter **das, zum, beim, durch**.
  b. Schreibe Sätze damit auf.

Es gibt nur wenige Merkwörter, die in allen Formen immer mit ß geschrieben werden.

groß, weiß, draußen, außen, heißen, stoßen, die Straße, der Fuß, die Soße,
der Gruß, süß, der Spaß, bloß, der Strauß, hieß, schließlich

7 a. Ordne die Wörter nach dem Alphabet.
  b. Markiere das **ß**.

 6 Für meinen Opa ist das Autofahren … / … freue mich auf unser Kennenlernen … /
… zum Kaffeetrinken … / Beim Schlangestehen …

Rechtschreiben: Die Arbeitstechniken

Das Partnerdiktat

Willst du deine Rechtschreibung trainieren?
Dann übe zusammen mit einer Partnerin oder einem Partner.

Neid oder Missgunst? |

Marvins sehnlichster Wunsch | ist ein Motorroller. | Dafür spart er schon lange. | Allerdings braucht er auch noch | den passenden Führerschein. | Das kostet zusammen viel Geld. | Auch wenn es schwerfällt, | muss sich Marvin noch gedulden. | Sein Freund
5 Roman | kam schon vor einer Woche | stolz mit seinem Roller zur Schule. | Marvin war ziemlich neidisch auf ihn. | Deshalb grübelte er darüber nach, | wie er zu Geld kommen könnte. | Mit Hilfe seiner Schwester Lara | fand er einen Job als Prospektverteiler. | „Neid kann auch | ein Ansporn sein", | sagt
10 Marvin zu Lara. | Sie antwortet: | „Solange du Roman | seinen Roller gönnst | und dich mit ihm freuen kannst, | macht ein bisschen Neid nichts aus." |

(110 Wörter)

1 Bereitet das Partnerdiktat vor.
- Lest den Text still.
- Sprecht über schwierige Wörter.
- Einigt euch, wer zuerst schreibt und wer diktiert.

2 Schreibt das Partnerdiktat mit Hilfe der Arbeitstechnik.
Wechselt nach dem Absatz die Rollen.

Arbeitstechnik

Das Partnerdiktat

Beim Diktieren:
- **Lies** den ganzen Satz **vor**.
- Sprich **langsam** und **deutlich**.
- Diktiere nacheinander **die Sinnabschnitte.**
- Gib Hilfen, ohne zu viel zu verraten.

Beim Schreiben:
- **Höre** genau **zu**.
- **Schreibe** den Sinnabschnitt **auf**. **Sprich** leise dabei **mit**.
- Schreibe nur in jede zweite Zeile.

Nach dem Schreiben:
- **Kontrolliert** gemeinsam.
- **Vergleicht** genau mit der **Vorlage**.
- **Streicht** das Fehlerwort **durch** und schreibt das Wort **richtig** darüber.

Ihr könnt auch Wörterlisten als Partnerdiktat üben.

häufige Fehlerwörter	Wörter mit V[1]	Großschreibung von nominalisierten Verben[2]
fertig	der Vulkan	beim Fliegen
endgültig	der Ventilator	das Fahren
vielleicht	das Vitamin	zum Üben
ein bisschen	das Volumen	euer Reden
schwierig	die Visite	dein Schreiben
die beiden	das Ventil	ein schrilles Pfeifen
abends	die Vase	leises Flüstern
auf einmal		mein Winken
gar nicht		vom Turnen

Merkwörter mit end-	Merkwörter mit langem i	Merkwörter mit ä/äu
endlich	die Krise	ächzen
endlos	das Klima	fähig
endgültig	die Maschine	schräg
das Endspiel	die Disziplin	grätschen
die Endphase	die Lawine	die Gräte
die Endstation	erwidern	enttäuscht
das Endlager	der Satellit	die Säule
die Endfassung	es gibt	sich sträuben
das Endergebnis	die Prise	das Knäuel

 3 Schreibt die Wörterlisten als Partnerdiktat.
   a. Diktiert euch gegenseitig die Wörter oder Wortgruppen aus einer Liste.
      Lasst jede zweite Zeile frei.
   b. Überprüft eure Rechtschreibung mit Hilfe der Wörterlisten.
   c. Streicht die fehlerhaften Wörter oder Wortgruppen durch.
      Schreibt sie richtig in die freie Zeile.
   Tipps: • In welcher Liste hast du mehr als zwei Wörter falsch geschrieben?
             Dies könnte ein Fehlerschwerpunkt von dir sein.
          • Übe deine Fehlerschwerpunkte, zum Beispiel mit
             der Rechtschreibkartei.

Z **4** a. Schreibt eigene Wörterlisten.
      • Ihr könnt die schwierigen Wörter aus einem Text herausschreiben.
      • Ihr könnt Wörter mit einem Merkmal aufschreiben, zum Beispiel
         Fremdwörter, Wörter mit **z** oder Wörter, die Tageszeiten benennen.
   b. Übt eure Wörterlisten mit der Arbeitstechnik Partnerdiktat.

[1] Bei diesen Wörtern mit **V** sprichst du [w], aber du schreibst **V**.
[2] Aus Verben können mit Hilfe von Artikeln, Präpositionen und Pronomen Nomen werden:
    Ich **fliege** gern mit dem Flugzeug. **Beim Fliegen** kann ich träumen.

Das Abschreiben als Arbeitstechnik

Das Abschreiben hilft dir, deine Rechtschreibung gezielt zu verbessern.
Du prägst dir Schreibungen und die Zeichensetzung ein.

1 a. Lies den folgenden Text.
    b. Worum geht es?
      Schreibe einen Satz dazu auf.

Kokos-Zitronen-Nudeln |

Zutaten für zwei Personen: |
200 g Spagetti |
Kokosmilch (200 ml) |
1 Zwiebel |
5 250 g Zuckerschoten |
1 Zitrone |
40 g Erdnüsse mit Wasabi[1] |
1 Esslöffel Öl |
2 Esslöffel Sojasauce |
10 100 ml Gemüsebrühe |
Salz |

Zuerst die geputzten Zuckerschoten | schräg in Stücke schneiden. |
Die Zitrone heiß abwaschen und trocknen. | Die Zitronenschale mit
einer Reibe abreiben, | danach die Zitrone auspressen. | Die Erdnüsse grob
15 hacken. | Die fein gewürfelte Zwiebel im heißen Öl braten, | bis sie glasig ist. |
Die Kokosmilch dazugeben | und alles zehn Minuten köcheln lassen. |

In der Zwischenzeit die Nudeln nach Packungsanweisung bissfest kochen.

Die Zuckerschoten drei Minuten vor Ende der Garzeit zu den Nudeln
geben und mitkochen. Nudeln und Zuckerschoten abgießen.

20 Die Gemüsebrühe und die Zitronenschale zur Sauce geben und alles aufkochen lassen.
Die Sauce mit Salz, Zitronensaft und Sojasauce abschmecken.

Zuletzt Nudeln und Sauce vermischen.

Auf dem Teller die gehackten Nüsse über die Nudeln streuen.

(144 Wörter)

[[1] **das Wasabi**: grüne, scharfe Gewürzzubereitung aus einer Pflanzenwurzel

 1 … ist ein Rezept für … / … beschreibt, wie man … kocht.

2 • Welche Wörter aus dem Rezept sind schwierig?
• Welche Wörter sind lang?
Schreibe diese Wörter einmal auf.

3 Lies die Arbeitstechnik zum richtigen Abschreiben.

> **Arbeitstechnik**
>
> **Richtig abschreiben**
>
> In sieben Schritten übst du das richtige Abschreiben:
> Schritt 1: Lies den Abschreibtext langsam und sorgfältig durch.
> Schritt 2: Gliedere den Text in Abschnitte, die zusammengehören,
> zum Beispiel in Sätze.
> Schritt 3: Präge dir die Wörter in einem Abschnitt genau ein.
> Schritt 4: Schreibe den Abschnitt auswendig auf.
> Schritt 5: Kontrolliere, ob du alles richtig geschrieben hast.
> Schritt 6: Streiche Fehlerwörter durch und schreibe sie richtig darüber.
> Wenn du etwas ausgelassen hast, ergänze es.
> Schritt 7: Ordne Fehlerwörter in deine Rechtschreibkartei ein.

4 Schreibe das Rezept von Seite 264 Schritt für Schritt
mit Hilfe der Arbeitstechnik ab.
Tipps: • Für Schritt 2 ist der Anfang bereits vorgegeben.
• Konzentriere dich auf die Schreibung der Wörter.
• Lege eine Folie über den Text und markiere im zweiten Teil die Abschnitte.

W 5 Übe mit der Arbeitstechnik auch das Abschreiben von Wörterlisten.
Wähle aus:
• Du kannst eine Wörterliste von Seite 263 abschreiben.
• Du kannst die folgende Wörterliste mit Fremdwörtern abschreiben.

> **Fremdwörter**
> der Kompromiss – die Symmetrie – der Luxus – der Protest – der Globus –
> das Programm – das Symbol – der Rhythmus – offiziell – finanziell – negativ

**Wenn du einen eigenen Text überarbeitet hast, kannst du ihn mit Hilfe
der Arbeitstechnik ebenfalls noch einmal fehlerfrei abschreiben.**

Z 6 Das Nudelrezept ist vegan.
Das heißt, dass alle Zutaten rein pflanzlich sind.
Wie stehst du zu veganem oder vegetarischem Essen?
a. Schreibe dazu einen Kommentar mit drei bis fünf Sätzen.
b. Prüfe die Rechtschreibung und überarbeite deinen Text.
c. Schreibe den Kommentar mit Hilfe der Arbeitstechnik fehlerfrei ab.

 6 … gegen Massentierhaltung / … finde Bioprodukte zu teuer / … esse nicht so oft
Fleisch/nie Fleisch/sehr gern Fleisch / Menschen sind Allesesser, darum …

Sprache und Sprachgebrauch

Wortbedeutungen im Wandel

Der Alltag und die Lebensbedingungen der Menschen ändern sich
im Lauf der Zeit. Damit kann sich auch die Bedeutung eines Worts ändern.

1 Klassengespräch!
  a. Seht euch die Abbildungen an.
  b. Stellt Vermutungen an:
   • Was könnte der Lehrling um 1050 gemeint haben?
   • Was könnte die Auszubildende von heute sagen?
  c. Lest die Erklärung zum Wort albern auf der Karte.
  d. Was bedeutet das Wort heute? Erklärt es.

> Das Wort albern entwickelte sich aus dem althochdeutschen Wort álawäri (sprich: alawäri). Um 1050 bedeutete es wahr, wahrhaftig oder gütig. Im Mittelhochdeutschen änderte sich das Wort in alwære (sprich: alwäre). Um 1350 bedeutete es schlicht, einfältig, einfach.

Viele Wörter bedeuten heute etwas anderes als früher.

2 **a.** Lest die folgende Tabelle: Was haben die genannten Wörter
      um 1050 und um 1350 bedeutet?
  b. Schreibt die Wörter aus der rechten Spalte zusammen
      mit ihrer heutigen Bedeutung auf.
  c. In den Sprechblasen oben stehen einige Wörter aus der Tabelle.
      Was wollten die Sprecher zu ihrer Zeit damit ausdrücken?
      Schreibt es auf.

althochdeutsch um 1050	mittelhochdeutsch um 1350	heute
arabeit: Mühsal, Plage, Not, Plackerei	arebeit: körperliche Anstrengung	Arbeit: …
ruof: Ruf, Ansehen	beruof: Ruf, Ansehen, Berufung, Stand	Beruf: …
hèrro: der Höhergestellte, der Befehlende, der Ältere	herre: der Gebieter, der Vornehme, der Dienstherr	Herr: …
frouwe: die adlige, vornehme Frau	vrouwe: die verheiratete Frau, die Vorsteherin des Haushalts	Frau: …

2 … ein angesehener Mann / … hat einen guten Ruf / … drückt die höhere Stellung aus /
… kann Befehle erteilen / …

Die Bedeutung eines Wortes kann sich **verengen** oder **erweitern**.
Die Bedeutung kann sich zum **Schlechteren** oder **Besseren** verändern.

3 Wie haben sich laut der Tabelle von Aufgabe 2 die Bedeutungen
der Wörter **Arbeit, Beruf, Herr** und **Frau** gewandelt?

a. Lest die folgenden Fragen:
  - Hat sich die Bedeutung verengt oder erweitert?
  - Bedeuten die Wörter heute etwas Besseres oder etwas Schlechteres?

b. Tauscht euch über die Fragen aus. Stellt Vermutungen an.

c. Schreibt zu jedem Wort eure Ergebnisse auf.

> **Starthilfe**
>
> frouwe – vrouwe – Frau: Die Bedeutung hat sich erweitert.
> Früher wurden nur adlige, vornehme …

Z **4** a. Recherchiert über die Wörter **Arbeit, Beruf, Herr** und **Frau**
in einem Herkunftswörterbuch oder im Internet.

b. Überlegt: Welche Veränderungen im Alltag
könnten den Bedeutungswandel bewirkt haben?
Tipp: Lest dazu die Stichworte am Rand.

c. Stellt die Ergebnisse in der Klasse vor.

> Arbeitserleichterungen
> Entstehung neuer Berufe
> Geschlechterrollen ändern sich
> gleichberechtigte Gesellschaft
> …

Sprache entwickelt sich ständig weiter. Sie ist lebendig.

le|sen: → Im Althochdeutschen bedeutete das Verb lesan: *etwas
zusammentragen, sammeln, Umherliegendes aufnehmen*. Daraus ist
das mittelhochdeutsche Wort lesen entstanden, das um 1350 für
aufheben, wahrnehmen, vorlesen oder *erzählen* verwendet wurde.

ge|mein: → Dieses Adjektiv hieß im Althochdeutschen gimeini und
bedeutete *allgemein*. Später wurde daraus gemein(e), was *üblich,
einfach, nicht besonders* hieß. Noch heute steckt diese Bedeutung
im Namen für Pflanzen oder Tiere, wie zum Beispiel bei dem
Gemeinen Schilfrohr. Es besagt, dass diese Pflanze die übliche,
häufig vorkommende Art ist.

heim|lich: → Im Althochdeutschen bedeutete das Wort heimilih
zum Haus gehörend. Später wandelte sich das Wort im Mittelhochdeutschen
in heimelich und meinte *einheimisch, vertraut, vertraulich*.

5 a. Lege eine Tabelle wie die von Seite 266 an.

b. Trage für die Wörter **lesen, gemein** und **heimlich** die Änderung
der Bedeutung und die Schreibweisen der Wörter ein.

c. Ergänze die heutige Bedeutung der Wörter.

Bezeichnungen im Wandel

Der gleiche Inhalt kann im Lauf der Zeit andere Bezeichnungen bekommen. Junge Mädchen und Jungen nannte man zum Beispiel in den 1950er-Jahren Backfische und Halbstarke.

1 Was bedeuten die Bezeichnungen **Backfisch** und **Halbstarker** wörtlich? Schreibt eine Erklärung auf.

> **Starthilfe**
> Backfisch: junger Fisch, der beim Braten zerfallen würde und der deshalb in einer Teighülle gebacken wird …

Rock 'n' Roll an der
FU Berlin 1953

2 Tauscht euch aus und begründet eure Vermutungen:
- Wirken die Bezeichnungen **Backfisch** und **Halbstarker** neutral, aufwertend oder abwertend?
- Haben wohl eher Jugendliche oder Erwachsene diese Bezeichnungen erfunden?

Auch heute nutzt man verschiedene Bezeichnungen für Jugendliche.

> Halbwüchsige   Teenager   Heranwachsende   Minderjährige
> Teenies   Kids   junge Leute   Youngster   Grünschnäbel

3 Untersucht die verschiedenen Bezeichnungen für Jugendliche.
- a. Schreibt die wörtliche Bedeutung auf.
- b. Schreibt dazu, welche Bewertung in der Bezeichnung zum Ausdruck kommt.

> **Starthilfe**
> Teenager: Jugendliche im Alter von …
> Die Bezeichnung wird neutral verwendet.

Z 4 Vergleiche die Bezeichnungen aus Aufgabe 3 mit denen der 1950er-Jahre. Beschreibe die Gemeinsamkeiten und Unterschiede.

W Wähle aus den folgenden beiden Aufgaben eine aus.
Tipp: Du kannst im Internet recherchieren oder Wörterbücher nutzen.

5 Wie sollten Jugendliche deiner Meinung nach bezeichnet werden?
- a. Sammle Bezeichnungen für Jugendliche.
- b. Begründe in einem Satz, warum du sie für geeignet hältst.

6 Welche Wörter für Jugendliche gibt es in anderen Sprachen?
- a. Sammle Beispiele aus verschiedenen Sprachen.
- b. Schreibe alle Wörter mit möglichst genauen Übersetzungen auf.

Sprachtrends von gestern, heute und morgen

Sprachtrends gibt es in jeder Zeit: Du kennst bestimmt auch Begriffe oder Abkürzungen, die zurzeit von vielen verwendet werden.

> **1** Du schaffst unser Date nicht? – Shit.
> – Hmm …, na dann viel Fun auf
> deinem After-Work-Event. …
> Wie wäre es stattdessen mit
> Late-Night-Skypen heute?
>
> **2** Ey, Digga, hassu Zeit?
> Isch geh gleisch Kino.
>
> **3** CU – asap – Hdgdl + Dd

1 a. Lies die Sätze **1**, **2** und **3**.
　　b. Welche Sätze gehören zur Abbildung **A**?
　　　 Welche zur Abbildung **B**? Ordne zu.
　　c. Begründe deine Zuordnung.

> **Starthilfe**
> Weil die Sätze wie aus einem Gespräch klingen, gehören sie zur …

2 Zu welchen Sätzen gibt es keine Abbildung?
　　Beschreibe die Situation, in der diese Sätze gefallen sein könnten.

3 Was bedeuten die Sätze aus den Situationen **1** bis **3**?
　　Übersetze sie in die Standardsprache.

> **Starthilfe**
> 1: Du schaffst es nicht, zu unserer Verabredung zu kommen? …

**Wie kann man die Sprachtrends beschreiben?
Untersuche die Sätze genauer.**

4 a. Lies die Sätze aus den Situationen **1** bis **3**.
　　b. Beantworte folgende Fragen schriftlich:
　　　 • Welches Merkmal kennzeichnet jeweils die Sätze?
　　　 • In welchen Situationen werden sie verwendet?
　　　 • Wodurch sind diese Sprachtrends möglicherweise entstanden?

**Vor allem junge Menschen erfinden oft Begriffe,
die zu neuen Sprachtrends werden.**

5 Welche Begriffe oder Abkürzungen kennt ihr?
　　a. Nennt Beispiele. Beschreibt sie mit Hilfe der Fragen aus Aufgabe 4.
　　b. Welche Sprachtrends verwendet ihr, welche lehnt ihr ab? Sprecht darüber.

4/5 Merkmale: Abkürzungen, bildhafte Ausdrücke, englische Wörter, Füllwörter, Ironie, provozieren, Szenesprache, Übertreibungen …

Dialekte und Standardsprache

In Deutschland werden neben der Standardsprache
viele verschiedene Dialekte gesprochen.

1 Klassengespräch!
Brötchen werden in Deutschland unterschiedlich genannt.
a. Lest die Bezeichnungen unten.
b. Kennt ihr weitere Wörter für „Brötchen"?
c. Überlegt, aus welcher Region die Bezeichnungen kommen.
Schreibt alle Bezeichnungen und die Regionen auf.

> Semmel   Schrippe   Laabla   Weckerl   Rundstück

**Dialekte haben eigene Wörter, die es in der Standardsprache nicht gibt.
Oder es werden Wörter aus der Standardsprache verändert.**

2 Folgende Sätze stammen aus verschiedenen Gegenden in Deutschland.
a. Übersetze die Sätze in die Standardsprache.
b. Wo in Deutschland spricht man so?
Wie heißt der Dialekt? Schreibe es auf.

> I mog nimmer.   Mer waases net.   Ick hab Muffnsausn.
> Nich in Tüdel kommen!   Was fürn Gugglmuddl!

> Bayern – bayrisch
> Berlin – berlinerisch
> Hamburg – hamburgisch
> Hessen – hessisch
> Sachsen – sächsisch
> …

**Dialekte sind Sprachformen, die in einer bestimmten Region
gesprochen werden.**

Z 3 Welche Wörter, Wortgruppen und Sätze im Dialekt gibt es in eurer Region?
Tipp: Oft sind es Bezeichnungen für Speisen, Haushaltsgegenstände oder Berufe.
a. Frage Menschen in deiner Familie oder in der Nachbarschaft danach.
b. Schreibe deine Ergebnisse auf.
c. Stelle die Sammlung in der Klasse vor.

4 Trage in eine Tabelle ein:
• In welchen Situationen hörst oder sprichst du einen Dialekt?
• Wann verwendest du eher die Standardsprache?

Starthilfe	
Dialekt	Standardsprache
im Freundeskreis	im Praktikum
auf dem Familienfest	im Unterricht
…	…

 2 Ich mag nicht mehr. / Wir wissen es nicht. / Ich habe Angst. /
Nicht durcheinandergeraten! / Was für ein Durcheinander!

In manchen Gegenden sprechen Menschen noch heute Plattdeutsch.

Jonas spricht gern Platt

Platt snack ik, wo jümmers[1] dat geiht. Worüm? Platt is meist
en beten[2] fründlicher, witziger as dat Hochdüütsche.
Un den ganzen Klöterkraam[3] mit dat „Sie", dat bruuk ik nich op Platt:
Een seggt[4] „Du" ok to uns Bundespräsident. Op Platt kann ik
de mehrsten Saken fixer seggen und ik weet meist glieks[5],
worüm dat geiht. Ok de Grammatik is eenfacher: Blots twee Artikel (de un dat).
Un so veel schööne Wöör[6], de dat op Hochdüütsch
gor nich gifft: „bregenklöterig"[7], „viggeliensch"[8], „Klookschieter"[9] …

 5 a. Lest euch den Text mehrmals gegenseitig vor.
   b. Schreibt den Text in Standardsprache auf.
      Tipp: Nutzt die Worterklärungen unten auf der Seite.
   c. Warum findet Jonas die plattdeutsche Sprache gut?
      Schreibt Stichworte auf.
   d. Tauscht euch über Jonas' Standpunkt aus.

Früher sprachen alle Menschen einen Dialekt.

Martin Luther

Der Weg zur deutschen Standardsprache

Früher konnten nur wenige Gelehrte schreiben und lesen.
Sie verständigten sich auf Lateinisch. Alle anderen Menschen
sprachen deutsche Dialekte, die man woanders meist nicht
verstand. Um 1200 entstanden an den Fürstenhöfen Lieder und
5 Dichtungen in diesen Dialekten. Umherfahrende Sänger und
Dichter vereinheitlichten die Texte. So konnten Menschen aus
anderen Gegenden die Lieder verstehen. Außerdem reisten
immer mehr Kaufleute umher, die sich überall verständigen
wollten. Auch sie waren an einer einheitlichen deutschen
10 Sprache interessiert. Für schriftliche Verträge brauchte man
ebenfalls eine gemeinsame Sprache, die nicht nur die Gelehrten verstehen sollten.
Um 1530 übersetzte Martin Luther die lateinische Bibel in die deutsche Sprache.
Diese Fassung verbreitete sich im ganzen deutschen Sprachraum. Erst 1880 erschien
das erste Wörterbuch für eine deutsche Standardsprache.

6 a. Lies den Text.
   b. Welche Gründe führten zu einer einheitlichen
      deutschen Standardsprache? Liste sie auf.

> **Starthilfe**
> Fahrende Sänger vereinheitlichen
> deutsche Texte.
> Kaufleute wollten …

---

[1] **jümmers:** immer
[2] **en beten:** ein bisschen
[3] **Klöterkraam:** hier: Umstände
[4] **een seggt:** man sagt
[5] **glieks:** gleich
[6] **Wöör:** Wörter
[7] **bregenklöterig:** verrückt
[8] **viggeliensch:** kompliziert
[9] **Klookschieter:** Klugscheißer

Sprache und Stil
Sprachliche Mittel und ihre Wirkung

In vielen Schlagzeilen werden gebräuchliche Formulierungen bewusst
verändert oder in einen neuen Zusammenhang gestellt.

A Wirtschaft hofft auf Otto Extremverbraucher

B Was passiert am Fluch-Hafen von Berlin?

C An einem Gebiss hatte das Fundbüro lange zu knabbern

D *Das Leben in vollen Zügen genießen*

E **Politiker bei Ehrlichkeit ertappt**

---

1 a. Lies die Schlagzeilen oben.
   b. Worum könnte es in den Zeitungsartikeln gehen?
      Stelle Vermutungen an.

2 Wodurch entsteht eine veränderte oder neue Bedeutung?
   Untersuche drei Schlagzeilen genauer.

Schlagzeile	Sprachliches Mittel
A: Wirtschaft hofft auf …	Neues Wort: „Otto Extremverbraucher" ist eine Anspielung auf den Ausdruck „Otto Normalverbraucher". …

Starthilfe

neues Wort erfinden
eine Redensart
   wörtlich verwenden
die Bedeutung von
   Wörtern oder
   Redensarten
   übertragen
…

3 Wie wirken die Schlagzeilen auf euch? Tauscht euch darüber aus.

Zu diesem Zeitungsartikel fehlt eine Schlagzeile.

Moskau/Darmstadt (dpa) Nach vielen missglückten Versuchen ist der europäischen Raumfahrtorganisation ESA erstmals ein Kontakt zur russischen Marsmondsonde 5 Phobos-Grunt[1] gelungen. „Der Patient ist zwar nicht tot, aber wie krank er ist, wissen wir noch nicht", sagte René Pischel, der Leiter der russischen ESA-Vertretung, am Mittwoch der Nachrichtenagentur dpa in Moskau. Es bleibe 10 abzuwarten, ob die seit zwei Wochen in der Erdumlaufbahn kreisende Raumsonde zu retten sei. […]

---

[1] die **Marsmondsonde Phobos-Grunt** [sprich: Fobos-Grant]: ein unbemannter Flugkörper,
der zur Erkundung des Marsmonds Phobos ins Weltall geschickt wurde

4 a. Lies den Zeitungsartikel auf der vorigen Seite.
   b. Finde passende Schlagzeilen für den Artikel, die Interesse wecken. Verwende dazu sprachliche Mittel.
   c. Schreibe die Schlagzeilen auf.
   d. Tausche dich mit einem Partner über eure Ergebnisse aus.

Eine Zeitung kann die Meinung ihrer Leser beeinflussen: durch die Wortwahl und durch die Verwendung sprachlicher Mittel.

Saarbrücken (dpa) – Der Castortransport[1] hat Deutschland erreicht. Der Zug mit stark radioaktivem Atommüll aus Frankreich passierte[2] nach Angaben der Polizei bei Saarbrücken die französisch-deutsche Grenze. Möglicherweise wird er in Neunkirchen wieder eine Pause einlegen. In Speyer ist eine Kundgebung gegen den Transport geplant. Der Transport bringt deutschen Atommüll aus der Wiederaufbereitungsanlage La Hague[3] nach Gorleben. Im Wendland war es gestern bereits zu Zusammenstößen zwischen Polizei und Atomkraftgegnern gekommen.

Schlagzeilen:
1 Castor macht Pause
2 Castortransport in Deutschland angekommen
3 Castor sicher in Deutschland
4 Gewalt um Castor
5 Atomkraftgegner protestieren vergeblich

5 a. Lies den Zeitungsartikel und die Schlagzeilen vom Rand.
   b. Welche Schlagzeilen sind sachlich? Welche enthalten eine Wertung? Entscheide.
   c. Erkläre, wie die Leserinnen und Leser beeinflusst werden.

Starthilfe

1: Castor macht Pause – Der Atommülltransport wird wie eine Person dargestellt, die Pause macht. Diese Information ist aber nicht wichtig. Dagegen wird die Gefahr …

Fotos zeigen Ausschnitte aus dem Geschehen. Bildunterschriften können das Gezeigte verschieden bewerten.

  6 a. Tauscht euch über folgende Fragen aus:
   • Wie wirkt das Foto ohne die Bildunterschrift auf euch?
   • Wie verändert sich die Wirkung durch die Bildunterschrift?
   • Wodurch werden die Leserinnen und Leser beeinflusst?
   b. Verändert die Bildunterschrift so, dass sie das Gezeigte nicht bewertet.

Z 7 Klassengespräch!
   Welche Probleme entstehen, wenn die Medien ihre Leserinnen und Leser beeinflussen? Sprecht darüber.

Der Protest gegen Atommülltransport kann auch friedlich ablaufen. Eine lange Menschenschlange demonstriert 2011 in einem Waldstück bei Metzingen gegen den „Castor"-Transport.

---

[1] **der Castortransport:** der Transport von Stahlbehältern, in denen sich radioaktives Material befindet; die Behälter werden „Castor" genannt

[2] **passieren:** hier: auf die andere Seite fahren
[3] **La Hague:** ein Industriegebiet in Frankreich an der Atlantikküste [sprich: La Ag]

Slogans in der Werbung

In der Werbung sollen Menschen gezielt beeinflusst werden. Mit diesen Slogans werben die Stadtreinigungen in Hamburg und in Berlin.

Gib mir den Rest.

HAMBURG IST UMWELTHAUPTSTADT EUROPAS 2011.   www.stadtreinigung-hh.de

1 Untersuche die Slogans auf den Müllbehältern.
    a. Übertrage die Tabelle in dein Heft.
    b. Schreibe die übliche Bedeutung der Aufschriften auf.
    c. Wann könnten die Sätze verwendet werden? Gib Beispiele an.
    d. Was ist mit den Slogans gemeint? Schreibe es auf.

Starthilfe

	Übliche Bedeutung	Beispiele	Bedeutung
jemandem den Rest geben	jemanden …	…	Aufforderung: Reste in die …
…	…	…	…

2 Klassengespräch!
    • Welche Wirkung haben die Slogans auf euch?
    • Welche Absicht verfolgen die Werbetexter?

3 In deiner Schule sollen die Papierkörbe neue Aufschriften bekommen.
    a. Überlege dir Slogans, die an deiner Schule gut ankämen.
       Tipp: Du kannst Sprichwörter und Redewendungen verwenden.
    b. Stelle die Slogans in deiner Klasse vor.
       Frage nach den verwendeten sprachlichen Mitteln.

**Stilblüten sind Formulierungen, die unfreiwillig komisch wirken.
Sie entstehen, wenn Worte falsch gewählt oder doppeldeutig sind.**

1 Auf jeden Grafschafter Kopf fallen 288 Eier pro Jahr.

3 Gibt es ein Leben nach dem Tod? – Seminar mit praktischem Teil

2 Unfall: Motorrad fährt Jogger an, beide sind im Krankenhaus.

4 **a.** Lies die Sätze.
    b. Überlege: Was bedeuten die Formulierungen wörtlich?
       Was ist mit den Formulierungen eigentlich gemeint?

3 Was du heute kannst entsorgen, … / Mir wird nichts zu viel. …

Ironie erkennen und verstehen

In den Medien werden auch Texte veröffentlicht, die sich über etwas lustig machen. Hier kannst du ein Beispiel für eine Glosse lesen.

 Straßenguck Heinz Boente

Hurra, liebe Glossenleser! Meine Begeisterung kennt nun wirklich keine Grenzen mehr. Endlich, endlich, endlich kann ich durch die Straßen einiger Großstädte meines geliebten Vaterlandes spazieren, ohne
5 meinen Hintern vom Computerstuhl erheben zu müssen. Der Wahnsinn! Wenn es etwas gibt, auf das ich (und vermutlich der Rest der Welt) jahrelang sehnsüchtig gewartet habe, dann dieses: Googles Straßenguck (ausländisch auch *Street View* genannt), der virtuelle[1] Blick
10 in die scheinbare Realität der uns umgebenden architektonischen[2] Wirklichkeit. Man stelle sich das doch bloß mal vor: Per Mausklick kann ich ab sofort den bzw. das Brandenburger Tor im Internet sehen, wann immer ich will. […] Sensationell! Und nicht nur das, nein, ich sehe auch jede Menge erstarrte Gestalten mit verpickelten … nein, verpixelten[3] Gesichtern, die zufällig
15 auf den Bürgersteigen oder sonst wo rumgestanden haben, als vor zwei Jahren Googles Kameraauto dort vorbeiknipste. […]

Google-Street-View-Auto in Paris, 2014

 1 **a.** Lest euch den Text gegenseitig vor.
  b. Wie wirkt der Text auf euch? Sprecht darüber.

Viele Textstellen sind ironisch gemeint. Sie bedeuten etwas anderes oder das Gegenteil von dem, was ausgedrückt wird.

2 **a.** Finde Bespiele für ironische Stellen im Text.
  b. Schreibe auf, was der Autor eigentlich gemeint hat.

> **Starthilfe**
>
> „Meine Begeisterung kennt nun wirklich keine Grenzen" (Zeile 1) bedeutet eigentlich, dass der Autor …

3 Was bewirkt die Ironie in dieser Glosse?
  a. Schreibe den Text um. Ersetze die ironische durch die eigentliche Bedeutung.
  b. Vergleiche den Originaltext mit deinem umgeschriebenen Text.

→ mehr zu Ironie: Seiten 176–183

[1] **virtuell:** nicht in Wirklichkeit vorhanden, aber echt erscheinend
[2] **architektonisch:** die Bauwerke betreffend
[3] **verpixelt:** unkenntlich gemacht

Wortfelder nutzen

Schüler der 10a haben eine Erzählung aus verschiedenen Perspektiven verfasst.
Die erste Begegnung der Hauptfiguren wird so beschrieben:

1 Er durchsuchte den weiten Raum. Hielt Ausschau nach einem Startpunkt für seine Aufgabe. Sah dann sie. Er erblickte den leeren Platz ihr gegenüber, stutzte, starrte sie wie verzaubert an und ließ sich ohne Rückfrage auf den Stuhl fallen.
5 Er vergaß fast, weshalb er hier war, bis er schließlich schamhaft wegguckte. Wie hatte er sie nur so wie ein Weltwunder anhimmeln können?

2 Sie musterte die Kaffee und Kuchen verschlingende Menge der Kaufhauskunden um sich. Sie registrierte, wie rammelvoll
10 das Café war. Dann erblickte sie den sich nähernden Hängejeanstyp, der sie anstierte, als sei sie eine nicht geöffnete Weihnachtsüberraschung. Ohne zu fragen oder zu grüßen, ließ er sich auf den gegenüberliegenden Stuhl plumpsen. Sie runzelte die Stirn und beobachtete ihn weiter
15 aus den Augenwinkeln.

1 **a.** Lies die beiden Textabschnitte.
b. Welche Verben beschreiben das Wahrnehmen der männlichen Figur? Welche das Wahrnehmen der weiblichen Figur? Schreibe die Verben im Infinitiv auf.

> **Starthilfe**
>
> Ausschau halten, …

Die Verben aus Aufgabe 1 gehören zu einem Wortfeld.

2 Zu welchem Wortfeld gehören die Verben aus Aufgabe 1?
a. Schreibe das Merkmal auf, in dem sie übereinstimmen.
b. Schreibe weitere Verben auf, die zu diesem Wortfeld gehören.

> **Starthilfe**
>
> **a.** Alle Verben bezeichnen …
> **b.** erspähen, …

Untersuche das Wortfeld genauer.

3 **a.** Wähle fünf Verben aus den Aufgaben 1 und 2 aus.
b. Erkläre ihre Bedeutung.
Tipp: Beachte dabei, worin sich die Verben unterscheiden.

> **Starthilfe**
>
> erblicken: geschieht plötzlich, unerwartet …

Die Erzählung der Schüler hat folgende Handlung.

John, der Junge, um den es in der Erzählung geht, gehört zu einem Jugendchor, der einen Flashmob[1] in einem Kaufhauscafé organisiert. In einem Gesangsstück, das plötzlich beginnt, sollen die Cafébesucher von zwanzig Sängern beeindruckt werden. So
5 will der Jugendchor herausfinden, wie überraschender Gesang auf die Menschen im Einkaufsalltag wirkt. Als Amira, die weibliche Hauptfigur, John zum ersten Mal begegnet, ist sie von ihm zunächst überhaupt nicht begeistert. Sie findet ihn sogar peinlich. Bei John ist das genau umgekehrt. Er ist
10 durcheinander, weil ihm Amira gefällt. – Einiges ändert sich bei Amira, als John als Erster mit seinem Gesangsteil dran ist. Er singt solo[2] [...]

W Wähle aus den Aufgaben 4 und 5 eine Aufgabe aus.

4 Wie könnte sich Johns Gesangssolo in Amiras Ohren anhören?
  a. Schreibe Wörter aus den Wortfeldern **singen** oder **Gesang** auf.
  b. Beschreibe Amiras Eindrücke von Johns Solo.
     Verwende dazu passende Wörter aus Aufgabe 4a.

> **Starthilfe**
> Der Sänger in den Hängejeans stimmte eine Melodie an, die …

5 Erik, ein heimlicher Verehrer von Amira,
   beobachtet ebenfalls Johns Auftritt.
  a. Schreibe Wörter zum Wortfeld **Jugendlicher** auf.
  b. Beschreibe aus Eriks Sicht, wie John auf ihn wirkt.
     Verwende passende Wörter aus Aufgabe 6a.

> **Starthilfe**
> Jugendlicher: Typ, Schnösel, …

Mit den folgenden Aufgaben kannst du deine Wortfeldarbeit auswerten.

6 a. Sind die von dir verwendeten Wörter für **singen/Gesang**
     oder **Jugendlicher** aufwertend, abwertend oder neutral?
     Markiere die Wörter unterschiedlich.
  b. Begründe deine Wortwahl in der Wahlaufgabe.
     Schreibe dazu einen Satz auf.

> **Starthilfe**
> anstimmen (neutral); Schnösel …

 7 a. Lest euch gegenseitig eure Ergebnisse aus der Wahlaufgabe vor.
  b. Lest den Text noch einmal vor. Aber dieses Mal verwendet ihr
     in den Sätzen immer dasselbe Wort für **singen/Gesang**
     oder **Jugendlicher**.
  c. Wie wirken die beiden vorgelesenen Texte auf euch?
     Tauscht euch darüber aus.

[1] **der Flashmob**: eine überraschende, öffentliche Aktion vieler Menschen
[2] **solo**: allein

Verbformen richtig verwenden: Der Konjunktiv II

Über Wünsche und Träume schreiben

Samantha, die Hauptfigur in einem Roman von Lauren Oliver, stellt sich einen perfekten Tag in ihrem Leben so vor.

Wenn du stirbst, zieht dein ganzes Leben an dir vorbei, sagen sie   Lauren Oliver

[...] An einem perfekten Tag wäre keine Schule, das ist schon mal klar. Und es gäbe Pfannkuchen zum Frühstück – Moms Pfannkuchen. Und Dad würde seine berühmten Spiegeleier machen und Izzy würde den Tisch decken, wie sie es manchmal in den Ferien macht, mit verschiedenen, nicht zusammenpassenden Tellern und Obst und Blumen, die sie vor dem Haus pflückt und mitten auf den Tisch wirft. [...]

1 Wie stellt sich Samantha einen perfekten Tag vor?
  a. Schreibe die Verbformen aus dem Text zusammen mit passenden Pronomen auf.
     Tipp: Neben den einfachen Verbformen gibt es auch Verbformen, die aus zwei Teilen bestehen.
  b. Markiere die Verbformen im Konjunktiv II farbig.
     Markiere die Verbformen mit würde in einer anderen Farbe.

> **Starthilfe**
>
> es wäre
> ...

2 Die „normale" Verbform, die nicht im Konjunktiv steht, heißt **Indikativ**.
  • Schreibe zu den Konjunktivformen aus Aufgabe 1 den Indikativ auf.
  • Schreibe zu den Indikativformen den Konjunktiv II oder eine Form mit **würde** auf.

> **Merkwissen**
>
> Mit dem **Konjunktiv II** kannst du ausdrücken, dass etwas nicht oder noch nicht Wirklichkeit ist:
> **Möglichkeiten**, erfüllbare oder nicht erfüllbare **Wünsche**.
> Der Konjunktiv II wird vom **Präteritum** abgeleitet:
> *ich war – ich wäre, sie hatten – sie hätten, es gab – es gäbe.*
>
> Manchmal lauten die Verbformen im Präteritum und im Konjunktiv II gleich. Dann kannst du die **Ersatzform** mit **würde** verwenden:
> *er machte* ➜ *er würde machen.*

Über Unwahrscheinliches nachdenken

Den Konjunktiv II verwendest du auch, wenn du ausdrückst,
dass etwas unwahrscheinlich ist. Samantha blickt auf ihr Leben zurück.

Ich habe bisher nie darüber nachgedacht, aber es ist
ein Wunder, wie viele verschiedene Arten Licht es
auf der Welt gibt, wie viele Himmel:
die blasse Helligkeit des Frühlings,
5 wenn es aussieht, als würde die ganze Welt erröten;
die intensive, leuchtende Kraft eines Julimittags;
purpurrote Sturmhimmel und grüne Übelkeit
kurz vor dem Blitzschlag; verrückte bunte
Sonnenuntergänge […]. Ich hätte sie intensiver
10 genießen sollen, hätte sie mir alle merken sollen.
Ich hätte an einem Tag mit einem wunderschönen
Sonnenuntergang sterben sollen. Ich hätte in den
Sommer- oder Weihnachtsferien sterben sollen.
Ich hätte an irgendeinem anderen Tag sterben sollen.

3 Was hätte Samantha gern anders gemacht?
Schreibe die Wortgruppen auf.
Markiere die Verbformen.
Tipp: Manche Verbformen bestehen aus drei Teilen.

4 Was hättest du getan, wenn du gestern eine Stunde
mehr Zeit gehabt hättest?
Schreibe Sätze mit dem Konjunktiv II auf.

> ich hätte … geholfen
> ich hätte … geübt
> ich hätte … besucht
> ich hätte … getroffen
> ich wäre … gegangen
> ich wäre … gefahren
> …

Z 5 Wähle ein Erlebnis aus, das du noch einmal erleben
möchtest.
Erzähle und beschreibe, was du hättest tun können
oder sollen.
• Schreibe einen zusammenhängenden Text
  mit mindestens acht Sätzen.
• Verwende dabei auch den Konjunktiv II.

Merkwissen

Der Konjunktiv II wird vom **Plusquamperfekt** abgeleitet:
*ich war gewesen – ich w**ä**re gewesen, sie hatten etwas getan –*
*sie h**ä**tten etwas getan, es hatte gegeben – es h**ä**tte gegeben.*

Damit kannst du etwas **Unwahrscheinliches** ausdrücken,
zum Beispiel unerfüllbare Wünsche oder eine veränderte Vergangenheit.

Satzglieder im einfachen Satz

Satzglieder wiederholen

Zusammen arbeiten – work together!
Egal, ob im Englischunterricht oder
in irgendeinem anderen Fach: Erfolgreich arbeiten
kannst du, wenn du Aufforderungen verstehst und
sicher umsetzen kannst.

 Pay attention. Listen.
Schreibe die Schlüsselwörter auf. Check your work.
Hilf deinem Partner/deiner Partnerin.
Pass the papers round.
Lass einen Rand. Reiche die Blätter herum.
Wiederhole den Satz. Leave a margin.
Überprüfe deine Arbeit. Repeat the sentence.
Write the keywords down.
Sei aufmerksam. Help your partner. Höre zu.

1 Die „Zauberwörtchen" **please** und **bitte** fehlen in den Aufforderungen.
Aber sie kommen sicher in eurem Klassenraum vor!
  a. Lest die Sätze auf Englisch und auf Deutsch vor.
  b. Lest die Sätze noch einmal vor.
    „Baut" dabei **please** und **bitte** ein.

> **Starthilfe**
>
> Pay attention, please. …
> Schreibe bitte die …

2 a. Schreibe die englischen Aufforderungen untereinander auf.
    b. Schreibe die deutschen Entsprechungen jeweils daneben.

Z 3 Formuliert ähnliche Sätze in weiteren Sprachen.
Sammelt diese Sätze an der Tafel.

4 Vergleicht die englischen mit den deutschen Sätzen:
  • Wo erkennt ihr Ähnlichkeiten?
  • Wo gibt es größere Unterschiede?
  • Welche sprachlichen Besonderheiten fallen euch auf?

Z 5 Erklärt sprachliche Besonderheiten der Beispielsätze
in den weiteren Sprachen.

---

 1 hilf – helft – helfen; schreibe auf – schreibt auf – aufschreiben;
im Englischen nur eine Form: help; write down

6 Formuliere die deutschen Sätze aus Aufgabe 1 in Aussagesätze um. Ergänze dabei weitere Angaben.

Tipp: Du kannst die Angaben aus den folgenden englischen Beispielen übernehmen oder dir andere Angaben ausdenken.

Starthilfe

Du passt sofort / genau / in jeder Stunde auf.
…

You pay attention immediately.
Hannah leaves a margin in her exercise book.
All pupils listen carefully.
Johnny passes the papers round during the last minutes of the lesson.
The class repeats the sentence aloud.
Maya writes the keywords down in the workbook.
You can help your partner with the exercise.
You all check your work at the end.

7 Umstellprobe!

Satzglieder kannst du im Satz verschieben.
Auch Wortgruppen, die als Satzglied zusammengehören, kannst du verschieben.

- Probiere es aus: Wähle drei deiner Sätze aus Aufgabe 6 aus.
- Führe die Umstellprobe durch.
- Wie viele Satzglieder hat jeder der drei Sätze?
- Welches Satzglied bleibt fest an seiner Position stehen?

Starthilfe

Die ganze Klasse wiederholt laut den Satz.

Laut wiederholt die …
Den Satz …

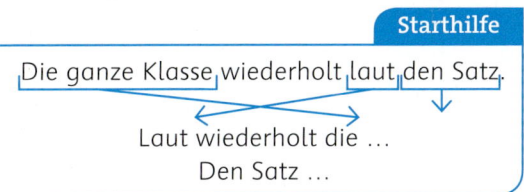

8 Wie verändert sich die Bedeutung des Satzes durch das Umstellen? Besprich es mit einer Partnerin oder einem Partner.

9 Wie heißen die einzelnen Satzglieder?
a. Ordne die Satzgliedfragen in die Tabelle ein:
   Wen oder was? Wer oder was? Wem? Wann? Wo? Wohin? Wie? Womit?
b. Trage die Satzglieder deiner Beispielsätze aus Aufgabe 6 in eine Tabelle ein.

Satzglieder	Subjekt	Prädikat	Objekt	weitere Ergänzungen
Satzgliedfrage	…	(tut)	… …	… …
Beispiele	die ganze Klasse	…	…	…

Z **10** a. Überlege dir weitere Sätze und bestimme die Satzglieder.
b. Bestimme die Satzglieder in den englischen Beispielen in Aufgabe 6.

Adverbiale Bestimmungen

Mit den Satzgliedfragen Wann? Wo? Wie? fragst du
nach adverbialen Bestimmungen. Über solche Fragen muss sich
auch eine Projektgruppe verständigen:

Rieke: Wir fassen <u>am besten</u>
unsere Besprechungsergebnisse <u>jetzt</u>
<u>noch einmal</u> zusammen.

Janno: Ich fange <u>gern</u> an: <u>Übermorgen</u> bringen wir
unsere Materialsammlung mit <u>in die Schule</u>.
Wir sprechen <u>dann genau</u> ab, wer sich
mit welchem Thema <u>eingehender</u> befasst.

Hasan: In ein paar Tagen fahren wir in die Bibliothek.
Dort suchen wir gezielt nach Sachbüchern.

Lina: Und am kommenden Donnerstag treffen wir
uns zum nächsten Mal.

Janno: In unserem Klassenraum.

1 a. Schreibe das Gespräch auf.
   b. Markiere alle <u>adverbialen Bestimmungen</u>.
   Tipps: • In den ersten Zeilen sind sie bereits markiert.
        • Außer mit **Wann? Wo? Wie?** kannst du auch noch mit
         Wie lange? Wie oft? Wohin? Woher? Auf welche Weise? fragen.

2 Die adverbialen Bestimmungen kannst du nach ihrer Bedeutung
   im Satz sortieren.
   a. Lege eine Tabelle an.
   b. Trage die adverbialen Bestimmungen geordnet ein.

Adverbiale Bestimmung ...		
... der Zeit	... des Ortes	... der Art und Weise

W 3 Erzähle über deine Erfahrungen mit Projektarbeit oder über deinen Alltag.
   • Verwende dabei mindestens sechs adverbiale Bestimmungen.
     Tipp: Du kannst Beispiele aus der Tabelle von Aufgabe 2 nehmen.
   • Schreibe einen zusammenhängenden Text.

Z 4 Kennzeichne in den Sätzen aus Aufgabe 1 auch andere Satzglieder:
   Subjekte , Prädikate , Objekte .
   • Unterscheide zwischen Dativobjekt und Akkusativobjekt.
   • Einige Objekte sind Wortgruppen mit einer Präposition.

Funktion adverbialer Bestimmungen

Die 10c wägt die Vor- und Nachteile
einer PowerPoint-Präsentation ab.

Präsentationen ergänzen einen Vortrag
_____ . Der Referent zeigt seinen Zuhörern
Folien _____ . _____ hilft er
seinen Zuhörern, denn Bilder erleichtern
das Verstehen. Durch Animationen wirkt
ein Vortrag _____ .

In manchen Präsentationen wirkt
der Vortrag _____ langweilig.
Das reine Ablesen von Folientexten hilft
dem Zuhörer _____ . Ein Referent muss schon
_____ sprechen. Sonst schlafen die Zuhörer
_____ ein.

1 Welche Überlegungen äußern die Schüler?
   a. Schreibe die Äußerungen in den Sprechblasen ab.
   Ergänze sie dabei sinnvoll.
   b. Welche Satzglieder hast du ergänzt?
   Lies das Merkwissen.
   Schreibe die Namen der adverbialen Bestimmungen
   auf.
   Tipp: An einigen Stellen müsst ihr den Satzbau ändern.

> abwechslungsreicher
> zur Orientierung
> trotzdem
> auf interessante Weise
> auf ihren Stühlen
> Durch Bilder
> frei und lebendig
> selten

2 Diskutiert darüber, welche der Aussagen zutreffen:
   • Ohne adverbiale Bestimmung ist der Satz grammatisch falsch.
   • Adverbiale Bestimmungen verdeutlichen die näheren Umstände.
   • Adverbiale Bestimmungen sind der wichtigste Teil des Satzes.
   • Adverbiale Bestimmungen erklären das Verb näher.

Merkwissen

Adverbiale Bestimmungen sind Satzglieder, die die näheren Umstände
einer Aussage verdeutlichen.
Adverbiale Bestimmungen
... **der Zeit** erfragst du mit **Wann?/Wie lange?**
... **des Ortes** erfragst du mit **Wo?/Wohin?**
... **der Art und Weise** erfragst du mit **Wie?/Auf welche Weise?**
... **des Grundes** erfragst du mit **Warum?/Weswegen?**
... **der Bedingung** erfragst du mit **Unter welcher Bedingung?**
... **des Mittels** erfragst du mit **Womit?/Wodurch?**
... **des Zwecks** erfragst du mit **Wozu?/Zu welchem Zweck?**
... **der Einräumung** erfragst du mit **Trotz welcher Gründe/Einschränkungen?**

Satzglieder im Satzgefüge

Objektsatz und Subjektsatz

Wen oder was? – Objektsatz

Das ist Anna Lena am Tag vor ihrer PowerPoint-Präsentation.

1 Worüber macht sich Anna Lena Gedanken?
   a. Schreibe mit Hilfe der Satzanfänge am Rand
      vollständige Satzgefüge auf.
   b. Unterstreiche in deinen Satzgefügen den Hauptsatz
      zweimal, den Nebensatz einmal.

> Anna Lena fragt sich, …
> Sie findet, dass …
> Was sie wichtig findet, …
> Sie weiß aber, dass …

2 Ersatzprobe!
   Jeden Nebensatz aus Aufgabe 1 kannst du durch
   das Wort **etwas** ersetzen.
   • Probiere es aus.
   • Schreibe die neuen Sätze auf.
   • **Tipp:** Sie enthalten kein Komma.

3 Welches Satzglied ist das Wort **etwas** in den vier Sätzen?
   Erfrage es.

> **Merkwissen**
>
> **Objektsatz: Objekte** können auch **als Nebensätze** auftreten, zum Beispiel
> Akkusativobjekte.
> Du kannst sie wie im einfachen Satz mit der Satzgliedfrage erfragen.
> *Ich denke, dass ich die Präsentation schaffe.* **Ersatzprobe:** *Ich denke etwas.*
> *(Wen oder) Was denke ich? – etwas/dass ich die Präsentation schaffe*

---

 1 Hauptsatz, Nebensatz.

Ich erzähle, was ich gehört habe.

Indirekte Rede im Objektsatz: Konjunktiv I

Z In Nebensätzen kannst du wiedergeben,
was jemand anderes gesagt hat oder gesagt haben *soll*.

Ein Politiker behauptet in einem Interview Folgendes:
„Das Fernsehen wird von Laptop und Tablet abgelöst. Die Mehrheit
der Jugendlichen nutzt täglich mehrere Stunden die neuen Medien.
Sie informiert sich fast nur noch im Internet. Eine Zeitung wird eigentlich
gar nicht mehr gelesen."

Z **4** a. Finde in der wörtlichen Rede die Prädikate.
  b. Schreibe sie mit passenden Pronomen untereinander auf.

> **Starthilfe**
> es wird abgelöst
> …

Z **5** Ein Reporter möchte in einem Zeitungsartikel auf
die Behauptungen des Politikers eingehen.
Er will die Sätze aus Aufgabe 4 im Konjunktiv I
wiedergeben.
  a. Informiere dich in „Wissenswertes auf einen
     Blick" über den Konjunktiv I.
  b. Schreibe die Sätze für den Zeitungsartikel um.
     Bilde mit Hilfe der Satzanfänge Satzgefüge.

> Der Politiker behauptete
>   in einem Interview, (dass) …
> Er meinte außerdem, (dass) …
> Er vermutete, (dass) …
> Er äußerte auch, dass …

→ Konjunktiv I: Seite 304

Auch Subjekte können als Nebensätze auftreten.

Wer gut zuhört, wird viel Neues von Anna Lena erfahren.
Dass sie gut vorbereitet ist, beruhigt sie sehr.

6 a. Schreibe die Sätze auf.
  b. Unterstreiche jeweils Hauptsatz und Nebensatz.
  c. Erfrage den Nebensatz mit **Wer oder was?**
  Tipp: Führe die Ersatzprobe durch. Ersetze dabei den Subjektsatz
  durch ein Wort oder eine Wortgruppe. Das Komma entfällt.

> **Merkwissen**
>
> **Subjektsatz: Subjekte** können auch **als Nebensätze** auftreten:
> *Wer gut vorbereitet ist, präsentiert erfolgreich.* **Ersatzprobe:** *Der Vorbereitete*
> *präsentiert erfolgreich.*
> **Wer oder was** *präsentiert erfolgreich? – wer gut vorbereitet ist/der Vorbereitete*

 5 Konjunktiv I für er/es/sie: Wortstamm des gebeugten Verbs + e
es wird abgelöst → es werde abgelöst, sie nutzt → sie nutze,
sie informiert sich → sie informiere sich, sie wird gelesen → sie werde gelesen

Adverbialsätze erkennen und verwenden

Alva und Lars haben Streit. Beide sind schon lange befreundet und hatten eigentlich geplant, das Wochenende gemeinsam zu verbringen. Lars will die Situation ändern und schreibt Alva eine E-Mail.

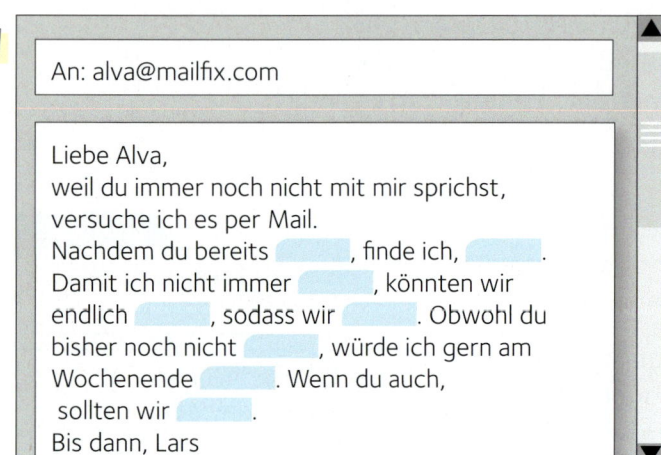

An: alva@mailfix.com

Liebe Alva,
weil du immer noch nicht mit mir sprichst, versuche ich es per Mail.
Nachdem du bereits ...., finde ich, ...
Damit ich nicht immer ...., könnten wir endlich ...., sodass wir .... Obwohl du bisher noch nicht ...., würde ich gern am Wochenende .... Wenn du auch, sollten wir ....
Bis dann, Lars

1 Schreibe die Mail mit sinnvollen Ergänzungen auf.

2 Untersuche den Satzbau genauer.
Unterstreiche alle Nebensätze. Markiere die einleitende Konjunktion.

3 Die Nebensätze sind adverbiale Bestimmungen.
Man nennt sie auch Adverbialsätze.
Du kannst sie mit Hilfe der Fragewörter am Rand erfragen.
a. Ordne den Arten von Adverbialsätzen die Fragen zu.
Schreibe sie in eine Tabelle.
b. Ergänze in der rechten Spalte die Beispiele aus Aufgabe 1.

> Wann?
> Warum?
> Wie?
> Mit welchem Ziel?
> Mit welcher Folge?
> Unter welcher
>   Bedingung?
> Trotz welchen
>   Umstandes?

Art des Adverbialsatzes	Fragewort	Beispiel
Adverbialsatz der Zeit (Temporalsatz)	...?	Nachdem
... des Grundes (Kausalsatz)	...	du ...
... der Art und Weise (Modalsatz)		...
... der Bedingung (Konditionalsatz)		
... des Ziels/Zwecks (Finalsatz)		
... der Folge (Konsekutivsatz)		
... der Einräumung (Konzessivsatz)		

Z **4** Schreibe eine Antwortmail an Lars.
Verwende dabei mindestens
drei unterschiedliche Adverbialsätze.

> **Starthilfe**
> Lieber Lars,
> nachdem du wieder einmal bewiesen hast, ...

 1 ... eine Woche schweigst/den Kontakt mit mir meidest ...; dass wir reden sollten ...; nur deine Mailbox erreiche/umsonst anrufe ...; in der Schule reden ...; die Situation klären ...

Auch in Sachtexten kommen Adverbialsätze häufig vor.
In diesem Textausschnitt fehlen die einleitenden Konjunktionen.

📖 Medienrevolutionen

(Zeit) Johannes Gutenberg 1454 den Buchdruck erfunden
hatte, entwickelten sich ab 1600 in den deutschen Ländern
die ersten Tageszeitungen. Viele Fürsten sorgten sich, (Grund)
sich nun viel mehr Menschen über das Geschehen im Lande
5 informieren konnten. (Zweck) sie diese Informationen
unter Kontrolle behielten, führten viele Fürsten
in ihren Kleinstaaten eine „Zensur" ein. Zeitungen
mussten so geschrieben werden, (Art und Weise) sie
die hohen Herren nicht in Frage stellten. (Bedingung) jeder
10 die Bibel lesen kann, wird womöglich ihre Auslegung
hinterfragt, fürchtete die Kirche. Lesen galt für manche
hohe Herren als bedrohlich, während man heute eher
das Gegenteil sieht: (Bedigung oder Art und Weise) viele Menschen
lesen lernen, wird die Demokratie gestärkt.

5 Schreibe den Text auf.
Ergänze dabei passende Konjunktionen.
Tipps:
- In einigen Sätzen sind verschiedene Konjunktionen möglich.
- Probiert es zu zweit aus.

6 Welche Adverbialsätze kommen vor?
   a. Unterstreiche die Adverbialsätze mit Wellenlinien.
   b. Erfrage die Adverbialsätze.
     Schreibe die Fragen auf.

> **Starthilfe**
>
> Nachdem Johannes Gutenberg …
> Wann entwickelten sich ab 1600 …?

Z In der Fortsetzung des Sachtextes fehlen ebenfalls die Konjunktionen.

📖 Neue Massenmedien haben immer Angst ausgelöst, (Einräumung) doch
durch Medien auch neue Möglichkeiten entstanden sind. Gefährlich wird es
allerdings, (Bedingung) die Medien im Besitz des Staates oder nur weniger Personen
sind. Auch in Demokratien kann es Zeitungsmonopole geben, (Einräumung) dadurch
die Pressefreiheit gefährdet ist.

Z 7 **a.** Schreibe den Text auf. Ergänze ihn dabei sinnvoll.
     b. Untersuche die Adverbialsätze wie in Aufgabe 6.

✏ **5** wenn, weil/da, nachdem/als, dass, damit, indem

Grammatik und Stil: Verständlich formulieren

Viele Sachverhalte lassen sich als adverbiale
Bestimmung oder als Adverbialsatz ausdrücken.

 1. Nach der Erfindung des Buchdrucks im Jahr 1452
durch Johannes Gutenberg entwickelten sich ab 1600
in den deutschen Ländern die ersten Tageszeitungen.

2. Nachdem Johannes Gutenberg 1452 den Buchdruck
erfunden hatte, entwickelten sich ab 1600
in den deutschen Ländern die ersten Tageszeitungen.

 1 Welcher Satz ist auf Anhieb leichter zu verstehen?
Tauscht euch über diese Frage aus.

 2 Vergleicht den Satzbau der Sätze.
  a. Unterstreicht Hauptsätze doppelt und Nebensätze einfach.
  b. Wie unterscheidet sich der Satzbau? Erklärt es.

 3 Vergleicht den Stil der Formulierungen:
  • Welcher Satz hat mehr Verbformen?
  • Welcher Satz hat mehr Nomen?
  • Welche Besonderheiten fallen euch noch auf?
  • Was erschwert für euch das Verständnis?

In Sachtexten werden oft *viele* Informationen in *knapper* Form vermittelt.

 1. Viele Fürsten sorgten sich, weil sich nun viel mehr Menschen
über das Geschehen im Lande informieren konnten.

2. Viele Fürsten sorgten sich wegen der besseren Informationsmöglichkeiten
über das Geschehen im Lande.

3. Damit sie diese Informationen unter Kontrolle behielten, führten viele Fürsten
in ihren Kleinstaaten eine „Zensur" ein.

4. Zwecks Informationskontrolle führten viele Fürsten in ihren Kleinstaaten
eine „Zensur" ein.

 4 Wodurch gelingt es, knapper zu formulieren?
  a. Vergleicht die hervorgehobenen Textstellen in Sätzen
    mit gleichem Inhalt miteinander.
  b. Welcher Satz ist am besten zu verstehen?
    Begründet eure Antwort.

Ihr könnt nun selbst ausprobieren, adverbiale Bestimmungen
als Wortgruppen oder als Nebensätze zu formulieren. So verbindet ihr
zusammengehörende Sachverhalte stärker inhaltlich miteinander.
Das verbessert eure eigenen Texte.

5 Verbindet die folgenden Einzelsätze miteinander:
Aus zwei Sätzen soll immer ein neuer Satz werden.
   a. Probiert verschiedene Möglichkeiten aus.
      Ihr könnt auch stärker umformulieren.
   b. Prüft und vergleicht die Verständlichkeit eurer Sätze.

Die Zukunft überregionaler Zeitungen ist ungewiss.
Sie haben viel Konkurrenz.

Firmen geben weniger für Werbung in der Zeitung aus.
Sie zahlen ja auch für Werbung im Internet.

Viele informieren sich im Internet.
Die Abonnentenzahlen gehen zurück.

Kleine Lokalzeitungen bemühen sich besonders um
das Vertrauen ihrer Leser.
Sie können sonst nicht auf dem Markt bestehen.

Manche Wochenblätter werden kostenlos verteilt.
Sie sind erfolgreich.

Sie finanzieren sich allein durch Werbung.
So sichern sie ihre Existenz.

Die Berichte sind nicht immer gut geschrieben.
Sie sind nicht auf ihre Leser angewiesen.

6 a. Tauscht eure Texte aus und
      überprüft ihre Verständlichkeit.
   b. Wie könnt ihr manche Textstellen noch verständlicher formulieren?
      Tauscht euch darüber aus.

7 Markiert in euren Sätzen die Adverbialsätze und
die adverbialen Bestimmungen in verschiedenen Farben.

Z 8 In der grammatischen Fachsprache werden oft lateinische Bezeichnungen
für die Arten der Adverbialsätze verwendet, zum Beispiel:
Kausalsatz, Temporalsatz, Konditionalsatz, Konzessivsatz.
   a. Was bedeuten die Bezeichnungen? Recherchiere es.
   b. Schreibe jeweils eine Worterklärung und einen Beispielsatz auf.

5 Textverknüpfer helfen beim Verbinden von Sätzen,
z. B. Konjunktionen: sodass, weil, da, damit, wenn, indem, als, obwohl;
z. B. Adverbien: dadurch, deshalb.
Im Satz stellen z. B. Präpositionen die Verbindungen her: wegen, bei, statt, seit, nach.

Wissenswertes auf einen Blick

Das Gedicht

Gedichte haben mindestens eine **Strophe** und
sind in **Versen** (Gedichtzeilen) geschrieben.
- Eine **Strophe** verbindet eine bestimmte Anzahl von Versen
  zu einer Einheit und gliedert das Gedicht oder Lied.
- Gedichte haben manchmal eine **besondere Form** und **reimen** sich
  häufig. Der **Reim** ist der möglichst genaue Gleichklang von Wörtern.
- Die Verse eines Gedichts sind häufig nach einem Sprechrhythmus
  gegliedert: dem Versmaß (Metrum).
- Gedichte haben einen **Sprecher**, das lyrische Ich.
- Eine **besondere Sprache** bringt die Gedichte **zum Klingen**.
- Die Sprache im Gedicht ist besonders „dicht": Gesagt wird nur das
  für eine Aussage und für einen Rhythmus Wichtige.
- Die **Wiederholung** ist eine sprachliche Besonderheit in Gedichten.
- **Vergleiche** mit „wie" und „als" machen Gedichte **anschaulich**.
- **Sprachbilder**, z. B. Gegensätze, machen Gedichte **lebendig**.
- In manchen Gedichten gibt es **Personifikationen**.
- In vielen Gedichten gibt es **Metaphern**,
  Wörter mit übertragener Bedeutung.
- Beim **Zeilensprung** (Enjambement) sind die Verse ineinander
  verschränkt. Zwei aufeinander folgende Zeilen gehören als Satz und
  als Gedanke zusammen. Dadurch gibt es beim Lesen und
  beim Vorlesen am Zeilenende keine Pause und das Gedicht bekommt
  eine besondere Dynamik und Wirkung.

Ein Gedicht interpretieren

Mit einer Interpretation zeigst du, dass du das Gedicht verstanden hast.
Du **fasst** den **Inhalt** und die Ergebnisse deiner **Analyse zusammen**.
Du **deutest** den **Inhalt** und die **Form** und **belegst** deine Deutung
mit passenden Textstellen aus dem Gedicht. Du schreibst im **Präsens**.
1. Einleitung: Du nennst den Titel, die Dichterin oder den Dichter, die
Textart. Du beschreibst kurz das Thema und fasst den Inhalt zusammen.
2. Hauptteil: Du analysierst den Inhalt, die Gestaltung, die Sprache und
die Form. Dabei beschreibst du **Gedichtmerkmale** und ihre **Wirkung**:
- die besondere Form: die Strophen, die Verse, die Reimform …
- der Sprechrhythmus: das Versmaß (das Metrum),
  der Zeilensprung (das Enjambement)
- der Sprecher im Gedicht: das lyrische Ich
- die besondere Sprache, die das Gedicht zum Klingen bringt
- die Sprachbilder: die Vergleiche, die Metaphern, die Personifikationen
- besondere Wörter, Wiederholungen und andere sprachliche
  Besonderheiten

3. Schluss: Du fasst die Ergebnisse deiner Analyse zusammen.
Du deutest das Gedicht als Ganzes, erläuterst deine Meinung und
die Wirkung des Gedichts auf dich.

→ Gedichte lesen, untersuchen und interpretieren: Seiten 116–125, 126–129, 130–131, 311–312, 313

Die Ballade

Eine Ballade ist ein **besonderes Gedicht**, das eine **Geschichte erzählt**.
- Eine Ballade besteht meist aus **mehreren Strophen**.
- Balladen **reimen sich** häufig.
- In einer Ballade gibt es oft **wörtliche Rede**.
- In einer Ballade geht es oft um ein **dramatisches Geschehen**.
- Die besondere Sprache „**malt Bilder** in unserem Kopf".
- In einer Ballade kann es **Metaphern** geben,
  Wörter mit übertragener Bedeutung.

Ein Gedicht oder eine Ballade auswendig lernen

Mit diesen Tipps kannst du Gedichte oder Balladen auswendig lernen:
- Lerne die erste Strophe **Zeile für Zeile** auswendig.
- Du kannst dir mit einem Blatt Papier helfen: Lege das Blatt so,
  dass du **jeweils nur den Anfang jeder Zeile** lesen kannst.
- Sprich dann die **Strophe als Ganzes**.
- Lerne die anderen Strophen genauso.

→ Gedichte sprechen/vortragen: Seiten 119, 122

Die Kurzgeschichte

Eine **Kurzgeschichte** ist eine knappe, moderne Erzählung,
die zum Nachdenken anregen soll.
- Du bist **plötzlich mitten in der Handlung** der Geschichte.
- Das Thema ist ein ganz **alltägliches Geschehen**.
- Die Geschichte stellt einen **Augenblick** dar, einen kurzen Ausschnitt
  aus dem Leben.
- Es gibt einen **entscheidenden Moment**, einen Wendepunkt.
- Das **Ende** einer Kurzgeschichte ist meist **offen**.

→ Kurzgeschichten lesen und untersuchen: Seiten 132–143, 144–147, 216–221, 314–315

Eine Kurzgeschichte oder eine Erzählung interpretieren → Arbeitstechnik: Seite 147

Das Drama

Ein Drama ist ein Text, der für seine Umsetzung auf einer **Theaterbühne**
geschrieben wurde. Ein Drama besteht aus **Dialogen** (Gesprächen) und/
oder **Monologen** (Selbstgesprächen) und Regieanweisungen. Es gliedert
sich in Akte und Szenen.

→ ein Drama kennen lernen: Seiten 195–198

Parodie und Satire

Eine **Parodie** ist die Verzerrung oder **komische Nachahmung** der originalen
Form eines **bekannten Textes**, meistens in kritischer Absicht, manchmal
auch liebevoll nachahmend. Häufig werden Wörter oder Sätze durch
andere, „unpassende", ersetzt, während die Form der Vorlage erhalten
bleibt. Die Lesenden oder Zuhörenden sollen das Original erkennen und
sich an den Änderungen erfreuen.
In einer **Satire** werden Personen, Ereignisse, Sitten oder Unsitten verspottet;
Übertreibung ist ein wichtiges Mittel. Satirische Texte unterhalten,
kritisieren, belehren oder überzeugen in humorvoller Weise

→ Satire untersuchen: Seiten 180–183, 321–324

Der Roman

Als Roman bezeichnet man verschiedene **umfangreiche Formen des Erzählens**. Romane können ihrem Inhalt nach ganz unterschiedlich ein. So gibt es Abenteuerromane, Jugendromane, fantastische Romane, Großstadtromane, Gesellschaftsromane und andere Arten von Romanen.

➜ einen Roman kennen lernen: Seiten 154–163, 164–175

Das Jugendbuch

Jugendbücher sind hauptsächlich **für Jugendliche** geschrieben. Es geht in den Jugendbüchern häufig um Themen wie Erwachsenwerden, Freizeit, Freundschaften, Familie und auch Schule. Die **Hauptfiguren** in Jugendbüchern sind meist **Jugendliche**.

➜ ein Jugendbuch kennen lernen: Seiten 150–153

Ein Buch vorstellen

- Zeige den Zuhörerinnen und Zuhörern **das Buchcover**.
- Nenne den **Titel** und die **Autorin** oder den **Autor** des Buches.
- Wer? – Stelle die **Hauptpersonen** vor.
- Wo? – Wann? – Was? – Erzähle **kurz** etwas über den **Inhalt**.
- Erkläre, warum dir das Buch gut oder nicht so gut **gefallen** hat.
- **Lies** einen **Ausschnitt** aus dem Buch **vor**.

Epochen

In vielen Bereichen wird die Vergangenheit, der **Blick zurück in die Geschichte**, in Epochen eingeteilt, z. B. in der **Literatur**, der Musik und der Kunst. Als Epochen bezeichnet man **Zeitabschnitte** mit gemeinsamen Merkmalen, die sich in geschichtlichen Entwicklungen, Ideen, Werten und Formen zeigen.
In der Epoche der **Klassik**, die nach der Französischen Revolution 1789 einsetzte und durch Johann Wolfgang Goethe und Friedrich Schiller geprägt wurde, strebten die Künstler nach einem tugendhaften Menschenideal entsprechend dem Vorbild des griechischen Altertums.
Die Epoche des **Naturalismus** am Ende des 19. Jahrhunderts war den neuartigen naturwissenschaftlichen Erkenntnissen verpflichtet. In der Literatur wollten die Künstler den Menschen und die Gesellschaft so darstellen, wie sie in Wirklichkeit sind.
In der Epoche des **Sturm und Drang** (ca. 1765–1785) lehnten sich bürgerliche Schriftsteller gegen gesellschaftliche Vorgaben und Zwänge auf. Diese vorwiegend jungen Autoren forderten vor allem eine Veränderung der Machtverhältnisse in Deutschland und die Freiheit des gefühlsbetonten Dichter-Genies.

➜ Klassik: Seiten 192–194, 201
➜ Naturalismus: Seiten 195–200, 201
➜ Sturm und Drang: Seiten 158–161

Werbung

Werbung begleitet uns überall, und doch nehmen wir sie oft nicht wahr.
- Die Werbung arbeitet oft mit **Bildern**, um **Aufmerksamkeit** zu erregen.
- Auch **Sprache** ist sehr wichtig, vor allem **Slogans**, also Werbesprüche.
- Meist ist das Ziel der Werbung, ein **Produkt** zu verkaufen.
- Jede Werbung ist für eine bestimmte **Zielgruppe** gedacht.

➜ Werbung: Seiten 212–213, 274

Der Textknacker

Mit dem Textknacker knackst du jeden Text.

1. Schritt: Vor dem Lesen

Du siehst dir den Text als Ganzes an.
- Worauf fällt dein Blick als Erstes?
- Was erzählen dir die **Bilder** und die **Überschrift**?
- Worum könnte es gehen?

2. Schritt: Das erste Lesen

Du überfliegst den Text.
Oder du liest den Text einmal durch.
- Welche **Wörter**, **Wortgruppen** oder **Absätze** fallen dir auf?
- Was ist interessant für dich? Was macht dich neugierig?

3. Schritt: Den Text genau lesen

Du liest den Text genau und in Ruhe – Absatz für Absatz.
So findest du wichtige Informationen.
- **Absätze** und **Zwischenüberschriften** gliedern den Text.
- **Schlüsselwörter** sind besonders wichtige Wörter.
- **Bilder, Grafiken oder Tabellen** helfen dir, den Text zu verstehen.
- Manche **Wörter** werden **am Rand** oder **in den Fußnoten erklärt**.
- Schlage Fachwörter und andere Wörter, die du nicht verstanden hast, **im Lexikon** nach.
- Welche **Fragen** hast du an den Text?

4. Schritt: Nach dem Lesen

Du arbeitest mit dem Inhalt des Textes.
- Welche **Informationen** sind für dich und deine Aufgabe **wichtig**?

➜ Sachtexte lesen und verstehen: Seiten 28–43, 44–47, 82–85, 204–207

➜ literarische Texte lesen und verstehen: Seiten 132–143, 150–153, 155–157

Der Aufgabenknacker

1. Schritt: Du **liest** die Aufgabe genau.
2. Schritt: Du überlegst: Was gehört alles zur **Lösung** der Aufgabe? Einige Aufgaben bestehen aus **Teilaufgaben**. Bearbeite jede Teilaufgabe einzeln.
3. Schritt: Du gibst die Aufgabe **mit eigenen Worten** wieder.

Diese **Verben** sagen dir, was du tun sollst:

Beschreibe …	Ich soll sagen, wie etwas aussieht oder abläuft.
Fasse zusammen …	Ich soll die wichtigsten Informationen wiedergeben.
Vergleiche …	Ich soll Gemeinsamkeiten und Unterschiede finden.
Erkläre …	Ich soll Zusammenhänge herstellen.
Begründe …	Ich soll Gründe für etwas finden und nennen.
Gib … wieder.	Ich soll etwas mit eigenen Worten formulieren.
Informiere …	Ich soll Informationen an andere weitergeben.
Erläutere …	Ich soll Vorgänge aufzeigen und veranschaulichen.

➜ Prüfungsaufgaben knacken: Seiten 202–203

Eine Checkliste anlegen

Überlegt, **welche Schritte** zur Erledigung einer Aufgabe nötig sind.
- Schreibt für die einzelnen Schritte Checkfragen, die ihr mit **Ja** oder **Nein** beantworten könnt.
- Ergänzt in **weiteren** Checkfragen, was für die Aufgabe noch wichtig ist.

➜ eine Checkliste anlegen: Seiten 67, 89, 225

Eine Grafik erschließen und erklären

→ Arbeitstechnik: Seiten 40–41, 208–210

Ideensammlung: Die Mindmap

In einer Mindmap kannst du **Ideen sammeln** und **Gedanken ordnen**:
- Nimm ein **leeres Blatt Papier** und lege es quer vor dich hin.
- Zeichne darauf einen **Baum mit Ästen** und **Zweigen**.
- Schreibe das **Thema** auf den **Stamm**.
- Schreibe **wichtige Wörter** zu dem Thema auf die **Äste und Zweige**.

→ eine Mindmap anfertigen: Seite 19

→ einen Cluster anfertigen: Seite 18

Eine Karikatur beschreiben und interpretieren

→ Arbeitstechnik: Seite 178

Einen Arbeitsplan/Projektplan anlegen

Für einen Arbeitsplan legt ihr eine Tabelle mit fünf Spalten an.
- Schreibt in die **erste** Spalte die **Wochentage**.
- Schreibt in die **zweite** Spalte die jeweilige **Aufgabe** für den Tag.
- Schreibt in die **dritte** Spalte, **wer** jeweils verantwortlich ist.
- Schreibt in die **vierte** Spalte, **wann** ihr die Aufgabe **erledigt** habt.
- Schreibt in die **letzte** Spalte, welche **Fragen oder Probleme** es gibt.

→ einen Arbeitsplan/ Projektplan anlegen: Seite 193

→ Lernen lernen: Seiten 280–283

Texte überarbeiten

→ Arbeitstechnik: Seite 227

Regeln für die Schreibkonferenz

Regel 1: Die Autorin oder der Autor **liest** den Text **vor**.
Die anderen **hören** aufmerksam **zu**.
Regel 2: Sagt zuerst, was euch **gefällt**.
Regel 3: **Fragt nach**, wenn ihr etwas nicht verstanden habt.
Regel 4: **Überarbeitet gemeinsam** den Text, bis er euch gefällt.
Regel 5: Schreibt den Text noch einmal **in gut lesbarer Schrift** auf.

Einen Kommentar schreiben

Vor dem Schreiben:
- Überlege, wen du erreichen willst (**Adressat**).
- Lege das Ziel fest, das du verfolgst (**Schreibziel**).
- Bilde dir eine **eigene Meinung** zum Thema.
Gliedere deinen Kommentar in drei Teile:
1. Die Einleitung
- Nenne das **Thema**.
- **Begründe**, warum du einen Kommentar verfassen willst.
- Schreibe deine **Meinung** zum Thema auf.
2. Der Hauptteil
- Begründe deine Meinung mit **Argumenten** und **Beispielen**.
- Entwickle **Argumentationsketten**.
- Führe dein stärkstes Argument zum Schluss an.
3. Der Schluss
- **Fasse** deine begründete Meinung noch einmal kurz **zusammen**.
- Formuliere eine **Schlussfolgerung** und unterbreite Vorschläge.

→ einen Kommentar schreiben: Seiten 92, 153

Eine Person oder Figur beschreiben

Beschreibe eine Person oder Figur mit Hilfe der folgenden Fragen:
- **Wie** sieht die Person **insgesamt** aus? Wie **alt** ist sie ungefähr?
- **Wie** sieht ihr **Gesicht** aus? Wie sind ihre **Haare**?
- **Wie** sieht ihre **Kleidung** aus? Was für **Schuhe** hat sie an?
- Gibt es etwas, **was** dir **besonders** an ihr **auffällt**?
- **Wie wirkt** die Person oder Figur auf dich?

➜ eine Figur
beschreiben:
Seiten 135, 139, 157,
190–191, 195–199

Eine Figur charakterisieren

In einer Charakteristik beschreibst du die **Merkmale** und **Eigenheiten** einer literarischen Figur. Sie können im Text direkt oder indirekt dargestellt werden, z. B.:
- durch die Art, wie die Figur **spricht**, **denkt**, **fühlt** oder **handelt**,
- durch **Äußerungen anderer** Figuren über sie.

Du schreibst im **Präsens**.

Einleitung
- Nenne den Namen der Figur, den Titel des Textes und den Namen des Autors.
- Beschreibe das Äußere der Figur, z. B. Name, Alter, Lebensumstände …

Hauptteil
- Beschreibe, was du über die Gefühle, Gedanken, Verhaltensweisen und Wünsche der Figur erfährst und welche Charaktereigenschaften sie zeigt.
- Beschreibe auch ihr Verhältnis zu anderen Figuren.

Schluss
- Beurteile die Figur und ihr Verhalten aus deiner Sicht.

➜ eine Figur
charakterisieren:
Seiten 146–147,
153, 170

Pro- und Kontra-Argumente sammeln

Wenn du eine **Meinung** vertreten willst, **begründe** sie mit Argumenten.
- Finde **Pro-Argumente**, wenn du dafür bist.
- Finde **Kontra-Argumente**, wenn du dagegen bist.
- **Sammle** deine Argumente in einer **Tabelle**.
- Finde passende **Beispiele** zu deinen Argumenten.

| Meinung |
| Argument |
| Beispiel |

➜ Pro- und Kontra-
Argumente:
Seiten 86–87, 90–91,
94–95

Eine Argumentation schreiben

➜ Arbeitstechnik: Seite 89

Typen von Argumenten

➜ Arbeitstechnik: Seite 95

Ein Statement formulieren

In einem Statement triffst du eine **klare Aussage**, mit der du zu einer Frage oder zu einem Thema **eindeutig Position** beziehst.
- Formuliere in einem Satz deine persönliche **Meinung**.
- Unterstütze deine Meinung durch ein oder zwei **Argumente**.
- Veranschauliche sie möglichst durch **Beispiele** oder sprachliche Bilder.
- Beende dein Statement mit einem **Appell** oder einer **Warnung**.

➜ ein Statement
formulieren:
Seite 306

Miteinander diskutieren und Gespräche führen

Wenn ihr auf diese Regeln achtet, gelingt die Diskussion:
- **Lasst** einander **ausreden**.
- **Hört** euch gegenseitig genau **zu**.
- **Beleidigt** euch **nicht** gegenseitig und **lacht** einander **nicht aus**.
- Sprecht nur **zum Thema**.
- Sprecht **klar** und **deutlich**.
- **Seht** die anderen beim Sprechen **an**.
- Legt eine **Sitzordnung** fest.
- **Wählt** eine **Diskussionsleiterin** oder einen **Diskussionsleiter**.
- Tragt eure **Meinungen sachlich** vor.
- **Begründet** eure Meinungen **mit starken Argumenten**.
- **Unterstützt** eure Argumente **mit Beispielen**.

→ miteinander diskutieren: Seiten 15, 59, 86

Aktives Zuhören

Wenn du **aufmerksam zuhörst**, vermeidest du **Missverständnisse**.
Gut zuhören heißt, dass der **ganze Körper aktiv** ist!
- **Sieh** deine Partnerin oder deinen Partner **an**.
- **Höre** genau **zu**. **Unterbrich** deine Partnerin oder deinen Partner **nicht**.
- **Konzentriere** dich auf das Wichtige.
- **Wende** dich deiner Partnerin oder deinem Partner **zu**.
- **Frage**, ob du alles **richtig verstanden** hast.

→ aktiv zuhören: Seiten 51, 58, 67, 233–234, 310

Einen Debattierwettbewerb durchführen

In einem Debattierwettstreit debattieren vier Teilnehmerinnen und Teilnehmer (Debattanten) **nach festgelegten Regeln** über eine Entscheidungsfrage.
Eine Debatte besteht aus drei Phasen:
1. **Eröffnungsrunde:** Debattanten der Pro- und der Kontra-Position verdeutlichen abwechselnd ihren Standpunkt in einem Statement, ohne unterbrochen zu werden. Jeder Debattant hat zwei Minuten Zeit.
2. **Freie Aussprache:** Die Debattanten hören einander zu und gehen im freien Wortwechsel aufeinander ein. Sie nennen ihre Argumente und entkräften die Argumente der Gegenposition. Sie einigen sich spontan auf die Reihenfolge der Beiträge. Gesamtdauer dieser Phase: zwölf Minuten.
3. **Schlussrunde:** Alle Debattanten geben in der Reihenfolge der Eröffnungsrunde ein abschließendes Statement ab. Jeder hat jetzt aber nur eine Minute Zeit, Meinungsänderungen sind möglich. In allen Phasen notiert die Jury ihre Bewertung der Debattanten.

→ debattieren: Seiten 308–310

Einen persönlichen Brief schreiben

- Schreibe den **Ort** und das **Datum oben rechts**.
- Wähle eine passende **Anrede**.
- Erkundige dich, **wie es** dem Empfänger **geht**.
- Schreibe auch, **warum** du schreibst.
- **Stelle** deine **Fragen** oder **antworte** auf **Fragen**, die dir gestellt wurden.
- Beende deinen Brief mit einem **passenden Gruß** und **unterschreibe** ihn.

→ einen persönlichen Brief schreiben: Seiten 26–27

Einen offiziellen Brief schreiben

- Schreibe zuerst **oben links** den **Absender**, darunter den **Empfänger**.
- Schreibe den **Ort** und das **Datum** etwas tiefer **rechts**.
- Wähle eine **passende Anrede**.
- **Stelle** dich **vor**.
- **Nenne** den **Grund** deines Schreibens.
- **Stelle** deine **Fragen** an den Empfänger. **Nenne** auch deine **Bitten**.
- **Bedanke** dich beim Empfänger.
- Beende deinen Brief mit einem **passenden Gruß** und **unterschreibe** ihn.

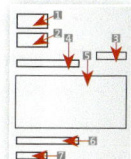

→ einen offiziellen Brief schreiben: Seiten 70, 76–77

Der tabellarische Lebenslauf

Der **tabellarische Lebenslauf** gehört zu einer vollständigen **Bewerbung**.
- Achte auf die richtige **Reihenfolge** deiner Angaben: Angaben zur Person, Schulbildung, Interessen und Kenntnisse, Datum, Unterschrift.
- Nenne nur **Hobbys**, die zum Praktikum oder zum Beruf passen.
- Überprüfe die **Vollständigkeit** deiner Angaben.
- Finde und korrigiere alle **Grammatik- und Rechtschreibfehler**.
- Lass eine **zweite Person** deinen Lebenslauf prüfen.

→ der tabellarische Lebenslauf: Seite 71

Regeln und Tipps für ein Bewerbungsschreiben

- Nach der **Betreffzeile** und nach der **Grußformel** steht kein Punkt.
- Nach der **Anrede** steht meist ein **Komma**.
- Steht nach der Anrede ein Komma, schreibst du klein weiter.
- Die höfliche Anrede **Sie**, **Ihr**, **Ihnen** schreibst du **groß**.
- **Kontrolliere** die Schreibung von **Fachwörtern** und von **Namen**.

→ eine Bewerbung schreiben: Seiten 70–75, 76–77

Tipps für die Online-Bewerbung

→ Arbeitstechnik: Seite 72

Einen informierenden Text verfassen

→ Seiten 108–109

Eine Info-Börse organisieren

→ Arbeitstechnik: Seite 113

Ein Ergebnisprotokoll schreiben

- Ein Ergebnisprotokoll informiert über die **Ergebnisse** und Beschlüsse einer Besprechung oder eines Versuchs.
- Der **„Kopf"** des Ergebnisprotokolls enthält genaue Angaben über **Anlass, Zeit, Ort, Teilnehmer** und die **Protokollführerin** oder den **Protokollführer**.
- Der **Hauptteil fasst** die Ergebnisse der Besprechung oder des Versuchs kurz und übersichtlich **zusammen**.
- Ein Ergebnisprotokoll wird im **Präsens** geschrieben und kann auch in **Stichworten** zusammengefasst sein.
- Der **Schluss** enthält Ort und Datum der Abfassung und die **Unterschrift** der Protokollführerin oder des Protokollführers.
- Protokolle sammelt man, sortiert nach Veranstaltung, Datum, Personen, in einer **Protokollmappe**.

→ ein Ergebnisprotokoll schreiben: Seiten 214–215

Eine Inhaltsangabe schreiben

Beantworte diese Fragen, um Inhalte von Texten zusammenzufassen:
- **Was** ist das für ein **Text**? **Wer** ist die **Autorin** oder der **Autor**?
- **Wann** spielt die Handlung? **Wo** spielt die Handlung?
- **Wer** ist die **Hauptfigur**? **Welche Figuren** kommen außerdem vor?
- **Was tun** die Figuren? **Warum** tun sie es?
- **Was denken und fühlen** die Figuren?
- **Wie endet** der Text?

Verwende das **Präsens**. Schreibe in der **Er-Form**, nicht in der Ich-Form. Gib auch **wörtliche Rede in eigenen Worten** wieder.

→ eine Inhaltsangabe schreiben: Seiten 139, 143, 147, 216–221

Ein Feedback empfangen

Beim Feedback steht nicht die Kritik im Mittelpunkt. Es ist eine Möglichkeit, mehr über sich zu erfahren – positiv wie negativ. Damit du es gut nutzen kannst, solltest du Folgendes beachten:
- Lass den Feedback-Geber ausreden.
- Höre gut zu und frage nach, wenn etwas unklar oder zu allgemein ist.
- Vermeide spontane Rechtfertigungen oder Verteidigungen.
- Zeige durch die Körpersprache (Nicken, Blickkontakt), dass du das Feedback anerkennst.
- Denke anschließend darüber nach, welche Punkte du akzeptierst.
- Entscheide, was du ändern möchtest.

→ Feedback geben und empfangen: Seite 55

Mündlich nacherzählen

- **Lies** den Text **genau**.
- **Markiere wichtige Wörter** auf einer Folie oder schreibe sie auf. Du kannst zum Nacherzählen auch **Erzählkärtchen** verwenden.
- Erzähle **in der richtigen Reihenfolge**.
- Erzähle **spannend** und **mit eigenen Worten**.
- Lasse nichts **Wichtiges** aus. **Füge nichts hinzu**.
- Erzähle **im Präteritum**.

Einen Kurzvortrag/Ein Referat vorbereiten und halten

1. Schritt: Das Thema aussuchen und Informationen beschaffen
- Wähle ein interessantes **Thema** aus.
- Sammle **Informationen** in Büchern, Lexika und im Internet.

2. Schritt: Informationen aus Texten entnehmen
- **Lies** die Texte mit dem **Textknacker**.
- Schreibe **Stichworte** auf **Karteikarten**.

3. Schritt: Den Vortrag gliedern und die Notizen ordnen
- Entscheide, welche Informationen **wichtig** sind.
- Schreibe **Erklärungen** zu schwierigen Wörtern mit auf deine Karten.
- **Gliedere** dann den Vortrag und **ordne** deine Informationen.

4. Schritt: Den Vortrag für das Publikum anschaulich machen
- Zeige eine **Computer-Präsentation** oder **Folien**.

5. Schritt: Eine Einleitung und einen Schluss formulieren
- Formuliere einen **Einleitungssatz** und Sätze für den **Schluss**.

6. Schritt: Den Kurzvortrag oder das Referat üben und halten
- **Übe**, deinen Vortrag möglichst **frei zu sprechen**.

➔ ein Referat vorbereiten: Seiten 228–234

Frei vortragen

- **Stelle dich** so hin, dass **alle dich sehen** können.
- Versuche, **frei** zu **sprechen** und wenig abzulesen.
- Sprich **langsam** und **deutlich**.
- **Sieh** beim Sprechen die Zuhörerinnen und Zuhörer **an**.
- Zeige an passenden Stellen **Bilder** und **Materialien**.
- Achte auf die Zeit, besonders wenn eine Zeit vorgegeben ist.

➔ frei vortragen: Seite 20

Ein Plakat, eine Folie oder eine Präsentation gestalten

- Wählt ein **passendes Format** und eine passende **Überschrift** aus.
- Entscheidet, welchen **Text** und welche **Bilder** ihr zeigen wollt.
- Überlegt, wie ihr **Überschrift**, **Text** und **Bilder anordnen** wollt.
- Schreibt **groß** genug und gut **lesbar**. Hebt Wichtiges hervor.
- Gestaltet euer Werk am besten mit dem **Computer**. Ein Präsentations- oder Grafikprogramm hilft euch dabei.

➔ eine Präsentation vorbereiten und halten: Seiten 20–21, 233–235

➔ eine Skizze anlegen: Seite 37

Richtig zitieren

➔ Arbeitstechnik: Seite 223

Tipps zum Auswerten eines Vortrags/einer Präsentation

Bei der Auswertung eines Vortrags stellst du dir folgende Fragen:
- Habe ich **inhaltlich** alles **verstanden**?
- Konnten meine **Fragen beantwortet** werden?
- War die **Computer-Präsentation** passend?
- War der Vortrag gut **gegliedert**?
- Wurde **frei**, **langsam**, **deutlich** und **laut genug** gesprochen?
- War der Vortrag **interessant**?

Sei bei der Kritik **sachlich** und versuche, deinem Mitschüler/deiner Mitschülerin mit **Verbesserungsvorschlägen** zu helfen.

➔ Tipps zum Auswerten/ Beobachtungsbogen: Seiten 38–39, 234

Eine Grafik gestalten

- Öffnet ein neues Dokument im Textverarbeitungsprogramm.
- Klickt im Menü auf Einfügen, dann auf Grafik und auf Diagramm. Auf dem Bildschirm erscheint nun eine Tabelle.
- Beschriftet die Spalten und Zeilen mit euren Angaben und Zahlen.
- Für euer Diagramm klickt nun im Menü Diagramm und dann Diagrammtyp an.
- Wählt aus, ob ihr die Ergebnisse in einem Balken-, Kreis-, Netzdiagramm oder… darstellen wollt.
- Fügt zuletzt den Diagrammtitel und die Beschriftungen ein: Klickt dazu im Menü auf Diagramm und anschließend auf Diagrammoptionen.
Gebt dort den Titel ein, z. B. „Wer ist deine Vertrauensperson?".
Beschriftet dann die Achsen und die Daten.

➔ eine Grafik anlegen: Seiten 24–25

Eine Zeitleiste gestalten

- Lege das Thema der Zeitleiste fest.
- Erarbeite eine Liste mit den Ereignissen, die auf der Zeitleiste dargestellt werden sollen. Es sollten etwa 10 bis 15 Ereignisse sein.
- Sammle wichtige und interessante Informationen zu den Ereignissen.
- Fertige eine Skizze deiner Zeitleiste an, damit du herausfindest, wie viel Platz du benötigst. Prüfe dabei, welche Abstände du für die einzelnen Ereignisse brauchst. Sie sollen übersichtlich angeordnet sein.

➔ eine Zeitleiste anlegen und gestalten: Seite 37

Eine Collage gestalten

Du stellst **mehrere Fotos und andere Bilder** zu einem **Thema** zusammen.
- Lege die Bilder nicht einfach nebeneinander, sondern überlege dir, wie du sie anordnen möchtest: in welchem Abstand voneinander, in welcher Position und Reihenfolge, ob sie sich überlappen sollen.
- Stelle so dar, wie **vielfältig** das Thema ist, **was du damit verbindest** und wie die einzelnen Bilder zueinander in Beziehung stehen.
- Wichtig bei der Gestaltung ist: **Probiere** die Anordnung **zunächst aus** und klebe dann erst.
- Manchmal sinnvoll: Ergänze eine Überschrift oder eine Beschriftung.

➔ eine Collage gestalten: Seite 149

Eine Szene spielen

- Legt fest, welche **Figuren** es gibt. **Verteilt** die **Rollen**.
- Schreibt den **Text** für jede Rolle auf einzelne **Rollenkarten**.
- **Markiert** Wörter, die ihr **besonders betonen** möchtet.
- Schreibt dazu, was eure **Figur tut**, was sie **fühlt** und **denkt**.
- Lernt euren **Text auswendig**.
- Übt gemeinsam, die Szene zu spielen: Setzt **Gestik** (Körpersprache) und **Mimik** (Gesichtsausdruck) ein.
- **Besprecht**: Wie haben sich die Spieler in ihren Rollen gefühlt? Wie hat die Szene auf die Zuschauer gewirkt?

➔ eine Szene spielen: Seiten 183, 322

Der Rechtschreib-Check

1 Deutlich sprechen – genau hinhören

Sprich dir das geschriebene Wort **langsam** und **deutlich** vor.
So kannst du Flüchtigkeitsfehler und fehlende Buchstaben erkennen.

2 Lang oder kurz?

Sprich das Wort leise vor dich hin:
Ist der Vokal lang oder kurz?

Langer Vokal:	**Kurzer Vokal:**
• Meist folgt nur ein Konsonant.	Meist folgen zwei Konsonanten,
• Langes **i** ist meist **ie**.	• zwei gleiche: *retten* oder
• Manchmal folgt ein **h**: *h__o__hl*.	• zwei verschiedene: *hal__t__en*.

3 Verwandtes Wort?

Findest du ein Wort schwierig? Zum Beispiel ein Wort mit **ä** oder **e**, **äu** oder **eu**? Dann finde ein **verwandtes Wort**, das du sicher schreiben kannst. Denn den **Wortstamm** in verwandten Wörtern **schreibst** du immer **gleich**: *das Gebäude* mit **äu** so wie *bauen* mit **au**.

4 b oder p, d oder t, g oder k am Wortende/Wortstammende?

Verlängere das Wort/den Wortstamm. Dann hörst du, wie es endet.

5 Groß oder klein?

Nomen schreibst du groß. Mit diesen Fragen erkennst du Nomen:
• Hat das Wort einen oder mehrere **Begleiter**? Schreibe groß.
  Die Begleiter können z. B. bestimmte oder unbestimmte Artikel,
  Adjektive, Pronomen oder Zahlwörter sein.
• Endet das Wort auf **-ung**, **-heit**, **-keit**, **-nis**? Schreibe groß.
• Gibt es vor dem Wort eines der **starken Wörter am**, **beim**, **zum**,
  etwas, **nichts**, **viel**? Schreibe groß.

6 Komma – ja oder nein?

• Ein Komma steht bei **Aufzählungen**.
• Ein Komma steht zwischen Haupt- und Nebensätzen, z. B. mit den
  Konjunktionen **dass**, **weil**, **wenn**, **als**, **bevor**, **nachdem**, **obwohl**
  oder mit einem **Relativpronomen**.
• Ein Komma steht bei **wörtlicher Rede** vor (und nach) dem Begleitsatz.

→ der Rechtschreib-Check: Seiten 236–239

Die Rechtschreibung am Computer prüfen

Das Rechtschreibprogramm des Computers hilft dir, **Fehler zu vermeiden**.
Schritt 1: Schreibe deinen Text am Computer in ein Word-Dokument.
Schritt 2: Prüfe: Ist die automatische Rechtschreibprüfung eingestellt?
Schritt 3: Prüfe die Rechtschreibung in deinem Text.
Schritt 4: Korrigiere deine Fehler.
Schritt 5: Überprüfe mit einem Wörterbuch.
Achtung! Das Programm bietet nur eine Hilfe, **keine Sicherheit**.

→ die Rechtschreibung am Computer prüfen: Seiten 70–71

Richtig abschreiben

→ Arbeitstechnik: Seite 265

Die Satzarten und die Satzschlusszeichen

Nach einem **Aussagesatz** steht ein **Punkt**.
Nach einem **Ausrufesatz** steht ein **Ausrufezeichen**.
Nach einem **Fragesatz** steht ein **Fragezeichen**.
Nach einem Punkt, Fragezeichen, Ausrufezeichen schreibst du **groß**.

Komma bei Aufzählungen

Wenn du Wörter, Wortgruppen oder Teile von Sätzen **aufzählst**,
trennst du sie durch **Kommas** voneinander.
Ausnahme: Vor **und** und **oder** steht **kein Komma**.
Sie legen Luftmatratzen, Schlafsäcke, Kekse und Taschenlampen bereit.

➜ Komma bei Aufzählungen: Seiten 252–253

Komma in Satzreihen

Hauptsätze in Satzreihen trennst du durch **Komma** ab.
Hauptsatz , Hauptsatz , Hauptsatz .

➜ Komma in Satzreihen: Seiten 254–255

Komma bei dass, weil, wenn, als, obwohl, nachdem, bevor …

Satzgefüge: Beginnt ein Satz mit einem Bindewort (**weil, wenn, als, obwohl, nachdem, bevor, während, damit** oder **sodass**), folgt etwas später (zwischen Nebensatz und Hauptsatz) ein **Komma**.
Im Nebensatz steht das gebeugte Verb am Ende.
Das Komma steht zwischen zwei Verben:
Weil er Schmerzen hatte, verließ er sofort das Spielfeld.
Satzbild: Weil ⬭ , ⬭ .
Beginnt ein Satz mit dem **Hauptsatz**, steht das Komma vor **weil, wenn, als, obwohl** oder **nachdem**: *Sie gewinnt, obwohl die Gegnerin stark ist.*
Satzbild: _____ , obwohl ____ .

➜ Komma in Satzgefügen: Seiten 250–251, 254–255

Komma bei Relativsätzen

Ein **Relativsatz** erklärt ein **Nomen im Hauptsatz** genauer.
Er wird mit der, das, die, die eingeleitet und durch Komma abgetrennt.
Vor und nach einem eingeschobenen Relativsatz steht ein Komma.
Satzbild: Der , der , . Das , das , .

➜ Komma bei Relativsätzen: Seiten 250–251

Komma bei Infinitivsätzen

Teilsätze mit einem **Infinitiv mit *zu*** beginnen häufig mit einem **Signalwort** (*um, ohne, anstatt*). Sie enden immer mit einem Infinitiv mit *zu*.
Diese Sätze können vor oder nach dem Hauptsatz stehen und werden mit Komma abgetrennt. *Um richtig **zu schreiben**, musst du viel üben.*

➜ Infinitivsätze: Seiten 250–251

Komma bei nachgestellten Erläuterungen

Nachgestellte Erläuterungen trennst du vom Hauptsatz durch **Kommas** ab. Sie werden manchmal durch **Signalwörter** eingeleitet:
besonders, nämlich, zum Beispiel.
*1999 fuhren Forscher durch Mauretanien, **einen Staat in der Sahara**.*

➜ Komma bei nachgestellten Erläuterungen: Seiten 252–253

Die Zeitformen der Verben

Infinitiv: Die Grundform des Verbs heißt **Infinitiv.** Endung **-en**: *sagen.*
Präsens: Gegenwart: *ich sage – er sagt – sie sagen.*

Präteritum: über Vergangenes **schriftlich** erzählen oder berichten: *haben – er hatte, laufen – er lief, stehen – er stand.*

Perfekt: über Vergangenes **mündlich** erzählen:
- das Perfekt mit **haben**: *du hast gespielt.*
- das Perfekt von Verben der **Bewegung** mit **sein**: *du bist gefahren.*

Futur: Wenn du über Dinge sprichst, die in der **Zukunft** liegen, verwendest du oft das Futur. Das **Futur** wird mit **werden** gebildet.

Plusquamperfekt: Wenn du ausdrücken möchtest, dass ein **Vorgang abgeschlossen** war, **bevor** ein anderer begann, verwendest du das Plusquamperfekt. Es wird mit Formen von **haben** und **sein** gebildet: *Die Passagiere hatten sich auf die Fahrt gefreut, bevor das Feuer ausbrach.*

➜ Wortarten
unterscheiden:
Seiten 276–277

➜ Verben
in verschiedenen
Zeitformen:
Seiten 62–63,
278–279

Modalverben

Nach **dürfen, können, wollen, sollen** und **müssen** steht ein weiteres Verb in der Grundform (im Infinitiv): *Mein Freund muss zu mir halten.*

Trennbare Verben

Einige **Verben** sind **zusammengesetzt.**
Im Satz können die Teile des Verbs getrennt stehen (Satzklammer):
Sie rechnet die Aufgabe aus.

Im Infinitiv und als Partizip II schreibst du die beiden Teile zusammen: *ausrechnen, ausgerechnet.* Man nennt diese Verben **trennbare Verben.**
Bei **Aufforderungen, Bitten** und **Fragen**, die du mit **Ja** oder **Nein** beantworten kannst, stehen die beiden Teile der trennbaren Verben **getrennt.** Ein Verbteil steht am Satzanfang, der andere am Satzende:
Führe einen Kontrollgang durch. / Stellt ein Beikoch Lieferscheine aus?

➜ trennbare Verben:
Seiten 62–63

Das Passiv

Das **Passiv** beschreibt, was mit einer Person oder einem Gegenstand **getan wird.** Der **Vorgang** ist **wichtig,** aber **nicht, wer** ihn ausführt. Du bildest das Passiv mit einer **Form** von **werden**: *es wird gefaltet.*
Als Ersatz kannst du die unpersönliche **man**-Form verwenden.

Partizip I und Partizip II

Mit dem **Partizip I** (Partizip Präsens) kannst du anschaulich beschreiben. Das Partizip I wird vom **Infinitiv** abgeleitet: *dröhnen + d ⊠ dröhnend.*
Das Partizip I verändert seine Endung wie ein Adjektiv: *dröhnende Bässe.*
Das **Partizip II** tritt ebenfalls wie ein **Adjektiv** oder aber als Teil einer **Verbform** auf: *ein begeistertes Publikum, er hat das Publikum begeistert.*

Der Konjunktiv I und der Konjunktiv II

Mit dem **Konjunktiv I** kannst du etwas **wiedergeben**, das **jemand anderes gesagt** hat. Dabei ist manchmal unsicher, ob die Aussage so gemacht wurde oder der Wahrheit entspricht.

Der Konjunktiv I wird oft mit Verbformen von **sein** oder **haben** gebildet. Mit dem **Konjunktiv II** (Möglichkeitsform) kannst du ausdrücken, dass etwas nicht oder noch nicht Wirklichkeit ist: **Möglichkeiten**, erfüllbare oder nicht erfüllbare **Wünsche**, **Empfehlungen**: *Ich hätte gern acht Arme.*
Der Konjunktiv II wird vom **Präteritum** abgeleitet:
ich war – ich wäre, er hatte – er hätte, sie kamen – sie kämen.
Manchmal lauten die Verbformen im Präteritum und im Konjunktiv II gleich. Dann kannst du die Ersatzform mit **würde** verwenden:
ich wechselte ⊠ ich würde wechseln.
Mit dem Konjunktiv II kannst du **Aufforderungen** höflicher formulieren. Hierzu nutzt du den Konjunktiv der Verben **werden**, **können**, **mögen**.

→ Konjunktiv I und II verwenden: Seiten 22–23, 278–279

Nomen und ihre Artikel

Vor einem Nomen steht oft **ein bestimmter Artikel** (der, das, die, die) oder **ein unbestimmter Artikel** (ein, ein, eine).

Nomen können **im Singular** und **im Plural** stehen: *der Hut – die Hüte.*
Den unbestimmten Artikel gibt es **nur im Singular**, im **Plural** hat das Nomen dann **keinen Artikel**.

Bei **zusammengesetzten** Nomen richtet sich **der Artikel nach dem zweiten Nomen**: *der Roggen + das Brot = das Roggenbrot.*

→ Nomen und Artikel: Seiten 236, 240, 242–243

Adjektive

Mit **Adjektiven** kannst du Personen, Tiere oder Gegenstände **genauer beschreiben**: *Der Hut ist alt.*
Wörter mit den Endungen **-ig**, **-isch**, **-lich**, **-sam** und **-los** sind Adjektive.
Adjektive können zwischen Artikel und Nomen stehen.
Achte auf die Endungen: *der alte Hut – ein alter Hut.*

Willst du beschreiben, wie sich Menschen, Tiere, Gegenstände unterscheiden, kannst du **gesteigerte Adjektive** verwenden.
Die Grundform: *Der Apfel ist so groß wie die Birne.*
Der Komparativ (die 1. Steigerungsform): *Ute ist größer als Anton.*
Der Superlativ (die 2. Steigerungsform): *Die Melone ist am größten.*

Vergleiche mit als und wie: Mit dem **Komparativ** und dem Vergleichswort **als** kannst du einen **Unterschied** beschreiben:
Der Nachthimmel wirkt geheimnisvoller als die Winterlandschaft.
Mit der **Grundform** und dem Vergleichswort **wie** (oder **so wie**) kannst du eine **Ähnlichkeit** beschreiben: *(so) glatt wie ein Spiegel.*

→ Adjektive: Seiten 242–243, 246–247, 248–249

Adverbien

Adverbien des Ortes können ausdrücken, **wo** etwas geschieht: *überall*.
Adverbien der Zeit können ausdrücken, **wann** etwas geschieht: *bald*.
Adverbien **verändern** ihre **Form nicht**.

➜ Adverbien:
Seiten 90–91,
282–283

Präpositionen

Wörter wie **in**, **an**, **auf**, **über**, **neben** und **zwischen** sind **Präpositionen**.
Sie zeigen, **wo** etwas ist (Dativ) oder **wohin** etwas kommt (Akkusativ):
Im Dativ zeigt das Verb einen (unbewegten) **Zustand** an.
Wo liegt die Muschel? **Auf** *dem Kies. Auf* *dem* *Regal. Auf* *der* *Bank.*
Im Akkusativ zeigt das Verb eine **Bewegung** an.
Wohin legt er die Muschel? **Auf** *den Kies. Auf* *das* *Regal. Auf* *die* *Bank.*
Auf **manche Verben** folgt eine **feste Präposition**:
• mit Akkusativ: *bitten* **um**, *(sich) wundern* **über**, *warten* **auf**, *tun* **für**.
• mit Dativ: *erzählen* **von**, *fragen* **nach**, *sagen* **zu**, *sprechen* **mit**.
Die **Präpositionen** *ins*, *ans*, *im* und *am* sind Kurzformen für *in das*,
an das, *in dem* und *an dem*: *Er geht* *ins* *Kino = Er geht in* *das* *Kino.*

➜ Präpositionen:
Seiten 40–41,
62–63, 90–91

   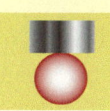   

| in | auf | über | unter | vor | hinter | neben |

Personalpronomen

Die Wörter **ich**, **du**, **er – es – sie**, **wir**, **ihr**, **sie** sind **Personalpronomen**.
Sie ersetzen **Nomen** oder Wortgruppen, in denen **Nomen** vorkommen.
Der **Käse** *war lecker.* **Er** *war sahnig.* *Das* **Brot** *war lecker.* **Es** *war frisch.*
Die **Tomate** *war lecker.* **Sie** *war fruchtig.* *Die* **Trauben** *sind gut.* **Sie** *sind süß.*

Possessivpronomen

Die **Possessivpronomen** mein, dein, sein / sein / ihr, unser, euer, ihr,
meine, deine, seine / seine / ihre, unsere, eure, ihre sagen,
wem etwas gehört.

Wen oder was? Die **Endungen** können sich **ändern**.
Die Possessivpronomen richten sich nach dem **Artikel des Besitzers**:
der Mann ➜ *sein(e)*, *das Kind* ➜ *sein(e)*, *die Frau* ➜ *ihr(e)*

➜ Pronomen:
Seiten 246–247

Satzglieder

Satzglieder sind Teile eines Satzes. Ein Satzglied kann aus einem Wort oder aus einer Wortgruppe bestehen. Mit der **Umstellprobe** kannst du erkennen, welche Wörter zu einem Satzglied gehören.

Leon *schenkt* seinem Freund eine CD.

Eine CD *schenkt* Leon seinem Freund.

Das Subjekt

Mit **Wer oder was?** fragst du nach dem **Subjekt**.

Wer oder was isst einen Apfel? Moritz

Das Prädikat

Mit **Was tut?**, **Was tat?** oder **Was hat getan?** fragst du nach dem **Prädikat**.

Das Prädikat sagt, was jemand tut oder tat oder getan hat. In den meisten Sätzen steht das Prädikat an zweiter Stelle: *Louisa füttert die Fische.*

→ Prädikat:
Seiten 280–283

Die Satzklammer

Manchmal besteht das **Prädikat** aus mehreren Teilen. Im Satz können die Teile getrennt stehen. **Das gebeugte Verb** steht dann an **zweiter Stelle**, der andere Teil des Verbs **am Ende des Hauptsatzes**. Das Prädikat bildet eine **Satzklammer**.

Bei **trennbaren Verben** wie *wiederfinden* bildet sich oft eine Satzklammer: *Ich finde meine Sporthose wieder.*

Im **Perfekt** bildet sich oft eine Satzklammer: *Der Polizist hat den Unfall nicht gesehen.*

Im **Plusquamperfekt** bildet sich oft eine Satzklammer: *Das Auto hatte einen Laternenpfahl gerammt.*

Im **Konjunktiv** bildet sich oft eine Satzklammer: *Das Piratenboot sei als Erstes ins Ziel gefahren.*

Im **Passiv** bildet sich oft eine Satzklammer: *Zuerst wird das Glas mit Wasser gefüllt.*

Auch bei **Modalverben** wie **müssen**, **können**, **wollen**, **dürfen** und **sollen** bildet sich oft eine Satzklammer: *Ich muss vorsichtig sein.*

Die Objekte

Mit Wen oder was? fragst du nach einem Akkusativobjekt.

Wen oder was fegt Julka? *den Boden*

Mit Wem? fragst du nach einem Dativobjekt.

Wem helfe ich? *dem Mann*

Adverbiale Bestimmungen

➜ Seite 283

Attribute

Das **Attribut** ist Teil eines Satzglieds und gibt nähere Informationen zu einem Nomen. Es kann vor oder nach dem Nomen stehen:
vorangestelltes Attribut: *das verschollene Bild*, **nachgestelltes** Attribut:
das Bild der Siegerin.
Das **nachgestellte Attribut** kann auch ein Wort oder eine Wortgruppe mit einer **Präposition** sein:
das Wesen aus der Unterwelt, die Pferde von Burgdorf.

Nebensätze mit Konjunktionen

Mit Hilfe eines **Bindewortes** (einer Konjunktion) wie **weil, wenn, als, obwohl, nachdem, bevor, während, damit, sodass** oder **dass** kann man Sätze verbinden. Es entsteht ein **Satzgefüge**. Der Satz mit **weil, wenn, als, obwohl, nachdem** oder **dass** ist ein **Nebensatz**.
Er kann **vor oder nach** dem Hauptsatz oder **in der Mitte** stehen.
In einem Nebensatz steht das gebeugte Verb am Ende des Satzes.
Zwischen dem Hauptsatz und dem Nebensatz steht ein **Komma**.

Mit **weil**-Sätzen kann man etwas begründen:
Ich stehe früh auf, weil mein Praktikum früh beginnt.

Nebensätze mit **wenn** geben eine Bedingung an:
Ich trage meine Regenjacke, wenn es regnet.

Nach den Verben **sagen, denken, meinen** und **glauben**
folgen oft **dass**-Sätze:
Ich glaube, dass morgen die Sonne scheint.

Nebensätze mit **obwohl** schränken die Aussage des Hauptsatzes ein.
Ich mag meinen Bruder, obwohl er mich manchmal nervt.

Nebensätze mit **als, bevor, nachdem, während** ordnen das Geschehen zeitlich ein.

Wenn der **Nebensatz vor dem Hauptsatz** steht, ändert sich im Hauptsatz die **Stellung** des gebeugten Verbs: Es steht jetzt **an erster Stelle** im Hauptsatz. Das nennt man **Inversion**.
Das **Komma** steht **zwischen** den beiden gebeugten Verben:
Wenn es regnet, brauche ich einen Schirm.

➜ Satzgefüge:
Seiten 284–289

Z Eine Debatte vorbereiten, durchführen und auswerten

Sich inhaltlich vorbereiten

Hanna und Ekrem bereiten sich auf den Schulwettbewerb „Jugend debattiert" vor. Debattiert wird die Frage „Sollte Internet-Piraterie mit Internet-Sperre bestraft werden?". Zunächst müssen die beiden sich inhaltlich auf das Thema vorbereiten. Hanna hat dazu Fragen notiert.

> - *Was versteht man eigentlich unter Internet-Piraterie?*
> - *Warum ist der Download von manchen Inhalten aus dem Internet legal, von anderen Inhalten dagegen illegal?*
> - *Wer verhängt eine Internet-Sperre?*
> - *Gelten Sperren für das gesamte Internet oder nur für bestimmte Bereiche?*
> - *Wie sinnvoll sind Geldstrafen?*

1 Informiere dich zum Thema der Debatte.
   a. Recherchiere die Antworten in Zeitungen, Büchern oder im Internet.
   b. Ergänze weitere Fragen.

Hanna vertritt die Pro-Position, Ekrem übernimmt die Kontra-Position.

2 Stelle Pro- und Kontra-Argumente in einer Tabelle gegenüber.

Starthilfe

Sollte Internet-Piraterie durch Internet-Sperre bestraft werden?	
Pro-Argumente	Kontra-Argumente
– Urheberrecht muss geschützt werden	– Sperre verstößt gegen Informations- und Meinungsfreiheit

3 Warum sollten Hanna und Ekrem auch Argumente für die Gegenposition sammeln? Tauscht euch darüber aus.

In der Eröffnungsrunde wollen die Debattierenden ihre Position verdeutlichen.

4 Formuliere ein Statement für Hanna oder für Ekrem. → Arbeitstechnik: Seite 295
   Wähle dazu überzeugende Argumente aus deiner Tabelle zu Aufgabe 2.

Die Durchführung planen

Tom und Selina planen die Debatte und organisieren die Durchführung.
Sie haben sich über den zeitlichen Ablauf des Wettbewerbs informiert und
folgende Stichworte dazu notiert.

> *Bewertung durch die Jury, Eröffnungsrunde (8 Minuten),*
> *Siegerehrung, Schlussrunde (4 Minuten),*
> *freie Aussprache (12 Minuten), Begrüßung*

5 Tom und Selina wollen die Debatte
   am Freitag von 12:30 bis 13:30 Uhr durchführen.
   a. Bringe die Stichworte in die richtige Reihenfolge.
   b. Schreibe einen Zeitplan für den Ablauf des Wettbewerbs.

Für die Organisation müssen Tom und Selina weitere Fragen klären.

> *– Wo soll der Schulwettbewerb stattfinden?*
> *– Wer übernimmt die Rolle der Zeitwächter?*
> *– Wer soll Mitglied der Jury sein?*
> *– Wer übernimmt die Begrüßung?*
> *– Wer informiert die Presse über die Veranstaltung?*
> *– Welchen Preis gibt es für den Sieger/die Siegerin?*

6 Wie würdest du den Wettbewerb organisieren?
   a. Beantworte die Fragen für eine Durchführung an deiner Schule.
   b. Schreibe weitere Fragen auf, die für die Organisation wichtig sind.
      Beantworte sie.

**Damit es bei der Bewertung gerecht zugeht, sollten
die Bewertungskriterien für alle nachvollziehbar sein.**

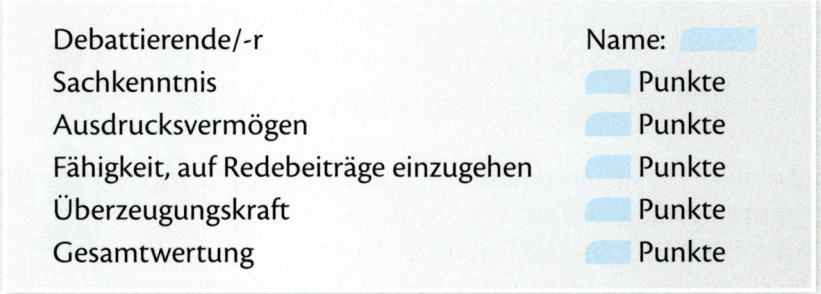

Debattierende/-r	Name:
Sachkenntnis	Punkte
Ausdrucksvermögen	Punkte
Fähigkeit, auf Redebeiträge einzugehen	Punkte
Überzeugungskraft	Punkte
Gesamtwertung	Punkte

7 Sprecht darüber, für welche Leistung ihr wie viele Punkte vergebt.
   Schreibt die Kriterien für eure Bewertung auf.

Die Debatte durchführen und auswerten

Nun könnt ihr eine Debatte zur Frage „Sollte Internet-Piraterie durch Internet-Sperre bestraft werden?" in eurer Klasse oder in eurer Schule durchführen.

8 **a.** Welche Aufgaben sind zu vergeben? Klärt es mit Hilfe der Abbildung.
    b. Wählt die verschiedenen Beteiligten.
       Tipps: • Schreibt einen Zeitplan.
               • Verabredet Signale für die Zeitwächter: *einmal/mehrmals klingeln, mit Worten mahnen …*

9 **a.** Bereitet den Raum vor. Legt die benötigten Materialien bereit.
    b. Legt die Reihenfolge der Debattierenden für die Eröffnungs- und für die Schlussrunde fest.

10 **Phase 1: Eröffnungsrunde**
Tragt nacheinander eure Statements vor.
- Pro- und Kontra-Position wechseln sich dabei ab.
- Unterbrecht euch nicht gegenseitig.
- Haltet die Zeitvorgabe von zwei Minuten pro Statement ein.

11 **Phase 2: Freie Aussprache**
Tragt abwechselnd eure Argumente und Beispiele vor.
- Hört einander zu.
- Geht im freien Wortwechsel aufeinander ein.
- Entkräftet jeweils die Argumente der Gegenseite.
- Einigt euch spontan auf die Reihenfolge der Beiträge.
- Haltet eine Gesamtdauer dieser Phase von zwölf Minuten ein.

12 **Phase 3: Schlussrunde**
Entscheidet darüber, eure Position zu bekräftigen oder sie zu ändern. Notiert Stichworte für ein abschließendes Statement *(Zeitvorgabe: maximal eine Minute)*. Bekräftigt darin eure anfängliche Position oder begründet eure Meinungsänderung.

13 Wertet die Debatte in einem gemeinsamen Gespräch aus.
- Die Jury gibt allen Debattierenden einzeln ein Feedback.
- Welchen Nutzen hat das Feedback für die Debattierenden?
- Was können die übrigen Teilnehmer und Zuschauer erfahren?
- Wertet nun auch die Planung und Durchführung der Debatte aus.

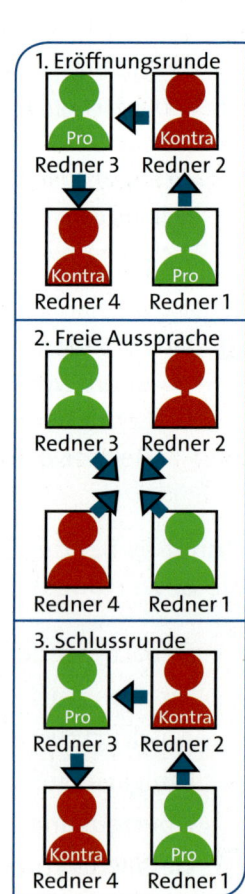

☑ Gedichte: Fragen als Denkanstöße

In diesem Gedicht stehen Fragen im Mittelpunkt.
Sie wollen zum Nachdenken anregen.

Eine Frage   Kurt Tucholsky

Da stehn die Werkmeister[1] – Mann für Mann.
Der Direktor spricht und sieht sie an:
„Was heißt hier Gewerkschaft! Was heißt hier Beschwerden!
Es muss viel mehr gearbeitet werden!
5 Produktionssteigerung! Dass die Räder sich drehn!"
    Eine einzige kleine Frage:
        Für wen?

Ihr sagt: Die Maschinen müssen laufen.
Wer soll sich eure Ware denn kaufen?
10 Eure Angestellten? Denen habt ihr bis jetzt
das Gehalt, wo ihr konntet, heruntergesetzt.
Und die Waren sind im Süden und Norden
deshalb auch nicht billiger geworden.
    Und immer sollen die Räder sich drehn …
15   Für wen?

Für wen die Plakate und die Reklamen?
Für wen die Autos und Bilderrahmen?
Für wen die Krawatten? Die gläsernen Schalen?
Eure Arbeiter können das nicht bezahlen.
20 Etwa die der andern? Für solche Fälle
habt ihr doch eure Trusts und Kartelle[2]!
    Ihr sagt: Die Wirtschaft müsse bestehn.
        Eine schöne Wirtschaft!
            Für wen? Für wen?

25 Das laufende Band, das sich weiterschiebt,
liefert Waren für Kunden, die es nicht gibt.
Ihr habt durch Entlassung und Lohnabzug sacht
eure eigene Kundschaft kaputt gemacht.
Denn Deutschland besteht – Millionäre sind selten –
30 aus Arbeitern und Angestellten!
Und eure Bilanz zeigt mit einem Male
    einen Saldo mortale[3].

Während Millionen stempeln gehn[4].
    Die wissen für wen.   *(1931)*

Kurt Tucholsky (1890–1935) war ein politisch engagierter und kritischer Dichter.
Er veröffentlichte zwischen 1911 und 1932 mehr als 800 Gedichte in Zeitungen und Zeitschriften.
1930 emigrierte er wegen des in Deutschland aufziehenden Nationalsozialismus nach Schweden. Er starb 1935 in Göteborg.

1 In dem Gedicht werden viele Fragen gestellt.
  a. Lies die hervorgehobenen Textstellen.
  b. Schreibe die Fragen auf, auf die sich der Titel bezieht.
  c. Erläutere, an wen sich diese Frage richtet. Begründe mit Hilfe von Textstellen.
  d. Erkläre, welche Wirkung die Wiederholung dieser Frage hat.

2 **a.** Welche gesellschaftlichen Zustände herrschten 1931?
      Recherchiert historische Informationen und notiert sie für die Interpretation.
  b. Inwiefern ist dieses Gedicht immer noch aktuell? Begründet eure Meinung.

---

[1] der **Werkmeister**: frühere Bezeichnung für Industriemeister: fachlich kompetenter Werkstattleiter in der Industrie
[2] die **Trusts** und die **Kartelle**: Zusammenschlüsse von Unternehmen

[3] der **Saldo mortale**: Wortspiel aus Salto mortale (italienisch: Todessprung in der Artistik) und Saldo (Restbetrag)
[4] **stempeln gehen**: sich arbeitslos melden, Arbeitslosenunterstützung beziehen

ⓩ Die Macht der Sprache

1 Lest den Text und tauscht euch über eure Leseeindrücke aus.

Die Macht der Sprache Bas Böttcher

Und lerne ich eine Sprache neu kennen,
dann lehrt mich die Sprache, mich neu zu kennen.
Das macht die Sprache – die Macht der Sprache.
Und glaube ich, ich beherrsche meine Sprache,
5 beherrscht womöglich meine Sprache mich.
Das macht die Sprache – die Macht der Sprache.
Und denke ich, ich spiele mit meiner Sprache,
dann spielt noch viel mehr meine Sprache mit mir!
Das macht die Sprache – die Macht der Sprache.
10 Und erweitert der Mensch die sprachlichen Möglichkeiten,
dann erweitert die Sprache die menschlichen Möglichkeiten.
Das macht die Sprache – die Macht der Sprache.
Und wenn ich meine Sprache verkommen lasse,
dann lässt am Ende meine Sprache mich verkommen.
15 Das macht die Sprache – die Macht der Sprache.
Und liebe ich meine Sprache,
dann liebt ganz sicherlich die Sprache mich.
Das macht die Sprache – die Macht der Sprache.
Und wenn ich denke, ich spreche jetzt hier – in diesem Text – über die Sprache,
20 dann spricht die Sprache eigentlich viel mehr noch über mich!
Das macht die Sprache – ich kenn die doch! *(2007)*

2 **a.** Formuliert jeder eigene Gedanken
zum Text in ein bis zwei Sätzen.
   b. Besprecht eure Vorschläge.

Bas Böttcher (geb. 1974) ist Lyriker, Spoken-Word-Künstler und
Mitbegründer der deutschen Poetry-Slam-Szene. Er erfand 2006
die Textbox, eine Box aus Plexiglas, hinter der der Dichter steht
und vorträgt, die Zuhörenden können per Kopfhörer den Texten lauschen.
Die Textbox wurde seitdem auf Buchmessen in vielen Ländern ausgestellt.

3 Welche sprachlichen Mittel kommen im Text vor und wie wirken sie?
Untersucht den Text genauer.

4 Laut Aussage von Bas Böttcher ist dieser Text für den Vortrag bestimmt.
   a. Lege eine Folie über den Text und markiere, wie du ihn betonen willst.
   b. Trage den Text so vor, dass die Aussage deutlich wird.

Z Ein Gedicht selbstständig interpretieren

Auf den Seiten 116 bis 125 und 311 bis 312 hast
du Gedichte aus verschiedenen Epochen kennengelernt.
Du kannst sie selbstständig interpretieren.

> 1. Schritt: Vor dem Lesen
> 2. Schritt: Das erste Lesen
> 3. Schritt: Genau lesen

W 1 a. Wähle eines der folgenden Gedichte aus:
Seite 118: Bertolt Brecht, Fragen eines lesenden Arbeiters (1935)
Seite 122: Heinrich Heine, Die schlesischen Weber (1844)
Seite 311: Kurt Tucholsky, Eine Frage (1931)
Seite 312: Bas Böttcher, Die Macht der Sprache (2007)
b. Lies das ausgewählte Gedicht mehrmals als Ganzes.

2 Notiere deine ersten Eindrücke in Stichworten.
• Worum geht es in dem Gedicht?
• Wer spricht in dem Gedicht?
• Was bewegt den Sprecher/das lyrische Ich?
• An wen wendet sich der Sprecher und worüber wird gesprochen?
• Was fällt dir besonders auf?

3 Untersuche die Form deines Gedichts genauer.
Notiere Wichtiges.
Tipp: Achte besonders auf
• die Strophen und ihre besondere Form,
• den Reim in den einzelnen Versen,
• das Versmaß.

4 a. Finde besondere sprachliche Gestaltungsmittel und notiere sie.
• Gibt es Wiederholungen, Vergleiche, besondere Wörter?
• Kommen in dem Gedicht Metaphern vor?
• Gibt es Personifikationen?
b. Wie wirken diese Gestaltungsmittel auf dich? Formuliere es.

5 a. Recherchiere zur Entstehungszeit des Gedichts und zum Autor.
b. Kannst du Bezüge zwischen dem Gedicht und
der Entstehungszeit herstellen? Schreibe deine Erkenntnisse auf.
Tipp: Achte auch auf besondere Wirkungen, die mit Zeit,
Autor und Text zusammenhängen.

> 4. Schritt

6 Schreibe eine zusammenhängende Interpretation des Gedichts
mit Hilfe deiner Ergebnisse aus den Aufgaben 1 bis 5.
Tipp: Die Arbeitstechnik auf Seite 290 hilft dir beim Schreiben
deines Textes.

ℤ Kurzgeschichten: Eine nachbarschaftliche Begegnung

Der Titel der folgenden Kurzgeschichte heißt „Der Nachbar".

1 Was verbindet ihr mit diesem Titel?
Fasst eure Assoziationen in einem Cluster zusammen.

Franz Kafka (1883–1924), geboren in Prag, wurde als deutschsprachiger Schriftsteller erst nach seinem Tod international bekannt. Er studierte Jura und arbeitete als Versicherungsangestellter. Wichtige Werke sind „Das Urteil", „Der Prozess", „Die Verwandlung". Die Kurzgeschichte „Der Nachbar" schrieb Kafka 1917.

Der Nachbar Franz Kafka

Mein Geschäft ruht ganz auf meinen Schultern. Zwei Fräulein[1]
mit Schreibmaschinen und Geschäftsbüchern im Vorzimmer, mein Zimmer
mit Schreibtisch, Kasse, Beratungstisch, Klubsessel und Telefon,
das ist mein ganzer Arbeitsapparat. So einfach zu überblicken,
5 so leicht zu führen. Ich bin ganz jung und die Geschäfte rollen vor mir her.
Ich klage nicht, ich klage nicht.
Seit Neujahr hat ein junger Mann die kleine, leer stehende Nebenwohnung,
die ich ungeschickterweise so lange zu mieten gezögert habe, frischweg gemietet.
Auch ein Zimmer mit Vorzimmer, außerdem aber noch eine Küche. – Zimmer
10 und Vorzimmer hätte ich wohl brauchen können – meine zwei Fräulein fühlten
sich schon manchmal überlastet –, aber wozu hätte mir die Küche gedient?
Dieses kleinliche Bedenken war daran schuld, dass ich mir die Wohnung habe
nehmen lassen. Nun sitzt dort dieser junge Mann. Harras heißt er. Was er dort
eigentlich macht, weiß ich nicht. Auf der Tür steht: „Harras, Bureau[2]".
15 Ich habe Erkundigungen eingezogen, man hat mir mitgeteilt, es sei ein Geschäft
ähnlich dem meinigen. Vor Kreditgewährung könne man nicht geradezu warnen,
denn es handle sich doch um einen jungen, aufstrebenden Mann, dessen Sache
vielleicht Zukunft habe, doch könne man zum Kredit nicht geradezu raten,
denn gegenwärtig sei allem Anschein nach kein Vermögen vorhanden.
20 Die übliche Auskunft, die man gibt, wenn man nichts weiß.
Manchmal treffe ich Harras auf der Treppe, er muss es immer außerordentlich
eilig haben, er huscht förmlich an mir vorüber. Genau gesehen habe ich ihn
noch gar nicht, den Büroschlüssel hat er schon vorbereitet in der Hand.
Im Augenblick hat er die Tür geöffnet. Wie der Schwanz einer Ratte ist er
25 hineingeglitten und ich stehe wieder vor der Tafel „Harras, Bureau",
die ich schon viel öfter gelesen habe, als sie es verdient.

Die elend dünnen Wände, die den ehrlich tätigen Mann verraten,
den Unehrlichen aber decken. Mein Telefon ist an der Zimmerwand angebracht,
die mich von meinem Nachbarn trennt. Doch hebe ich das bloß als besonders

[1] **das Fräulein:** veraltete Bezeichnung für eine unverheiratete Frau
[2] **Bureau:** Aussprache und Bedeutung: Büro

30 ironische Tatsache hervor. Selbst wenn es an der entgegengesetzten Wand
hinge, würde man in der Nebenwohnung alles hören. Ich habe mir
abgewöhnt, den Namen der Kunden beim Telefon zu nennen.
Aber es gehört natürlich nicht viel Schlauheit dazu, aus charakteristischen,
aber unvermeidlichen Wendungen des Gesprächs die Namen zu erraten.
35 — Manchmal umtanze ich, die Hörmuschel am Ohr, von Unruhe gestachelt,
auf den Fußspitzen den Apparat und kann es doch nicht verhüten,
dass Geheimnisse preisgegeben werden.
Natürlich werden dadurch meine geschäftlichen Entscheidungen
unsicher, meine Stimme zittrig. Was macht Harras, während ich telefoniere?
40 Wollte ich sehr übertreiben – aber das muss man oft, um sich Klarheit
zu verschaffen –, so könnte ich sagen: Harras braucht kein Telefon,
er benutzt meines, er hat sein Kanapee[3] an die Wand gerückt und horcht,
ich dagegen muss, wenn geläutet wird, zum Telefon laufen, die Wünsche
des Kunden entgegennehmen, schwerwiegende Entschlüsse fassen,
45 großangelegte Überredungen ausführen – vor allem aber während
des Ganzen unwillkürlich durch die Zimmerwand Harras Bericht erstatten.
Vielleicht wartet er gar nicht das Ende des Gespräches ab, sondern erhebt
sich nach der Gesprächsstelle, die ihn über den Fall genügend aufgeklärt hat,
huscht nach seiner Gewohnheit durch die Stadt und, ehe ich die Hörmuschel
50 aufgehängt habe, ist er vielleicht schon daran, mir entgegenzuarbeiten.

2 Worum geht es in der Kurzgeschichte?
Schreibt Stichworte auf und vergleicht sie mit eurem Cluster zu Aufgabe 1.

3 Was erfahrt ihr über den Ich-Erzähler und seine Situation?
Untersucht die Kurzgeschichte mit Hilfe der Handlungsbausteine.

4 Untersucht, wie der Ich-Erzähler dargestellt wird.
• Welche Eindrücke hat der Ich-Erzähler vom neuen Nachbarn?
• Wie drückt er sie aus?
• Welche Rückschlüsse auf die Persönlichkeit des Ich-Erzählers könnt
  ihr aus seiner Darstellung des Nachbarn ziehen?

W 5 **a.** Wählt aus den folgenden Aufträgen aus.
• Verfasst einen Dialog, in dem sich der Nachbar vorstellt.
• Schreibt eine Parallelgeschichte aus der Sicht des neuen Nachbarn.
• Stellt die Persönlichkeit des Ich-Erzählers in Standbildern dar.
b. Stellt einander eure Ergebnisse vor und wertet sie aus.

[[3] **das Kanapee:** das Sofa

Z Prüfungsvorbereitung: Eine Erzählung analysieren und zu ihr schreiben

Die Zeitgestaltung in der Erzählung

In seiner Erzählung „Vorfall: Variation zu einem Thema" lässt Harry Mulisch einen Ingenieur zu Wort kommen. Der Ingenieur besucht sein Bauprojekt, einen Wolkenkratzer, in dessen obersten Stockwerken noch die Fassaden und Fenster fehlen. Als sich der Ingenieur aus dem 55. Stockwerk vorbeugt, um ein paar Möwen nachzusehen, rutscht er aus und fällt.

1 **a.** Mache dir Notizen zu diesen Fragen:
- Was könnte der Ingenieur während des Fallens denken? Was könnte er fühlen?
- Welche Eigenschaften sind für den Beruf eines Ingenieurs wichtig?

b. Lies den folgenden Auszug aus der Erzählung einmal ganz.

1. Vor dem Lesen
2. Das erste Lesen

Vorfall: Variation zu einem Thema   Harry Mulisch

Der vierundfünfzigste Stock

Wer noch nie aus dem fünfundfünfzigsten Stock gefallen ist, glaubt vielleicht, dass das Erste, woran man denkt, ist: – Ich bin verloren. Aber vom Ingenieur wissen wir, dass es anders ist. Er spürte nicht einmal Angst. Angst bekommt man,

5 wenn man fürchtet, aus dem fünfundfünfzigsten Stock zu fallen, aber wenn man wirklich fällt, braucht man sich davor nicht mehr zu fürchten, denn dann ist es Tatsache. Nach der Angst kommt nicht die nächste Angst, sondern die Hoffnung. Der Grauen erregende, ersterbende Schrei, mit dem man in Filmen in den Abgrund stürzt, kommt in der Realität nicht vor. Das Allerwahrscheinlichste ist, dass man

10 in den Tod stürzt, aber solange man nicht tot ist, lebt man – und dass auf der Erde Leben existiert, ist im Weltall die allerunwahrscheinlichste Tatsache. Bei Laien[1] existieren hierüber viele Missverständnisse. Warum sollte nicht wiederum das Allerunwahrscheinlichste geschehen? Natürlich wird es geschehen! Wer fällt, ist – paradoxerweise – der Schwerkraft enthoben; das ist von einem fragwürdigen

15 Typen mit einem Bleistiftstummel und einem Zettel unbestreitbar bewiesen worden. Zeit genug, dachte der fallende Ingenieur, während er leicht vornübergeneigt in der Luft hing – und das Erste, was ihm amüsiert einfiel, war ein alter Film von Harold Lloyd, dem Mann mit der Brille: Auch er fiel, in Manhattan, von einem Wolkenkratzer, konnte sich aber am Zeiger einer riesigen Uhr festklammern,

20 der sich langsam bog … Aber vorerst war kein Uhrzeiger in Sicht, und wenn einer wusste, dass auch weiterhin keiner in Sicht kommen würde, genauso wenig wie sonst irgendein Vorsprung, dann war es der Ingenieur.

[[1] der **Laie**, die **Laien**: jemand, der keine Fachkenntnisse auf einem bestimmten Gebiet hat

Ihm fiel seine Sammlung antiker Sanduhren ein, die er in seinem
Arbeitszimmer in den Regalen eines eigens dazu gekauften Schrankes
25 gegenüber dem Schreibtisch aufgebaut hatte:

8 8 8 8 8 8 8
8 8 8 8 8 8 8
8 8 8 8 8 8 8

Wer fällt, ist frei.
30 Plötzlich sah er, was er nie zuvor bemerkt hatte: dass eine
Sanduhr eine dreidimensionale Acht war, die einzige
Zahl, deren Linie in sich zurückkehrte: seine Glückszahl!
Das bestärkte ihn noch einmal darin, dass ihm nichts
passieren würde, auch jetzt nicht. […]
35 Allerdings war er auf dem besten Wege, aus einer
Höhe von zweihundert Metern nach unten zu fallen.
Aber stimmte das überhaupt? Gleich würde er
aufwachen, und dann war alles nur ein Traum gewesen.
Wie oft war ihm das schon passiert. Verstrickt in einen
40 widerlichen Albtraum, war er aufgewacht, und
sekundenlang war die Verdammnis noch um ihn gewesen,
er hatte Licht gemacht, und erschrocken wie ein Vampir beim
Anblick eines Kruzifixes hatte sich der Höllenpfuhl zurück in die
Höhlen verzogen, aus denen er gekommen war. An dessen Stelle stand schon
45 nach wenigen Augenblicken wieder das vertraute Schlafzimmer mit dem Bild
seiner Tochter an der Wand, das Haus, die unumstößliche Welt. Diese
Herrlichkeit war wohl einen Albtraum wert. Natürlich, so würde es sein.
Sogleich würde er aufwachen und denken: Stell dir vor, ich habe geträumt,
dass ich vom Turm stürze. Stell dir das mal vor! Danach würde er ein Bad
50 nehmen, sich anziehen und zur Arbeit gehen, in der verräucherten Baracke
eine Tasse Kaffee trinken und dann den rumpelnden und schüttelnden Lift
nehmen, um ein wenig frische Luft zu schnappen […]
Es gab kein Entkommen. Er träumte nicht, er war wirklich dabei, von der
fünfundfünfzigsten Etage zu fallen. Keine Panik. Wenn er seinen Körper in
55 einen stumpfen Winkel bringen würde wie einen Bumerang, würde seine
senkrechte Bewegung in eine waagerechte übergehen, er würde sich kreiselnd
vom Turm wegdrehen, über dem Lagerhaus schweben und in einem weiten
Bogen über das Gelände kreisen und langsam steigen, um schließlich wieder
dort anzukommen, wo er hergekommen war: im fünfundfünfzigsten Stock –
60 und das alles mit dem unglaublich eleganten Schwung, mit dem ein Akrobat
das Trapez auf dem höchsten Punkt loslässt und punktgenau auf
dem Bretterboden landet. Es war schon einiges an Unbegreiflichem geschehen
in seinem Leben. Sein „Nachttagebuch" fiel ihm ein. Vor etwa zehn Jahren
hatte er es angelegt, um endlich seine Träume festzuhalten; er verfügte über
65 ein ausgezeichnetes Gedächtnis, und er konnte es nicht ertragen, dass es

keinen Zugriff hatte auf das, was ihn im Schlaf überkam. Sobald er seine Augen aufschlug, erinnerte er sich präzise an zwei, drei oder vier Träume, aber fünf oder zehn Minuten später waren sie ihm entkommen, als ob sie ihm eigentlich gar nicht gehörten, sondern nur vorübergehend ausgeliehen worden

70 wären und nun vom rechtmäßigen Eigentümer zurückgenommen wurden – oder als ob sie ihn nur benutzt hätten, um entstehen zu können, wie Parasiten oder Schleichwespenlarven in einer Raupe oder Kuckucksjunge im Nest eines Singvogels, um dann ihrer Wege zu gehen und ihn seinem Schicksal zu überlassen.

75 Fühlte er sich beleidigt, im Stich gelassen? Auf jeden Fall beschloss er eines Tages, seiner Träume habhaft zu werden. Er kaufte sich ein schönes schwarzes Heft und nahm sich vor, sie jeden Morgen aufzuschreiben. Aber bald hatte er wieder die größte Mühe, sich zu merken, dass er sich das vorgenommen hatte. Obwohl das Heft und sein Stift neben seinem Bett lagen, übersah er sie

80 oft; oder er sah sie und vergaß sie sofort wieder; oder er ging erst noch auf die Toilette, wonach seine Träume verschwunden waren, als ob er auch sie weggespült hätte. Das Vergessen war offensichtlich der Stoff, aus dem die Träume gemacht waren – und es erstreckte sich auf alles, was sie festhalten und zu etwas anderem machen wollten. Träume waren heimtückische Ein- und

85 Davonschleicher, die das Tageslicht scheuten, und dieses Bewusstsein bestärkte ihn in seiner Absicht, sie auf frischer Tat zu ertappen. Entweder sie oder er! Es gelang ihm, dreißig oder vierzig Träume zu Papier zu bringen – aber dann wurde es den Träumen zu bunt. Eines Tages war das Heft verschwunden. Die Gefangenen hatten das Gefängnis gesprengt und waren geflüchtet. […]

90 Er stellte das ganze Haus auf den Kopf, auch seine Frau und seine Tochter wurden eingeschaltet, aber obwohl er ganz sicher wusste, dass er es nie aus dem Haus getragen hatte, blieb es verschwunden wie ein vergessener Traum. An nichts, was darin stand, konnte er sich erinnern. Obwohl er nicht dem nationalen Ideal der fanatischen Nüchternheit entsprach, […] war er

95 dennoch ein rational denkender Mensch, Diener von Zirkel und Lineal, Absolvent der technischen Hochschule – aber in jenen Tagen musste er sich dazu zwingen, nicht an eine übernatürliche Welt zu glauben, in der die Träume wohnten und in der sich nun auch sein Nachtbuch befand. Er entdeckte damals bei dem Gedanken, dass das natürlich Blödsinn war, fast so etwas

100 wie Enttäuschung in sich. Die nächste Stufe wäre dann, dass er auch an die Himmelfahrt von Propheten und Rabbinern und deren Müttern glaubte. Aber wo war dann das Heft abgeblieben? Im Laufe der Jahre vergaß er auch das. Manchmal noch erzählte er den Vorfall als amüsante Anekdote, aber manchmal hatte er das Gefühl, dass in seinem Nachtbuch die große Lösung zu finden

105 gewesen wäre, ein erlösendes Wort. Es blieb ein Glanz an dem Heft hängen und ein Strahlenkranz, der ihn ein wenig beunruhigte.

Der dreiundfünfzigste Stock

Eine Himmelfahrt war es auf jeden Fall nicht, womit der Ingenieur im Augenblick beschäftigt war. […] Er drehte sich mit ausgebreiteten Armen
110 vornüber, und als der Kopf weiter unten war als die Füße, erinnerte ihn diese geschmeidige Bewegung an die gymnastischen Fantasien, die ihn sein Leben lang, vor allem vor dem Einschlafen, heimgesucht hatten: Wie ein schlanker, unermüdlicher Athlet vollführte er mühelos die schwierigsten und unglaublichsten Figuren an der
115 Reckstange, um schließlich mit einem atemberaubend perfekten Salto auf seinen Füßen zu landen, ohne auch nur einen Millimeter aus dem Gleichgewicht zu geraten. Der Sturm, der auf eine Art und Weise um den Turm tobte, die er in einem genauen Rechenmodell festgelegt hatte, schob und zog
120 unterdessen auch an ihm. Er spürte so etwas wie Verärgerung in diesen Handgreiflichkeiten, aber er ließ es als etwas Gutmütiges über sich ergehen, wie ein Dompteur, der über die sanft nach ihm schlagende Tatze des gähnend brüllenden Löwen auf der Tonne lächeln muss. Es ist alles weniger schlimm, als es scheint, dachte er.
125 Natürlich war nicht alles gleichmäßig angenehm im Leben, aber das konnte man auch nicht verlangen. Immerhin wechselten auch Tag und Nacht einander ab. […] Er war niemals unpünktlich. Er hasste Menschen, die nie pünktlich zu Verabredungen kamen, denn sie kamen nie zu früh. Sie hielten sich selber für Menschen, die nun einmal nicht pünktlich sein konnten, aber tatsächlich waren
130 sie Menschen, die immer zu spät kamen. Der Ingenieur meinte, dass es ihnen dann auch in anderer Hinsicht an Perfektion und Bedeutung fehlen musste. Pünktlich sein, am besten auf die Minute, das gab ihm dieselbe Genugtuung wie einem Scharfschützen, wenn er ins Schwarze traf – auf der Kirmes löste das ein triumphierendes Läuten aus und wurde mit einem Foto des Schützen belohnt:
135 mit dem Gewehr an der Schulter und dem Auge hinter dem Visier. Am schönsten war es, wenn diese Pünktlichkeit ohne Hast oder gewollte Verlangsamung möglich war, und das gelang ihm oft, denn er hatte nicht nur räumliches Empfinden, sondern auch ein sehr genaues Zeitempfinden. Ersteres war selbstverständlich. Wenn ein Spiegel oder Gemälde zwei Millimeter schief
140 hing, sah er es und musste es gerade hängen, und wenn es im Büro des Wohnungsbauministers war. Vor allem dort hing übrigens fast alles schief. Wenn er mit regelmäßigen Schritten über den Bürgersteig ging, konnte er auf einen Abstand von fünf Metern sehen, ob er mit dem linken oder rechten Fuß einen bestimmten Punkt erreichen würde oder davor oder dahinter aufkam. Vielleicht
145 hatte die Tatsache, dass er mit der linken Hand schreiben konnte, und mit beiden Händen Spiegelschrift, auch etwas damit zu tun. Was war lächerlicher als die Vorstellung, dass jemand, der auch mit der linken Hand schreiben und mit beiden Händen Spiegelschrift konnte, in den Tod stürzen könnte?

2 **a.** Vergleicht in der Klasse eure Vorstellungen zu Aufgabe 1 auf Seite 316 mit der Darstellung des Ingenieurs in der Erzählung. Führt dazu passende Textstellen als Beleg an.

b. Entsprechen die Gedanken und Gefühle des Ingenieurs euren Erwartungen? Tauscht euch darüber aus.

Während seines Falls beschäftigt sich der Ingenieur in Gedanken mit Dingen, die nichts mit seinem beruflichen Alltag zu tun haben.

> **3. Den Text genau lesen**

3 Stelle eine Liste dieser Dinge auf.

> **Starthilfe**
>
> - ein Bild aus einem alten Stummfilm mit Harold Lloyd (Zeilen 17–20)
> - sein Glaube an Glückszahlen (Zeilen ...)
> - ...

Viele Gedanken des Ingenieurs haben nichts mit der Realität zu tun.

4 Untersucht gemeinsam die Rolle, die irreale Dinge für den Ingenieur spielen. Beantwortet dazu die folgenden Fragen:
- Was fasziniert den Ingenieur an Träumen?
- Was bedeutet es für ihn, dass er sich nicht an sie erinnern kann?
- Warum gehen ihm unbegreifliche Ereignisse durch den Kopf?

> **4. Nach dem Lesen**

 Nur wenige Sekunden dauert der Fall, dann erfasst den Ingenieur sechs Stockwerke tiefer eine weitere Windböe und weht ihn wieder in den Turm. Aber diese drei Sekunden scheinen endlos.

> Die **Zeit** wird in literarischen **Texten** unterschiedlich gestaltet. Die **erzählte Zeit** behandelt den Zeitraum, in dem das Geschehen tatsächlich stattfinden könnte, die **Erzählzeit** dagegen die Zeitdauer, in der die Geschichte erzählt wird. So kann die erzählte Zeit (das Geschehen) **gerafft oder gedehnt** werden. Wenn Erzählzeit und erzählte Zeit gleich sind, liegt eine **Zeitdeckung** vor.

5 **a.** Vergleiche die Erzählzeit und die erzählte Zeit in Harry Mulischs Erzählung.

b. Wodurch wird die erzählte Zeit gedehnt? Schreibe die Beispiele auf.

c. Warum wird die erzählte Zeit gedehnt? Erkläre es.

6 Wähle aus:
- Erzähle ein Erlebnis in einer Zeitraffung, Zeitdeckung oder Zeitdehnung.
- Oder schreibe einen Brief aus der Perspektive des Ingenieurs: Wie kann ein solches Erlebnis sein Leben beeinflusst haben?
- Oder schreibe einen Zeitungsartikel über den Fall des Ingenieurs.

Z Satire durch Übertreibung

Liesl Karlstadt und Karl Valentin traten mit satirischen Dialogen auf der Bühne auf und wurden damit berühmt. Bis heute gelten sie als Vorbilder im Bereich Comedy und Satire.

Karl Valentin (1882–1948) hieß mit bürgerlichem Namen Valentin Ludwig Fey. Als bayerischer Komiker, Volkssänger, Autor und Filmproduzent beeinflusste er mit seiner humoristischen Art viele nachfolgende Künstler, darunter Bertolt Brecht, Loriot und Helge Schneider.
Seine wichtigste Bühnenpartnerin war **Liesl Karlstadt** (Elisabeth Wellano, 1892–1960), mit der ihm 1911 der Durchbruch in München gelang. Sie arbeiteten 25 Jahre lang zusammen und präsentierten ca. 400 Sketche und Komödien.

Der folgende Dialog entstand kurz nach dem Zweiten Weltkrieg. In Europa gab es wenig zu essen, die Amerikaner unterstützten die europäische Bevölkerung, indem sie Lebensmittel mit Schiffen über den Atlantik schickten.

Dialog zwischen Karl Valentin und Liesl Karlstadt über Hunger, Waffen und Atombomben

[...]

Valentin: Ja dann kommt noch dazu, dass im Meer noch Millionen von Minen umanand liegn, da müassn die amerikanischen Schiffe jeder Mine ausweichen, also drum rum fahrn; was glaubn Sie, was die oft für an Umweg macha müassn, bis die in Europa landen können.

5 **Karlstadt:** Aha! So ist dös – von so was hat natürlich unsereiner keine Ahnung. Aba wenn dös so is, wie Sie sagen, dann wär es doch das Einfachste, wenn man diese schwimmenden Minen aus dem ganzen Meer rausfischen tät, damit die großen Transportdampfer nicht mehr gehindert wären.

10 **Valentin:** Ja, dös wird ja schon seit Kriegsende getan.

Karlstadt: Sooo – aa ja, dann wern ma ja bald was kriang – dauert dös lang, bis diese Minen alle rausgfischt san?

Valentin: Ja, dös kann viele, viele Jahrzehnte dauern, weil doch diese Minen unter Wasser schwimmen – die sieht ma ja gar net, das ist möglich,
15 dass solche Minen in 100 Jahr no im Meer herum schwimmen.

Karlstadt: Und so lang müassn mir noch hungern? Ja! – Warum ham s' denn die Minen ins Meer neigschmissn?

Valentin: Sehr einfach! Damit die Schiffe an die Minen hinstoßen solln und in die Luft fliegen.

20	**Karlstadt:**	Was? – Die Schiffe fliegen dann in die Luft? Wie der Zeppelin[1]?
	Valentin:	Der Zeppelin kann weiterfliagn, aber die Schiffe fallen wieder ins Meer und versinken.
	Karlstadt:	Mit den ganzen Nahrungsmitteln, die für Europa bestimmt sind?
	Valentin:	Natürlich!
25	**Karlstadt:**	Ja, wer hat denn dann die gefährlichen Minen erfunden?
	Valentin:	Dös könnt ich Ihnen momentan nicht sagen, aber des können S' in Meyers Konversationslexikon Band „M" schon herausfinden.

30 **Karlstadt:** Mir ham sogar Meyers Konflimationslexikon dahoam, da schau i heut glei nei, wia dieser edle Erfinder hoaßt. Dem schreib i aba! So an Briaf hat der no net glesn.

Valentin: Regn S' Ihna doch net auf, Frau Meier, schreiben
35 S' dem nicht, der diese Wasserbomben erfunden hat, erstens lebt dieser Mann wahrscheinlich nicht mehr und zweitens hats der ja nur gut gemeint.

Karlstadt: Was, gut gemeint? Wenn einer so eine grausame Waffe erfindet?
40 Bravo, Sie ham saubere Ansichten.

Valentin: Des verstehn Sie auch wieder nicht, Frau Meier, das ist aber so, das sehn Sie jetzt wieder an der Erfindung der Atombombe, das ist doch eine wunderbare Sach. Diese Erfindung könnt uns den ewigen Frieden bringen.

45 **Karlstadt:** Ja, san denn Sie übergschnappt, Herr Huber. Ham denn Sie in der Zeitung net glesn von der furchtbaren Wirkung, die nur eine Atombombe verursacht? Wenn 1000 Atombomben zur gleichen Zeit losgehn, da wird ja die ganze Welt in Trümmer gelegt und alles Leben von Mensch und Tier erlöschen.

50 **Valentin:** Na also, Frau Meier, dann stimmt es doch – da hat uns der Erfinder der schrecklichen Waffe den ewigen Frieden gebracht.

> **Info:**
> In einer Satire werden häufig Übertreibungen verwendet. Sachverhalte werden verzerrt dargestellt und verspottet. In humorvoller Weise können satirische Texte die Leser oder Hörer unterhalten, belehren oder überzeugen und auch etwas kritisieren.

1 a. Gebt den Inhalt des Dialogs mit eigenen Worten wieder.
   b. Untersucht den Verlauf des Dialogs genauer:
   • Wer stellt die Fragen? Wer gibt die Antworten?
   • Welche Fragen werden zu dem Problem gestellt?
   • Welche Lösungen werden genannt?
   Tipp: Spielt den Dialog.

2 Welche sprachlichen Mittel wirken in diesem Dialog satirisch?
   a. Findet Textbelege und erklärt die Wirkung auf die Leser.
   b. Erklärt, warum die bayerische Mundart gewählt wurde. Was wird inhaltlich und sprachlich damit erreicht?

> Doppeldeutigkeit
> Übertreibung
> Paradoxon
>   (scheinbarer
>   Widerspruch)
> Ironie

[[1] **der Zeppelin:** Luftschiff mit einem Gerüst aus Leichtmetall und einer Außenhülle aus Stoff; nach dem Konstrukteur Ferdinand Graf von Zeppelin benannt

z Satire: übertrieben und zugespitzt

Erich Kästner ist bekannt für seine satirischen Gedichte,
mit denen er seine Leserinnen und Leser auch schockieren konnte.

Erich Kästner (1899–1974) war ein deutscher Schriftsteller. Er wurde besonders
durch Kinderbücher sowie durch humoristische und satirische Gedichte bekannt.
Er verfasste Drehbücher, außerdem Texte für das Kabarett und schrieb
Reportagen, Rezensionen und Glossen für verschiedene Tageszeitungen und
Zeitschriften.

1 Lies das Gedicht mit den Textknacker-Schritten 1 bis 3.

1. Vor dem Lesen
2. Das erste Lesen
3. Den Text genau lesen

Die Ballade vom Nachahmungstrieb   Erich Kästner

Es ist schon wahr: Nichts wirkt so rasch
   wie Gift!
Der Mensch, und sei er noch so minderjährig,
ist, was die Laster dieser Welt betrifft,
früh bei der Hand und unerhört gelehrig.

5 Im Februar, ich weiß nicht am Wievielten,
geschah's auf irgendeines Jungen Drängen,
dass Kinder, die im Hinterhofe spielten,
beschlossen, Naumanns Fritzchen
   aufzuhängen.

Sie kannten aus der Zeitung die Geschichten,
10 in denen Mord vorkommt und Polizei.
Und sie beschlossen, Naumann hinzurichten,
weil er, so sagten sie, ein Räuber sei.

Sie steckten seinen Kopf in eine Schlinge.
Karl war der Pastor, lamentierte viel
15 und sagte ihm, wenn er zu schrein anfinge,
verdürbe er den anderen das Spiel.

Fritz Naumann äußerte, ihm sei nicht bange.
Die andern waren ernst und führten ihn.
Man warf den Strick über die Teppichstange.
20 Und dann begann man, Fritzchen
   hochzuziehn.

Er sträubte sich. Es war zu spät. Er schwebte.
Dann klemmten sie den Strick am Haken ein.
Fritz zuckte, weil er noch ein bisschen lebte.
Ein kleines Mädchen zwickte ihm ins Bein.

25 Er zappelte ganz stumm, und etwas später
verkehrte sich das Kinderspiel in Mord.
Als das die sieben kleinen Übeltäter
erkannten, liefen sie erschrocken fort.

Noch wusste niemand von dem armen
   Kinde.
30 Der Hof lag still. Der Himmel war blutrot.
Der kleine Naumann schaukelte im Winde.
Er merkte nichts davon. Denn er war tot.

Frau Witwe Zickler, die vorüberschlurfte,
lief auf die Straße und erhob Geschrei,
35 obwohl sie doch dort gar nicht schreien
   durfte.
Und gegen sechs erschien die Polizei.

Die Mutter fiel in Ohnmacht vor dem
   Knaben.
Und beide wurden rasch ins Haus gebracht.
Karl, den man festnahm, sagte kalt:
40 „Wir haben es nur wie die Erwachsenen
   gemacht."

Diese Ballade von Erich Kästner erschien erstmals im Jahr 1931.

→ Merkmale von Balladen: Seite 291

2 a. Was empfindest du nach dem Lesen dieses Textes?
  • Welche Bilder entstehen in deinem Kopf?
  • Was kommt dir bekannt vor?
  • Was verstehst du nicht?
b. Erkläre, wie es zu dem Tod des Jungen kam.

Der Titel und die erste Strophe haben in dieser Ballade eine besondere Funktion.

3 a. Welche Erwartungen weckt der Titel der Ballade?
   Begründe deine Antwort.
b. Die erste Strophe unterscheidet sich von den anderen Strophen
   der Ballade. Notiere Antworten auf diese Fragen:
   • Welche These formuliert der Sprecher in dieser Strophe?
   • Welche Funktion haben die anderen Strophen in diesem Zusammenhang?

4 a. Untersuche, mit welchen sprachlichen und gestalterischen
   Mitteln das Geschehen in der Ballade dargestellt wird.
b. Wie wirken diese Mittel auf dich?
Tipp: Belege deine Erkenntnisse mit passenden Textstellen.

5 Fasse zusammen:
  • Was ist an der Ballade satirisch?
  • An welchen Zuständen wird in der Ballade Kritik geübt?

W 6 Wähle eine der folgenden Aufgaben aus und stelle die Ergebnisse
   deiner Klasse vor.
  • Die Ballade ist auf der Grundlage einer Zeitungsmeldung
    aus dem Jahr 1930 entstanden. Schreibe einen sachlichen Polizeibericht
    zu diesem Vorfall.
  • Stelle dar, ob der Inhalt der Ballade auch heute noch aktuell ist.
    Begründe deine Meinung dazu.
  • Nimm Stellung zu der folgenden Aussage von Erich Kästner.
    Erich Kästner bezeichnet „Satiriker als Idealisten", die die Hoffnung haben,
    „dass die Menschen vielleicht doch ein wenig, ein ganz klein wenig
    besser werden könnten, wenn man sie oft genug beschimpft, beleidigt
    und auslacht".

Z 7 Stelle ein weiteres satirisches Gedicht von Erich Kästner vor.

3 Nachahmungstrieb bedeutet, dass ... Der Titel weist deshalb darauf hin, dass ...
   In der ersten Strophe erklärt der Autor sein Thema/formuliert er seine These, wenn er ...
4 Gedicht untersuchen: Reim, Sprecher, wörtliche Rede, Wiederholung, Vergleich,
   Sprachbild, dramatisches Geschehen, Metapher ...

Textquellen

Boente, Heinz: Straßenguck (S. 275). Aus: http://www.heinz-boente.de/strassenguck.pdf [Stand: 20.06.2016].

Böll, Heinrich: Anekdote zur Senkung der Arbeitsmoral (S. 132–134). Aus: Das Heinrich Böll Lesebuch. Hg. v. Viktor Böll. München (dtv) 1982.
Es wird etwas geschehen. Eine handlungsstarke Geschichte (S. 180–183). Aus: Romane und Erzählungen. Köln (Kiepenheuer und Witsch) 1977.

Böttcher, Bas: Die Macht der Sprache (S. 312). Aus: Bas Böttcher: Vorübergehende Schönheit. Dresden (Volant & Quist) 2012.

Brecht, Bertolt: Fragen eines lesenden Arbeiters (S. 118). Aus: Bertolt Brecht: Werke. Große kommentierte Berliner und Frankfurter Ausgabe, Band 11/12. Frankfurt/Main (Suhrkamp) 1988.

Busch, Wilhelm: Die Nachbarskinder (S. 130). Aus: Wilhelm Busch: Das Gesamtwerk des Zeichners und Dichters in sechs Bänden. Hg. v. Hugo Werner. Olten/Stuttgart/Salzburg (Fackelverlag) 1959.

Ehlers, Ingrid Ute/Schäfer, Regina: Eine haarige Angelegenheit – Aus dem Leben einer Azubi (S. 52–54). Aus: Ehlers, Ingrid Ute/Schäfer, Regina: Bin gut angekommen. Die wichtigsten sozialen Spielregeln für Azubis, Nürnberg (Bildung und Wissen Verlag) 2011, S. 19–23.
Talkshow mit Tobias – Aus dem Leben eines Azubis (S. 56–58). Aus: ebd., S. 61–64.

Fried, Erich: Sprachlos (S. 117). Aus: Erich Fried: Die Freiheit den Mund aufzumachen. Berlin (Klaus Wagenbach Verlag) 1972.

Gernhardt, Robert: Was es alles gibt (S. 126). Aus: Robert Gernhardt: Gesammelte Gedichte 1954–2006. Frankfurt/Main (S. Fischer Verlag) 2008.

Glattauer, Daniel: Gut gegen Nordwind (S. 155–156). Wien (Paul Zsolnay Verlag) 2006, S. 154–157.

Goethe, Johann Wolfgang: Die Leiden des jungen Werthers (S. 158–160). Aus: Die Leiden des jungen Werthers. Sämtliche Dichtungen. Düsseldorf (Artemis & Winkler) 2004, S. 139–141, 228–229.
Das Göttliche (S. 191 (Zitat), 192). Aus: Werke, Bd. 1: Gedichte und Epen. Hg. v. E. Trunz. München (Beck) 1978.

Hauptmann, Gerhart: Die Weber (S. 191, Zitat). Aus: Klassische Schullektüre. Hg. v. Ekkehart Mittelberg. Berlin (Cornelsen Verlag) 1996, S. 31.

Heine, Heinrich: Die schlesischen Weber (S. 122). Aus: Werke und Briefe. Hg. v. Hans Kaufmann. Berlin und Weimar (Aufbau Verlag) 1972.

Hemingway, Ernest: Alter Mann an der Brücke (S. 136–138). Aus: Sämtliche Erzählungen. Deutsch v. Annemarie Horschitz-Horst. Reinbek bei Hamburg (Rowohlt Verlag) 1966.

Hessel, Stéphane: Empört euch! (S. 104–105). Übers. v. Michael Kogon. Berlin (Ullstein) 2011, S. 7, 9–10, 13, 18–21.

Hoffmann, Rüdiger: Waffenschieber (S. 179). Aus: Der Hauptgewinner (Audio-CD), München (SME Spaßgesellschaft) 1995.

Hughes, Langston: I, too, sing America (S. 120), Aus: Selected Poems: Hughes, Langston. Serpent's Tail, London 1999.

Ibsen, Henrik: Nora oder Ein Puppenheim (S. 195–198, 199). Aus: Nora oder Ein Puppenheim. Schauspiel in drei Akten. Klassische Schullektüre. Hg. v. Ekkehardt Mittelberg. Berlin (Cornelsen Verlag) 1995, S. 71–73, 84–85.

Kafka, Franz: Heimkehr (S. 222). Aus: Franz Kafka: Sämtliche Erzählungen. Hg. v. Paul Raabe. Frankfurt/Main (Fischer) 1970.
Der Nachbar (S. 314–315). Aus: Franz Kafka: Meistererzählungen. Hg. v. Paul Raabe. Frankfurt/Main (Fischer) 1969, 345–347.

Kaléko, Mascha: Mein schönstes Gedicht (S. 116). Aus: In meinen Träumen läutet es Sturm. München (dtv) 1977, S. 138.

Kästner, Erich: Die Ballade vom Nachahmungstrieb (S. 323). Aus: Gesammelte Schriften. Band 1 (Gedichte). Zürich (Atrium Verlag) 1959.

Kruppa, Hans: Gegengewicht (S. 117). Aus: Hans Kruppa: Ein bißchen Glück für jeden Tag. Coppenrath Verlag, Münster 2007, S. 167.

Kunt, Bekir Sıtkı: Moderne Alte (S. 140–143). Aus: Merhaba Türkiye! Eine Türkei-Reise in Kurzgeschichten. Türkisch-Deutsch. Hg. v. Sadife Akca, Abbas Mordeniz. Mülheim/Ruhr (Verlag an der Ruhr) 2006.

Logau, Friedrich von: Heutige Weltkunst (S.127). Aus: Sämtliche Sinngedichte. Hg. v. Gustav Eitner. Tübingen (Bibliothek des literarischen Vereins in Stuttgart) 1872.

Marti, Kurt: Neapel sehen (S. 145). Aus: Kurt Marti: Dorfgeschichten. Darmstadt (Hermann Luchterhand Verlag) 1983, S. 23–24.

Meister, Mimi: Lost Generation – reloaded (S. 124). © Mimi Meister.

Mieder, Eckhard: Nanotechnologie – „Zwerge" ganz groß (S. 82–84). Originalbeitrag.

Miersch, Michael: Bei Nanopartikeln ist große Vorsicht geboten (S. 94–95). Aus: http://www.welt.de/wissenschaft/article4922148/Bei-Nano-Partikeln-ist-grosse-Vorsicht-geboten.html [Stand: 20.06.2016].

Mulisch, Harry: Vorfall: Variation zu einem Thema (S. 316–319). Aus: Harry Mulisch: Vorfall. Fünf Erzählungen. München (Carl Hanser Verlag) 1993, S. 156–162.

Oates, Joyce Carol: Beim Schreiben allein (S. 164, S. 174–175). Aus: Beim Schreiben allein. Handwerk und Kunst. Übers. v. Kerstin Winter. Berlin (Autorenhaus) 2006, S. 23–30, 31–35.
Unter Verdacht (S. 166–170). Aus: Unter Verdacht. Die Geschichte von Big Mouth und Ugly Girl. Übers. v. Birgitt Kollmann. München (Carl Hanser Verlag) 2003, S. 67–76, 13–17, 77–78.
Nach dem Unglück schwang ich mich auf, breitete meine Flügel aus und flog davon (S. 172–173). Übers. v. Birgitt Kollmann. München (Carl Hanser Verlag) 2008, S. 7.

Oliver, Lauren: Wenn du stirbst, zieht dein ganzes Leben an dir vorbei, sagen sie (S. 150–152, 278, 280). Aus: Wenn du stirbst ... Übers. v. Katharina Diestelmeier. Hamburg (Carlsen Verlag) 2010, S. 23–24, 404, 5–8, 162, 179, 263–265.

Pawlak, Britta: Die Schöpfung des berühmtesten aller Vampire (S. 229–231). Aus: http://www.helles-koepfchen.de/graf-dracula.html. [Stand: 21.06.2016].

Popa, Vasko: Du wirst gefragt ... (S. 116). Aus: Hans-Joachim Gelberg (Hrsg.): Großer Ozean. Gedichte für alle. Weinheim, Basel (Beltz) 2000.

Schultens, Andrea: Was hat der Vampir mit der Fledermaus zu tun? (S. 232). Aus: http://www.planet-wissen.de/kultur/fabelwesen/vampire/pwiewashatdervampirmitderfledermauszutun100.html [Stand: 21.06.2016].

Straßburg, Gottfried von: Leuten und Land ... (S. 121). Aus: Codex Manesse, Die Große Heidelberger Liederhandschrift. Aus dem Mhdt. von Werner Schmitt (Wersch). Gefunden auf: http://www.gedichte-fuer-alle-faelle.de/allegedichte/gedicht_1813.html [Stand: 13.07.2016].

Tucholsky, Kurt: Eine Frage (S. 311). Aus: Gesammelte Werke 9. 1931. Hg. v. Mary Gerold-Tucholsky u. Fritz J. Raddatz. Reinbek (Rowohlt) 1960, S. 121.

Tyler, Anne: Die Reisen des Mr. Leary (S. 162–163). Übers. v. Andrea Baumrucker. Frankfurt/Main (Fischer Taschenbuch Verlag) 2003, S. 7–9.

Valentin, Karl und Karlstadt, Liesl: Dialog über Hunger, Waffen und Atombomben (S. 321–322). Aus: I sag gar nix – dös wird man doch noch sagen dürfen! Politische Sketche. Karl Valentin. Hg. v. Helmut Bachmeier. Frankfurt/Main (Büchergilde Gutenberg) 2002, S. 96–97.

Wurzel, Christoph: In jeder Situation angemessen agieren (S. 64–65). Originalbeitrag.

Ziegler, Reinhold: Nur ein Test (S. 216–217, 220). Aus: Der Straßengeher. Weinheim (Beltz und Gelberg) 2001.

Unbekannte und ungenannte Verfasser

– Was ist wichtig im Leben? (Grafik S. 15). Informationen aus: Allensbacher Archiv, IfD-Umfrage 9688.
– Ein Blick in die Zukunft – Jugendliche erzählen (S. 16–17). Originalbeiträge.
– Andreas träumt (S. 22). Originalbeitrag.
– Was sich Jugendliche wünschen (S. 24–25). Aus: http://www.spiegel.de/wissenschaft/mensch/psychologie-was-sich-jugendliche-wuenschen-a-760102.html [Stand: 10.05.2016].
– Yasemins Gedanken (S. 26). Originalbeitrag.
– Baumwollproduktion weltweit 2014/2015 (Grafik S. 29, 40 links). Angaben aus: Statement of the 74th Plenary Meeting. "From Farm to Fabric: The Many Faces of Cotton". Aus: https://www.icac.org/getattachment/Home-International-Cotton-Advisory-Committee-ICAC/74th_e_statement_2015.pdf [Stand: 10.05.2016].
– Wissenswertes über die Baumwollpflanze (S. 38). Originalbeitrag.
– Baumwolle – Produktion und Verbrauch in der Saison 2014/2015 (Grafik S. 40). Angaben aus: Statement of the 74th Plenary Meeting. "From Farm to Fabric: The Many Faces of Cotton". Aus: https://www.icac.org/getattachment/Home-

International-Cotton-Advisory-Committee-ICAC/74th_e_statement_2015.pdf [Stand: 10.05.2016]
- Fachverband Textilrecycling: Sammlung und Export von Altkleidern: sozial, ökologisch und ökonomisch sinnvoll (S. 42–43). Aus: http://www.bvse.de/356/6040/Sammlung_und_Export_von_Altkleidern__sozial_____kologisch_und_____konomisch_sinnvoll [Stand: 20.06.2016].
- Mumien in alter Zeit – Teil 1 und 2 (S. 44–46). Aus: Was ist was, Bd. 84: Mumien, von Wolfgang Tarnowski. Nürnberg (Tessloff) 1988.
- Du hättest nur was sagen müssen … (S. 60). Originalbeitrag.
- Informationen über Nanoteilchen (S. 81). Originalbeitrag.
- Argumente für und gegen Nanotechnologie (S. 90). Originalbeitrag.
- Die Nanos und ich – Eine unheimliche Beziehung (S. 92). Originalbeitrag.
- Warum ist Empörung etwas Kostbares? – Interview von Stefan Winkler mit Stéphane Hessel (S. 101). Aus: http://www.kleinezeitung.at [Stand: 07.05.2012].
- Stéphane Hessel – Glückskind, Kämpfer und Abenteurer (S. 102–103). Originalbeitrag.
- So geht es nicht weiter – Interview von Arno Widmann mit Stéphane Hessel (S. 106). Aus: http://www.berliner-zeitung.de [Stand: 04.05.2012].
- Schluss mit der Lebensmittelverschwendung! (S. 110). Originalbeitrag.
- Warum schmeißen Supermärkte so viel weg? (S. 111). Originalbeitrag.
- Sophie Petzelberger, 17, Sindelfingen (S. 112). Aus: https://www.spiesser.de/artikel/100-engagierte-jugendliche-erzaehlen-0 [Stand: 21.06.2016].
- Sebastian Wolf, 19, Großneuhausen (S. 112). Aus: https://www.spiesser.de/artikel/100-engagierte-jugendliche-erzaehlen-0 [Stand: 21.06.2016].
- Afghanistan – Schulen (S. 114). Aus: http://afghanistan-schulen.de [Stand: 04.05.2012].
- Auszug aus dem Jahresbericht 2014/2015 des Vereins (S. 115). Aus: http://www.afghanistan-schulen.de/jahresbericht.html [Stand: 05.10.2015].
- Die Gedanken sind frei (S. 119). Volkslied aus: http://www.handmann.phantasus.de/g_diegedankensindfrei.html [Stand: 21.06.2016].

- Die Regeln eines Poetry Slam (S. 125). Anders, Petra: Poetry Slam, Mülheim an der Ruhr (Verlag an der Ruhr) 2007, S. 16.
- Azubi-Blog der Firma Meyer & Co., Bonn (S. 184). Originalbeitrag.
- Zitate von Thomas de Maizière, Bundesminister des Innern (S. 188), Aydan Özoğuz, Mitglied des Deutschen Bundestags (S. 188–189), Beate Friese, Mitbegründerin der Initiative „Nummer gegen Kummer" (S. 189), Dagi Bee, Betreiberin eines YouTube-Kanals (S. 189). Aus: http://www.klicksafe.de/ueber-klicksafe/safer-internet-day/sid-2016/presse/safer-internet-day-2016-statements-und-grussworte-zum-safer-internet-day/s/maiziere/ [Stand: 21.06.2016].
- Johann Wolfgang von Goethe (S. 194). Originalbeitrag.
- Die Stellung der Frau im 19. Jahrhundert (S. 199). Originalbeitrag.
- Klassik, Naturalismus (S. 201). Originalbeiträge.
- Wie viel Sonne verträgt der Mensch? – Teil 1 und 2 (S. 204–205, 206). Originalbeitrag.
- Aussagen von Jugendlichen zum Sonnenbaden und zu gebräunter Haut (Grafik S. 205). Informationen aus: http://de.statista.com/statistik/daten/studie/1504/umfrage/aussagen-von-jugendlichen-zum-sonnenbaden/ [aufgerufen am 06.05.2015].
- Verteilung der Lebensmittelabfälle in Deutschland (Grafik S. 208). Informationen aus: Studie der Universität Stuttgart, März 2012. Gefunden auf: http://www.bmel.de/SharedDocs/Downloads/Ernaehrung/WvL/Studie_Lebensmittelabfaelle_Kurzfassung.pdf?__blob=publicationFile [aufgerufen am 17.05.2015].
- Die Top-5-Ängste der Verbraucher bei Lebensmitteln (Grafik S. 209). Informationen aus: TÜV SÜD – Umfrage zu Lebensmitteln 2014. Gefunden auf: http://www.tuev-sued.de/tuev-sued-konzern/presse/pressearchiv/tuev-sued-experte-klaert-ueber-grenzwerte-bei-lebensmitteln-auf [aufgerufen am 20.05.2015].
- Gespräch zum Thema Baumwolle (S. 214–215). Originalbeitrag.
- Argumentation zum Thema Nanotechnologie (Schülerbeitrag) (S. 224). Originalbeitrag.
- Wie die Baumwolle nach Europa kam (S. 236). Originalbeitrag.
- Die Baumwollpflanze (S. 237). Originalbeitrag.

- Anbau der Baumwollpflanze (S. 237). Originalbeitrag.
- Baumwolle – ein naturbelassener Stoff? (S. 238). Originalbeitrag.
- Die Jeans – Eine Hose für alle (S. 238). Originalbeitrag.
- Baumwolle ist vielseitig einsetzbar (S. 239). Originalbeitrag.
- Fairer Handel (S. 239). Originalbeitrag.
- Einkaufen ohne Preisvergleich? (S. 240). Originalbeitrag.
- Polizeialltag mit Kommissar Beck (S. 242). Originalbeitrag.
- Zukunftswünsche (S. 246). Originalbeitrag.
- In der Freizeit (S. 248). Originalbeitrag.
- Es war einmal … der Rechenschieber (S. 250). Originalbeitrag.
- Bitte nicht wecken! (S. 252). Originalbeitrag.
- Eine fantastische Reise (S. 254). Originalbeitrag.
- Lampenfieber (S. 256). Originalbeitrag.
- „Empört euch!" (S. 258). Originalbeitrag.
- Neid oder Missgunst? (S. 262). Originalbeitrag.
- Kokos-Zitronen-Nudeln (S. 264). Originalbeitrag.
- Jonas spricht gern Platt (S. 271). Originalbeitrag.
- Der Weg zur deutschen Standardsprache (S. 271). Originalbeitrag.
- Marsmond-Sonde Phobos-Grunt (S. 272). Aus: http://www.welt.de/newsticker/dpa_nt/infoline_nt/wissenschaft_nt/article105307480/ESA-hat-Kontakt-zur-Marsmond-Sonde-Phobos-Grunt.html [Stand: 04.07.2016].
- Zeitungsartikel zum Thema Castortransport (S. 273). Aus: http://www.berliner-zeitung.de/castortransport-in-deutschland-angekommen-15055810 [Stand: 21.06.2016].
- Begegnung im Café aus zwei Perspektiven (S. 276). Originalbeitrag.
- Flashmob im Kaufhauscafé (S. 277). Originalbeitrag.
- Projektgruppengespräch (S. 282). Originalbeitrag.
- E-Mail an Alva (S. 286). Originalbeitrag.
- Medienrevolution (S. 287). Originalbeitrag.

Bildquellen

S. 12: Hintergrund: Fotolia/candy1812, links, oben rechts: Peter Wirtz, Dormagen, unten links: Fotolia/alphaspirit, Mitte: ddp images/Ian Lishman/Juice Ima; S. 13: Mitte links: ddp images/Ian Lishman/Juice Ima , oben rechts: Peter Wirtz, Dormagen; S. 14: links, rechts: Peter Wirtz, Dormagen, Mitte: Fotolia/candy1812; S. 15: IfD Institut für Demoskopie Allensbach; S. 16: oben rechts, unten links: Peter Wirtz, Dormagen, Mitte rechts: ddp images/Ian Lishman/Juice Ima; S. 17: oben rechts: ddp images/Olaf Schulz, unten links: Peter Wirtz, Dormagen, unten rechts: Fotolia/alphaspirit; S. 20: Peter Wirtz, Dormagen; S. 22: Peter Wirtz, Dormagen; S. 24: Panther Media GmbH/Andriy Popov; S. 26: Fotolia/farbkombinat; S. 28: (1) Fotolia/lulu, (2) Fotolia/Fotimmz, (3) Fotolia/womue, Shutterstock/Sathit, Shutterstock/Surrphoto, Fotolia/Constantinos; S. 29: (4) Shutterstock/Alaettin YILDIRIM, (5) Shutterstock/Yuangeng Zhang, (6) Shutterstock/Robert Kneschke, (7) Thomas Binder, Magdeburg, (8) International Cotton Advisory Committee, www.icac.org, Hintergrund: Panther Media GmbH/Janusz Pieńkowski ; S. 30: oben: Shutterstock/Sathit, Shutterstock/Surrphoto, Mitte: Shutterstock/Robert Kneschke, unten: Shutterstock/Alaettin YILDIRIM; S. 31: Fotolia/Anna Reich; S. 32: oben: Fotolia/lulu, unten: Fotolia/Fotimmz; S. 33: oben: akg-images, unten: Shutterstock/Alaettin YILDIRIM; S. 34: Mitte links: International Cotton Advisory Committee, www.icac.org, Mitte rechts: Fotolia/Constantinos, unten: Shutterstock/Ververidis Vasilis; S. 35: oben: Shutterstock/Yuangeng Zhang, unten: Shutterstock/Robert Kneschke; S. 36: Shutterstock/Robert Kneschke; S. 38: 2. v. unten: PantherMedia/Gerald Kiefer, unten: Werner Bentin, Rostock; S. 40: International Cotton Advisory Committee, www.icac.org; S. 42: Fotolia/Jürgen Fälchle; S. 43: picture-alliance/ZB; S. 44: Shutterstock/rocharibeiro, unten: Fotolia/Lorelyn Medina; S. 46: oben, Mitte: © Bridgemani-images.com; S. 48: (1), (2) Peter Wirtz, Dormagen, (3) Fotolia/Monkey Business; S. 49: (4) Fotolia/Robert Kneschke, (5) Shutterstock/Iakov Filimonov, (6) Shutterstock/racorn; S. 51: Peter Wirtz, Dormagen; S. 52: Peter Wirtz, Dormagen; S. 53: Peter Wirtz, Dormagen; S. 56: Peter Wirtz, Dormagen; S. 57: Peter Wirtz, Dormagen; S. 60: mauritius images/Radius Images; S. 66: Peter Wirtz, Dormagen; S. 71: Fotolia/Picture-Factory; S. 78: (1) Fotolia/ANNA MURASHOVA PHOTO, (2) picture alliance/dpa (Collage), (3) Fotolia/Daniel Täger; S. 79: (4) picture-alliance/dpa/dpaweb, (5) Fotolia/panutc, (6) Fotolia/Fly_dragonfly, (7) Fotolia/David Freigner, (8) Fotolia/hjschneider; S. 80: oben links: Fotolia/WavebreakmediaMicro, oben rechts: Shutterstock/terekhov igor, Mitte: Fotolia/goodluz; S. 81: Fotolia/hjschneider, Mitte: Fotolia/David Freigner, unten: Peter Wirtz, Dormagen; S. 82: oben: picture alliance/dpa (Collage), unten: Fotolia/apfelweile; S. 83: oben: Fotolia/panutc; S. 84: oben: Fotolia/ktsdesign, unten: Fotolia/snipergraphics; S. 86: Peter Wirtz, Dormagen; S. 90: Fotolia/Fly_dragonfly; S. 92: action press/Bernd Kammerer; S. 94: oben: Fotolia/Aykut Erdogdu, Mitte: Fotolia/David Freigner; S. 96: Fotolia/WavebreakmediaMicro; S. 98: (1) © Ullstein Buchverlage GmbH, (2) © 2011 All Rights Reserved. Quartet Books, (3) action press; (4) aus: Manfred Flügge: Stéphane Hessel. Ein glücklicher Rebell, Aufbau Verlag, Berlin 2012. Foto: © Privatbesitz S. Hessel, (5) © Indigène éditions, Montpellier, France, October 2010., (6) SZ Photo/Florian Peljak; S. 100: © Ullstein Buchverlage GmbH; S. 101: SZ Photo/Florian Peljak, unten: action press; S. 102: aus: Manfred Flügge: Stéphane Hessel. Ein glücklicher Rebell, Aufbau Verlag, Berlin 2012. Foto: © Privatbesitz S. Hessel; S. 103: picture-alliance/Photoshot; S. 106: oben: Reuters/Stephane Mahe, unten: Fotolia/vege; S. 107: Fotolia/Marcel Schauer; S. 110: Fotolia/TheStockCube; S. 111: Fotolia/rdnzl; S. 112: Fotolia/Wolfilser; S. 114: picture-alliance/dpa; S. 116: oben: bpk/Bayerische Staatsgemäldesammlungen, unten: akg-images/© VG Bild-Kunst, Bonn 2016; S. 119: Susanne Hilbert, Garmisch-Partenkirchen; S. 120: oben: mauritius images/United Archives, unten: Interfoto/Granger, NYC; S. 121: akg-images; S. 122: bpk; S. 123: Fotolia/Georgios Kollidas; S. 124: Shutterstock/Bruce Rolff; S. 126: akg-images/Anna Weise; S. 130: F1online; S. 132: Mitte: SZ Photo/Sven Simon; S. 136: Mitte: akg-images/© epd-bild; S. 144: Fotolia/eddygaleotti; S. 148: links: Fotolia/Marcin Chodorowski, Mitte: Fotolia/magann, rechts: Fotolia/fotomek; S. 150: picture alliance/dpa/La Depeche du Midi/Frederic Charmeux; S. 153: Lauren Oliver: Wenn du stirbst, zieht dein ganzes Leben an dir vorbei, sagen sie. Cover von Kerstin Schürmann formlabor © Carlsen Verlag GmbH, Hamburg 2013; S. 154: oben: Fotolia/Pixelot, links: Daniel Glattauer: Gut gegen Nordwind. © 2008 Wilhelm Goldmann Verlag, Verlagsgruppe Random House, München., Mitte: Interfoto/Granger, NYC, rechts: Verlag Kein & Aber AG Zürich/Berlin; S. 158: oben: bpk/Bayerische Staatsbibliothek, unten: Fotolia/Fiedels; S. 159: oben: Fotolia/Erica Guilane-Nachez, unten: Fotolia/Fiedels; S. 161: oben: Shutterstock/360b, Mitte: Interfoto/Granger, NYC; S. 163: oben: Verlag Kein & Aber AG Zürich/Berlin, Mitte: Fotolia/robsonphoto; S. 164: Corbis /Star Ledger/Aristide Economopoulos; S. 165 oben: Joyce Carol Oates: Blond. © FISCHER Taschenbuch 2002, 2. v. o.: Joyce Carol Oates: Jene. © Deutscher Taschenbuch Verlag 2007, 2. v. u.: Joyce Carol Oates: Du fehlst. © FISCHER Taschenbuch 2010, unten: © Manesse Verlag, Zürich, in der Verlagsgruppe Random House GmbH, München; S. 166: links: Used by permission of HarperCollins Publishers. Cover art © 2002 by Katherine Streeter., rechts: Joyce Carol Oates: Unter Verdacht. Die Geschichte von Big Mouth & Ugly Girl. © Deutscher Taschenbuch Verlag 2005; S. 171: Joyce Carol Oates: Unter Verdacht. Die Geschichte von Big Mouth & Ugly Girl. © Deutscher Taschenbuch Verlag 2005; S. 172: Joyce Carol Oates: Nach dem Unglück schwang ich mich auf, breitete meine Flügel aus und flog davon. © Deutscher Taschenbuch Verlag 2015; S. 174: oben: Joyce Carol Oates: Beim Schreiben allein. Autorenhaus®Verlag, Berlin; unten: Corbis /Splash News/William T Wade Jr; S. 176: oben links: Kamensky/toonpool.com, oben rechts: ddp images/Igor Zakowski, unten links: picture alliance/dieKLEINERT.de/Martin Zak, unten rechts: picture alliance/dieKLEINERT.de/Paolo Calleri; S. 178: © NEL/nelcartoons.de; S. 180: oben: SZ Photo/Sven Simon; S. 184: Fotolia/Africa Studio; S. 185: © DIHK; S. 186: Fotolia/PicsTec; S. 188: Shutterstock/Ashusha; S. 190: links: bpk/RMN - Grand Palais | Hervé Lewandowski, rechts: picture-alliance/ZB/Archiv Ernst Barlach Stiftung; S. 192: Clip Dealer/Valerii Kalyuzhnyi; S. 193: bpk | RMN - Grand Palais | Hervé Lewandowski; S. 194: Corbis/Leemage; S. 199: picture alliance/Costa/Leemage; S. 200: imago/DRAMA-Berlin.de; S. 201: oben: mauritius images/Rene Meyer, unten: bpk; S. 204: Fotolia/JackF; S. 211: Salzburger Nachrichten/T.Wizany; S. 212: Fotolia/peshkov; S. 213: Fotolia/sdecoret, Fotolia/Orlando Florin Rosu (Collage); S. 214: oben: Fotolia/Fotimmz, unten: Peter Wirtz, Dormagen; S. 228: Mitte: © Bridgemanimages.com /Private Collection; S. 229: © Bridgemanimages.com/PVDE; S. 230: Corbis/Edition Lebrecht; S. 231: oben: Fotolia/velazquez, unten: Fotolia/cristianbalate; S. 232: oben: Shutterstock/Nicolas Primola, unten: Shutterstock/kim7; S. 234: oben: Fotolia/ysbrandcosijn; S. 237: Fotolia/Tobias Kromke; S. 238: Fotolia/Vaidas Bucys; S. 239: ©TransFair e.V.; S. 240: Fotolia/WavebreakMediaMicro; S. 241: Shutterstock/Ugo Montaldo; S. 244: Shutterstock/withGod; S. 245: Shutterstock/dirkr; S. 246: Fotolia/motorradcbr; S. 248: Shutterstock/iofoto; S. 249: Fotolia/ahavelaar; S. 250: Fotolia/Wikinger; S. 251: Fotolia/Karin und Uwe Annas; S. 252: Shutterstock/Lindsay Dean; S. 253: Shutterstock/FloridaStock; S. 256: ClipDealer/Wavebreak Media Ltd.; S. 257: Shutterstock/Lisa S.; S. 260: Fotolia/allapen; S. 262: Colourbox; S. 267: Shutterstock/Valentina Proskurina; S. 268: Fotolia/agmos; S. 270: Shutterstock/EtiAmmos; S. 271: ClipDealer/Georgios Kollidas; S. 273: picture-alliance/dpa; S. 274: links: mauritius images/imageBROKER/Günter Lenz, rechts: Imago; S. 275: Shutterstock/Irina Palei; S. 278: : Lauren Oliver: Wenn du stirbst, zieht dein ganzes Leben an dir vorbei, sagen sie. Cover von Kerstin Schürmann formlabor © Carlsen Verlag GmbH, Hamburg 2013; S. 280: Shutterstock/Monkey Business Images; S. 282: Shutterstock/CandyBox Images; S. 286: Shutterstock/Photographee.eu; S. 287: Fotolia/oigro; S. 288: Fotolia/hypnocreative; S. 290: Fotolia/svort; S. 308: Fotolia/Gstudio Group; S. 311: picture alliance/Heritage Images; S. 312: imago/Gustavo Alabiso; S. 314: Interfoto/Mary Evans Picture Library; S. 316: Harry Mulisch: Vorfall. Fünf Erzählungen. © Rowohlt Verlag 1993; S. 321: picture-alliance; S. 323: picture-alliance/IMAGNO/Schostal Archiv

Illustrationen und Grafiken

Stefan Bachmann, Wiesbaden: S. 155, 156, 158, 195-197;

Thomas Binder, Magdeburg: Piktogramme S. 4 (Baumwolle), 5 (Nanotechnologie, Empört euch!), 6 (Gedichte, Prüfungsvorbereitung, Kurzgeschichten, Zeit), 7 (Romane, Mit spitzer Feder, Mensch), 8 (Prüfungsvorbereitung), Kolumnenpiktogramme S. 29ff., 79ff., 99ff., 117ff., 127ff., 133ff., 145ff., 149ff., 155ff., 177ff., 191ff., 203, 217ff., Illustrationen S. 29 (7), 45, 82, 127, 140 (o.), 151, 152, 202, 230 (u.), 272, 279, 281, 317, 319, 320;

Volkhard Binder, Telgte: S. 137;

Heribert Braun, Berlin: S. 133, 134, 136, 138, 140 (u.);

Sylvia Graupner, Annaberg: S. 132, 141, 143, 315;

Egbert Herfurth, Leipzig: Piktogramme S. 4 (Werkzeug, Arbeitsmittel), 5 (Köpfe, Stift, Werkzeug), 7 (Bücher, Handy), 8 (Werkzeug), 9, 10 sowie in den entsprechenden Kapitelkolumnen;

Ulrike Selders, Köln: S. 55, 62, 64, 68, 69, 83, 88, 91, 225, 180-182, 266, 269, 276, 277, 283, 284;

Rüdiger Trebels, Düsseldorf: S. 145, 205, 207, 216, 218, 219, 222, 242, 243, 254, 258, 263, 264;

Werner Wildermuth, Würzburg: S. 21;

Henning Ziegler, Berlin: S. 167-169, 173

Alle Texte auf einen Blick

Böll, Heinrich (geb. 1917 in Köln, gest. 1985 in Langenbroich/Eifel) ist einer der bedeutendsten Schriftsteller der Nachkriegszeit. Nach dem Abitur begann er zunächst eine Buchhändlerlehre, bis er 1938 zum Arbeitsdienst und ein Jahr später von der Wehrmacht eingezogen wurde. 1945 kam er in englische und amerikanische Kriegsgefangenschaft. Nach Köln zurückgekehrt, studierte er Germanistik und verdiente seinen Lebensunterhalt als Hilfsarbeiter. 1947 erschien seine erste Kurzgeschichte, danach schrieb er weitere Kurzgeschichten, Romane, Erzählungen, Hörspiele und Satiren. 1972 erhielt er den Nobelpreis für Literatur.

Böttcher, Bastian („Bas"; geboren 1974 in Bremen) gewann 1997 die ersten deutschen Poetry-Slam-Meisterschaften. Er studierte Mediengestaltung in Weimar und zog im Jahr 2000 nach Berlin. 2004 erschien mit dem Roman „Megaherz" sein erstes größeres literarisches Werk. Er veröffentlichte Sammlungen seiner Bühnentexte und Gedichtbände. In seinen Texten spiegelt sich die Gegenwart mit ihren Abgründen und abstrusen Facetten. Das Verfassen und das Präsentieren (die Performance) von Texten gehören für ihn eng zusammen.

Brecht, Bertolt (geb. 1898 in Augsburg, gest. 1956 in Berlin) studierte Medizin und war im Ersten Weltkrieg Sanitäter. Seine ersten Theaterstücke schrieb er nach dem Krieg in München. Um 1926 ging er nach Berlin und hatte dort großen Erfolg. 1933 floh er vor den Nationalsozialisten erst in die Schweiz, später nach Paris, Italien und schließlich über Russland nach Kalifornien in die USA. Nach dem Krieg kehrte er nach Deutschland zurück. Mit seiner Frau Helene Weigel, einer Schauspielerin, gründete er im damaligen Ostberlin das Theater „Berliner Ensemble", das große Bedeutung für das deutsche Nachkriegstheater hatte.

Gernhardt, Robert (geb. 1937 in Tallin/Estland; gest. 2006 in Frankfurt am Main) schrieb humoristische Literatur, Essays und Gedichte, und gilt heute als einer der wichtigsten zeitgenössischen Dichter deutscher Sprache. Nach Kriegsende kam er mit seiner Familie zunächst nach Göttingen und studierte später Malerei und Germanistik in Stuttgart und Berlin. Als Mitbegründer der „Neuen Frankfurter Schule" wirkte er an der Veröffentlichung eines Satire-Magazins mit.

Glattauer, Daniel (geboren 1960 in Wien) studierte Pädagogik und arbeitete unter anderem als Journalist für eine österreichische Tageszeitung. Zwischendurch war er immer wieder schriftstellerisch tätig. Im Jahr 2006 gelang ihm mit dem Roman „Gut gegen Nordwind" ein Bestseller. Damit wurde er schlagartig als Schriftsteller bekannt. Der Roman wurde in andere Sprachen übersetzt und als Hörspiel, Hörbuch und Theaterstück produziert.

Goethe, Johann Wolfgang (geb. 1749 in Frankfurt am Main, gest. 1832 in Weimar) war einer der bedeutendsten deutschen Dichter der Weimarer Klassik und wichtiger Vertreter des Sturm und Drang. Werke wie z. B. „Die Leiden des jungen Werthers", „Faust" etc., zählen noch heute zur Weltliteratur. Doch Goethe ist nicht nur für seine Dichtkunst bekannt, er verfasste auch wissenschaftliche Schriften, so z. B. eine Farbenlehre, mit der er die Grundlage der Farbpsychologie schuf. Da Goethe zeit seines Lebens ein geachteter Schriftsteller war, umgab er sich auch mit anderen bekannten Literaten, darunter Friedrich Schiller und Bettina von Arnim.

Heine, Heinrich (geb. 1797 in Düsseldorf, gest. 1856 in Paris) hieß ursprünglich Harry Heine. Nach einer kaufmännischen Ausbildung trat er in das Bankhaus seines Onkels in Hamburg ein und studierte danach Jura in Bonn und Berlin. Ab 1825 arbeitete er als Journalist und Schriftsteller. 1831 emigrierte er und berichtete als Korrespondent für die Augsburger Allgemeine Zeitung aus Paris. Wegen seiner Nähe zu den Frühsozialisten wurden seine Werke 1835 in Deutschland verboten. Seine kritische Sicht der deutschen Verhältnisse veröffentlichte er in Form eines Reiseberichts, des Versepos „Deutschland. Ein Wintermärchen" (1844).

Hemingway, Ernest (geb. 1899 in Oak Park/Illinois, gest. 1961 in Ketchum/Idaho) meldete sich 1918 im Ersten Weltkrieg als Freiwilliger für den Sanitätsdienst in Italien und wurde schwer verwundet. Nach seiner Rückkehr in die USA arbeitete er als Journalist und publizierte auch literarische Texte. In den Dreißigerjahren reiste er nach Afrika und Spanien. Ab 1940 lebte er in Kuba, unterbrochen von Aufenthalten in Europa sowie einer zweiten Afrikasafari. Sein Roman „Der alte Mann und das Meer" (1952) wurde sofort nach seinem Erscheinen ein Verkaufsschlager. 1954 erhielt Hemingway den Nobelpreis für Literatur. 1961 erschoss er sich infolge von Depressionen und Verfolgungsängsten.

Hessel, Stéphane (geb. 1917 in Berlin, gest. 2013 in Paris) zog mit seinen Eltern 1924 nach Paris. Im Zweiten Weltkrieg kämpfte er für Frankreich, bis er verraten und verhaftet wurde. Er wurde zum Tode verurteilt und in das Konzentrationslager Buchenwald deportiert, von wo ihm unter falschem Namen die Flucht gelang. Nach Kriegsende kehrte er nach Paris zurück und arbeitete für die Vereinten Nationen am Text der „Allgemeinen Erklärung der Menschenrechte" mit. Als Diplomat war er bis 1982 in vielen Ländern tätig, wo er sich stets für die Durchsetzung der Menschenrechte einsetzte. Seine Streitschrift „Empört euch!" kann als Aufruf an die Jugend verstanden werden, sein Werk fortzusetzen.

Hughes, Langston James (geb. 1902 in Joplin/ Missouri, gest. 1967 in New York) studierte in Pennsylvania und New York, brach sein Studium 1921 ab, um sich dann mit verschiedenen Jobs (Seemann, Kellner und Lehrer) im In- und Ausland durchzuschlagen. 1929 schloss er sein Studium ab und verweilte zwischen 1932 und 1933 in der Sowjetunion. Er schrieb für verschiedene Zeitungen und äußerte immer wieder seine Kritik an der Diskriminierung der Schwarzen in den USA. Er schrieb auch Dramen, wurde aber vor allem durch seine Gedichte bekannt, für die afroamerikanische Einflüsse und der Protest gegen soziale Ungerechtigkeiten charakteristisch sind.

Ibsen, Henrik Johan (geb. 1828 in Skien/Norwegen; gest. 1906 in Oslo) setzte sich als erster Dramatiker mit der gesellschaftlichen Stellung der Frau auseinander und enthüllte in seinen Werken verlogene Moralvorstellungen und soziale Missstände. Seine bürgerlichen Dramen werden dem Naturalismus zugeordnet, zu denen auch das Stück „Nora oder Ein Puppenheim" gehört. Weitere bekannte Werke sind z. B. das dramatische Gedicht „Peer Gynt" und das Theaterstück „Gespenster".

Kafka, Franz (geb. 1883 in Prag, gest. 1924 in Kierling bei Wien) studierte Jura an der Deutschen Universität in Prag. Danach arbeitete er als Jurist für eine Versicherung und schrieb in seiner Freizeit literarische Texte. 1915 erhielt er den Fontane-Preis für „Der Heizer". Außerdem veröffentlichte er die Erzählungen „Die Verwandlung" und „Vor dem Gesetz". Ab 1917 verbrachte Kafka wegen einer Erkrankung an Tuberkulose viel Zeit in Sanatorien, 1922 wurde er pensioniert. Weltruhm erlangte er erst nach seinem Tod, auch durch die Texte aus dem Nachlass, die sein Freund Max Brod gegen seinen Willen herausgab.

Kaléko, Mascha (geb. 1907 in Chrzanów/Polen, gest. 1975 in Zürich/Schweiz) wuchs in Frankfurt am Main, Marburg und Berlin auf und machte eine Bürolehre. Außerdem besuchte sie Abendkurse in Philosophie und Psychologie. Ihre ersten Gedichte veröffentlichte Mascha Kaléko 1929. Sie zeigen die Lebenswelt der Menschen und die Stimmung in Berlin in der damaligen Zeit. In Berlin kam sie mit wichtigen Künstlern in Kontakt. Zusammen mit ihrem zweiten Mann und ihrem Sohn wanderte sie 1938 zunächst in die USA aus. Ab 1960 lebten sie und ihr Mann dann in Israel.

Kästner, Erich (geb. 1899 in Dresden, gest. 1974 in München) war ein deutscher Schriftsteller. Vor allem seine Kinderbücher, wie „Das fliegende Klassenzimmer", „Emil und die Detektive" und „Das doppelte Lottchen", haben ihn berühmt gemacht. Erich Kästner wuchs in der sächsischen Stadt Dresden auf, deren Besonderheiten er später in seinen Büchern darstellte. Nach dem Abitur studierte er Germanistik, Geschichte, Theaterwissenschaften und Philosophie. Neben dem Studium verfasste er erste kurze Zeitungsartikel und Gedichte. 1933 wurden seine kritischen Bücher von den Nationalsozialisten verboten und verbrannt. Nach Ende des Krieges 1945 führte Erich Kästner seine Arbeit als Schriftsteller fort und schrieb viele Bücher für Kinder und Erwachsene, Drehbücher, Hörspiele, Reden und mehr.

Kunt, Bekir Sıtkı (geb. 1905 in Antakya, gest. 1959 in Istanbul) war ein türkischer Schriftsteller. Er wuchs noch im französisch besetzten Antakya auf, wo er die Schule besuchte. Später studierte er Jura in Istanbul und arbeitete währenddessen bei einer Zeitung. Hier veröffentlichte er auch seine ersten Kurzgeschichten. Seine später in Literaturzeitschriften erschienenen realistischen Geschichten mit der anatolischen Provinz als Schauplatz brachten ihm die Anerkennung der Literaturkreise ein. Bis zu seinem Tod war er als Richter in verschiedenen Provinzstädten tätig und vertrat von 1936 bis 1946 als Abgeordneter in Ankara seine Heimatprovinz Hatay.

Logau, Friedrich von (geb. 1605 auf Gut Brockuth (heute: Brochocin) bei Nimptsch/Schlesien; gest. 1655 in Liegnitz/Polen) war ein deutscher Dichter des Barock. Er war Sohn eines Gutsbesitzers aus einer alten schlesischen Adelsfamilie. Von 1614 bis 1625 besuchte er das Gymnasium in Brieg und studierte danach Jura in Altdorf bei Nürnberg. Ab 1644 war er fürstlicher Rat am Hofe des Herzogs Ludwig IV. von Liegnitz.

Mulisch, Harry Kurt Victor (geb. 1927 in Haarlem/Niederlande, gest. 2010 in Amsterdam) fand vor allem durch seine Romane „Das Attentat" und „Die Entdeckung des Himmels" Beachtung, für die er 2002 mit dem Bundesverdienstkreuz ausgezeichnet wurde. Sein Vater arbeitete im Zweiten Weltkrieg für die nationalsozialistischen deutschen Besatzer, Mulischs Mutter aber war Jüdin. Diese Verbindung prägte ganz erheblich sein schriftstellerisches Werk, das journalistische Arbeiten, Erzählungen, Romane, Dramatik, Lyrik und philosophische Essays umfasst. Neben der Arbeit als Schriftsteller war er auch als Redakteur tätig, so auch 1961 als Berichterstatter beim Eichmann-Prozess in Israel.

Oates, Joyce Carol (geb. 1938 in Lockport/New York) gehört zu den bedeutendsten Autorinnen der US-amerikanischen Literatur. Ihren ersten Roman veröffentlichte sie 1963. Seitdem sind mehr als 40 Bücher von ihr erschienen, für die sie zahlreiche Preise erhielt. In ihrem Werk finden sich sowohl realistisch-sozialkritische Themen als auch Fantastisches. Ihre Jugendbücher handeln zumeist vom Erwachsenwerden und den Schwierigkeiten, eine eigene Identität zu finden und sie gegenüber der Umwelt zu verteidigen.

Oliver, Lauren (geb. 1982 in Queens/New York) studierte Literatur und Philosophie in Chicago und kreatives Schreiben in New York. Neben dem Studium arbeitete sie bei einem großen Verlag und schrieb an ihrem ersten Buch. Ihr Roman „Wenn du stirbst, zieht dein ganzes Leben an dir vorbei, sagen sie" erschien 2010 und wurde 2011 für den Deutschen Jugendbuchpreis nominiert.

Popa, Vasko (geb. 1922 in Grebenac/Banat, gest. 1991 in Belgrad) lebte in Serbien, als es noch Teil Jugoslawiens war. Er schrieb Romane, Erzählungen und vor allem Gedichte. Seine Lyrik lehnt sich an die Tradition seines Volkes an und verbindet sie mit modernen und surrealistischen Ansätzen. Er griff Volkslieder, Kinderreime und Redensarten auf und nahm alltägliche Geschehnisse sowie geschichtliche Ereignisse als Ausgangspunkt für seine Gedichte. Seit 1995 wird jährlich ein nach ihm benannter Preis für die beste Lyrikveröffentlichung in serbischer Sprache vergeben.

Tucholsky, Kurt (geb. 1890 in Berlin, gest. 1935 in Hindas/Schweden), war Journalist und Schriftsteller. Unter verschiedenen Pseudonymen wie Theobald Tiger oder Peter Panter veröffentlichte er Chansons, Kritiken, Satiren und Betrachtungen, in denen er gegen das Spießertum und für die Menschlichkeit kämpfte sowie vor dem Nationalsozialismus in Deutschland warnte. 1933 wurde er von den Nationalsozialisten ausgebürgert, seine Bücher wurden verbrannt. 1935 nahm er sich aus Verzweiflung über das politische Geschehen das Leben.

Tyler, Anne (geb. 1941 in Minneapolis/Minnesota) ist eine US-amerikanische Schriftstellerin. Sie wuchs in North Carolina auf und studierte Slawistik. In ihren Romanen erzählt sie aus unterschiedlichen Perspektiven von US-amerikanischen „Durchschnittsmenschen". 1989 erhielt sie für ihren Roman „Atemübungen" den Pulitzer-Preis, den am höchsten angesehenen US-amerikanischen Literaturpreis. 2015 war ihr Buch „Der leuchtend blaue Faden" auf der Bestenliste für den Man Booker Prize, den wichtigsten britischen Literaturpreis.

Ziegler, Reinhold (geb. 1955 in Erlangen) begann schon während seines Studiums des Maschinenbaus zu schreiben. Er veröffentlichte Erzählungen und Romane, arbeitete anfangs aber noch als Redakteur und Journalist für technische Themen. Heute lebt er als freier Schriftsteller in der Nähe von Aschaffenburg.

Bereiche des Deutschunterrichts	Aufgaben	Seite(n)	Kapitel
Sprechen und Zuhören			
zu, vor und mit anderen sprechen	komplexe Beiträge adressatengerecht präsentieren: z. B. Referate	12–21	Auf in die Zukunft
		38–39	Arbeitsergebnisse präsentieren
		118–135	Referat mit Computer präsentieren
		228–235	Referat präsentieren
	Gespräche, Diskussionen führen und moderieren	48–65	Gut ankommen im Beruf
		66–69	Training: mündlich präsentieren
	Beiträge in verschiedenen Gesprächsformen angemessen formulieren	48–65	Gut ankommen im Beruf
		66–69	Training: mündlich präsentieren
	Beiträge mit verbalen und nonverbalen Mittel gestalten	38–39	Arbeitsergebnisse präsentieren
		48–65	Gut ankommen im Beruf
		66–69	Training: mündlich präsentieren
	Gesprächsregeln, -strategien und -techniken kennen	48–65	Gut ankommen im Beruf
		66–69	Training: mündlich präsentieren
	Präsentationstechniken kennen, auch medial gestützt	12–21	Auf in die Zukunft
		38–39	Arbeitsergebnisse präsentieren
		48–65	Gut ankommen im Beruf
		66–69	Training: mündliche präsentieren
		118–135	Referat mit Computer präsentieren
		228–235	Referat präsentieren
	Interviewfragen formulieren	18–19	Und morgen werde ich …
		98–113	Empört euch!
		164–175	Leseecke: Joyce Carol Oates
	vortragen	48–65	Gut ankommen im Beruf
		66–69	Training: mündlich präsentieren
		116–125	Macht(,) Gedichte
		195–200	Der Mensch als unterdrücktes Wesen
	Arbeitsergebnisse auswerten und bewerten (auch: beobachten)	12–21	Auf in die Zukunft
		38–39	Arbeitsergebnisse präsentieren
		60–61	Sprechsituationen bewerten
		118–135	Referat mit Computer präsentieren
		228–235	keferat präsentieren
	Gruppen- und Projektarbeit	12–25	Auf in die Zukunft
		60–61	Sprechsituationen bewerten
		98–113	Empört euch!
		124–125	Projekt Poetry Slam
		214–215	Ergebnisprotokoll schreiben
Szenisch spielen	ausdrucksvoll vortragen, mit verteilten Rollen lesen, szenisches Gestalten	48–65	Gut ankommen im Beruf
		66–69	Training: mündlich präsentieren
		195–200	Der Mensch als unterdrücktes Wesen

Bereiche des Deutschunterrichts	Aufgaben	Seite(n)	Kapitel
Schreiben			
über Schreibfertigkeiten verfügen richtig schreiben	Regeln und Sprachstrategien anwenden	240–255	Rechtschreib-Trainingseinheiten
		256–259	Rechtschreibhilfen
		262–265	Rechtschreib-Arbeitstechniken
	Schreibsicherheit gewinnen, Fehlerbewusstheit entwickeln	236–239	Rechtschreib-Check
		240–255	Rechtschreib-Trainingseinheiten
		260–261	Rechtschreib-Übungen
	an Fehlerschwerpunkten üben	236–239	Rechtschreib-Check
		260–261	Rechtschreib-Übungen
	eigene Texte am Computer überarbeiten und korrigieren	76–77	Training: Bewerbungsschreiben überarbeiten
		118–135	Referat mit Computer präsentieren
		224–225	Argumentation überarbeiten
Texte planen	Aufgaben analysieren	202	Der Aufgabenknacker
	das eigene Schreibziel ermitteln und den Schreibprozess planen	92	Schriftlich argumentieren
		96–97	Training: Argumentation
		224–225	Argumentation überarbeiten
	Adressaten und Situation analysieren	70–75	Training: Sich schriftlich bewerben
		76–77	Training: Bewerbungsschreiben überarbeiten
		110	Appellativ schreiben
		111	Sachlich schreiben
Texte schreiben	in einem funktionalen Zusammenhang angemessen, situations- und adressatenadäquat schreiben; über komplexe Sachverhalte und Arbeitsabläufe informieren	26–27	Training: Beratender Brief
		111	Sachlich schreiben
		114–115	Training: Informierender Text
		216–217	Ein Ergebnisprotokoll schreiben
	selbstständig informierende Texte schreiben	28–47	Baumwolle
		98–113	Empört euch!
		114–115	Training: Informierender Text
		216–217	Ein Ergebnisprotokoll schreiben
	Bewerbungsschreiben schreiben	70–75	Training: Sich schriftlich bewerben
		76–77	Training: Bewerbungsschreiben überarbeiten
	Lebenslauf schreiben	71	Der Tabellarische Lebenslauf
	selbstständig analytische Texte zu Sachtexten schreiben	28–47	Baumwolle
		78–95	Nanotechnologie
		96–97	Training: Argumentation
		98–113	Empört euch!
		224–225	Argumentation überarbeiten
	selbstständig analytische Texte zu literarischen Texten schreiben; Gestaltungsmittel (Form, stilistische Mittel, Erzählpersp., Figurenrede) und Wirkungen erläutern Charakteristik	116–129	Macht(,) Gedichte
		130–131	Prüfungsvorb. Gedicht
		132–143	Begegnungen in Kurzgeschichten
		144–147	Prüfungsvorb. Kurzgeschichte
		154–163	Die Liebe in Romanen
	selbstständig produktionsorientierte Texte schreiben	148–153	Alles hat seine Zeit
		154–163	Die Liebe in Romanen
	Ausschnitte aus einem Jugendbuch weiterschreiben, umschreiben, Perspektive wechseln	164–175	Alles hat seine Zeit
	Portfolio	148–153	Alles hat seine Zeit
	Perspektivwechsel, inneren Monolog schreiben	148–153	Alles hat seine Zeit
		154–163	Die Liebe in Romanen
		166–171	Zwei Erzählperspektiven
		216–221	Prüfungsvorb. Kurzgeschichte

Schreiben

	Tabellen anlegen, Informationen aufbereiten und ordnen, strukturiert notieren	113	Eine Info-Börse organisieren
		230–237	Referat mit Computer präsentieren
Texte überarbeiten	Schreibprodukte im Hinblick auf formalsprachliche Richtigkeit, stilistische Angemessenheit und gedankliche Stringenz prüfen und überarbeiten	76–77	Training: Bewerbungsschreiben überarbeiten
		224–225	Argumentation überarbeiten
		230–237	Referat mit Computer präsentieren
	Rechtschreibregeln und Ausnahmeschreibungen anwenden, eigene Texte korrigieren	76–77	Training: Bewerbungsschreiben überarbeiten
		224–225	Argumentation überarbeiten
		230–237	Referat mit Computer präsentieren
	eigene Texte am Computer überarbeiten und korrigieren	76–77	Training: Bewerbungsschreiben überarbeiten
		224–225	Argumentation überarbeiten
		230–237	Referat mit Computer präsentieren

Lesen – Umgang mit Texten und Medien

Lesestrategien, Strategien zum Leseverstehen kennen und anwenden	Selbstständig Lesestrategien bei komplexen Texten anwenden (kontinuierliche und diskontinuierliche Sachtexte)	28–43	Baumwolle
		98–113	Empört euch!
		44–47	Training: Textknacker
		114–115	Training: Informierender Text
		202–203	Prüfungsvorb.: Aufgabenknacker
		204–207	Sachtext erschließen
		208–212	Grafiken erschließen
	Textarten und Textintentionen bewerten, eigenes Textverständnis darstellen und prüfen	116–123	Macht(,) Gedichte
		124–125	Poetry Slam
		126–129	Training: Gedichte
		132–143	Kurzgeschichten
		144–147	Prüfungsvorb. Kurzgeschichte
		212–213	Werbung
		216–223	Prüfungsvorb. Analyse Kurzgeschichte
	argumentierende kontinuierliche und diskontinuierliche Sachtexte untersuchen	78–97	Nanotechnologie
	informierende kontinuierliche und diskontinuierliche Sachtexte untersuchen	28–47	Baumwolle
		78–95	Nanotechnologie
		96–97	Training: Argumentation
		98–113	Empört euch!
	standardisierte Textformen (Grafiken, Diagramme)	15	Eine Grafik erklären
		40–41	Extra Sprache: Grafiken erklären
		208–211	Grafiken erschließen
		214–215	Ergebnisprotokoll schreiben
literarische Texte verstehen und nutzen	komplexe literarische Texte untersuchen: Jugendbuch Roman Kurzgeschichten und Erzählungen Ironie und Satire	132–143	Begegnungen in Kurzgeschichten
		144–147	Prüfungsvorb. Kurzgeschichte
		148–153	Alles hat seine Zeit
		154–163	Die Liebe in Romanen
		176–183	Mit spitzer Feder ...
		216–221	Prüfungsvorb. Kurzgeschichte
	Zusammenhang zwischen Aussage, Wirkung und sprachlicher Gestaltung untersuchen	132–143	Begegnungen in Kurzgeschichten
		144–147	Prüfungsvorb. Kurzgeschichte
		154–163	Die Liebe in Romanen
		272–277	Sprache und Stil
	Texte in Bezug zum eigenen Leben und zum Leben des Autors/der Autorin setzen	164–175	Leseecke: Joyce Carol Oates
		190–201	Mensch – Wer bist du?
	komplexe literarische Texte interpretieren	116–131	Macht(,) Gedichte
		132–143	Begegnungen in Kurzgeschichten
		144–147	Prüfungsvorb. Kurzgeschichte
		154–163	Die Liebe in Romanen
	kulturelle (politische, gesellschaftlich-soziale, ethische) Elemente nachweisen	164–175	Leseecke: Joyce Carol Oates
		190–201	Mensch – Wer bist du?
	dramatische Texte untersuchen	195–200	Der Mensch als unterdrücktes Wesen
	eine literarische Epoche im gesellschaftlichen Kontext	154–163	Die Liebe inRomanen
		190–201	Mensch – Wer bist du?
	mit Leitfragen Jugendbücher, Auszüge aus Ganzschriften untersuchen	148–153	Alles hat seine Zeit
		154–163	Die Liebe in Romanen
		164–175	Leseecke: Joyce Carol Oates
Sach- und Gebrauchstexte verstehen und nutzen	Textinhalte schriftlich zusammenfassen	98–113	Empört euch!
		139	Interpretation schreiben
		144–147	Prüfungsvorb. Kurzgeschichte
		216–223	Prüfungsvorb. Analyse Kurzgeschichte
	Texte und Quellen kritisch nutzen und auswerten	222–223	Richtig zitieren
	Grafiken erschließen, grafisch visualisieren	15	Eine Grafik erklären
		40–41	Extra Sprache: Grafiken erklären
		208–211	Grafiken erschließen
	textgebundenes Argumentieren und Erörtern	78–97	Nanotechnologie
	zu Themen und Sachverhalten kriteriengeleitet Stellung nehmen	78–95	Nanotechnologie
		96–97	Training: Argumentation
		195–200	Der Mensch als unterdrücktes Wesen
Medien verstehen und nutzen	medienspezifische Formen im kritischen Vergleich	184–189	Unterwegs im Netz
	komplexe meinungsbetonte journalistische Texte untersuchen	88–89	Thema erörtern: Zeitungsartikel
		94	Argumenttypen untersuchen
		176–183	Mit spitzer Feder ...
	persuasive Texte mit Blick auf Adressaten schreiben	92	Schriftlich argumentieren
		96–97	Training: Argumentation
		224–225	Argumentation überarbeiten
	Zusammenhänge zwischen Text und Film beschreiben	164–175	Leseecke: Joyce Carol Oates
	mediale Produktionen konzipieren	118–135	Referat mit Computer präsentieren

Reflexion über Sprache (Sprachgebrauch)

	Sprachvarianten und Sprachwandel	266–271	Sprache und Sprachgebrauch
		272–277	Sprache und Stil
	Grammatische Formen identifizieren und klassifizieren	22–23	Konjunktiv II in Wunschsätzen
		278–279	Konjunktiv II
	Sprachbewusstsein entwickeln	40–41	Grafiken erklären
		62–63	Angemessen sachlich berichten
		111	Appellativ schreiben
		280–287	Syntaktische Strukturen

Für das Buch wurden Teile der Ausgabe von Renate Krull, Elisabeth Schäpers und Renate Teepe (Herausgeberinnen) und den Autorinnen und Autoren Mahir Gökbudak, Silke González León, Beate Hallmann, August-Bernhard Jacobs, Lucia Jacobs, Jona Jasper, Michaela Koch, Patricia Litz, Ekhard Ninnemann, Martin Püttschneider, Christiane Rein, Elisabeth Schäpers, Matthias Scholz, Michael Strangmann, Renate Teepe sowie Teile der Ausgaben von Werner Bentin, Renate Krull, Martin Plieninger (Herausgeberin und Herausgeber) und Benildis Andris, Ellen Bahner, Anja Ballis, Rebekka Bauer, Werner Bentin, Iris Böger, Claudia Eisele, Bettina Gold, August-Bernhard Jacobs, Maja Jeretin-Kopf, Ina Lang, Nicole Neumann, Martin Plieninger, Agnes Rimkus verwendet.

Konzept und Redaktionsleitung: Gabriele Biela

Redaktion und Bildrecherche: Heike Tietz, Marion Clausen, Christina Nier

Umschlaggestaltung: Cornelsen Verlag Design/Klein & Halm Grafikdesign, Berlin
Umschlagfoto (Collage): junge Frau: © Fotolia/ra2studio, Hammer: Shutterstock/didora, Zange: Shutterstock/keerati, Onrange: Shutterstock/Tim UR
Layout und technische Umsetzung: zweiband.media, Berlin

Allgemeiner Hinweis zu den in diesem Lehrwerk abgebildeten Personen:
Soweit in diesem Lehrwerk Personen fotografisch abgebildet sind und ihnen von der Redaktion fiktive Namen, Berufe, Dialoge und Ähnliches zugeordnet oder diese Personen in bestimmte Kontexte gesetzt werden, dienen diese Zuordnungen und Darstellungen ausschließlich der Veranschaulichung und dem besseren Verständnis des Inhalts.

Dieses Werk berücksichtigt die Regeln der reformierten Rechtschreibung und Zeichensetzung. Bei den mit **R** gekennzeichneten Texten haben die Rechteinhaber einer Anpassung widersprochen.

Die Webseiten Dritter, deren Internetadressen in diesem Lehrwerk angegeben sind, wurden vor Drucklegung sorgfältig geprüft. Der Verlag übernimmt keine Gewähr für die Aktualität und den Inhalt dieser Seiten oder solcher, die mit ihnen verlinkt sind.

www.cornelsen.de

1. Auflage, 2. Druck 2020

Alle Drucke dieser Auflage sind inhaltlich unverändert und können im Unterricht nebeneinander verwendet werden.

Druck und Bindung: Livonia Print, Riga

ISBN 978-3-06-061670-1 (Schülerbuch)
ISBN 978-3-06-060486-9 (E-Book)

PEFC zertifiziert
Dieses Produkt stammt aus nachhaltig bewirtschafteten Wäldern und kontrollierten Quellen.

PEFC
PEFC/12-31-006

www.pefc.de